国际领导力经典译丛

# The Handbook for Student Leadership Development
## (Second Edition)

# 学生领导力发展手册

[美] 苏珊·R. 库米维斯（Susan R. Komives）  约翰·P. 杜根（John P. Dugan）
朱莉·E. 欧文（Julie E. Owen）  克雷格·斯莱克（Craig Slack）
温迪·瓦格纳（Wendy Wagner） 等著
张智强 等译

第二版

北京大学出版社
PEKING UNIVERSITY PRESS

著作权合同登记号　图字:01-2013-2163

图书在版编目(CIP)数据

学生领导力发展手册:第 2 版/(美)库米维斯(Komives, S. R.)等著;张智强等译.—北京:北京大学出版社,2015.2
　　(国际领导力经典译丛)
　　ISBN 978 - 7 - 301 - 25083 - 9

Ⅰ.①学…　Ⅱ.①库…②张…　Ⅲ.①领导学—青年读物　Ⅳ.①C933 - 49

中国版本图书馆 CIP 数据核字(2014)第 261415 号

Susan R. Komives, John P. Dugan, Julie E. Owen, Craig Slack, Wendy Wagner and Associates
**The Handbook for Student Leadership Development(Second Edition)**
English language edition published by Jossey-Bass A Wiley Imprint 989 Market Street, San Francisco, CA 94103-1741—www. josseybass. com. Copyright © 2011 by John Wiley & Sons, Inc. All rights reserved. This translation published under license.

| | |
|---|---|
| 书　　　名 | 学生领导力发展手册(第二版) |
| 著作责任者 | 〔美〕苏珊·R.库米维斯(Susan R. Komives)　　约翰·P.杜根(John P. Dugan)<br>朱莉·E.欧文(Julie E. Owen)　　克雷格·斯莱克(Craig Slack)<br>温迪·瓦格纳(Wendy Wagner)　等著　张智强　等译 |
| 责 任 编 辑 | 朱梅全　王业龙 |
| 标 准 书 号 | ISBN 978 - 7 - 301 - 25083 - 9 |
| 出 版 发 行 | 北京大学出版社 |
| 地　　　址 | 北京市海淀区成府路 205 号　100871 |
| 网　　　址 | http://www. pup. cn |
| 电 子 信 箱 | sdyy_2005@ 126. com |
| 新 浪 微 博 | @ 北京大学出版社 |
| 电　　　话 | 邮购部 62752015　发行部 62750672　编辑部 021 - 62071998 |
| 印 刷 者 | 北京大学印刷厂 |
| 经 销 者 | 新华书店 |
| | 730 毫米 ×1020 毫米　16 开本　24.75 印张　416 千字 |
| | 2015 年 2 月第 1 版　2015 年 2 月第 1 次印刷 |
| 印　　　数 | 0001—4000 册 |
| 定　　　价 | 58.00 元 |

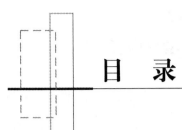

# 目 录

# 第三编　领导力项目的环境与内容

# 第四编　领导力项目执行

# 美国国家领导力项目数据库

美国国家领导力项目数据库（NCLP）是为领导力教育工作者提供信息来源与支持的信息中心。为了更好地培养大学生的领导力，该领导力项目数据库的成员为我们收集材料，提供 Web 资源、咨询援助和与相关专业人士联合的平台。不仅如此，美国国家领导力项目数据库是领导力发展研究的前沿阵地，通过成员服务器、万维网、各类调查、座谈会和高质量的专著等对领导力研究的知识进行传播。在高等教育中，由于学科性质不同，从事学生工作的教师和专业教师都感觉到学生领导力培养的压力很大。因此，美国国家领导力项目数据库需要不断创设与完善培养计划、培训技术和适应不同阶段学生的现代领导力模式。这正是该领导力项目数据库存在的价值所在。

美国国家领导力项目数据库与领导力发展的社会变革模式关系密切，主要包括 SRLS 在线、多院校的领导力调研（Multi-Institutional Study of Leadership）以及学生教材《领导力让世界更美好》（*Leadership for a Better World*）。该领导力项目数据库的网页上分享了很多提高学生领导力的活动。想要了解更多，请点击 www.socialchangemodel.org。

美国国家领导力项目数据库对《学生领导力发展手册（第二版）》的出版表示祝贺，这也是该领导力项目数据库致力于领导力教育的具体表现之一。领导力项目进校园丰富了社区建设，有利于全球发展。非常感谢您选择此书，欢迎点击 www.nclp.umd.edu，以获得更多关于美国国家领导力项目数据库和领导力教育的信息。

克雷格·斯莱克（Craig Slack）
美国国家领导力项目数据库主任
苏珊·R.库米维斯（Susan R. Komives）博士
美国国家领导力项目数据库研究与学术编辑

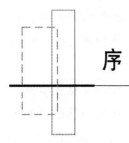

# 序

丹尼斯·C. 罗伯茨

《学生领导力发展手册(第二版)》的出版对于高等教育发展来说是一个非常重要的历史事件。它通过介绍领导力的学习方式,让我们了解到如何重新调整与寻找更有效的教学方法,并加深了我们对人类经验的多样性的认识。我们的世界越来越小,本书将帮助领导力教育工作者在社区或是其他机构寻求到更有利的工作机会。苏珊·R.库米维斯及其同事获取了大量的信息,这些信息可成为创设或修订学生领导力项目的背景材料。在你与学生的互动过程中,如果想使领导力效能感得以提升,这本手册可成为你的参考。

当我阅读书中的章节时,像是打开了记忆的阀门,很多细节日益清晰。回忆始于 1976 年,那一年美国高校学生事务工作人员协会(ACPA)委员会 IV 组领导力特别小组成立。该特别小组主要致力于探索当时领导力项目的辅助课程。他们出版了一系列的参考书目,内容涉及大学生领导力项目中如何规划综合性的领导力策略(Roberts,1981),开创了具有挑战性的"星光"(star)系统。该系统主要用于领导力项目的识别与支持。20 世纪 60 年代到 70 年代,很多教育模式都受到了挑战,尤其是学术界甚至全社会都开始注重扩大教育的参与度与培养民主学习的模式。值得表扬的是,美国高校学生事务工作人员协会(ACPA)委员会 IV 特别小组认识到"星光"系统必须适应社会的要求,于是着手对它进行改造。

《学生领导力项目》(*Student Leadership Programs in Higher Education*,Roberts,1981)和《学生领导力发展手册(第二版)》既是当代的,也是发展的。所有的建议均涉及三个方面,并需要综合运用多种方法以实现其包容性。这三个方面分别为:教育目的、策略与群体。从 1981 年到今天,正是在领导力教育工作者亲身实践的基础上,2010 年领导力手册的内容才能日益丰富和完善,对于研究要点也逐步达成共识,即认为领导力是综合性的项目。于是,我们将"星光"系统或最初的领导力培养方式,发展为包括学生组织经验、课程、生活团队、服务、出国研究等多种形式,以满足日益增加的学生人数和个性化的需求。

《学生领导力发展手册(第二版)》中包含一些重要的补充:1981 年就提出领导力教育的核心在于综合课程的设定。所谓的综合课程设定,包括强调学生参与和领导的重要性,对不同类型的领导力教育工作者进行模糊处理,使用多元探索的方式增强学生的洞察力,重视领导力学习中的过程与结果评价相结合,并认识到制度环境是领导力学习的来源。当初的工作也存在着一些盲点,比如我们没有认识到领导力学习既在课堂之内也在课堂之外。很难说当时为什么我们会忽略这么重要的领域,可能是在学生事务具体实践中逐步分化的结果。专业老师与学生事务工作人员在学生宿舍、学生组织、体育和领导力方面所肩负的任务不同。领导力的培养需要重新整合学生课内外的经验。权威研究与专业委员会均对此予以了肯定。《学生领导力发展手册(第二版)》更加明确了这一点。我对此的认识也发表在《领导力的深入学习:帮助大学生发现潜在的能力》(Deeping Learning in Leadership:Helping College Students Find the Potential Within)一文中(Roberts,2007)。

当你慢慢翻阅该手册,并联系你的具体工作时,就会对领导力有更加深入的认识。我假设作者在写作时都是将平生所学投入其中,但其实相关研究仍可以进一步深入。我提议下文所提及的三个特定方面,还需要得到额外的关注和辩证的分析。第一个方面是建立完善、全面又互动的合作关系。据我所知,专业老师和学生事务工作人员非常挑剔,而《学生领导力发展手册(第二版)》作了极大的改进,添加了更多的观点和教学策略,有助于开发我们的潜能。参与者需要扩大高等教育的边界,将社区纳入其中,具体来说,未来的雇主必须成为主要的利益相关者。

第二个方面与包容性有关。有关包容性的实践贯穿于所有章节,但是很多参考文献仅局限于北美地区。如"2001 年 9 月 11 日"之后和 2007 年经济衰退期,均为备受美国公民关注的时期。如果高等教育关注学习,领导力就需要具有国际视野,接受这个多元的世界,形成全球包容、整合与互动局面。

第三个方面是强调合作的重要作用。很多领导力研究者,甚至一些身居高位的人都意识到,所谓领导者,就是让人心甘情愿追随的人。但是,问题在于,我们是否足够重视合作者的重要性?面对恶劣而工于心计的领导,追随者和合作者往往缺乏勇气站起来反对或提出替代方案,对此,我们考虑过自身常有的弱点吗?如果参与者和合作者遇到了很糟糕的领导,该怎么办?《学生领导力发展手册(第二版)》将这些内容都纳入其中,这也是领导力学习的重要内容。

"领导力发展——未来的挑战"(Leadership development—A challenge for the future,Roberts,1981)一文描述了当今领导者的条件,要求"领导者要自知,要会分析与判断环境,要懂得适应与改变,最后要对团体的发展负有规划与远见"(p.212)。

从这个角度看,当初对领导力的认识并没有大的改变,只是说2010年我们生活的这个世界比1981年更加复杂。面对日益复杂的21世纪,世界各地的领导力教育工作者必须要明确什么是我们所需要的。更为有效的是,我们需要将信念融于行为,多与他人交流,理解他人的感受,保持开放的心态,为新兴事物的出现提供可能性,注重整合性的综合学习,帮助学生有能力面对未来的工作。

《学生领导力发展手册(第二版)》为你提供了一些具有时效性和远见性的资源。从当前看,该手册对高等教育领导力的关注可以说是非比寻常的。当然,就本书各章的作者来说,他们的知识可能是有限的。如果世界各地的大学生能认识到自己的能力,并愿意担任既"远"又"宽"且"深"的领导角色,领导力教育工作者就必须继续对领导力予以批判性的研究,必须不断地加深自我认识,在未来几年开创出崭新的研究领域。

 **参考文献**

Roberts,D.C.(Ed.).(1981). *Student leadership programs in higher education.* Carbondale,IL:American College Personnel Association.

Roberts,D.C.(2007). *Deeper learning in leadership:Helping college students find the potential within.* San Francisco,CA:Jossey-Bass.

# 前　言

早在 20 世纪 90 年代,对领导力的研究已经初具规模。学校领导力项目得以多形式发展,标准化实践方式得以制定,专业的学术团体和组织称领导力是一种大学教育的期望结果。研究者提出了多种领导力模式,通过研究领导力发展过程以及高校的具体实践经验,有助于完善领导力的构成和深化其价值体系。同时,领导力教育工作者也在寻求最有利于开展领导力项目的方式与措施,以推动其实际运用。

2006 年,美国国家领导力项目数据库将领导力项目所需的材料汇集成《学生领导力项目手册》(*The Handbook for Student Leadership Programs*)(第一版)。这本手册的应用性非常强,它涉及领导力的理论与研究、结果与评价、课程与课程设计、针对不同类型学生的教学策略以及对领导力项目的评估与资金支持。

第一版手册的出版收到了大量的积极反馈,于是美国国家领导力项目数据库与巴斯出版社(Jossey-Bass)打算对原有版本进行修订。为了让第二版的手册精益求精,编辑咨询了大量领导力教育方面的专家,在本文的最后将会向他们致谢。

## 一、本书的目的

本书以理论与实证为基础,从应用与实践的角度阐述领导力项目。我们的朋友,同时也是里士满大学吉普森学院领导力研究领域的专家——吉尔·希克曼(Gil Hickman),把领导力教育工作者称为"研究型实践者"(pracademics)。本书的修订正是为了支持这些研究型实践者所付出的辛勤努力。

无论是在启动新项目、制订项目目标,还是在充实领导力项目上,学生事务工作者都能发现本书的实用性。同时,我们希望刚进入领导力教学领域的老师在阅读完本书后,能对领导力培养形成一个整体的框架,并能以此作为设计课程与活动的蓝本。除此之外,本书还适用于需要知识与评价支持的领导力项目管理人员。

我们希望读者能登陆美国国家领导力项目信息库网络(www. nclp. umd. edu),分享成功经验,帮助更多的学生获得更好的教育培训。

## 二、本书的逻辑框架

领导力教育的开展具有不同类型的逻辑框架。我们建议读者在开发新的校园计划的同时,也探索相应的教育模式。本书从学生的角度,归纳了一些比较一致的原则。虽然本书的内容可供不同类型的学校参考,但为了更好地教学,我们还是将一些要点列举如下:

1. 领导力可以通过学习获得。
2. 领导力作为一种能力是一个发展的过程。
3. 所有的学生均可以通过学习拥有领导力。
4. 学术研究必须肩负起发展学生领导力的责任。
5. 关系与伦理问题应该作为大学领导力项目的中心。
6. 领导力的培养需要注意因材施教。
7. 在学生领导力项目中必须采取专门的设计与评价模式。

本书关注大学生领导力教育,为有意愿提高自己领导力水平的学生提供了知识储备与实践的机会。本书没有对领导力研究的发展过程进行梳理,即没有从纯学术的角度对作为一门学科或具有跨学科性质的领导力进行研究,但是相关的研究也会在本书的不同章节有所涉及。

## 三、本书的结构

本书在如何发展大学生领导力方面作了进一步的扩充,主要表现在最新的学术、理论和实践等方面。第一版的作者对其所写章节予以了更新,对有些章节进行了调整以及增加了部分新的章节。

第一章(领导力教育的发展)针对大学生领导力教育,梳理了其发展历程中的几个关键的时间点、当前的发展趋势以及专业化的领导力教育的内容。紧接着,在引言部分,本书总结了四个方面的内容:领导力教育的基础、领导力项目设计、领导力项目环境以及领导力项目实施。(见图1)

**图 1**

第一编为领导力教育的基础,包括四个章节。第二章(领导力理论)相对于第一版的内容,没作修改。本章主要回顾了领导力理论发展的历程,包括范式的转变到合作与后现代的理论。本章用社会正义的研究方法探讨领导力理论或模式,关注学生领导力的发展环境,如关系领导力模式等(Komives,Lucas 和 McMahon,2007)。第三章(大学生领导力发展研究)是全新的一章。本章主要从实证的角度增加了大学生领导力发展的内容。本章扩大了研究范围,如凯洛格调查(Kellogg studies)、院校研究合作项目[CIRP]数据库、多院校的领导力调研(the Multi-Institutional Study of Leadership)、瓦贝西全国通识教育调查(the Wabash National Study of Liberal Arts Education),区分了识别模式的影响,寻找大学生领导力培养过程中最重要的影响因素,包括什么样的人口学特征对学生的领导力的感知以及领导力发展可能产生什么样的影响。相关的研究包括大学环境(如学校制度特征、项目、服务)包含哪些维度,以何种方式影响学生领导力的发展。第四章(学生领导力发展反思)也是全新的一章。本章的内容主要从学术和文献的角度来探讨如何通过领导力项目促进学生的发展。通过领导力认同发展模式将领导力培养与学生发展整合为同一主题,人际发展、自我发展、认同发展与认知发展都被纳入到该主题之中。同时本章还通过发展理论,创设有利于学生发展的环境,首先让学生了解到在领导力领域中他们当前所处的水平与阶段,然后通过思维的复杂性与深刻性的培训,让他们逐步进入更高级别的领导力培训中。第五章(领导力与学生学习)是第一编领导力教育基础的最后一章。本章对第一版相应的部分进行了精炼,重新回顾了学生领导力学习的重要模式,包括科尔布(Kolb)的体验学习模式(1984)和巴克斯特·马格拉丹(Baxter Magolda)的学习合作模式(2002)。它通过深入学习和发展性结果建构了领导力项目的基本特征。

第二编为领导力研究的具体应用。它是在第一编的基础上,从紧凑性、实证性和有效性三个方面来创设领导力项目。第六章(创建和推进领导力项目)是全新的一章,它所涉及的内容非常重要。它对创设领导力过程具有很强的实用性,它涉及以什么样的标准创设并维持一个好的领导力项目。本章强调领导力项目的任务以及目标的重要性。它还提到如何探索过程维度以促成大学接受一些全新的领导力的项目。本章还阐述了学习体制的不同(比如传统的美国黑人学院和大学、社区大学),以及在领导力项目实施的过程中,如何面对困难克服障碍,摸索出校本领导力项目。第七章(领导力项目全纳设计)也是第二版手册新出现的一章。本章认为需要引导高校对领导力建设的需求,要求领导力教育工作者重视学生事务实践的普遍性原则,最大限度地实现项目的预期目标,同时满足学生的需求。本章从社会正义、多元文化的设计原则、社会认同等角度丰富了领导力的内容,让它适用于不同类型的学生。第八章(领导力项目评价与评估)在第一版的基础上作了修订,探索个体与系统两方面的评价方式。本章提供了评价的模型与具体技术,通过简易的质性与量性的方法实现提高教育质量与评价的有效性。第九章(领导力项目资助)也是在第一版的基础上作了修订,描述了支持领导力项目的经费来源。它提到了资金来源,重点提到了基金会的资助。同时还提到了经费来源,比如学费、筹款以及资助项目。本章在第一版的基础上作了改进,包括了赠款建议,即用户可以使用投标书来获得资助。

第三编为项目环境,在第二编的基础上介绍了如何通过校园环境维度设计与传播领导力发展项目。第十章(学生领导力项目范式)在第一版的基础上作了改进。本章对领导力项目的结构进行了更新,过程的设置上实用性更强,方法的选择上更具综合性。本章提供的材料可用以满足不同类型学生的需要(包括非寄宿制学生、转校生、研究生、留学生、社区大学的学生以及成人教育等)。第十一章(学生领导力项目的课程)是对第一版同一章节的修订与补充。本章的内容涉及如何设置领导力的入门课程,主要包括课程内容、基本要素、学制支持等。本章还提供了一些课程与学制的模板供读者参考,并增加了关于如何设计与提高课程的内容,以提升领导力的专业性与学术性。第十二章(学生领导力项目的辅助课程)也是在对第一版作出修订的基础上成型的。本章关注学生参与,尤其是参与学生团体对培养领导力的作用。它既反映了学术研究,也体现了学生事务的合作性。除此之外,本章还概括了领导力主要课程的作用以及如何依托校园将领导力培养与合作相结合。它提到了静修会(retreat)、形式多样的培训对于领导力实践的帮助以及相应的作用与功能。

第四编为项目实施,是在前几编内容的基础上,关注领导力发展项目的宣传计划。第十三章(学生领导力项目中的有效教学法)是在汇总第一版手册的基础上重新编写的一章,它定义了有效的教学法需要有影响力的学习策略,以保证培养学生不同类型的领导能力。通过教学法和学习平台来进行有效的宣传。本章通过导师制与顾问制、朋辈学习、实践、社会文化对话、沉浸式学习、服务学习、社区学习、沉思实践等方式来提高学生的自我意识。第十四章(学生领导力发展的文化与社会认同)也是对第一版同一章节的改进。本章新增加了很多关于社会认同的文献资料以及跨文化的应用等方面的内容。这些内容的加入,能够从社会公平的角度让各类学生均包含到领导力教育中来,同时满足其不同类型的需求。在第十五章(当代学生领导力发展的新主题)中,本书编辑和作者慎重地选择了一些与领导力相关的学术与实践的主题。这些主题包括情商、伦理道德、精神、公民与社区参与、积极心理学、整合与跨学科的学习、全球化领导力等。每个主题都从概述、资料选择、学习目标和参考评价等角度予以介绍。具体的相关活动参见全美领导力项目数据库官方网站。

结语部分在向读者表示感谢的同时,讨论了模式、指导、自我反思在领导力教学中的重要性。

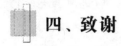

## 四、致谢

编辑对美国国家领导力项目数据库 2006 年第一版手册的作者表示感谢。他们是爱德华·本邦(Edward Bempong)、苏珊娜·伯韦格(Susannah Berwager)、麦克·道尔(Mike Doyle)、基斯·爱德华(Keith Edwards)、梅根·福布斯(Megan Forbes)、肖恩·格尔克(Sean Gerhke)、佩奇·哈伯(Paige Haber)、玛丽·洛特(Mary Lott)、马莉娜·马丁内斯(Marlena Martinez)、丹尼尔·奥斯蒂克(Daniel Ostick)、

杰里米·佩吉（Jeremy Page）、约翰·谢特兹（John Shertzer）、珍·斯米斯特（Jen Smist）和安琪·温亚德（Angie Vineyard）。正因为他们的辛勤工作积累了关于校园领导力相关的大量材料，才会有今天我们的第二版手册的出版。

同时，我们也对美国国家领导力项目数据库的各位同仁、美国高校学生事务工作人员协会学生参与委员会、全国学生事务管理协会的学生领导知识社区的鼎力支持与知识分享表示感谢。特别感谢以下领导力教育工作者在阅读第一版手册之后给予了我们积极反馈，他们分别是 Aaron Asmundson（明尼苏达大学）、Richard Couto（联合大学）、Beverly Dalrymple（佛罗里达国际大学）、William Faulkner（诺瓦东南大学）、Cheryl Jenkins（梅雷迪思学院）、Jan Lloyd（南佛罗里达大学）、Jessica Manno（里海大学）、Nancy Mathias（圣诺伯特学院）、June Nobbe（明尼苏达大学）、Angela Passarelli（凯斯西储大学）、Rueben Perez（堪萨斯大学）和 Kathy Shellogg（内布拉斯加卫理公会大学）。同时感谢巴斯出版社审稿人员为本书出版所付出的辛勤劳动。感谢芝加哥罗耀拉大学研究生 Mike Beazley、Michele Mackie、Ana del Castillo、Diana Chavez 和 Cori Kodama 为本书出版所作出的贡献。特别感谢马里兰大学博士研究生和全美领导力项目数据库的研究生协调员 Kristan Cilente 和 Josh Hiscock 为本书顺利出版所付出的时间和精力。

感谢巴斯出版社的编辑和市场部团队。尤其感谢 Erin Null，正是在你的帮助下美国国家领导力项目数据库才能与巴斯出版社结缘，为推动大学生领导力的发展略尽绵薄之力。

作为编辑团体，我们感谢每个阶段大家的付出与协作，每个人都不可或缺。

在领导力培养原则和价值观的引领下，大家同心协力共同完成了本书的写作。

苏珊·R.库米维斯（马里兰大学）

约翰·P.杜根（芝加哥罗耀拉大学）

朱莉·E.欧文（乔治·梅森大学）

克雷格·斯莱克（马里兰大学）

温迪·瓦格纳（乔治·梅森大学）

# 参考文献

Baxter Magolda, M. B. (2002, January-February). Helping students to make their way to adult-hood: Good company for the journey. *About Campus*, 2—9.

Higher Education Research Institute. (1996). *A social change model of leadership development: Guidebook version Ⅲ*. College Park, MD: National Clearinghouse for Leadership Programs.

Kolb, D. A. (1984). *Experiential learning: Experience as the source of learning and development*. Englewood Cliffs, NJ: Prentice-Hall.

Komives, S. R., Lucas, N., & McMahon, T. R. (2007). *Exploring leadership* (2nd ed.). San Francisco, CA: Jossey-Bass.

Komives, S. R., & Wagner, W. (Eds.). (2009). *Leadership for a better world: Understanding the social change model of leadership development*. A publication of the National Clearinghouse for Leadership Programs. San Francisco, CA: Jossey-Bass.

Kouzes, J. M., & Posner, B. Z. (2007). *The leadership challenge* (4th ed.). San Francisco, CA: Jossey-Bass.

# 关于作者和编辑

1978 年，简·阿米尼奥（Jan Arminio）获得博林格林州立大学硕士学位后，开始进入大学工作。她主要负责学生的宿舍管理、学生活动、审判事务（judicial affairs）和多元文化事务。她于 1994 年获马里兰大学帕克学院的博士学位，现在是宾夕法尼亚州希彭斯堡大学咨询与人事服务学院（department of counseling and personnel services）的教师兼系主任。她经常从事写作、咨询、评论等活动。她还是 2004—2008 年大学生促进委员会的主席，目前是美国高校学生事务工作人员协会（ACPA）国际大学生教育者高级学者协会的主席。2007 年她获得了马里兰大学帕克学院咨询与学生事务系授予的托马斯·米马古恩杰出女校友奖，2008 年获得由国家校园活动协会颁发的创始人终身成就奖。

克里斯坦·塞伦特（Kristan Cilente）是咨询委员会的程序支持助手。该咨询委员会主要为地处华盛顿的美国教育部教育数据国家中心测量学生的成才状况。她原先是全美领导力项目数据库的协调员，主要负责研究生的协调工作，现在在马里兰大学帕克学院攻读博士学位。她的研究兴趣在于学生领导力发展以及短期的沉浸式项目。她撰写了《领导力让世界更美好》（Jossey-Bass，2009）中的部分章节，同时还是《大学生发展杂志》（*Journal of College Student Development*）即将出版的一篇文章的联合作者。她以前是美国高校学生事务工作人员协会大学生教育工作者国际组织执行委员会的成员、美国高校学生事务工作人员协会研究生与新学术常务委员会的主席。她是威廉姆斯与玛丽学院社会与历史学的学士、亚利桑那大学高等教育管理专业的硕士。

约翰·杜根（John P. Dugan）目前是芝加哥罗耀拉（Loyola）大学高等教育研究生项目的助理教授，他所教授的内容包括社会正义、领导力发展、学生发展理论等。他曾经在拉斯维加斯的内华达大学从事过专业的领导力发展方面的工作。他是第一版《学生领导力项目手册》的编者是全美领导力项目数据库远见与应用系列《跨文化领导力》（*Cross Culture Leadership*）专刊的作者。他关于领导力社会变革模式的文章发表在《大学生领导力发展》(*Journal of College Student Development*)、《全美学生事务管理工作者协会期刊》(*NASPA Journal*)、《学生事务研究与实践》(*Journal of Student Affairs Research and Practice*)以及 Oracle 数据库上。从 2005 年起,他就是多种院校的领导力调研（MSL）的主要调查者之一。他还获得过美国高校学生事务工作人员协会国际大学生教育工作者彭斯·克鲁斯汀(Burns B. Crookston)博士研究奖、内维特·桑福德的学生事务研究奖、天佑吾人基业新秀奖(Emerging Professional Annuit Coeptis),并获得 2008—2009 年学者新人提名。他还是全美学生事务管理工作者中心知识协会学生领导力项目颁布的苏珊·R.库米维斯(Suan R. Komives)学生领导力研究奖的首位得主。

佩奇·哈伯(Paige Haber)是圣地亚哥大学领导力研究系和查普曼(Chapman)大学组织领导系的讲师,同时也是圣地亚哥大学领导力研究项目的博士生。她的学术兴趣包括大学生领导力发展、领导力项目的发展、女性领导力和情商等。她所加入的学术团体包括国际领导力协会(International Leadership Association)、美国高校学生事务工作人员协会国际大学生教育工作者协会(College Student Educators International Commission)学生组以及领袖塑造协会(LeaderShape)等。她还是《同伴教育资料读物》(*Peer Education Sourcebook*)(Jossey-Bass,即将出版)、《非营利组织的领导力》(*Leadership in Nonprofit Organizations*)(Sage,2010)、《领导力手册》(*Handbook on Leadership*)(Sage,即将出版)以及《情商领导力的提升指导》(*The Emotional Intelligent Leadership Facilitator's Guide*)(Jossey-Bass,2010)的作者。她是亚利桑那大学商业管理与德国研究专业的学士、马里兰大学大学生事务专业的硕士。

苏珊·R.库米维斯是马里兰大学大学生事务专业的教授。她是美国国家领导力项目数据库创始人之一,是美国国家领导力项目数据库出版物《概念与交流》(*Concepts & Connections*)的学术编辑。她还是《领导力探究》(*Exploring Leadership*,Jossey-Bass,1998,2007)、《新世纪的管理与领导力问题》(*Management and Leadership Issues for a New Century*)(Jossey-Bass,2000)的联合作者,是《领导力让世界更美好》(Jossey-Bass,2009)、《学生服务》(*Student Services*)(Jossey-Bass,1996,2003)的联合编辑。她是领导力发展社会变革发展模式的成员之一。她的领导力研究包括了作为领导力认同中的重要理论(《大学生发展期刊》(*Journal of College Student Development*),2005,2006)的首席研究员,多种院校的领导力调研的首席研究员之一。她还是高等教育标准促进委员会（Council for the Advancement of Standards in Higher Education）的主席。除了获得地方以及国家的各项殊荣以外，苏珊还于2006年荣获美国高校学生事务工作人员协会国际大学生教育者杰出贡献奖和全美学生事务管理工作者协会的学术与研究杰出贡献奖。

马莉娜·马丁内斯·洛夫（Marlena Martinez Love）是系主任助理、兄弟会和妇女联合会的主管，负责麻省理工学院的团体活动。她的学术兴趣在于学生领导力发展、兄弟会活动以及大学生的社会情绪状态的辅助课程。她是美国高校学生事务工作人员协会的主席以及国际大学生教育工作者委员会和兄弟会、妇女会顾问协会的成员。她在佛罗里达大学获得本科学位，是马里兰大学帕克学院大学生事务专业的硕士。

费利西娅·曼努埃拉（Felicia Mainella）是皮斯学院领导力研究的副教授与领导力项目的协调人。她所教授的课程包括领导力基础、团队过程与动态性、伦理与领导力、女性与领导力和领导力环境等。她获得了伊凡斯维尔（Evansville）大学戏剧专业的理学学士学位和博林格林（Bowling Green）州立大学高等教育与学生事务专业的硕士学位以及马里兰大学帕克学院大学生事务与领导力发展的关系及伦理学问题的博士学位。她在获得博士学位之前就帮助建立了布拉德利（Bradley）大学的大学生领导与公共服务中心。她同时还是领导力认同发展基础理论组的成员，该理论组最终形成了领导力发展模式的阶段性成果并出版了几本专著。

卡拉·梅克斯内尔（Cara Meixner）是詹姆斯·麦迪逊大学心理学的助理教授以及教师创新中心的主任助理。她的研究兴趣在于从个体、群体和社会的角度分析领导力及其改变，以及社区对于脑损伤个体的协助。她还对团体氛围如何对教师创新性的发展以及实验过程感兴趣。她在领导力与变革的领域获得安迪亚克（Antioch）大学博士学位、在咨询与服务专业获得马里兰大学帕克学院硕士学位、在詹姆斯·麦迪逊大学健康服务管理专业获得理学学士学位。她是领导力塑造协会领导成长委员会的成员，同时还是十字脑损伤康复有限公司的服务董事。

阿特·穆尼恩（Art Munin）在众多高校任职。他是分管学生工作的副院长。他的工作涉及学生宣传、教育与行为指导，除此以外还是咨询项目与自由研究项目的兼职教授。他还是芝加哥罗耀拉（Loyola）大学高等教育项目的兼职教授，教授"高等教育中的社会公正"一课。他还在全国直辖市非营利组织高等教育协会从事咨询工作（www. artmunin.com）。他获得了芝加哥罗耀拉大学的社区咨询的基础教学法硕士和高等教育学博士,同时还获得了德保尔大学多元文化交流专业的硕士。他的学术兴趣包括白人特权、盟友开发、多样性和司法教育方法、领导力与社会公平的决策制定等。

丹尼尔·T.奥斯蒂克(Daniel T. Ostick)是马里兰大学帕克学院 Aedle H. Stamp 学生联盟中心领导力课程发展与学术合作的协调员。同时他还是咨询与服务系领导力选修课的协调员。他是《领导力让世界更美好》的作者之一、《领导力让世界更美好》的教师指导用书的编委之一。他的学术兴趣在同性恋、双性恋以及变性学(LGBT)发展与领导力理论。他是马里兰大学大学生事务专业的在读博士生,在印第安纳大学获得学生事务管理的硕士学位以及乔治亚大学的本科学位。

朱莉·E.欧文(Julie E. Owen)是乔治·梅森大学(George Mason)新世纪学院领导力与整合研究的助理教授。她是《学生领导力项目手册(第一版)》的编委以及《领导力初探》(Jossey-Bass,2007)、《领导力评价》(*An Examination of Leadership Assessment*)(Leadership Insights & Applications,2001)、《从能力到承诺》(From Competence to Commitment)(Leadership Insights & Applications,2001)的作者之一。她是多种院校的领导力调研的主要调查人员之一,该研究着眼于体制普查。同时,她还是领导力认同发展项目的成员之一。她是电子档案经典案例研究联盟第三代成员之一,她还于 2008 年获得高等教育促进委员会的研究资助。她连续八年承担了全国领导力座谈会的合作工作,目前是座谈会的联合主席。她还是代表全国领导力项目数据库在高等教育标准促进委员会(CAS)的负责人。她于 2005 年获得了美国高等教育联合会帕特丽夏·可洛斯(K. Patricia Cross)未来领袖奖,她还活跃于领导力、社会发展、组织发展等相关领域的主持、咨询和主题发言等活动。

戴夫·罗施(Dave Rosch)是伊利诺伊大学香槟分校伊利诺伊领导力中心主任助理。他参与学校的领导力项目评价,从团体动力、系统思考、领导力伦理以及多元文化等领域进行具体的领导力教学工作。他发表了多篇关于教学法与领导力的文章,目前他在国际领导力协会领导力教育兴趣组担任会员主席。他在雪城(Syracuse)大学获得高等教育管理专业的博士学位,在科罗拉多州立大学获得高等教育学生事务专业的硕士学位,在纽约宾汉顿(Binghamton)大学获得本科学位。

克雷格·斯莱克(Craig Slack)是马里兰大学帕克学院斯坦普学生会和校园项目的主任助理,他主要负责领导力、社区参与和服务等方面的工作,同时也是全国领导力项目的主管。他还是咨询与人事服务系的联合指导员。他是《学生领导力项目手册(第一版)》的编委。他曾经在丹佛大学学生参与部任主管,同时还是得州达拉斯南卫理公会派教徒大学学生组织的协调者。他广泛参与了高等教育委员会对高等教育质量评价标准的制定。同时,他还是全国领导力研究会筹委会及全国领导力教育者协会的成员,这两个组织都隶属于全国领导力项目交流中心(NCLP)。

珍·斯米斯特(Jennifer A. Smist)是北卡罗来纳大学威明顿分校(University of North Carolina-Wilmington)领导力教育与服务中心的副主任。她为北卡罗来纳大学威明顿分校大一新生编写了"领导力与公民身份"研讨班教材《关注成功》(Focus on Success,Kendall-Hunt 出版社,2010)。她是美国高校学生事务工作人员协会国际大学生教育工作者协会学生参与委员会的理事会成员、领导力资源展览会的主席以及相关项目的副主席。她获得了马里兰大学帕克学院大学生事务专业的硕士学位以及波士顿大学心理学专业的本科学位。

安吉·温亚德(Angie Vineyard)是"为了所有孩子的家庭"组织的创始人兼执行董事,这是一家在华盛顿特区的非营利组织,致力于从事招募养父母以及寄养孩子的工作。她在为"为了所有孩子的家庭"工作之前,是全国领养理事会助理主任,同时也是马里兰大学学生事务部门的拨款协调者。她获得了桑佛德大学英语文学专业的理学学士学位。她还在华盛顿的一家非营利组织工作,主要针对公共政策问题进行研究和撰稿。

弗农·沃尔(Vernon A. Wall)有超过 25 年的专业学生事务经验。他分别在艾奥瓦州立大学、佐治亚大学、北卡罗来纳—夏洛特(Carolina-Charlotte)大学、北卡罗来纳—教堂山(Carolina-Chapel Hill)大学工作过。他在"身心健全生活(Greek Life)"、新学生倾向、学生活动、领导力发展、全球化教育以及校园之家等领域工作过。他现在华盛顿,是美国高校学生事务工作人员协会国际大学生教育工作者协会教育项目与出版工作的负责人。由于他对学生事务的投入,他获得了大量的奖项。他在社会正义与领导力领域中,是全国知名的演讲家,同时也是社会正义培训机构的创始者与促进者之一。他撰写了大量的文章并且还是两部专著的编委,这两部专著探讨的是大学校园的融入问题。他拥有印第安纳大学大学生事务管理专业的硕士学位以及北卡罗来纳州立大学公共科学专业的本科学位。更多有关他的信息可登陆 www.vernonwall.org.

温迪·瓦格纳(Wendy Wagner)在乔治·梅森大学综合研究部门工作,是乔治·梅森中心的领导和社区参与中心的主管。她是《领导力让世界更美好》以及《学生领导力项目手册(第一版)》的编委,同时还是《领导力让世界更美好》的教师指导用书的责任编辑。她同时为社会变革模式的咨询与出版服务。她曾经是全美领导力项目数据库的协调员、马里兰大学美国读算项目(American Reads* America Counts)的协调员。她教了大量的本科生,其课程质量达到了研究生的水平。2006—2009年,她是多种院校的领导力调研项目组的成员。目前她的研究方向为领导力认同发展模式的效度研究。

# 第一章

# 领导力教育的发展

苏珊·R.库米维斯

从45年前跨入高等学校的第一年起,我就被学生领导力的发展强烈地吸引住了。作为美国佛罗里达州立大学一名本科生学生领袖,我初步体会到被人们称为的"领导"。1970年,作为一名美国田纳西大学的新教员,我把领导力教学内容放入了居民辅助培训课程之中。1973年,也正是在田纳西大学我撰写了关于领导力的学位论文,接下去我以自传体的方式来展开叙述。同时,作为一名青年女性专业人员,在一系列有关女性领导力和女性职业发展的专业会议上,我打破了限制女性的"玻璃天花板",获得了许多积极的肯定。性别在领导力方面的贡献和差异深深地吸引着我。1974年在戴尼松(Denison)大学我和一位同事共同设计了一门本科生领导力课程,开始为学生组织一些领导力教育方面的讨论会,并常常与周边大学的同行们交换领导力培训项目。

早些年,作为一种反传统运动,格林利夫(Greenleaf,1970/1991)的服务型领导理论面世了。格林利夫文章的复制本,以及思想家凯西·艾伦(Kathy Allen)和帕克·帕默(Parker Palmer)的文章通过印刷模板等方式被印制出来,在朋友间作为"必读物"传阅,经过多次印制,文章的字迹已变得模糊不清。我们那些对于领导力教育怀有感情的人开始在美国高校学生事务工作人员协会资助的会议上提出我们的见解,老同事丹尼·罗伯茨(Denny Roberts)和其他人联合起来,力求在专业上聚焦大学生领导力的发展。多年以后,当看到大家的努力所取得的进步,以及很多思路促成了今天我们所看到的丰富而又深厚的领导力教育时,确实令人兴奋。

第一章通过追踪一些经过挑选的、促进领导力教育发展的历史事件和最近的发展趋势,阐述了高等学校大学生领导力发展的背景。这一背景是与领导力教育所面临的问题和需求相一致的,这里讨论的领导力教育指的是大学生领导力教育项目。正如前言中所讲的,这本书关注的焦点是大学校园的领导力项目,而且特别注重学生事务中的领导力项目。我们的假设是,为了大学生领导力教育这一推进中的共同事业,所有领导力教育工作者都应该承担起责任,读者也会把自己定位于一个需要他们去关注、能够引起他们兴趣并发挥才能的领域。

 # 一、领导力教育的专业化

过去的 30 年,领导力教育从一系列破碎的、非理论的(甚至反理论的)、缺乏共同语言或实践规范的不协调活动,发展成为一个有理论框架构建,有概念模式、实践标准和多种教育方法的专业领域。这一专业领域有学术主体、相应的评估和研究以及实践工作者的支持系统,如专业协会、研究生课程,以及能够表明以学生为中心、主动考虑和积极回应学生差异性的所有方面(Astin 和 Astin,2000;Brungardt,1996;Cress、Astin、Zimmerman-Oster 和 Burkhardt,2001;Dugan 和 Komives,2007;Komives、Dugan、Owen、Slack 和 Wagner,2006;Komives、Longerbeam、Mainella、Osteen、Owen 和 Wagner,2009)。这一领域逐渐形成的职业精神是催人奋进的。

 # 二、领导力教育发展的主题

领导力教育的历史与领导力研究的发展形影相随。这一判断包含了在领导力研究过程中推进领导力教育发展的首创精神。这一判断还包含了领导力教育的发展得益于几位领导力研究的亲历者,其中包括从事领导力发展史研究的乔治娅·索伦森(Georgia Sorenson,2000)关于简·伯恩斯(James MacGregor Burns)重要作用的分析;马克·特罗耶(Mark Troyer)关于领导力教育和领导力课程中心多个案例教学的评论(1997,2004);以及瑞纳多·郝尔(Renardo Hall)关于黑人领导力项目的回顾(个人通讯,2009 年 7 月 27 日)等。

20 世纪 90 年代中期,我着手把大学生领导力发展项目中一些有影响的人物和事件载入编年史(见本章最后的附录 1.1:现代大学生领导力项目和活动发展大事年表)。在对编年史的最初分析中,我逐渐清晰地发现,20 世纪 80 年代和 90 年代早期,领导力教育和研究的整合过程,推动领导力教育和研究达到了一个令人印象深刻的广度和深度,我明显感觉到作为一个专业领域,大学生领导力教育的专业化已经形成。丹尼·罗伯茨(2007)关于领导力教育发展的综述,把领导力教育与学生事务工作中的人生观和价值观融合在一起,为这段历史展示了新的智慧和洞察力。多年来,虽然我知道同事们对于我的评价,然而对于本章中的不足之处,我承担全部责任,我承认其中的不足来自于"苏珊版本的领导力世界",而且形成了我所具有的关于领导力教育发展内涵的框架和视角。

随着学术的发展,一些专业背景不同但对领导力很感兴趣的专家所形成的学术交叉优势,日益增加的领导力教育中心和机构,以及不同教学方法的分享等,使人们认识到领导力教育是一个正在成长中的专业领域。上述这些发展要素的逐渐成熟,推动了大学生领导力教育实践标准的建立,导致了针对大学生群体的理论、模式、评价测量以及逐渐繁荣的学术研究的发展。所有这些因素交织融合的过程,就是对于以学生为中心、在不同环境下提高学生不同工作能力的实践活动,承担起责任的过程。当前学生领导力教育的发展还包括"学生领导力产业"的出现,"学生领导力产业"主要是指与这一专业领域相关的出版商、咨询人员、职业演说家、支持学生领导力机构的私人公司、评价测量和培训机构等。

虽然有一种概括性的叙述方法,能够把所有要素都呈现出来(当一些要素成为标准要素以后,其他方面的要素会显现出来,还会使有些要素被同时扩展出来),但本章这一节主要介绍各个主题发展过程中的一些特点,便于读者看到这一专业领域日益增加的复杂性和深层次的问题。当然,还有许多其他方面的主题和事件也应该包括在这一节中,但这里主要阐述了一些关键主题的发展过程,往往是初期或早期对这一专业领域所作出的贡献。

## ▨ (一) 专业协会和它们的支持

在学生事务工作中,有好几代人对领导力教育和研究感兴趣。1974年,不少有志于从事领导力教育的学生事务专业人员在美国高校学生事务工作人员协会拓展了他们的业务范围,成立了跨协会领导力发展工作组,到其他组织争取一些志趣相投的专业人士共同参与到该组织中来,这些其他组织有:全美学生事务管理工作者协会、美国高校房屋管理国际协会(ACUHO-I)以及全国校园活动协会(NACA)等。跨协会领导力发展工作组的出色工作取得了许多开创性的成果,如提出了针对领导力培训、教育和发展等不同要求的领导力发展模式(Roberts 和 Ullom,

1989），完成了领导力资源汇编（见本章附录中的1980年部分），以及第一本学生领导力项目的书（Roberts，1981）。

1987年我来到马里兰大学，由于长期分管学生事务的副校长威廉"兄弟般"的支持，在审视了高等教育环境之后，我认定领导力教育的发展需要建立一个领导力项目数据库，把该数据库创办成一个成长中的领导力教育和研究资源中心，使其成为一个耀眼的标杆，促进领导力教育网络建设和学术水平的提升。由于一些其他团体，比如创造性领导力中心（CCL）、由南希·卢卡斯（Nance Lucas）领导的专门工作小组等机构的支持，1989年马里兰大学成立了全美领导力项目数据库。南希·卢卡斯来到马里兰大学，作为全美领导力项目数据库的共同创始人加入进来。同时，美国高校学生事务工作人员协会学生参与委员会继续保持了对于领导力教育的兴趣，全国校园活动协会（NACA）仍坚持原有的目标，2002年安思蕾·凯瑞（Ainsley Carry）在全美学生事务管理工作者协会中首创了学生领导力项目知识社区（KCSLP）。

与此同时，大学的领导力教育工作者在更广泛的区域开始重新设想他们的青年领导力教育工作，1989年建立了领导力教育工作者协会（ALE）。1998—1999年国际领导力协会（ILA）的成立，导致了一个基础广泛的领导力教育工作者团体的诞生，其中包括世界各高校的领导力教育机构和学者、社区的领导力积极分子和商业顾问等。在国际领导力协会中，领导力教育工作者兴趣小组（Leadership Education Member Interest Group）是最大的团体。

为推动该专业的发展，各协会提供了大量支持。除了综合性会议安排有领导力项目的交流外，比如美国高校学生事务工作人员协会、全美学生事务管理工作者协会等举办的综合性会议，有些领导力专业协会，如领导力教育工作者协会（ALE）和国际领导力协会组织的年会，也能为领导力学术成果和实践工作提供最充分的交流机会。有一些协会，如美国高校学生事务工作人员协会、全国校园活动协会和全美学生事务管理工作者协会，联合全美领导力项目数据库，提供了一些重要的专业发展项目。比如全国校园活动协会和全美领导力项目数据库举办的夏季全国领导力专题讨论会。在这种环境中，75%—80%的领导力教育工作者探讨了以下这些问题，比如精神境界与领导力，或者与一些重要书籍的作者、同行讨论全球领导力问题。从2004年起，美国高校学生事务工作人员协会、全美学生事务管理工作者协会和全美领导力项目数据库每两年联合资助一些新创办的且有良好声誉的领导力教育工作者机构。其他的专业发展计划还包括:国际领导力协会赞助了网上专题讨论会,全美学生事务管理工作者协会所属的学生领导力项目知识社区(KC-SLP)赞助了一些团体的电视电话会议,以及美国高校学生事务工作人员协会资助了短期的在线领导力课程。有些协会还提高了业务工作的标准,这在本章的后面还会提到。

## ■ (二) 中心、研究所和领导力产业

领导力教育发展的商业世界被大量的中心包围着,这些中心支撑着管理领导力或组织领导力的发展。如创建于 1970 年的创造性领导力中心(CCL)于 20 世纪 80 年代大胆闯入了高等教育的领导力领域。创造性领导力中心资助了学院的座谈会,出版了配合领导力教育的学习大纲,该学习大纲包含了课程要点和培训资料。当创造性领导力中心决定终止其在高等教育方面的项目后,1994 年其备受欢迎的夏季教育机构转移到了杰普生(Jepson)领导力研究学院。创造性领导力中心还把其示范课程要点资料库送给了当时新建立的全美领导力项目数据库。由罗伯特·格林利夫(Roberts Greenleaf)创建于 1964 年的应用伦理学中心得到了很大扩充,于 1985 年更名为罗伯特·格林利夫中心,现在通常称作格林利夫服务型领导力中心。20 世纪 80 年代,不同领导力背景的培训材料开始出现,如大学联合会的法伊弗(Pfeiffer)和琼斯(Jones)的培训材料;目前还有一些为了特殊目的,比如为了教会、部队、青年项目以及与教育和商业有关的社区积极分子而存在的培训中心和培训材料等。

1989 年,乔治娅·索伦森在马里兰大学建立了政治领导与参与中心(CPLP)。1996 年该中心发展成为简·伯恩斯领导力学院(James MacGregor Burns Academy of Leadership),用来自凯洛格(Kellogg)基金会的拨款资助了许多智囊团,极大地促进了领导力研究,并建立了国际领导力协会。20 世纪 90 年代每年有许多大学生领导力机构产生,包括落基山领导力中心和位于克莱蒙特·麦肯纳的克拉维斯(Kravis)中心,发行年度专题论文集。

20 世纪 80 年代,许多组织开始专注于大学生社团领导力。1984 年,全美教育界女性联合会(NAWE)赞助了全美女学生领袖大会。当全美教育界女性联合会停办以后,该大会随后又得到全美学生事务管理工作者协会和美国大学妇女协会(AAUW)的赞助。20 世纪 80 年代还出现了黑人学生领袖大会,包括在包伊州立

大学为历史上非裔学生就读高校的学生领袖举办的一系列会议。

20 世纪 90 年代中期出现了围绕学生领导力发展的产业。目前这一产业包括了大量咨询人员、积极推进这项工作的演说者,以及回形针信息服务中心(Paper-Clip Communications)和麦格纳(Magna)出版社等单位赞助的学生会议等。1994 年以来,麦格纳出版社赞助的全国学生领导力大会讨论了以能力为基础的资格认证操作过程。1992 年的《学生领袖》(*Student Leader*)是第一本学生领导力杂志。现在许多出版商的出版物(如 Sage 出版社、Jossey-Bass 出版社)提供了各种书籍和其他针对学生领导力发展的产品。在出版了法伊弗(Pfeiffer)和琼斯(Jones)的培训材料之后,Jossey-Bass 出版社还出版了《领导力挑战》(*The Leadership Challenge*)、《学生领导力挑战》(*The Student Leadership Challenge*)、《领导力探究》(*Exploring Leadership*)、全美领导力项目数据库组织编写的关于社会变革模式的书籍《领导力让世界更美好》,以及由沙恩克曼(Shankmnan)和艾伦(Allen)撰写的《学生情商领导力》(*Emotionally Leadership for Students*)等。

## ▓ (三) 学术成就

长期以来,领导力学术成就一直是非常丰满的。20 世纪 80 年代后期,当我还是研究生院的一位工作人员时,就开始了一项关于领导力学术成就的认真研究,一位同事描述我们是"在领导力森林中迷了路",希望找到走出这条令人困惑、过于泛滥的学识之路的感觉。这条出路能够变得逐渐清晰,很大程度上得益于圣地亚哥大学约瑟夫·罗斯特(Joseph Rost,1991)的工作,他出版了《面向 21 世纪的领导力》(*Leadership for the 21st Century*)一书。这本经过缜密思考的著作整理了传统的领导力模式,作者把传统领导力模式称为"管理型的"(managerial)或"工业化的"(industrial)模式,他把这一发现运用到关系型的、伦理的和过程的领导模式中,并把这些模式称为"后工业化的"(postindustrial)。

到了 20 世纪 80 年代,当人们主要关注管理型领导(managerial leadership)和政治型领导(political leadership)的时候,简·伯恩斯(Burns,1978)的《领导力》(*Leadership*)一书,鼓励领导力教育工作者接受一种转化型的、伦理的领导力发展方式。这本书强调提升追随者的作用,把关注的焦点转移到领导过程中的所有人。这一新出现的组织行为理论使得领导力教育项目在 20 世纪 80 年代早期又活跃了起来(Kolb、Rubin 和 McIntyre,1983)。库泽斯和波斯纳(Kouzes 和 Posner,1987)完成的

《领导力挑战》(*The Leadership Challenge*)和五个示范训练的研究,提出了社会或组织准则,引起了学校领导力教育工作者的注意。赫西和布兰查德(Hersey 和 Blanchard,1969)20 世纪 70 年代早期的情景领导力模式(situational leadership models)框架,后来被证明对于学生事务工作并非很适用。随后库泽斯和波斯纳(2008)开发了一些其他方面的学术资源,包括一本学生版的检查工具书《学生领导力实践细目表》(*the Student Leadership Practices Inventory*)和一本学生版的《领导力挑战》。领导力研究的主要学术成果还在继续扩大。领导力教育工作者可以在库特(Couto)的两卷本《政治和公民的领导力:参考手册》(*Political and Civic Leadership:A Reference Handbook*)中发现几乎 100 种有益的探索。

虽然有大量关于领导力教育的出版物问世,然而直到 20 世纪 90 年代才出现了几本适合给大学生使用的教材(Daft,1999;Hughes、Ginnett 和 Curphy,1993)。有些专用培训材料,比如哈特维克经典(Hartwick Classics)(Brown,1994)提出可以在人文学科运用电影和其他文学作品中的领导力资源。20 世纪 90 年代后期出现了许多被证明具有独特智慧的领导力教科书。1996 年《领导力发展的社会变革模式指南》(*the Guidebook for the Social Change Model of Leaderhsip Development*,高等教育研究中心[HERI],1996)一书出版。全美领导力项目数据库成了社会变革模式指南的守护者,并与巴斯出版社共同出版了一本学生教材《领导力让世界更美好:认识领导力发展的社会变革模式》(*Leadership for a Better World:Understanding the Social Change Model of Leadership Development*)(Komives、Wagner 等,2009)。1997 年彼得·诺思豪斯(Peter Northhouse)出版了《领导力(第一版)》(*Leadership*)(一本综合介绍领导力概况的教科书),1998 年南希·卢卡斯、提姆·麦克马洪(Tim McMahon)和我(1998,2007)出版了《领导力探究:献给想为社会变革作出积极贡献的大学生》(*Exploring Leadership:For College Students Who Want to Make a Difference*),该书介绍了关系型领导模式(the relational leadership model)。接下来出版的教材有,2008 年诺思豪斯(Northhouse)出版了一本学生练习《领导力导论:理念与实践》(*Introduction to Leadership:Concepts and Practice*),作为他的《领导力》教科书的配套教材;库泽斯和波斯纳出版了他们的学术成果《学生领导力挑战:典型领导人的五方面训练》(*The Student Leadership Challenge:Five Practices for Exemplary Leaders*),展示了他们为学生所做的工作。学术性书籍非常之多,在规范的领导力课程中,有一大批令人眼花缭乱的教科书可供领导力教育工作者选择(如 Daft,

2002；Heifetz,1994）。

1. 领导力学术期刊

关于领导力研究学术期刊,一开始是为了扩大学术影响力而创办的。这类学术期刊包括 1989 年首次面世并被高度认同的《领导力季刊》(*Leadership Quarterly*),随后是 1993 年由贝克学院发行的专注领导力教育的《领导力研究杂志》(*Journal of Leadership Studies*)。因关注的焦点发生变化,现在《领导力研究杂志》已更名为《领导力和组织研究杂志》(*Journal of Leadership and Organizational Studies*)。从 1991 年开始,全美领导力项目数据库每年发行三种专题出版物,分别是《概念与交流》(*Concepts & Connections*)、后来增加的系列专著《洞察力及其应用》(*Insights & Applications*),以及 2000 年和 2006 年出版的《学生领导力项目手册(第一版)》。其中的《概念与交流》为全美领导力项目数据库交流学术思想、校园活动亮点项目、书评以及新的研究进展发挥了积极作用。2002 年领导力教育工作者协会(ALE)首次推出了免费在线杂志,即《领导力教育杂志》(*the Journal of Leadership Education*)第一期。目前共有领导力学术期刊几十种。

2. 领导力理论与概念模式

观察 20 世纪 80 年代后期兴起的社区服务运动是非常重要的。1984 年名为"酷"的学生组织即校园服务推广协会(COOL)的成立,1985 年的校园契约联盟以及后来联邦政府所重视的全国性服务组织的建立,都是具有共性的、整体性的运动,影响着领导力运动朝着社会责任和公民参与领导的方向发展。1996 年,大学生领导力发展的重要贡献是把社会服务和领导力运动,与领导力发展的社会变革模式(SCM)联系在一起。由于一些主要研究人员如亚历山大·艾斯丁(Alexander Austin)和海伦·艾斯丁(Helen Austin),还有一些领导力教育工作者如南希·卢卡斯、丹尼·罗伯茨、托尼·钱伯斯(Tony Chambers)、卡萝尔·利兰(Karole Leland)、凯西·夏洛格(Kathy Shellog)、我本人以及其他人对于这一模式中价值观的重视,引起了认同这一模式的学生领导力教育工作者的强烈共鸣。2000 年,两位艾斯丁和同事们在《再论领导力》(*Leadership Reconsidered*)一书中详细阐述了社会变革模式,该书旨在为高等教育提出一种领导力模式,在学校的主要群体,比如教师、学生和学生事务工作人员中,对于既有约束力又具有自主权利的信仰进行审视。凯泽尔(Kezar)、卡尔杜奇(Carducci)、孔特雷拉斯-麦加文(Contreras-McGavin)(2006)注意到社会变革模式(the social change model)已成为使用最广泛的学生领导力模式。目前,作为一本新的学生教材《领导力让世界更美好:认识领导力发展的社会变革模式》的核心内容,社会变革模式已经得到广泛关注。

南希·卢卡斯、提姆·麦克马洪和我(1998,2007)把这些模式称为"新兴的模式"——如关系型或互惠型模式(relational or reciprocal models)——因为它们强调领导是与工作人员一起朝着共同目标奋斗的动态过程。这些模式进一步突出了领导品质的作用,后来阿维里奥(Avolio)和他的同事把这种品质称为"诚信"(authenticity)。

第二种有意义的理论是通过领导力在现实中如何学习和发展的研究呈现出来的。许多学者发表了他们的研究成果,提出了一些领导力概念模式(Brungardt,1996;Day,2002;Hall,2004;Hogg,2001;Lord 和 Hall,2005;van Velsor 和 Drath,2004)。2001 年,马里兰大学一个研究团队进行了一项关于大学生在关系型领导力模式中如何发展的有效性研究,该研究导致了领导力认同发展模式(LID)的产生(Komives、Owen、Longerbeam、Mainella 和 Osteen,2005)。在撰写这本《学生领导力发展手册》的时候,领导力认同发展模式(LID)受到了领导力教育工作者的热情欢迎,还将在进一步的研究中得到应用,发挥作用。在第二章我们将进一步阐述这些理论框架。

3. 理论上的整合

开发领导力教育项目是为了在一系列不同的背景条件下,帮助学生个体增加知识、改善态度、开发有效领导的能力。早期领导力项目设计主要受到奇克林和雷瑟(1969;Chickering 和 Reisser,1993)心理社会指向和不同认识过程发展模式的影响(Belenky、Clinchy、Goldberger 和 Tarule,1986;Perry,1968/1970)。最近几年,为了把一些领导力概念与个人身份和个人发展联系起来,领导力教育工作者已经通过一些社会身份的融合,把一些领导力概念整合起来(比如,不同种族的领导力发展、不同性别的领导力发展、性取向等)(Hoppe,1998;Komives、Longerbeam,2009;Lord 和 Brown,2004)。

## ■ (四) 教育项目和教学方法的多样化

1980 年以前,一些集体课外活动中的领导力项目,为有职务的学生提供特殊的领导力培训,比如为学生组织负责人、学生宿舍助理等。随着时间的推移,这些培训项目扩展到了一些非正式的活动中,同时还为一些特定目标人群,比如妇女和一些有潜力的未来领导人举办研讨会。朋辈领导力指导模式逐步得到发展,并被一些友好组织总结和提炼。随着领导力教育的发展,通过专业课程与辅助课程进行的两种教学方式既有被区别对待设立的(如有领导力辅修科目和主修科目),也有被整合在一起开设的(如一些新课程常常由从事学生事务的教育工作者来开设并讲授,同时得到课程所在系的支持)。1999 年,凯洛格基金会发布了第一项关于领导力项目要素的综合性研究,齐默尔曼-奥斯特(Zimmerman-Oster)和伯克哈特(Burkhardt)的《领导力塑造》(*Leadership in the Making*)一书介绍了能力开发项目的一些通用实践活动,还介绍了不同学校的案例教学方法。这项研究展示了领导力教育项目早期研究所产生的效果。

1. 学术项目

早期的领导力辅修科目和主修科目通常是在一些主要捐赠人的鼓励下开设的。例如,1989 年玛瑞埃塔(Marietta)大学的麦克唐纳中心(McDonough Center)、1992 年玛瑞埃塔大学杰普生领导力研究院创建的第一个领导力主修科目,以及开设的第一门领导力课程均得益于外来捐赠。目前估计已有超过 1 000 所高校提供了领导力课程、辅修科目或者主修科目(Brungardt、Greenleaf、Brungardt 和 Arensdorf,2006)。上述学术项目包含在许多学科中,被越来越多地作为跨学科项目来设计。目前,在一些社会认同的团体之间所开展的领导力学术项目,也在促进领导力学科的发展。

2. 体验式学习

从事学生事务的教育工作者一直重视体验式学习,他们不会仅仅局限于课堂教学的灌输模式。虽然体验式学习的源头可以追溯到约翰·杜威(John Dewey),但科尔布(Kolb,1981)的体验式学习模式已经成为许多课程学习模式的基础。比如探险教育这种领导体验,可以追溯到第二次世界大战以后,并发展成了"攀越俱乐部"(Upward Bound)(Miles 和 Priest,1999;Priest 和 Gass,2005),近期探险教育的运用包含了高空和低空两种绳索课程(Rohnke、Wall、Tait 和 Rogers,2007)。服务性学习的教学方法已经被确认为一种高效的领导力发展的学习方法(Dugan 和 Komives,2007),通过服务性学习这种教学方法,社区服务更加丰富了,同时也是提高领导者社会责任意识的主要手段(高等教育研究中心,1996)。

## （五）领导力教育标准

与任何学科的发展一样,专业人员都试图找到一种最好的实践载体和规范性文件的标准化编写方法。早期的一次全国领导力专题研讨会(得到全美领导力项目数据库和全国校园活动协会的资助)就实践标准达成了共识,通过实践标准去指导领导力教育工作者。由南希·卢卡斯、艾丽森·步利斯·米得(Alison Breeze Mead)、特蕾西·提尔(Tracy Tyree)、丹尼·罗伯茨和我等领导力教育工作者组成的全美领导力项目数据库的一个委员会,向高等教育标准促进委员会提交了一份报告。1996 年该委员会采纳了我们的建议。这是一个著名的领导力教育标准,包括一项在学生领导力项目中对道德实践活动实行强制审批的内容。该标准可以从高等教育标准促进委员会(CAS)(www.cas.edu)和全美领导力项目数据库获得。在国际领导力协会的发展过程中,领导力教育工作者兴趣小组也看到了制定领导力课程标准和全部课程项目标准的需求(如主修科目和辅修科目)。2006 年国际领导力协会的一个工作小组决定设置一些指南性质的领导力课程和项目的标准要素,并把领导力认同发展模式(LID)作为展示标准要素的框架(Ritch,2008)。

20 世纪 90 年代,学习效果运动与领导力教育工作者的工作交织在一起,导致现在的领导力教育项目通常都要包含对于学生学习效果的预期。这项运动可以通过一些专业文件得到证明,如 2003 年的领导力教育要求说明书,作为高等教育标准促进委员会一项工作成果,已被收录到全美学生事务管理工作者协会和美国高校学生事务工作人员协会(ACPA)编写的《学习再思考》(*Learning Reconsidered*, 2004)一书中。在《学习再思考 2》(Komives 和 Schoper,2006)这本书中,作者将领导力教育要求说明书作为一个范例在使用。虽然我们把当代领导关系的教育作为实现高等学校历史使命和目标的载体,但如何评价领导力教育项目的效果,仍有很多工作要做。

## （六）评估和研究

评估管理型领导人的工具通常会用到这些词汇,如"管理者"(supervisors)和"部下"(subordinates)等,但这些词汇很难用于高等学校的学生群体。尽管人们并没有把迈尔斯—布里格斯性格分类指标(Myers-Briggs Type Indicator,MBTI)作为领导力的测量工具(Komives,1992),但 1992 年一项小型的、用于高校领导力项目评估工具的研究,让我们了解到迈尔斯—布里格斯性格分类指标是人们了解最多、使用最广的工具。在法伊弗和琼斯的早期工作中,他们(1981)提出了一套更便于使用和评估工作人群关系的工具,但是真正能用于学生的测评方法,是一直到《领导力实践细目表》(LPI)、《学生领导力实践细目表》(Brodsky,1988;Posner 和 Brodsky,1993)以及贝斯和阿维里奥(Bass 和 Avolio,1991;Bass,1985)对多因素领导力调查问卷进行改编后才出现的,用于学生的测评问卷主要是对伯恩斯(Burns,1978)的转化型领导(transforming leadership)概念开展了调查和评估。

在院校合作研究项目中,加利福尼亚大学洛杉矶分校高等教育研究中心(HERI)教授海伦·艾斯丁、亚历山大·艾斯丁和他们的研究生常常把领导力作为一种由许多项目组成的综合变量来研究。来自于他们的研究数据促进了《领导力塑造》(Cress 等,2001;Zimmerman 和 Burkhardt,1999)和其他领导力研究工作(如 Antonio,2001;Kezar 和 Moriarty,2000;Smart、Ethington 、Riggs 和 Thompson,2002)的开展。

1998 年,马里兰大学博士研究生特蕾西·提尔开发了社会责任领导力量表(SRLS),用以测量社会变革模式。在 2006 年多院校领导力调研项目(MSL)的实施过程中(Dugan 和 Komives,2007),一份修订过的社会责任领导力量表(SRLS)第一次成为这项以理论为基础的全国性调研项目的核心。目前,在 2006 年瓦贝西全国文理学院的调查中也使用了社会责任领导力量表(SRLS)。在 2009 年的一次全国调查中,许多领导力调查项目都使用了领导态度与信仰量表(Leadership Attitudes and Beliefs Scale)(Wiekiewicz,2000),现在使用得更为普遍了。

## 三、当前的问题与需求

为了促进领导力研究的发展和新研究领域的繁荣,继续发挥领导力教育的实践功能,还会有许多新课题需要我们去探索,因为领导力教育仍在继续发展。为了真正实现领导力教育的进步,我们必须紧紧抓住领导力教育项目的一些基本问题,比如教育项目的使命、针对性、项目设计和执行等要点。这些问题反映了高等学校领导力教育发展按时间顺序排列的逻辑演变过程。下面将重点讨论目前存在的一些问题。

## ■ （一）大学使命与社会认同

为了使领导力教育成效体现在大学使命和学校的战略规划中,领导力教育工作者仍需继续工作。由于许多高校卓有成效的工作,人们对于领导力重要性的认可程度正在逐渐提高(美国高等学校协会,2007;全美学生事务管理工作者中心和美国高校学生事务工作人员协会,2004)。一些教育部门认可的区域性认证机构也对学校提出了新要求,要求学校确认本校的办学优势已经与大学使命相结合,并融入学校的办学质量提高计划中(见 www. sacs. org/南部大学和学院联合会)。有些大学,如佛罗里达大学已经明确表示,领导力是学校的教育重点,是培养学生的目标之一。领导力教育工作者需要分享更多用以支持这一全校性计划贯彻和发展的资源或资料,把领导力项目的参与与可测量的教育效果相接合,更好地证明这些项目和服务是有意义和成效的。

## ■ （二）学习成效与责任

领导力教育工作者需要一些实质性的帮助去确认学习成效,有意识地设计一些实践活动去开发学习成效,然后根据学习成效来评价学生的成长。教育工作者过于坚持长期性项目,期望这些项目未来能取得一定成效,而不是首先从学习成效入手设计一些能取得实效的学习项目(Komives 和 Schoper,2006)。我们还需要一些更易使用、基于理论的领导力测评方法,满足不同环境和不同模式的测评需求。我们还需要一些综合性的研究计划,用于审视校内(外)、有助于提升领导力学习成效、随不同学生群体变化的工作经验。

## ■ （三）领导力项目发展的关键要素

多院校领导力调研项目(MSL)所开展的研究(Owen,2009)和其他人员(Eich,2008、2009;Reinelt、Sullivan 和 Foster,2003)的研究,有助于人们认同领导力项目的一些关键要素,如项目使命、教师、资金和评价等一些支撑领导力项目效果的要素。为了学习效果的持续发展,有些关键资源对于项目的持续是不可少的。除此之外,我们还应该进一步了解,这些要素中的哪些要素对于项目的持续发展起到核心作用。目前有太多的领导力项目是因为某一专业人员的兴趣而存在的,他建立了一个不可能持续发展的项目,当他离开本岗位另就他职时,该项目便中断了。

## ■■ （四）高质量的领导力项目

领导力项目似乎集中在一些人们偏爱且反复组织的项目上（如新生野营和人们普遍知晓的一些领导力项目），集中在一些学习内容丰富的高质量领导力项目的设计和认同上（如教师指导、社会文化问题的讨论等）（Dugan 和 Komives，2007）。这些想法并非是互相排斥的，我们应该把能够对学生学习产生最好影响的教育学方法植入到现存的领导力项目中（Dugan 等，即将出版）。认同这些局部地区的高质量领导力项目，对于提高更多学生的学习效果是至关重要的。来自于全美学生参与状况的研究和实证性的有效教育实践项目研究所获得的发现，证明了在很多学有成效的地区，这种高质量的领导力项目是很有价值的（见 www. nsse. iub. edu/）。

## ■■ （五）团体中的过程领导

为了提高领导力教育的有效性，教育工作者会很自然地设计一些项目来开发学生个人的能力。我们往往把学生看作是一个发展个体，很少去关注团体成员之间的领导过程，或在领导力发展进程中团体文化的影响过程。领导力认同发展模式（LID）的发现，证明了对于认识到团体成员之间相互依存关系的人，更有可能发展成关系型领导者（Komives 等，2005），然而很少有人知道这种相互依存的责任是如何发展的，或者说在推动团体变化的力量中，使这种相互依存的责任常态化的实践活动是如何发展的。

## ■■ （六）领导力被社会认同的独特纬度

在"领导的表达方式"（languaging of leadership）方面，持续多年的问题或许会让一些最有可能受益，同时（或）对领导力发展有所贡献的真正的学生团体远离领导力的发展。具有"领袖"品质的人也许会从团体中脱颖而出，这也许是占统治地位的文化共同选择的结果，换句话说，他们与那些领导效率低下的人似乎存在着明显的不同（Arminio 等，2000；Chin、Lott、Rice 和 Sanchez-Hucles，2007）。教育工作者必须有一些办法吸引那些可以实现领导力发展，同时需要支持和改变的学生团体。在这些团体中，女性是当前最需要优先考虑的群体（Eagly 和 Carli，2007）。我们需要关注在男性占统治地位的文化中，男性如何学习领导力以及如何更多地发展关系型的领导方式。为了更好地理解这种独特的发展经历，了解其他一些长期被边缘化的需求，了解在实践中学习领导力的学生群体的需要，我们有必要和社会认同的地区一道创建一些可靠的培养基地。

通过政策、研究和实践等途径，对上述这些问题和其他问题进行探索，将会继续推进领导力教育工作的发展。每一所学校都应该有自己独特的发展途径和需要关注的问题，这种发展途径与需要关注和解决的问题应该包含在本校的发展规划中。本书编写人员鼓励所有领导力教育工作者去了解全国和本地区领导力项目的发展史，以便我们能够把领导力项目放在一定的历史背景下，跟踪这些项目的未来发展。

 **参考文献**

Allen, K. E. , & Cherrey, C. (2000). *Systemic leadership: Enriching the meaning of our work.* Lanham, MD: University Press of America.

Antonio, A. L. (2001). The role of interracial interaction in the development of leadership skills and cultural knowledge and understanding. *Research in Higher Education*, *42*, 593—617.

Arminio, J. L. , Carter, S. , Jones, S. E. , Kruger, K. , Lucas, N. , Washington, J. . . . Scott, A. (2000). Leadership experiences of students of color. *NASPA Journal*, *37*, 496—510.

Association of American Colleges and Universities. (2007). *College learning for the new global century.* Washington, DC: Author.

Astin, A. W. , & Astin, H. S. (2000). *Leadership reconsidered: Engaging higher education in social change.* Battle Creek, MI: W. K. Kellogg Foundation.

Avolio, B. J. , & Bass, B. M. (1991). *The full range of leadership development.* Binghamton, NY: State University of New York, Center for Leadership Studies.

Avolio, B. J. , & Gardner, W. L. (2005). Authentic leadership development: Getting to the root of positive forms of leadership. *Leadership Quarterly*, *16*, 315—338.

Bass, B. M. (1985). Leadership and performance beyond expectations. New York, NY: Free Press.

Bass, B. M. (1990). *Bass & Stogdill's handbook of leadership: Theory, research, and manageri-al applications.* New York, NY: Free Press.

Belenky, M. F. , Clinchy, B. M. , Goldberger, N. R. , & Tarule, J. M. (1986). *Women's ways of knowing: The development of self, voice, and mind.* New York, NY: Basic Books.

Bordas, J. (2007). *Salsa, soul, and spirit: New approaches to leadership from Latino, Black, and American Indian communities.* San Francisco, CA: Berrtt-Koehler.

Brodsky, B. (1988). *Development of a modified version of the Leadership Practices Inventory for use with college students.* Unpublished master's thesis, San Jose State University, San Jose, CA.

Brown, J. C. (1994). Leadership education through humanistic texts and traditions: The Hartwick Classics. *Journal of Leadership & Organizational Studies, 1*, 104—116.

Brungardt, C. (1996). The making of leaders: A review of the research in leadership development and education. *Journal of Leadership Studies, 3*(3), 81—95.

Brungardt, C., Greenleaf, J., Brungardt, C., & Arensdorf, J. (2006). Majoring in leadership: A review of undergraduate leadership degree programs. *Journal of Leadership Education, 5*(1), 4—25.

Burns, J. M. (1978). *Leadership.* New York, NY: Harper & Row.

Chickering, A. W. (1969). *Education and identity.* San Francisco, CA: Jossey-Bass.

Chickering, A. W., & Reisser, L. (1993). *Education and identity* (2nd ed.). San Francisco, CA: Jossey-Bass.

Chin, J. L., Lott, B., Rice, J. K., & Sanchez-Hucles, J. (2007). *Women and leadership: Transforming visions and diverse voices.* Malden, MA: Blackwell.

Clark, K. E., & Clark, M. B. (1990). (Eds.). *Measures of leadership.* West Orange, NY: Leadership Library of America.

Council for the Advancement of Standards in Higher Education. (1996). *CAS standards for leadership programs.* Washington, DC: Author.

Couto, R. A. (Ed.). (2010). *Political and civic leadership: A reference handbook* (Vols. 1 and 2). Thousand Oaks, CA: Sage.

Covey, S. R. (1989). *The 7 habits of highly effective people.* New York, NY: Simon & Schuster.

Cress, C. M., Astin, H. S., Zimmerman-Oster, K., & Burkhardt, J. C. (2001). Developmental outcomes of college students' involvement in leadership activities. *Journal of College Student Development, 42*, 15—27.

Daft, R. L. (1999). *Leadership: Theory and practice.* New York, NY: Dryden.

Daft, R. L. (2002). *The leadership experience* (2nd ed.). Mason, OH: Thompson.

Day, D. V. (2001). Leadership development: A review in context. *Leadership Quarterly, 11*,

581—613.

Dugan, J. P. , Bohle, C. W. , Gebhardt, M. , Hofert, M. , Wilk, E. , & Cooney, M. A. (in press). Influences of leadership program participation on students' capacities for socially responsible leadership. *Journal of Student Affairs Research & Practice.*

Dugan, J. P. , & Komives, S. R. (2007). *Developing leadership capacity in college students: Findings from a national study.* College Park, MD: National Clearinghouse for Leadership Programs.

Eagly, A. H. , & Carli, L. L. (2007). *Through the labyrinth: The truth about how women become leaders.* Boston, MA: Harvard Business School Press.

Eich, D. (2008). A grounded theory of high-quality leadership programs: Perspectives from student leadership development programs in higher education. *Journal of Leadership & Organizational Studies, 15*(2), 176—187.

Eich, D. (2009). Using leadership education research and assessment to positively impact leadership program outcomes. *Concepts & Connections, 16*(3), 7—10.

Etzioni, A. (1993). *The spirit of community: Rights, responsibilities and the communitarian agenda.* New York, NY: Crown.

Fluker, W. E. (2009). *Ethical leadership and the quest for character, civility and community.* Minneapolis, MN: Fortress Press.

Greenleaf, R. K. (1970/1991). *The servant as leader.* Indianapolis, IN: Robert K. Greenleaf Center.

Hall, D. T. (2004). Self-awareness, identity, and leader development. In D. V. Day, A. J. Zaccaro, & S. M. Halpin (Eds), *Leadership development for transforming organizations: Growing leadership for tomorrow* (pp. 153—176). Mahwah, NJ: Lawrence Erlbaum.

Heifetz, R. A. (1994). *Leadership without easy answers.* Cambridge, MA: Harvard University Press.

Hersey, P. , & Blanchard, K. H. (1969). Life-cycle theory of leadership. *Training and Development Journal, 23,* 153—170.

Higher Education Research Institute. (1996). *A social change model of leadership development: Guidebook version Ⅲ.* College Park, MD: National Clearinghouse for Leadership Programs.

Hogg, M. A. (2001). A social identity theory of leadership. *Personality and Social Psychology Review, 5,* 184—200.

Hoppe, M. H. (1998). Cross-cultural issues in leadership development. In C. D. McCauley, R. S. Moxley, & E. Van Velson (Eds). *Handbook of leadership development: Center for creative lead-*

ership (pp. 336—378). San Francisco, CA: Jossey-Bass.

Hughes, R. L. ,Ginnett, R. C. , & Curphy, G. J. (1993). *Leadership: Enhancing the lessons of experience*. Homewood, IL: Richard D. Irwin.

Kezar, A. J. , Carducci, R. , Contreras-McGavin, M. (2006). *Rethinking the "L" word in higher education: The revolution in research on leadership*. ASHE Higher Education Report 31(6). San Francisco, CA: Jossey-Bass.

Kezar, A. , & Moriarty, D. (2000). Expanding our understanding of student leadership development: A study exploring gender and ethnic identity. *Journal of College Student Development*, *41*, 55—68.

Kolb, D. A. (1981). Learning styles and disciplinary differences. In A. W. Chickering & Associates (Eds.). *The modern American college: Responding to the new realities of diverse students and a changing society* (pp. 232—255). San Francisco, CA: Jossey Bass.

Kolb, D. A. , Rubin, I. M. , & McIntyre, J. M. (1983). *Organizational psychology: An experiential approach to organizational behavior*. Englewood Cliffs, NJ: Prentice Hall.

Komives, S. R. (1992). Foreword. In N. Snyder-Nepo, *Leadership assessments: A critique of common instruments* (Leadership Paper #4). College Park, MD: National Clearinghouse for Leadership Programs.

Komives, S. R. , Dugan, J. , Owen, J. E. , Slack, C. , & Wagner, W. (Eds.). (2006). *Handbook for student leadership programs*. College Park, MD: National Clearinghouse for Leadership Programs.

Komives, S. R. , Longerbeam, S. D. , Mainella, F. , Osteen, L. , Owen, J. E. , & Wagner, W. (2009). Leadership identity development: Challenges in applying a developmental model. *Journal of Leadership Education*, *8*(1), 11—47.

Komives, S. R. , Lucas, N. , & McMahon, T. R. (1998/2007). *Exploring leadership: For college students who want to make a difference*. San Francisco, CA: Jossey-Bass.

Komives, S. R. , Owen, J. E. , Longerbeam, S. D. , Mainella, F. C. , & Osteen, L. (2005). Developing a leadership identity: A grounded theory. *Journal of College Student Development*, *46*, 593—611.

Komives, S. R. , & Schoper, S. (2006). Developing learning outcomes. In R. Keeling (Ed.), *Learning Reconsidered 2: Implementing a campus-wide focus on the student experience* (pp. 17—41). Washington, DC: NASPA & ACPA.

Komives, S. R. , Wagner, W. , & Associates. (2009). *Leadership for a better world: Under-*

standing the social change model of leadership for development. A publication of the National Clearinghouse for Leadership Programs. San Francisco, CA: Jossey-Bass.

Kouzes, J. M., & Posner, B. (1987/2007). *The leadership challenge.* San Francisco, CA: Jossey-Bass.

Kouzes, J. M., & Posner, B. Z. (2008). *The student leadership challenge: Five practices for exemplary leaders.* San Francisco, CA: Jossey-Bass.

Lord, R. G., & Brown, D. J. (2004). *Leadership processes and follower self-identity.* Mahwah, NJ: Lawrence Erlbaum.

Lord, R. G., & Hall, R. J. (2005). Identity, deep structure and the development of leadership skill. *Leadership Quarterly, 16,* 591—615.

Marable, M. (1998). *Black leadership.* New York, NY: Columbia University Press.

Miles, J. C., & Priest, S. (1999). *Adventure programming.* State College, PA: Venture.

National Association of Student Personnel Administrators, & American College Personnel Association. (2004). *Learning reconsidered: A campus-wide focus on the student experience.* Washington, DC: Author.

Northouse, P. G. (1997). *Leadership: Theory and practice.* Thousand Oaks, CA: Sage.

Northouse, P. G. (2008). *Introduction to leadership: Concepts and practice.* Thousand Oaks, CA: Sage.

Outcalt, C. L., Faris, S. K., & McMahon, K. N. (Eds.). (2000). *Developing nonhierarchical leadership on campus: Case studies and best practices in higher education.* Westport, CT: Greenwood Press.

Owen, J. E. (2009). A snapshot of collegiate leadership programs: Data and implications from the Multi-Institutional Study of Leadership Institutional Survey (MSL-IS). *Concepts & Connections, 16* (3),1,3—6.

Pfeiffer, J. W., & Jones, J. E. (1981). *Reference guide to handbooks and annuals* (rev. ed.). San Diego: University Associates Publishers.

Perry, W. G., Jr. (1968/1970). *Forms of intellectual and ethical development in the college years: A scheme.* New York, NY: Holt, Rinehart, & Winston.

Posner, B., & Brodsky, B. (1993). The leadership practices of effective RAs. *Journal of College Student Development, 34,* 300—304.

Priest, S., & Gass, M. A. (2005). *Effective leadership in adventure programming* (2nd ed). Champaign, IL: Human Kinetics.

Reinelt, C. , Sullivan,S. , & Foster, P. (2003). *Evaluating outcomes and impacts: A scan of 55 leadership development programs.* Battle Creek, MI: W. K. Kellogg Foundation.

Ritch, S. (2008). *Guidelines for leadership education learning community.* Retrieved from www. ila-net. org/Communities/LC/Guidelines. htm.

Roberts, D. C. (Ed. ). (1981). *Student leadership programs in higher education.* Carbondale, IL: American College Personnel Association.

Roberts, D. C. (2007). *Deeper learning in leadership: Helping college students find the potential within.* San Francisco, CA: Jossey-Bass.

Roberts, D. , & Ullom, C. (1989). Student leadership program model. *NASPA Journal, 27,* 67—74.

Rohnke, K. , Wall, J. , Tait, M. , & Rogers, D. (2007). *The complete ropes course manual* (4th ed. ). Dubuque,LA: Kendall/Hunt.

Rost, J. (1991). *Leadership for the 21st century.* Westport, CT: Praeger.

Schwartz, M. K. , Axtman, K. M. , & Freeman, F. H. (Eds. ). (1998). *Leadership education: A source book of courses and programs* (7th ed. ). Greensboro, NC: Center for Creative Leadership.

Smart, J. C. , Ethington, C. A. , Riggs, R. O. , & Thompson, M. D. (2002). Influences of institutional expenditure patterns on the development of students' leadership competencies. *Research in Higher Education, 43,* 15—132.

Sorenson, G. (2000, August). *An intellectual history of leadership studies: The role of James MacGregor Burns.* Presentation at the annual meeting of the American Political Science Association, Washington, DC.

Troyer, M. J. (1997, December 15). *The growth of leadership development programs in higher education.* Unpublished paper, University of Kentucky.

Troyer, M. J. (2004). *The challenges of leadership: A study of an emerging field* (doctoral dissertation). Retrieved from *Dissertations & Theses (ProQuest).* (AAT 3127817)

Tyree, T. M. (1998). Designing an instrument to measure socially responsible leadership using the social change model of leadership development. *Dissertation Abstracts International, 59* (06). (AAT 9836493)

Van Velsor, E. , & Drath, W. H. (2004). A lifelong developmental perspective on leader development. In C. D. McCauley & E. V. Velsor (Eds. ). *The Center for Creative Leadership handbook of leadership development* (pp. 383—414). San Francisco, CA: Jossey-Bass.

Walters, R. W., & Smith, R. C. (1999). *African American leadership*. SUNY series in Afro-American studies. Albany, NY: State University of New York Press.

Wiekiewicz, R. M. (2000). The Leadership Attitudes Beliefs Scale: An instrument for evaluating college students' thinking about leadership and organizations. *Journal of College Student Leadership*, *41*, 337—349.

Wren, J. T. (1995). *The leader's companion*: Insights on leadership through the ages. New York, NY: The Free Press.

Zimmerman-Oster, K., & Burkhardt, J. C. (1999). *Leadership in the making*: Impact and insights from leadership development programs in U. S. colleges and universities. Battle Creek, MI: W. K. Kellogg Foundation.

# 附录 1.1:现代大学生领导力项目和活动发展大事年表

| 年份 | 学术成就<br>（含研究成果） | 协会/事件/人物<br>（协会名称列在附录后面） | 评论/附加背景 |
| --- | --- | --- | --- |
| 1970 以前 | | 美国学生协会 | 提供了学科交流的平台和协会的支持 |
| 1970 | 服务型领导人 | 罗伯特·格林利夫 | 罗伯特·格林利夫最早在一系列文章中,后在 1977 年集结而成的《服务型领导》一书中阐述了这一思想,该书由坡利斯特出版社出版 |
| 1973 | 《社团工作人员年度手册》 | 约翰·琼斯、法伊弗 | 法伊弗和琼斯的公司(后来更名为大学联合会,随后并入巴斯出版社)开始出版一些实用的、用于不同团体和不同领导力专题的培训材料 |
| 1976 | | 美国高校学生事务工作人员协会（ACPA）第四委员会（学生参与委员会）领导力特别小组 | 也许是学生事务协会认真聚焦于学生领导力发展的第一次尝试 |
| | | 科罗拉多大学和佛罗里达大学开始将综合性的领导力项目与校园的学生领导力项目区分开来 | 在时间上科罗拉多大学(1972 年)早于马里兰大学 |

（续表）

| 年份 | 学术成就<br>（含研究成果） | 协会/事件/人物<br>（协会名称列在附录后面） | 评论/附加背景 |
|---|---|---|---|
| 1977 | 服务型领导 | 罗伯特·格林利夫 | 最早的一系列与服务型领导相关的论文。AT&T公司罗伯特·格林利夫的个人影响因素概念剔除了许多领导过程中的服务型领导 |
| 1978 | | 建立了跨协会领导力发展工作组（美国高校学生事务工作人员协会［ACPA］/全美学生事务管理工作者中心［NASPA］/美国高校房屋管理国际协会［ACUHO-I］） | 主席：丹尼·罗伯茨（由美国高校学生事务工作人员协会［ACPA］第四委员会的领导力项目委员会产生） |
| | 《领导力》 | 詹姆斯·麦克格里·伯恩斯 | 詹姆斯·麦克格里·伯恩斯这本有深远影响的书进一步促进了领导力的研究 |
| | | 麦格纳出版社资助了全国第一次高校大学生领导力会议 | www.magnapubs.com/<br>注：1978年会议是网页上有记录的第一次 |
| 1979 | | 国际政治心理学协会会议 | 伯恩斯、海费茨和其他人就领导力议题参与了这次会议（特罗耶，1997年） |
| | | 圣地亚哥大学领导力研究项目（学术项目） | 由罗斯特和菲利普·王创设 |
| 约1980 | 领导力项目 | 美国高校学生事务工作人员协会（ACPA）第四季员会/跨协会领导力发展工作组主席帕特·布朗——领导力项目资料手册 | 相关资料、演讲人材料等的汇编 |
| 1981 | 高等学校领导力发展项目 | 丹尼·罗伯茨 | 丹尼·罗伯茨（1981年）编辑了学生事务工作中第一本聚焦于学生领导力的专业书籍，作为美国高校学生事务工作人员协会（ACPA）第四委员会的一个项目 |
| 1983 | | 海费茨在哈佛大学第一次讲授了"领导力"课程 | 特罗耶（1997年）注：在哈佛大学之前，有些高校已开设了其他领导力课程 |
| 1983—1987 | | 领导力教育会议（由创造性领导力中心资助） | 召开过五次针对高等学校领导力教育的会议 |

| 年份 | 学术成就<br>（含研究成果） | 协会/事件/人物<br>（协会名称列在附录后面） | 评论/附加背景 |
|---|---|---|---|
| 1984 | | 全国高校女生领袖大会 | 该大会之前，高校女生协会（IAWS）召开过一次大会；从1984到1989年，由埃米莉·泰勒领衔的美国教育委员会（ACE）、美国高校妇女协会（AAUW）、全国高校女院长、女管理人员和学生指导教师协会（NAWDAC）中高等教育妇女办公室团队，共同资助召开了该大会；1989年以来，先后由全美教育界女性联合会（NAWE）、美国高校妇女协会（AAUW）和全美学生事务管理工作者协会（NASPA）妇女中心继续支持该大会的举办 |
| | | 成立校园服务推广协会（COOL） | 学生领导的全国性服务组织 |
| 1985 | | 形成校园契约组织罗伯特·格林利夫中心（之前称为应用伦理学中心） | 大学校长联合起来开展服务。1964年，该中心由罗伯特·格林利夫创建；1985年因罗伯特·格林利夫的荣誉而重新命名；赞助与服务型领导有关的年会 |
| | | 美国空军学院鲍勃·格里高利（在创造性领导力中心休假期间）开展了一项高校领导力活动认同情况的调查 | 收到400多人的回复；创造性领导力中心邀请他们参加了一次会议，通报了调查情况 |
| 1986 | 《领导力教育：原始资料集》 | 创造性领导力中心出版的第一本资料集 | 1986年第一次出版，教学大纲和资料汇编在夏季领导力教育会议上进行了交流；接着在1986、87、90、92、94年再版，后来在1996和98年出版二卷本。如迈克尔·施瓦兹、克里斯汀·阿特曼、弗里曼（1998年）的版本 |
| | 出版《校园领导力项目》 | 全美高校联盟自由学习委员会—欧文·施皮茨伯格汇聚了多所学校的学者、教育工作者以及实践工作人员参与编写 | 卢斯·格兰特代表全美高校协会（现在的全美高校联盟）资助了三所学校的领导力研究和实践项目（特罗耶，1997年） |

（续表）

| 年份 | 学术成就<br>（含研究成果） | 协会/事件/人物<br>（协会名称列在附录后面） | 评论/附加背景 |
|---|---|---|---|
| 1987 | 《领导力挑战》 | 库泽斯、巴里·波斯纳 | 库泽斯、巴里·波斯纳出版了第一版——主要是一些比较容易应用、被广泛用于学生领导力课程的实践活动 |
| | | 为道德准则而建立的约瑟夫森中心 | 提升了青年人的道德准则；建立了品质法庭联合体；约瑟夫森中心网址：www.josephsoninstitute.org |
| | | 凯洛格基金会提出了把领导力发展作为大学专业课程项目的倡议 | 在不同的领导力项目中投入了2 500多万美元（特罗耶，1997年） |
| 1988 | | 组建了领导力培育公司 | 作为一家领导力培育机构而建立，1986年得到阿尔法大学生联谊会的资助，并作为一家非营利机构逐步得到发展；该公司网址：www.leadershape.org |
| | 《学生领导力实践细目表》 | 布罗德斯基、巴里·波斯纳 | 1988年布罗德斯基的硕士论文对学生领导力实践细目表（LIP）进行了改善和测验。由布罗德斯和巴里·波斯纳发表（1993年） |
| 1989 | 《高效率人士的七个习惯》 | 史蒂芬·柯维 | 通俗易懂的概念被广泛用于学生领导力课程之中（史蒂芬·柯维，1989年）；1991年《以原则为中心的领导》继续使用这些概念 |
| | 《服务性学习中的最佳实践活动原则》 | 由会议参与者发布政策声明 | 由70多个组织参加的扩大会议 |
| | 发布了跨协会领导力发展工作组的领导力模式 | 强调了培训、教育和发展三个层面 | 丹尼·罗伯茨、克雷格·乌勒姆（得到乔治·贝塔斯、帕特里克·布朗、托尼·钱伯斯、南希·卢卡斯、安摩根、提姆·麦克马洪、丹尼·罗伯茨、罗纳德·斯莱匹扎、乌勒姆等人的进一步发展），罗伯茨、乌勒姆（1989年） |
| | 《领导力季刊》 | 艾尔塞委为政治学、行为科学和社会科学创办了在领导力理论、研究和实践中的一流期刊 | 发行了第一期 |

| 年份 | 学术成就（含研究成果） | 协会/事件/人物（协会名称列在附录后面） | 评论/附加背景 |
|---|---|---|---|
| | 首次受邀的领导力学术报告会（马里兰大学、全美领导力项目数据库、全国校园活动协会、跨协会领导力发展工作组） | 组织者苏珊·库米维斯、南希·卢卡斯、保罗·莫提那理、凯伦·斯琳、瑞·韦尔斯邀请了30多位领导力教育工作者出席了会议，理清了90年代的领导力主要工作；学术报告会将继续作为基于经验的话题，邀请教师/从事学生事务的领导力教育工作者参加 |
| | 全国黑人学生领导力大会（卡罗尔·哈代，那时在威廉和玛丽学院）；也许召开得更早 | 地区性的黑人学生领导力大会始于1989年，在乔治·梅森大学 |
| | 西南黑人学生领导力大会；纳塔列·奥科罗（Mnatalie Okoro），主任 | 这次大会已经把领导力发展的社会变革模式渗透到了会议的各项内容中。领导力发展的社会变革模式提供了积极领导所必须具备的主要品德，如合作、自我觉醒、承担义务、言行一致、共同目标、文明争辩和公民行为；会议网址：http://www.sbslc.org/ |
| | 政治领导和参与中心的建立 | 当马里兰大学的一个中心在20世纪90年代中期扩张成为简·伯恩斯领导力学院的时候，索伦森在政治生活中为妇女和少数民族开展的活动得到扩大和认可；在特罗耶（2004年）学位论文中有这方面的论述 |
| | 在玛瑞埃塔大学成立了麦克唐纳领导力和商务中心 | 500万美元赠品；该事件可以在http://mcdonough.marietta.edu/查阅；在特罗耶（2004年）学位论文中有这方面的论述 |
| 1989—1992 | 《公共领导力教育》专著系列丛书 | 由苏珊·莫尔斯编辑 | 凯特灵基金会资助了公共领导力中的公民领导力和学生参与的部分 |

（续表）

| 年份 | 学术成就<br>（含研究成果） | 协会/事件/人物<br>（协会名称列在附录后面） | 评论/附加背景 |
|---|---|---|---|
| 1990 | | 全美领导力项目数据库（NCLP）在马里兰大学成立 | 苏珊·库米维斯、南希·卢卡斯；《概念与交流》通讯（1992年第1期），在学生事务会议的领导力交流工作坊发布 |
| | | 1990年国家和社区服务法案获得通过 | |
| | | 克拉维斯—德罗莱特领导力会议 | 克莱蒙特·麦肯纳学院召开了一系列领导力研究人员参加的会议；罗恩·瑞格基沃、杰伊·康格、苏珊·墨菲以及其他人编印了一些书籍和会议记录 |
| | | 印第安纳州富兰克林学院 | 为了把主流领导力思想贯穿到所有课程（如科学课程等），富兰克林学院得到了莉莉基金会多年的拨款；由邦妮·普瑞布旭负责协调 |
| | | 成立领导力教育工作者协会（ALE） | 三次成功的研讨会之后，农学和相关学科的教育工作者首先建立了领导力教育工作者协会（ALE）（聚焦于青年和社区领导力项目） |
| | 《论领导力》 | 约翰·加纳德 | 最早作为一系列专论被广泛阅读；该书关注了不同领域领导力项目"越来越快的增长"（特罗耶，1997年） |
| | 《领导力测评》 | 由肯尼思、米丽亚姆·卡拉克编辑 | 该书是1988年领导力研究大会的产物，该会议得到了创造性领导力中心（CCL）和心理学社团的资助（卡拉克、卡拉克，1990年） |
| | 《领导力手册》 | 伯纳德·贝斯、拉尔夫·斯涛第尔 | 该书第三版是（伯纳德·贝斯，1990年）引证超过7 500项的领导力研究成果和出版物（特罗耶，1997年） |
| | 多因素领导力调查问卷（MLQ） | 伯纳德·贝斯、布鲁斯·阿维里奥 | 伯纳德·贝斯、布鲁斯·阿维里奥开发了多因素领导力调查问卷（MLQ）（全方位的领导力360°调查）；现在由Mind Garden公司销售 |

| 年份 | 学术成就<br>（含研究成果） | 协会/事件/人物<br>（协会名称列在附录后面） | 评论/附加背景 |
|---|---|---|---|
| 1991 | 《面向21世纪的领导力》 | 罗斯特 | 是第一项抓住了领导范式转变（工业化时期的领导范式/后工业化时期的领导范式）和对于简·伯恩斯的转化型/交易型领导力概念开展评论的专业性工作 |
| | | 成立了里士满大学杰普生领导力研究学院 | 2 500万元赠品,包括领导力学科建设;1992年招收了第一个班级;在特罗耶(2004年)学位论文中有这方面的论述 |
| | | 首次领导力教育工作者大会 | 创造性领导力中心(CCL)对于领导力教育大会的新要求,由新杰普生学院的变更,用新的方式得到贯彻和延续 |
| 1992年 | 《领导力的影响》 | 由肯尼思、米丽亚姆·克拉克、大卫·坎贝尔编辑 | 该书是1991年领导研究大会的产物,得到创造性领导力中心(CCL)的资助 |
| | 《学生领袖》杂志面世 | 为学生组织和学生领导人设计的具有实际应用价值的杂志 | 由布奇·奥克森丁出版社(佛罗里达州)出版 |
| 1993 | 《领导力:发展中所经历的教训》 | 理查德·休斯、罗伯特·吉奈特、戈登·科菲 | 为高校课堂教学设计的学术教材(罗伯特·吉奈特、戈登·科菲,1993年) |
| | 《共同体的精神》 | 形成了共同体成员的网络 | 阿玛蒂·埃蒂斯尼(1993年)开发了包括杂志在内的共同体成员网络,培育了有政策支持的工作机构 |
| | 《领导力学习期刊》面世 | 第一编者是史蒂文·威廉姆斯 | 在贝克学院出版 |
| 1993—1994 | | 艾森豪威尔领导力补助金 | 在加利福尼亚大学洛杉矶分校(UCLA)莉娜·艾斯丁、桑迪·艾斯丁的领导力项目中,领导力教育取得的总体成效促进了领导力发展的社会变革模式的推广;37项其他艾森豪威尔补助金,包括葛底斯堡学院和诺伯特大街学院 |
| 1994 | 《没有简易答案的领导力》 | 海费茨 | 海费茨(1994年) |

（续表）

| 年份 | 学术成就<br>（含研究成果） | 协会/事件/人物<br>（协会名称列在附录后面） | 评论/附加背景 |
|---|---|---|---|
| | | 艾雷·豪斯组织了关于讨论社会变革模式草案的会议 | 来自主要协会的代表出席了会议；会议得到艾森豪威尔补助金的支持；讨论了服务、领导力和体验式教育；最终在领导力发展的社会变革模式中增加了"文明争辩"的内容（高等教育研究中心，1996年） |
| | | 麦格纳出版社开始了学生领袖确认项目 | 确认四个方面的领导力：有意识的、内容广泛的共同体建设；共同体成员和冲突的解决；组织管理；宣传和推广 |
| | | 领导力证书项目和辅修科目开始激增 | 如海斯堡州立大学（1993年）、堪萨斯州立大学（1996年） |
| 1995 | 《领导人的伴侣》 | 杰普生学院汤姆·雷恩 | 大学课程中，作为辅助读物被广泛使用（雷恩，1995年） |
| | | 全国非洲裔美国学生领导力大会；斯托瓦尔（A. J. Stovall）博士，拉斯特学院 | 会议继承了自己的宗旨，即对于非洲裔美国人这一共同体的发展有兴趣的学生，在促进智力发展、丰富和鼓励创造性的文化生活等方面提供经验；在白人占主导地位的校园中黑人学生的斗争/生存策略；形成大规模的运动，构建进步的非洲裔美国人领导力讨论和分析平台。http://naaslc.org/09/about.php |
| 1996 | 创造性领导力中心出版了两卷原始资料集 | 弗里曼、玛丽·施瓦兹、凯瑟琳·瑞特 | |
| | 《领导力发展的社会变革模式指南》 | 合作作者：亚历山大·艾斯丁、海伦·艾斯丁、玛格瑞特·博纳斯、海姆莱斯、安东尼·钱伯斯、莱恩·戈德伯格、辛西雅·约翰逊、卡罗尔·利兰、埃米莉·朗登、南希·卢卡斯、凯西·夏洛格、波普，丹尼·罗伯茨、莉莎·翠 | 该指南可以作为宣传材料，从高等教育研究中心艾森豪威尔补助金办公室获得；在美国高等教育协会（AAHE）、全美学生事务管理工作者协会（NASPA）、美国高校学生事务工作人员协会（AC-PA）的春季会议上作了介绍；现在通过全美领导力项目数据库（NCLP）分发（高等教育研究会（HERI），1996年） |

| 年份 | 学术成就<br>（含研究成果） | 协会/事件/人物<br>（协会名称列在附录后面） | 评论/附加背景 |
|---|---|---|---|
| | 一本领导力杂志:《分享领导力智慧的妇女》 | 妇女领导力学习项目始于哥伦比亚学院(SC) | 哥伦比亚学院(一所女子学院)既有领导力学术期刊,同时又有一项新的校园领导力学习项目 |
| | | 创造性领导力中心(CCL)和杰普生学院关于领导力实践的学习活动 | 比尔·豪(杰普生学院)和弗里曼(创造性领导力中心)的活动得到约600所学院的回复 |
| | | 政治领导与参与中心(CPLP)得到了发展,并更名为简·伯恩斯领导力学院 | 政治领导与参与中心(1989年建于马里兰大学)逐步发展;着手市民资源——领导力资源的网页开发 |
| | | 高等教育标准促进委员会(CAS)采纳了学生领导力项目的标准 | 夏季学术报告会的规划组开发了学生领导力项目的标准——该报告会由全国校园活动协会(NA-CA)和全美领导力项目数据库(NCLP)资助(布利兹、苏珊·库米维斯、南希·卢卡斯、丹尼·罗伯茨、提尔);高等教育标准促进委员会(CAS)是35个高等教育专业协会＋高等教育协会/学生事务协会组成的一个自愿者组织;通过高等教育标准促进委员会(CAS)和全美领导力项目数据库(NCLP)可以获得这些标准 |
| 1997 | 《领导力》 | 彼得·诺思豪斯 | 《领导力概论》被广泛使用;相继出版了多个版本(彼得·诺思豪斯,1997年) |
| | | 全美学生事务管理工作者协会(NASPA)学生领导力中心;创始人:瑞纳多·霍尔 | 为新当选的学生组织成员、俱乐部、团体以及大学生联谊会/女学生联谊会成员开发和组织的一个领导力中心,该中心加入了传统非裔学生就读高校的联合体;该中心先设立在马里兰州的鲍威州立大学;目前设在马里兰大学东海岸分校(马里兰州安妮公主市) |

（续表）

| 年份 | 学术成就<br>（含研究成果） | 协会/事件/人物<br>（协会名称列在附录后面） | 评论/附加背景 |
|---|---|---|---|
| 1998 | 《领导力探究：献给想为社会变革作出积极贡献的大学生》 | 苏珊·库米维斯、南希·卢卡斯、提姆·麦克马洪 | 巴斯出版社的这本书介绍了关系型领导力模式（包容的、授权的、道德的、有目标的和过程）；作为大学教材被广泛使用；2007年第二版（苏珊·库米维斯、南希·卢卡斯、提姆·麦克马洪，1998年/2007年） |
| | 《黑人的领导力》 | 曼宁·马勒堡 | 从最初在美国的不平等对待到黑人历史的发展（曼宁·马勒堡，1998年），该书提供了对非裔美国人政治文化的了解 |
| | 凯洛格基金会关于《领导力塑造》的报告 | 凯瑟琳·齐默尔曼－奥斯特、约翰·伯克哈特 | 凯瑟琳·齐默尔曼－奥斯特和约翰·伯克哈特关于凯洛格基金会领导力项目（来自于高等教育研究会（HERI）的研究结果）的报告（1999年） |
| | 学位论文研究提出了社会变革模式的测评方法 | 特蕾西·提尔 | 特蕾西·提尔的学位论文（1998年）研究提出了社会责任领导力量表（SRLS），作为社会变革模式的7种价值观＋变革价值观的测量工具；在1998年赢得了全美学生事务管理工作者协会（NASPA）年度奖励学位论文的荣誉（主席：苏珊·库米维斯） |
| | | 11月举行了领导力学者与领导人组成的协会成立大会 | 该协会是国际领导力协会（ILA）的先驱 |
| 1999 | 非裔美国人的领导力 | 罗纳德·沃尔特、罗伯特·史密斯 | 进入了领导力研究项目中一个被人忽视的领域，提供了有关非裔美国人领导力和政治见解的新视角（罗纳德·沃尔特、罗伯特·史密斯） |
| | | 美国高校学生事务工作人员协会（ACPA）和全美学生事务管理工作者协会（NAS-PA）的会议主题是开发学生领导力 | 同样的会议主题持续到2000年 |

| 年份 | 学术成就<br>（含研究成果） | 协会/事件/人物<br>（协会名称列在附录后面） | 评论/附加背景 |
|---|---|---|---|
| | | 国际领导力协会（ILA） | 第一次会议于 1999 年 10 月在亚特兰大召开；国际领导力协会（ILA）有一个领导力教育工作者学习共同体 |
| 2000 | | 莫尔豪斯学院 | 1 200 万美元的赠品（主要来自可口可乐公司），用于设备和人员的配置 |
| | 《领导力再思考》 | 凯洛格课题的写作团队是：亚历山大·艾斯丁、海伦·艾斯丁，以及作出贡献的作者凯利·艾伦、约翰·伯克·哈特、南希·卢卡斯、克里斯廷·克雷、罗伯特·福劳兹、菲利普·琼斯、邦妮·普瑞布什、威廉·瑞克梅雅、拜梯·帕克·史密斯、凯瑟琳·齐默尔曼-奥斯特 | 亚历山大·艾斯丁、海伦·艾斯丁（2000 年）；该书是建立在社会变革模式之上的 |
| | 全国领导力项目交流中心（NCLP）的《洞察力与应用》系列专论 | 由苏珊·库米维斯、全美领导力项目数据库（NCLP）出版与学术编辑等编撰 | 全美领导力项目数据库（NCLP）启动了领导力基本问题的系列专论，如精神境界与领导力 |
| | 领导态度与信仰量表 | | Wiekiewicz（2000 年） |
| | 《系统的领导》 | 凯瑟琳·艾伦、辛西娅·切利 | 凯瑟琳·艾伦、辛西娅·切利（2000 年）应用混沌理论专注于信息时代的领导力问题；辛西娅·切利是国际领导力协会主席 |
| 2001 | 《在校园中发展非等级的领导》 | 由查尔斯·奥特卡斯特、香农·费瑞斯和凯瑟琳·麦克马洪编辑 | 加利福尼亚大学洛杉矶分校（UCLA）这本开创性的书，聚焦于社会变革模式如何应用的问题 |
| 2002 | | 哈里·威尔克斯在俄亥俄州迈阿密回形针信息服务中心的领导力项目导致了第一个学生领导力学院的诞生（与全国学生事务管理工作者协会共同资助） | 回形针信息服务中心网址：http//www.paper-clip.com/ |

（续表）

| 年份 | 学术成就<br>（含研究成果） | 协会/事件/人物<br>（协会名称列在附录后面） | 评论/附加背景 |
|---|---|---|---|
| | | 全美学生事务管理工作者协会建立了学生领导力项目知识社区 | 由安斯蕾·凯瑞组织建立 |
| | 《领导力教育杂志》 | | 领导力教育工作者协会发行的一本在线杂志 |
| 2004 | | 质量提高计划 | 高校制订了关于领导力质量的提高计划,以响应地区认证协会的倡议(如佛罗里达州立大学) |
| | | 位于北卡罗来纳大学格林斯博罗分校的第一个领导力教育工作者的培训机构 | 美国高校学生事务工作人员协会/全美学生事务管理工作者协会/全美领导力项目数据库共同资助,为新从事领导力教育工作的人员设立的培训机构(每两年进行一次培训) |
| 2005 | 领导力认同发展模式（LID）在《大学生发展杂志》上发表 | 领导力认同发展模式（LID） | 在2001—2002年,苏珊·库米维斯、欧文、郎格彼姆、曼努埃拉、奥斯汀(2005年)开发了基于理论研究的领导力模式(马里兰大学);2006年第二篇文章在全国学生事务管理工作者协会/领袖人才培育学院共同资助的论坛上发表,该论坛是为对学生领导力感兴趣的中年管理人员举办的 |
| 2006 | 见 www.nclp.umd.edu 和 www.leadershipstudy.net 上公布的报告 | 多院校领导力调研项目 | 项目调研机构:全美领导力项目数据库和马里兰大学;主要调查人员:苏珊·库米维斯、约翰·杜根(得到美国高校学生事务工作人员协会、全国学生事务管理工作者协会和查尔斯·杰克逊基金会的资助);52所高校5万多名运用了社会变革模式的学生参与调查;与此同时开展的是一项由欧文领导的对于参与高校的常规性调查 |

| 年份 | 学术成就<br>（含研究成果） | 协会/事件/人物<br>（协会名称列在附录后面） | 评论/附加背景 |
|---|---|---|---|
| | 学生之音科研项目 | | 领导力测评和评价工具的发展。该评价工具由迈阿密大学丹尼·罗伯茨领导，其他领导力教育工作者共同参与完成 |
| | 《学生领导力项目手册》 | 由全美领导力项目数据库（NCLP）出版；苏珊·库米维斯、朱莉·欧文、约翰·杜根、克雷格·斯莱克、温迪·瓦格纳编辑 | 苏珊·库米维斯、欧文、约翰·杜根、斯莱克、瓦格纳（2006年）编辑了这本关于设计领导力项目的出版物；该书第二版由巴斯出版社于2011年出版 |
| | 瓦贝西文理学院调查项目 | | 包括把领导力作为一种变量，使用提尔的社会责任领导力量表（SRLS）（评价社会变革模式）测评领导力 |
| | 《反思高等教育中的"领导力"》 | 阿德里安娜·凯泽尔、罗莎娜·卡尔杜齐、孔特雷拉斯-麦加文 | 阿德里安娜·凯泽尔、罗莎娜·卡尔杜齐、孔特雷拉斯-麦加文（2006年）；运用了多种理论对近期领导力的发展进行了分析 |
| | | 第二个领导力教育工作者培训机构 | 该机构由全美领导力项目数据库、美国高校学生事务工作人员协会、全美学生事务管理工作者协会主办，设在亚利桑那州立大学 |
| 2007 | | 在马里兰大学举行社会变革模式效果展示会；社会变革模式发表十周年全国领导力学术研讨会（NLS） | 全国领导力学术研讨会（NLS）由莉娜·桑迪·艾斯丁、苏珊·库米维斯承办 |
| | 《领导力探究》（第二版） | 苏珊·库米维斯、南希·卢卡斯、提姆·麦克马洪 | 第二版包含了社会变革模式、领导力认同发展模式（苏珊·库米维斯、南希·卢卡斯、提姆·麦克马洪，2007年） |
| | 《领导力的深度学习》 | 丹尼·罗伯茨 | 丹尼·罗伯茨对于领导力的反思，把著名的以学生为中心的观点与领导力的学术思想结合起来；包括对许多领导力项目和全国性报刊资源的概述（丹尼·罗伯茨，2007年） |

（续表）

| 年份 | 学术成就<br>（含研究成果） | 协会/事件/人物<br>（协会名称列在附录后面） | 评论/附加背景 |
|---|---|---|---|
| | 《萨尔萨舞曲、博达斯魂与灵》 | | 该书（博达斯，2007 年）从非裔美国人、美国土著人和拉美裔人运用精神、文化标准和社会价值观的视角，介绍了领导力的学习 |
| | 《学生领导力挑战》 | 库泽斯、巴里·波斯纳 | 学生领导力概述，学生教学参考书 |
| | 《领导力介绍：概念与实践》 | 彼得·诺思豪斯 | 学生领导力概述，学生教学参考书 |
| 2008 | | 第三个领导力教育工作者培训机构 | 由全美领导力项目数据库、美国高校学生事务工作人员协会、全美学生事务管理工作者协会主办，设在马里兰大学 |
| 2009 | | 高等教育标准促进委员会对学生领导力项目标准进行了修订 | 高等教育标准促进委员会（2009年）；见 http//www.cas.edu |
| | 《道德领导力：品质、修养和共同体的探究》 | 沃尔特·福鲁克 | 该出版物在莫尔豪斯学院用于领导力项目，作为专业核心课程的重点教材（沃尔特·福鲁克，2009年） |
| | | 全国拉美裔领导力培训中心——拉美裔青年人领导力夏季培训班 | 培训拉美裔的下一代领导人；该培训班把领导力培训与技能培训、实践体验相结合，http//www.nhli.org/Latinas-Lead/lll-program.html |
| | | 多院校领导力调研项目（MSL）成为每年开展的工作 | 每年约翰·杜根、苏珊·库米维斯、欧文与密歇根州安娜堡市学生学习中心（CSS）一起，开展多院校领导力调研项目（MSL）；102所高校 10 000 多名学生参与学习（还包括在墨西哥和加拿大的培训点）；得到查尔斯·杰克逊基金会、全国校园活动协会的资助 |

（续表）

| 年份 | 学术成就<br>（含研究成果） | 协会/事件/人物<br>（协会名称列在附录后面） | 评论/附加背景 |
| --- | --- | --- | --- |
|  |  | 国际领导力协会提高了优秀实践项目的道德标准 | 把领导力认同发展模式作为道德标准的框架 |
|  | 《领导力让世界更美好:认识领导力发展的社会变革模式》 | 全美领导力项目数据库的这本出版物由苏珊·库米维斯、瓦格纳编辑 | 巴斯出版社为大学本科生出版了这本全美领导力项目数据库关于领导力发展的社会变革模式的书籍(苏珊·库米维斯、瓦格纳和其他同事,2009年) |
|  |  | 全美领导力项目数据库与密歇根州安娜堡市学生学习中心(CSS)为社会责任领导力量表(SRLS)的在线版本开展了合作 | 获得社会变革模式网站测评的许可 |

资料来源:根据苏珊·库米维斯(1999年)的资料进行了更新。选择了当代大学生领导力项目和活动发展中有影响的大事记。发表于天主教大学召开的全国领导力学术报告会。尤其要感谢瑞纳多·霍尔提供了关于黑人学生领导力发展的资料。

* 这个附录没有按照领导力学科的发展轨迹来编排,只有当领导力学科的发展影响到大学生领导力项目的时候才反映出来。在这份大事年表中确定的主题和引证的参考资料,可见第一章。

##  附加资料

Sorenson, G. (2000, August 31). *An intellectual history of leadership studies: The role of James MacGregor Burns.* Presentation at the annual meeting of the American Political Science Association, Washington, DC.

Troyer, M. J. (1997, December 15). *The growth of leadership development programs in higher education.* Unpublished paper, University of Kentucky. [Mark Troyer, Associate Dean of Student Leadership Development, Asbury College, mark. troyer@ asbury. edu]

##  附录中出现的协会名称

1. American Association of University Women(AAUW),美国高校妇女协会

2. American College Personnel Association(ACPA),美国高校学生事务工作人员协会

3. American Council on Education(ACE),美国教育委员会

4. Association of College and University Housing Officers-International(ACUHO-I),美国高校房屋管理人员国际协会

5. Association of Leadership Educators(ALE),领导力教育工作者协会

6. Center for Creative Leadership(CCL),创造性领导力中心

7. Council for the Advancement of Standards in Higher Education(CAS),高等教育标准促进委员会

8. Higher Education Research Institute(HERI),高等教育研究会

9. International Leadership Association(ILA),国际领导力协会

10. National Association of Women Deans Administrators, and Counselors(NAW-DAC),全国高校女院长、女管理人员和学生指导老师协会

11. National Association of Campus Activities(NACA),全国校园活动协会

12. National Association of Student Affairs Administrators(NASPA),全美学生事务管理工作者协会

13. National Association of Women in Education(NAWE),全美教育界女性联合会

14. National Clearinghouse for Leadership Programs(NCLP),全国领导力项目交流中心

# 第一编

# 领导力教育基础

在商业活动或足球比赛中要想取得惊人成绩，往往需要做好许多不起眼的准备工作。

—— 罗杰·史托巴（Roger Staubach），美国名人纪念堂足球运动员

当被要求参加一项新活动或承担一项新任务但又无从下手的时候，人们可能会记得当时产生的一阵子焦虑。近几年的知识爆炸和办学目标的拓展，要求专业人员承担一系列新任务，而这些新任务又是他们感到无力应对的。无论新老专业人员，只要他们继续面临着整合与应用新知识的任务，他们必须依靠自己的终身学习能力。彼得·维尔（Peter Vaill）（1991）曾经写道：

毫不夸张地说，将来每个人的"初学者身份"只会越陷越深、越陷越牢，以至于从现在起的未来十年，人人都将更深甚至更彻底地处在永远是一位新手的状态之中。（p.81）

"初学者身份"的焦虑，过去也常发生在有类似经历的人中，他们被要求建立一个正在形成中的领导人项目，讲授领导力课程或者处理某一学生组织管理机制上出现的领导问题。现在的领导力教育工作者可以求助于专业协会、相关机构和强大的学术团体来指导他们的实践活动。

在第一部分,作者想竭力说明运用理论和研究成果指导领导力发展项目的设计与实施是极其重要的。当我们用日益丰富的领导力研究成果去指导实践活动的时候,能够取得成效的项目往往依赖于领导力理论对项目设计和内容选择的支撑。第二章和第三章分别讨论了这方面的话题。了解了领导力发展如何与学生其他方面的发展相结合,与基于理论学习的教育实践相结合,就懂得了大学生领导力发展的复杂性。这些内容将在第四章和第五章探讨。本书第一部分提供了一些基础知识,这些基础知识对于有目的的、基于实证研究的实践活动是必需的,对于影响大学生领导力的积极发展也是必不可少的。

 **参考文献**

Vaill, P. B. (1991). *Permanent while water: The realities, myths, paradoxes, and dilemmas of managing organizations*. San Francisco, CA: Jossey-Bass.

# 第二章

# 领导力理论

约翰·杜根

苏珊·库米维斯

　　无论是一门小范围的领导力辅助课程,还是一门专业课程与辅助课程合并的强化项目,领导力教育工作者都要熟悉与领导力发展相关的基础理论知识。这些基础理论知识反映了领导力研究的多学科特点,体现了研究成果快速增长的发展趋势,以及教育工作者面临缺少相关理论知识培训的实质性挑战。更复杂的问题是领导力这一术语的本质。领导人和领导力这些术语所承载的含义,通常没有得到本质上的说明。这些术语还有不同的感情色彩,从兴奋、舒适到愤怒和害怕。典型定义的参数缺失、术语滥用以及人们对这些术语潜在的情感反映,都会影响学习环境。在这种学习环境中,领导力教育工作者必须克服想当然的思想,充分意识到影响领导力教育工作发展的障碍,认识到学习领导力的最好途径是理论的实际应用。本章介绍了领导力理论、理论的历史发展和领导力开发的实践应用。我们尤其需要关注的是为大学生群体而设计的、主要用于大学生领导力发展的那些理论。相对于第一章关于领导力理论发展的概况来说,第二章增加了理论上的深度。

 ## 一、领导力教育理论的作用

　　广义上说,"理论为实践提供了重要的理性思维框架。没有理论结构去连接和整合实践经验,就不会形成理性思维,也就不会有学术"(Day、Harrison 和 Halpin,2009,p.7)。因此,在领导力项目设计和教育实践中,理论运用越来越被认为是必

要的,并被下面三个关键的正当理由所支持:

1. 领导力教育不是大学教育的副产品。自从高等学校产生以来,为未来准备领导人尽管已经成为高等学校办学使命的核心内容,大多数学校只是在最近才开始有目的地关注这项工作(Alexander Astin 和 Helen Astin,2000;Zimmerman-Oster 和 Burkhardt,1999)。全国领导力协会和学者们越来越强列地感受到这方面的分歧,并呼吁更主动地做好学生领导能力开发工作(美国高校联盟[AAC&U],2007;Alexander Astin 和 Helen Astin,2000;高等教育标准促进委员会,2009;Hoy 和 Meisel,2008;全美学生事务管理工作者协会、美国高校学生事务工作人员协会,2004;Roberts,2003)。他们清醒地意识到,社会迫切需要这种领导力,这种领导力是与强调社会责任的理论视野直接联系在一起的(美国高校联盟,2007;Alexander Astin 和 Helen Astin,2000)。

2. 有目的的团体领导力开发比个体能力的培养更重要。市场需求和观念的更新改变了人们对有效领导力构成要素的看法(Kezar 和 Carducci,2009;Kezar、Carducci 和 Contreras-McGavin,2006)。与当代的领导力理论相一致,人们相互合作营造集体领导能力的发展趋势,取代了依靠领导人个体、以管理为基础以及掌握领导技能等过时的发展模式。这种集体能力的发展使理论上多学科的融合成为必要,目前的领导力学科涉及发展心理学、教育教学法、团体和组织发展等内容(Bennis,2007;Day 等,2009;Komives 和 Dugan,2010)。

3. 理论与教育效果的关系。在领导力项目的设计和运用过程中,学者一直主张有目的地运用理论(Chambers,1992;Dugan 和 Owen,2007;Posner,2004;Roberts 和 Ullum,1990)。就在最近,实证研究直接证明了基础理论、项目效果和学生学习之间的关系(Eich,2008;Owen,2008;Zimmerman-Oster 和 Burkhardt,1999)。

这些理由中的每一条都突出了在领导力项目的设计和实践过程中,使用领导力理论为其提供坚实基础的重要性和必要性。将领导力的教育方法建立在一些不很严谨的概念上、建立在单纯以领导技能为基础的教学内容上,或建立在凭直觉进行的项目设计上,是不可能长期发展的。领导力教育工作者越来越清晰地意识到,自己在领导力理论概念的设计与领导力项目和服务活动的实施过程中,理解和运用领导力理论的责任。

# 二、领导力理论的发展

作为一种文献主体,领导力理论是综合性的、是由社会构建并还将继续发展。因此,人们在广阔的历史背景下进行孤立的研究,并形成不同的领导力理论和学派时,任何一种领导力理论都提供了一种不完整的画面。过去的理论不仅保持了对当代工作的影响,通常还会潜在地限制人们对一般领导力的理解。既然如此,人们在把理论运用于实践的过程中,了解领导力理论的发展过程就显得非常必要。

领导力理论的历史观察可以揭示领导模式的变化历程,从依赖个人成就、管理职能和职务权威的领导模式,转变为关注共同利益、共同目标的领导过程和共同承担责任的领导模式(Northhouse,2010;Rost,1991)。从领导人选择的理论发展到领导人培养理论,随后又从领导人的发展演变为领导力的发展。这一领导模式的变化历程通常表现出来的特征,可以划分为两种性质不同的理论范式:工业化的和后工业化的理论范式(Rost,1991)。

## (一) 工业化的领导范式和主要理论

属于工业化或者传统范式的领导力理论包括:特质本位理论(trait-based)、行为理论(behavioral)、境遇理论(situational)和基于期望理论(expectancy-based)(Northhouse,2010)。这些理论通常以领导人为中心而且特别强调生产效率。工业化的领导力理论极具吸引力,有约定俗成的裹性,对于一些具有潜在复杂性的问题倾向于提供简单的解决办法。表 2.1 概括了一些主要工业化领导力模式的基本特征。在领导过程中,为了提高职务角色的效率或强调共同发展实现目标的效率,对于高校大学生领导力发展的实践活动,工业化的领导力模式可以运用于完全聚焦个人能力发展的项目设计上。这方面的案例包括学生组织负责人午餐系列活动,探讨一些如时间管理、帮助团体成员承担责任、活动策划、会议管理等专题。这类项目通常作为现职学生领导人培训的一部分内容来开展,确实是非常重要的。然而,领导力教育工作者还应该关注和了解更多其他领导范式,即采用以共享领导过程为目的的项目作为补充,应该在保证实施以个人成就为目标的领导力项目过程中,帮助学生认识团体或者共同体利益。

表 2.1　工业化领导范式概述

| 理论 | 时间跨度 | 主要假设 | 主要批评 |
|---|---|---|---|
| 伟人 | 19 世纪中期到 20 世纪初期 | 领导力发展是建立在达尔文进化论原理基础之上的 | 科学研究还没有证明领导力是建立在遗传因素上的 |
| | | 领导者是天生的,而不是后天培养的 | 领导力被认为只存在于少数人身上 |
| | | 领导人有天然的权力和影响力 | |
| 特质 | 1904—1947 | 领导人具有优良的、与生俱来的品质 | 这一理论没有考虑境遇因素 |
| | | 某些人拥有一种天然的领导能力 | 许多特质模糊不清,或者太抽象,以至于不能测量和观察 |
| | | 领导人具有一些能够把他们与追随者区分开的特质 | 该研究尚未完全把特质与领导效率联系起来 |
| | | | 多数特质研究都忽略了领导行为和作为中间变量的追随者的动机 |
| 行为 | 20 世纪 50 年代到 80 年代初期 | 存在着一种最好的领导方式 | 忽略了境遇变量和组织的变化过程;研究工作没有阐明一些特殊领导行为与所处的境遇存在着相关性 |
| | | 既重视人也重视结果,或既重视思考也重视构建的领导人将是有效的 | |
| 情境/偶然性 | 20 世纪 50 年代到 60 年代 | 根据不同情境,领导有不同的做法 | 多数偶然性理论是意义不明确的,很难确切地阐述具体的、可测量的命题 |
| | | 情境决定了谁将作为领导人凸现出来 | |
| | | 不同的情境需要不同的领导行为 | 理论缺乏精确的测量 |
| 影响 | 20 世纪 20 年代中期到 1977 | 领导是一个影响或社会交换的过程 | 还需要进一步研究存在于领导人与追随者相互作用过程中有效的领导魄力 |

　　资料来源:苏珊·库米维斯、南希·卢卡斯、提姆·麦克马洪(2007 年):《领导力探究:献给想为社会变革作出积极贡献的大学生》(第二版),旧金山,加利福尼亚州:Jossey-Bass 出版社。经允许后翻印。

### 1. 特质本位理论(Trait-Based Theories)

　　特质本位理论始于 20 世纪初,该理论认为领导力是人们天生就具有的或者天生就缺乏的固有特性(Bass,1990;Komives、Lucas 和 McMahon,2007;Northhouse,

2010）。这一观点与前几代领导力理论如伟人理论（Great Man Theories）是一致的，以前的理论认为领导人是天生的，不是后天打造的，但这一理论也扩展到了那些超出世袭门第（比如皇室成员、富裕家庭）之外的人。这一时期的众多领导力研究都试图搞清楚成功领导人身上天生具有的关键个性，并提出了下列这些天生的特质：聪敏、自信、决心、正直和社交性格（Bass，1990；Kirkpatrick 和 Locke，1991）。但在这些研究当时所处的年代，社会种族和性别结构无疑支配着哪些人会被研究，哪些人不会被研究。依据这一点，人们还可能把下面假设的特质添加到领导人的特质列表中：男人、白人、上流阶层、异性恋者和能人等。

2. 行为理论（Behavioral Theories）

20 世纪中期，心理学的出现导致个性理论让位给了行为理论（Komives 等，2007；Northhouse，2010）。行为理论认为领导力很少和与生俱来的个性有关，更多的是与影响成功领导的人的一系列特殊行为有关（Komives 等，2007；Northhouse，2010）。他们坚持认为领导力不是关于领导人是哪一种人的问题，而是关于领导人做了什么的问题。在行为理论主导的时期，出现了领导风格的研究，包括研究专制的、民主的和自由的领导方式之间的不同点（Lewin、Lippitt 和 White，1939）。实验观察了两种行为，即与工作任务相关的行为和与人际关系相关的行为，把这两种行为看作是既相互独立的又是连续的变量。实验发现，在两种行为中表现出高作用行为的人，也是领导过程中最成功的人，于是确立了一种信念，即存在着一种最好的领导方法（Komives 等，2007；Northhouse，2010）。

3. 情境理论（Situational Theories）

在许多方面，由于行为理论对于复杂的领导现象过于简单化，20 世纪 70 年代早期领导力行为理论让位给了情境/偶然性（contingency）理论（Komives 等，2007）。行为理论没有考虑到形成领导人成功的环境作用。在某种环境中人们表现出的一系列行为可能产生了积极效果，但在另外一种环境中人们表现出的相同行为却产生了负面效果。这一理论中的环境，包括了对团体成员或下属意愿的考虑，以及一项任务的新颖性。情境理论突出了环境是领导效果的最大影响因素，认为不同情况要求不同的领导行为和不同的领导风格。大多数情境理论都是建立在领导人能力基础之上的，即领导人快速而准确地判断团体和形势需要的能力，团体与形势的需要取决于两个方面的领导行为，即领导支持程度和工作要求或工作目标的高度（Hersey 和 Blanchard，1969；Northhouse，2010）。

## ▓ (二) 后工业化的领导范式和主要理论

后工业化的或新兴的领导范式包括变革的影响、互惠关系、复杂性和诚信等不同主题的领导力理论(Northhouse,2010)。这些理论通常聚焦于领导人和追随者在合作过程中为了共同利益的变革而共同发展。这些新的领导力思想方式的转变,应该主要归功于简·伯恩斯(1978)和他的力作《领导力》(*Leadership*)一书,该书认为领导力就其本质上说,是一个以价值观为前提、聚焦于领导人和追随者共同发展的过程。简·伯恩斯的研究成果为随后的理论工作者铺平了道路,这些理论工作者承认领导力具有难以置信的复杂性,越来越强调领导力是与伦理和社会正义相联系的(Heifetz,1994;Komives,Wagner & Associates,2009;Preskill 和 Brookfield,2009;Wheatley,1994)。表2.2展示了后工业化领导力理论的主要特征。正是源于这种领导范式,派生出了最具影响力的当代大学生领导力发展理论。在一系列培养学生能力和引领团体发展的项目中,可以看到后工业化的领导模式在大学生领导力发展实践中的运用。这方面的实例是领导力服务实施项目,该项目在培养团体和学生个人能力、配合共同体成功处理棘手问题时,让学生投入到批判性自我反省活动中。

**表 2.2 后工业化领导范式概述**

| 理论 | 时间跨度 | 主要假设 | 主要批评 |
|---|---|---|---|
| 互惠 | 1978 年到现在 | 领导是一个建立某种关系的过程 | 缺乏研究 |
| | | 领导是一个团队成员共同参与的过程 | 对于众望所归的领导品质和转化型领导之间的相同点和不同点,需要进一步阐述 |
| | | 重点在追随者 | 合作、变革和授权过程很难达到预期目的并测量 |
| 无序和系统 | 1990 年到现在 | 试图在一个复杂的、快速变化的世界里描述领导力 | 缺乏研究 |
| | | 领导是一个建立某种关系的过程 | 有些概念很难定义和理解 |
| | | 控制是不可能的,所以领导被说成一种影响关系 | 整体论者的观点很难达到预期目的并测量 |
| | | 强调系统的重要性 | |

资料来源:苏珊·库米维斯、南希·卢卡斯、提姆·麦克马洪(2007 年):《领导力探究:献给想为社会变革作出积极贡献的大学生》(第二版),旧金山,加利福尼亚州:Jossey-Bass 出版社。经允许后翻印。

1. 变革理论(Transformational Theories)

简·伯恩斯在早期研究中把这一理论称为"变革型领导"。他在研究中,把转化型(transforming)领导(如追求共同利益的过程)和交易型(transactional)领导(如建立在交换基础上的领导过程)作了区分。虽然在许多方面简·伯恩斯仍然是以领导人为中心的,但他的理论再次聚焦的领导力,一定要求是关心追随者需求和追求共同目标的领导力。他认为在职领导人应该开发追随者的能力,授权给追随者,使追随者也成为领导人。贝斯(Bass,1985)以及贝斯和阿维里奥(Avolio,1990)用变革型领导力拓展了伯恩斯的研究,提出了领导过程中追随者动机的进一步解释,认为有许多因素与变革型领导过程有关。(注:伯恩斯把这种领导方式称为"转化型的",是以领导模式和终极价值为基础的。当贝斯把这种领导方式称为"变革型的"时候,最初并不接受伯恩斯的伦理观点,因此,当我们说到这种领导方式的来源时,领导力教育工作者应该使用恰当的术语。)

2. 适应性/复杂性理论(Adaptive/Complexity Theories)

后工业化的领导力理论逐渐认识到在不同层面存在着大量与领导过程相关的复杂事件——有个人的、组织的和社会系统层面的——并且在不同层面之间产生错综复杂的相互影响。对于这种复杂性的认可,导致了在持续变革和无序的环境中,阐述系统领导方式的重要性、考虑组织文化、重视个人和组织能力的理论得到发展(Allen 和 Cherrey,2000;Heifetz,1994;Schein,1991;Senge,1990;Uhl-Bien 和 Marion,2007;Wheatley,1994)。为了处理复杂的领导问题,满足个人和系统的持续学习过程以及积极变革和持续创新的需求,这些理论主要研究了在系统范围内回应这种高要求的问题。

3. 真诚领导(Authentic Leadership)

最近,理论工作者尝试着增加领导力理论的复杂性,通过正在成长中的以积极心理学为基础的多维度方法来观察领导力(Avolio 和 Gardner,2005)。真诚领导被认为是一种根部的结构物,这种结构物本质上可以附加在其他理论上(如人们可以践行真诚的变革型领导),但由于真诚领导开发的要素不同,它又独立于其他理论结构(Avolio 和 Gardner,2005)。在复杂的组织环境中,真诚领导的过程一定是一个既是领导者和同事(如追随者)追求共同发展的过程,这一过程关注逐渐提升的自我了解和自我调整的积极行为(Avolio 和 Gardner,2005)。虽然有关真诚领导的研究仍在继续,但理论工作者花费了大量时间在不同环境中优化并运用这一理论。

## ▨ （三）大学生领导力及主要理论

尽管在过去的 100 年间，所有关于领导力研究的出版物大约有 65% 依靠大学生作为主要案例，但大学生领导力发展研究是一种相对较晚的现象（Avolio 等，2005）。20 世纪 90 年代，学者们开始把注意力转移到领导能力的发展上，大学期间使用了一些更直接的方法，如选择现有模式的应用，或专门为大学生设计领导力发展的新模式等。大学生中广泛运用的模式有两种，即服务型领导（servant leadership）（Greenleaf，1977）和领导力挑战实践（practices in the Leadership Challenge）（Kouzes 和 Posner，2007）。其他专门为大学生设计的模式包括领导力发展的社会变革模式（高等教育研究中心）、关系型领导模式（Komives 等，2007），以及领导力认同发展模式（leadership identity development model）（Komives、Owen、Longerbeam、Mainella 和 Osteen，2005）。前面提到的所有模式都与后工业化领导范式的价值观要求相一致，并且可以应用于许多实践环节。

作为大学生领导力发展项目中最实用的"理论模式"（欧文，2008 年），最近的研究认同了史蒂芬·柯维（Covey）的研究成果（1989）、迈尔斯—布里格斯的性格分类指标（MBTI）（McCaulley，1990；Myers，1980）和优点评估问卷（StrengthsQuest）（Buckingham 和 Clifton，2001）。正如每一种模式都能带来有效的、能激发自我认知的启发式教学方法，但这些模式不一定代表理论结构。作为一种培训项目工具，每一种模式都能起到重要作用，但不应该作为一种有深度的基础理论来使用。

1. 服务型领导（Servant Leadership）

虽然服务型领导理论不是专门为大学生群体设计的，但大学生领导力发展理论始于服务型领导理论。这一模式已经在高等学校广泛运用，尤其在以诚信为基础的机构中。作为部门员工发展的一种模式，由 AT&T 公司总经理罗伯特·格林利夫（Robert Greenleaf）提出的服务型领导（1970/1977），被认为是工业化领导范式和后工业化领导范式之间的一座桥梁。服务型领导保持了领导的中心地位，但提升了以价值观为基础、共同承担领导过程、共同分享领导结果的思想。这种突出了过程的方向性和基于价值观的领导思想结构，为这一模式的独特性作出了贡献。领导人服务于组织和组织中的成员。这一模式的运用，通常与服务、与公民应尽的义务联系在一起。但需要提醒的是，与以前所阐述的模式一样，服务型领导保留了领导人的中心地位、潜伏着家长式领导的可能性,这种领导方式与大多数为公众提供服务、强调建立在共同体行动基础上的公民参与领导的努力是背道而驰的。

2. 领导力挑战(The Leadership Challenge)

在采纳和拓展了伯恩斯(1978)的研究成果之后,库泽斯和波斯纳(1987,2007)研究了与变革型领导有关的领导人行为,并在他们的研究基础上确定了五种示范性的工作方法。这些可供学习的领导工作方法是:

(1)以身作则:具有树立行为准则的能力,这些准则包括如何实现目标和处理人际关系的行为准则;其特征是示范行为的角色和设定预期效果。

(2)共启愿景:有预见力,能传递激情,为组织和团体的未来发展争取支持。

(3)挑战现状:有以冒险精神为特征的审视和改变现状的愿望,有愿意吸取教训的愿望。

(4)使众人行:具备把他人融入领导过程的能力,这种能力应具有共担风险、合作和授权的特征。

(5)激励人心:承认和表扬个人或团体所取得的成绩。

最初在商业部门开展的基于经验的这些研究,后来与高等学校和大学生群体发生了联系,用于验证大学生群体的行为。最近的研究把五种示范性实践活动与有效领导的概念联系起来,通过一系列的教育干预来验证学生有可能增加这方面能力的运用频次(Posner,2004,2009)。

库泽斯和波斯纳(1987,2007)的模式在大学生领导力发展项目中的运用非常广泛。两位作者开发的学生版领导力实践目录大全,即专门用于测量每一种示范性领导行为的评价工具,进一步的方便了测量行为;学生不仅可以自我测评,还可以评价他人的领导行为。这一模式可以作为一种有效的个人学习工具,即观察人的领导行为以及别人如何理解这些领导行为的有效工具。但是,纳沃斯乌斯(2010)提出了对于五种示范性领导行为规定性特征的忠告。这个模式应该用于领导力发展的起始点,用于在学生中建立一种重要的共同语言,帮助学生拓展能力并投入到领导过程中。但是,当这一模式被单独使用时,该模式主要由学生按照以领导人为中心的方式进行观察,缺乏对于环境复杂性的考虑,以及团体之间和个人层面相互作用的能力复杂性的考虑。

### 3. 关系型领导模式(Relational Leadership Model)

关系型领导模式是由苏珊·库米维斯等(1998,2007)专门为大学生开发的,建立在后工业化领导模式基础之上,强调互惠关系的领导模式。这一理论模式把领导定义为"某种关系的、符合伦理的、人们试图共同实现积极变革的过程"(Komives 等,2007,p.74)。图2.1提供了该模式的直观图,该模式主要由五个部分组成:目的性、宽容性、授权、伦理规则和有明确方向的变革过程。该图是在少有的几种模式中,明确包括了作为领导过程所必须固有的伦理因素。关系型领导模式支持人们拓展他们的能力,使他们在某种领导环境中能有效地与他人相处。关系型领导模式是后面将要介绍的领导力认同发展模式的研究基础。关系型领导模式的局限在于它把领导定义为一个过程,不能与有些学生产生共鸣,有些学生把领导仅仅看作是一个有正式领导职务的人。另一个局限性是在领导力发展项目中,关系型领导模式内部几个组成部分之间的关系没有作更多的研究,使我们把几个组成部分整合在一起作为干预目标变得非常困难。

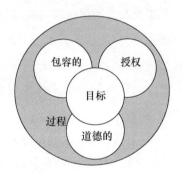

**图2.1  关系型领导模式**

资料来源:苏珊·库米维斯、南希·卢卡斯、提姆·麦克马洪(2007年):《领导力探究:献给想为社会变革作出积极贡献的大学生》(第二版),加利福尼亚州旧金山:Jossey-Bass 出版社。经允许后翻印。

### 4. 领导力发展的社会变革模式(Social Change Model of Leadership Development)

领导力发展的社会变革模式被认为是高等学校领导项目中最实用的领导力理论(Kezar 等,2006;Owen,2008)。这一模式是由亚历山大·艾斯丁和海伦·艾斯丁推动的一批领导力学者和教育工作者特别为大学生群体创造的(高等教育研究中心,1996)。社会变革模式把领导看作是一个"有目标的、互相合作的,以价值观为基础并促进社会积极变革的过程"(Komives、Wagner & Associates,2009,p. xii),同时强调两个核心支柱:第一,领导力被认为是与社会责任天生捆绑在一起的,并以为了公共利益而创造变革的方式展现出来(高等教育研究中心,1996);第二,社会变革模式是建立在逐渐提高个人自我认知水平和与他人合作共事能力的基础上(高等教育研究中心,1996)。这种领导力是通过帮助成长中的学生,跨越七个至关重要的价值观(如自我觉醒、言行一致、承担义务、共同目标、互相合作、文明争辩、公民责任)实现的,紧接着这些价值观为第八个价值观,即为公共利益而变革作出贡献(高等教育研究中心,1996)。这些价值观在三个领域:个人、团体和社会间动态地相互影响。这七种价值观和为公共利益而变革的价值观的具体阐述可见表2.3。

**表2.3  社会变革模式的核心价值观**

**个人价值观**

| | |
|---|---|
| 自我觉醒 | 知道哪些个人信仰、价值观、态度和情感在激发你的日常行为 |
| 言行一致 | 你的价值观和信仰要与你的行为方式相一致。用言行一致、真心诚意、朴实无华、待人诚实守信等方式思考、认识并处理事务 |
| 承担义务 | 在工作强度和持续时间两方面都能有意义地投入自己的身心。具有为团体和团体目标服务的激情。承担义务的责任来源于自己的内心,同时他人也能创造一种有利于支撑个人激情的环境 |

**团体价值观**

| | |
|---|---|
| 互相合作 | 采用与他人共同努力的方式一起工作,共担责任、分享权利、共尽义务。通过贡献不同的智慧、才能和能力,形成创造性的解决办法、措施,提高团体工作的有效性 |
| 共同目标 | 具有共同的目标与价值观。在构建团体愿景与目标的过程中包容他人 |
| 文明争辩 | 要认识到任何创造性的事业都会存在两种基本现实:(1)不同观点是不可避免的;(2)这些不同观点一定会被不加掩饰但文明地公开表达 |

**社会价值观**

| | |
|---|---|
| 公民责任 | 认识到个人和(或)团体如何通过一定的活动过程与社区、社会形成联系。认识到社区成员不是孤立存在的,而是相互依存的 |
| 社会变革 | 社会变革模式是建立在信仰基础之上的,认识到为自己和他人建设一个更美好的世界和社会的重要性。社会责任领导力量表(SRLS)测量人对于变革的愉快感,社会变革行为量表是测量变革工作的参与度。社会变革模式的一个关键假设是,领导的最终目标是社会的积极变革。"变革"被认为处在社会变革模式的中心 |

资料来源:《领导力发展的社会变革模式:参考手册》(第三版)。版权©1996年全美领导力项目数据库。经允许后翻印。

图2.2提供了该模式的一个直观图。该图表明了这一模式的经济方式在人的

发展进程中会出现个人、团体和社会三个层面的价值观矛盾,依据八个核心价值观,人们会在个人和团体两个层面形成一个持续的学习和自我评价过程。比如作为个体的学生体验到团体层面的价值观时,他们会本能地发生变化,会用新接受的发展观,对以前所理解的价值观进行反思。

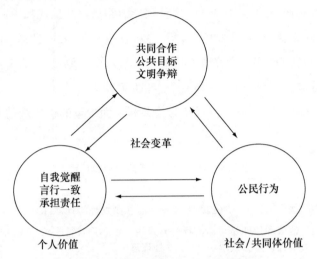

**图2.2 领导力发展的社会变革模式**

资料来源:摘自高等教育中心(HERI)编写的《领导力发展的社会变革模式》(第三版,第20页)。版权©1996年,全美领导力项目数据库。经全美领导力项目数据库允许后翻印。

社会变革模式在专业实践活动中的运用,使该模式融入到一大批不同类型的领导力项目和模式中。社会变革模式可以作为一项工具,用于领导力项目的策划,在学生愿意接受的基础上为建立教育介入活动确立目标。比如,大学生入学初期以个人价值观为目标的新生入学教育项目,要保证学生逐渐澄清价值观,批判地审视他们的自我感觉。这种价值观也可以作为直接讲授的内容,让学生参与到建立在社会正义和共同体责任基础上的领导力对话中。

另外,还应该考虑到社会变革模式存在着一系列局限性。第一,由于社会变革模式强调社会责任和合作过程,该模式更容易被处于社会地位较低的学生所理解,但社会变革模式没有明确包含与文化竞争力有关的价值观。这种价值观被认为存在并贯穿于社会变革模式之中,但作为一种显而易见的价值观,对其的遗漏传递了隐含其中的关于这种价值观不重要的信息。第二,在领导力如何被证明和如何被体验的过程中,社会变革模式没有研究所处的环境,不了解组织和团体环境对价值观产生不同影响的重要性。

5. 领导力认同发展模式(Leadership Identity Development Model)

这里介绍的模式满足了如何培训领导力的需求。领导力认同发展模式主要聚焦在如何学习和开发领导力上（Komives 等，2005；Komiveshe 和 Longerbeam 等，2009；Komives、Longerbeam、Owen、Mainella 和 Osteen，2006）。特别是领导力身份开发模式探索了学生如何初步领悟到与关系型领导模式相一致的领导身份（Komives 等，1998，2007）。这一基础理论包括了开发一种领导身份所需要的六个阶段，这六个阶段是从不了解领导到具有一种领导身份，即作为社会身份的人所具有的一种固有责任。领导身份开发模式的研究人员推测，来到大学的学生还处在该模式的第三阶段（领导人识别阶段），他们把领导看成是有职位的人，并且把领导看成是在职领导人的行为；他们把拥有领导职位的人等同于领导人，同时把其他人等同于追随者或者团体成员。有些学生转到第四阶段（领导人区分阶段），因为他们把团体中人的关系看作是相互依存的关系，能区别无职务的领导人，还把领导看作是一个过程。他们认识到自己即使不是"在职领导人"，也能够成为"一位领导人"。领导力认同发展模式认为，学生在不同阶段的发展是在团体内部不同人际关系的环境中，通过拓展他们的视野来实现的。领导力认同发展模式将在第四章作更详细的介绍。许多学校都在运用领导力认同发展模式，从发展的角度设计一些连续学习活动。虽然在学习过程中包括了不同肤色的学生，但领导力认同发展模式的局限性在于，不能满足不同学生如何更具体地学习领导力开发的需求。另外，领导力认同发展模式对学生所提供的认知感悟，是在学生领导力发展过程中通过校园经历形成的，但这种认知感悟不能代表学生毕业以后的认知发展，或者说这一模式只提供了非传统年龄段大学生的单一经历。

# 三、领导力理论阐述过程中的主题和评论

在领导力理论研究过程中，产生了许多研究主题和评论，这是非常重要的。没有哪一种文献不存在局限性的，但在领导力理论的运用环境中，了解这些局限性也是至关重要的，因为对于这种局限性的了解将会导致理论的选择或者理论的整合，使这些理论最有效地契合教育机构所处的环境和学生的学习需求。

## ■ （一）领导力理论中对社会正义的考虑

在领导力发展过程中,当领导力理论开始认识到文化的重要性(Bordas,2007;Kezar 等,2006;Kezar 和 Carducci,2009),并越来越把社会正义作为一个必备的领导目标时(Alexander Astin 和 Helen Astin,2000;Komives、Wagner & Associates,2009;Preskill 和 Brookfield,2009),领导力这一词汇的相对易懂性增加了。不管怎样,这一历史过程的一部分包含了人们承认领导力理论发展史,也包含了许多共同体是如何被边缘化而不被重视的。

正如本章前面几节所描述的,工业化领导模式被独特地建立在几种不同的理论上。早期的特质理论学者和研究人员,确定了特殊的领导人特质以后就到此为止了,明确地排除了妇女、有色人种、残疾人以及处在较低社会经济地位中的其他人。工业化的领导力理论所反映出的这些理论假设,清晰地概括了权威的差异性和随之确定的基于职务权威控制资源的等级差异。实质上,工业化的领导力理论可以被解释为主要关心生产效率,但毫无疑问他们也关心权力系统的维持。这段历史表现出一些明显的倾向,人们特别不重视"领导人"与"领导力"这些术语的理解方式。实质上,这些术语的混用常常被看成与权力、压制和控制等词汇的滥用是一回事,今天人们仍然会感受到同样的混用。领导力的这些社会历史遗产导致了未引起人们关注的一些新流派的产生。

经过变革的后工业化领导范式,提供了与工业化领导力理论价值观的直接比较。人们可能认为领导范式的这一转变会促进人们对领导力这一术语的关注,把领导力重新定位于一个更加宽泛的概念。这并非真实情况。最近一项有关学者们如何解释这种领导范式转变的调查认为,领导范式的转变可能导致领导力术语的进一步边缘化。以过程目标和关注社会责任为特征,更注重相互关系和相互依存的领导力理论运动,应主要归功于简·伯恩斯(1978)和他的前辈们。领导范式自身的转变,被认为是社会观察领导力方式的一次完整整合。然而,一项关于社会激进主义运动的调查显示,后工业化的领导力特征在妇女、有色人种社区和集体主义文化的领导方式中已经存在很久了。该调查认为这种领导范式的转变确实已经发生了,但这一领导范式的转变通常主要是因为占统治地位的人群(如白人、上流阶级、男人)和组织机构领导人的观念转变。妇女和有色人种长期形成的对于领导方式的认知缺陷相当于是一种共同的文化选择。这种认知缺陷又进一步加强了权力结构和领导力术语的消极观念,促使妇女和有色人种远离领导力(Komives 和 Dugan,2010)。作为一种文献,为追求社会正义真正参与领导过程,并开发全体学生领导能力的领导力发展项目,必须承认并重视领导力的社会历史内涵。第七章详尽探讨了如何使领导力项目适应更多人群的话题,并提出了在领导力项目设计和实践中如何继续积极探索的建议。

##  (二)工业化领导力理论的再思考

由于研究人员和理论工作者已经尝试在当代环境下重新解释工业化领导力理论,所以工业化领导力理论在当今的领导力实践过程中仍有较大影响。工业化领导力理论的翻新改造既反映了人们对于复杂问题按约定俗成办法去解决的愿望,也反映了人们希望保持理论关联性的意愿。比如,当代全球领导力研究已经在很大程度上吸收了基于个性的领导力理论,并作为一种尝试去推动基础理论的发展。这是一项重要工作,但当我们把这些理论应用于实践时,也必须考虑到基于个性的领导力理论的局限性。

工业化领导力理论的概念更新,要求领导力教育工作者成为受过良好培训的工作人员。目前在运用实验研究和简单的样式翻新过程中,理论概念更新做到了什么程度?人们用改变了的语言对一些工业化领导力理论作了"重新介绍",又比较粗糙地界定了一些概念的附加内容,试图从这些附加内容中找出一些后工业化领导方式的要素。然而,仍然遗留留下来的问题是这些理论所固有的与管理、生产效率和控制有关的理论假设,在多大程度上得到了充分表达。毫无疑问,学生需要了解这些理论模式和当代人们对这些理论模式的解释,但人们也告诫教育工作者应该创造一种允许批判性思考的学习环境。

## 四、理论到实践的运用

把领导力理论运用于教育实践是有挑战性的,要求人们对领导力理论和所处的教育环境都能有所了解。关于这一过程流行着许多把事情复杂化的误区,现介绍如下:

误区之一:你应该只运用一种理论模式。教育工作者常常犯愁,如果他们在领导力项目的设计和内容的选择过程中运用了多种理论,会把学生搞乱。当然,在学生中创造一种共同语言是非常重要的。但对于学生来说,领导力教育的结果不是全盘复制一种理论模式的,而是构建起他们自己对于领导的理解和领导价值观。比较和对照不同模式为做好这方面的教育工作提供了平台。当然,领导力项目也不应该走向另一极端,即不运用任何理论模式。缺乏明确定义和通俗理论的领导力项目通常就是这么做的,这些项目试图去吸引每一个人但最终起不到任何作用,对学生反而起到了消极的教育效果(Dugan 和 Owen,2007;Owen,2008)。

误区之二:学生不能够理解理论。这一误区有时来自于领导力教育工作者个人围绕着领导力理论的理解和培训而产生的不安定感。有时这一误区是对过度强调个人能力发展的一种反应。将巴克斯特·马格达(Baxter Magolda,2002)的学习伙伴关系模式作为框架,教育工作者能够帮助学生很容易地构建起他们自己的领导模式。这一模式证实了学生能够成为掌握这些知识和能力的人,它把学生的思想与现存的理论框架连接了起来。"为了实现有效领导,哪些知识、态度或者行动是重要的"这一简单问题就会引起相当大的反响,并引导出建立在个人经历和价值观基础上的、自我树立起来的人生观。

## 马凯特大学的理论基础

杜利(Jon Dooley),学生发展办公室常务副主任

马凯特大学开发了一种独特的校园领导力发展模式,该模式扎实地建立在当前的领导力理论之上,使不同背景的学生领袖对领导力的认识不断加深,让学生逐步理解他们的成长经历与理论有密切关系,这些理论帮助学生形成了与关注社会公正和变革的领导力理论相一致的领导能力、知识和价值观。这一模式是由不同部门从事学生事务的教育工作者团队开发的(如心理咨询、住宿生活、学生发展、校园宗教、娱乐运动、学生健康服务等)。马凯特大学的学生领导力项目主要运用了领导力发展的社会变革模式(HERI,1996)和罗伯特·格林利夫的服务型领导模式(Spears 和 Lawrence,2002),该项目在大学的天主教徒、耶稣会传教团中提供了基础训练(Brackley,1999;Kolvenbach,2000;Lowney,2003),还得到高等教育标准促进委员会(2009)学生领导力项目最新标准的指导。领导力发展的社会变革模式清楚有力地表达了持续一贯的、适合校园环境的领导定义(如"要成为一名把自己的一

生奉献于服务他人的人,应积极参加到为一个更加公正的社会而奋斗的工作中"),还描述了非常重要的、贯穿于三个领域的该领导类型的八种领导价值观(见马凯特大学学生事务处,2010)。

在运用领导力理论明确价值观和学生领导力发展路径之前,教师可以与学生一起参与到广泛的、具有不同功能的、运用共同的领导力发展理论的实践活动中。由于使用了能够普遍接受的语言、利用了持续的学习成效,学生通过辅助课程的学习,在不同环境中展现了这种理论模式,更好地把他们的学习和成长与学校特有的、基于学校使命的培养目标结合在一起。这种共同的基于理论模式的运用,也有助于学生事务处不同部门的教师,在规划各种领导力教育和发展的活动中对于模式中的价值观教育进行分配,体现了处理好学生在不同模式学习中的脱节和/或者重复学习的问题。由于认识到不可能将所有学生事务处的教师都培养成为领导力教育工作者,这种基于理论的模式也考虑到了一些普通的专业发展活动,帮助教师去创造学生的学习机会,有效帮助学生获得社会责任领导力所要求的知识、能力和价值观。

---

**误区之三**:把个人能力直接转移到团体的领导过程中。教育工作者应该牢牢记住,领导天生是一个团队工作的过程(Northhouse,2010),其本身也要求团体能力的开发。大多数拘泥于形式的领导力项目,把有效的注意力指向个人能力建设,导致了对提高学生把握团队工作过程领导能力的伤害,甚至很少关注集体的领导效力和团队能力。个人的知识、态度和能力有效转化为组织的行为,不再被看作是领导力教育的一个假定的副产品。

**误区之四**:理论不能反映现实世界实际运行情况。由于当代领导力理论所追求的特殊志向,有时会把我们所推崇的领导行为,即一位同事称之为"圣人领导力"的现象理想化,当代领导力理论的确遭到过一些批评。我们认为理论无法运用于现实世界的观点是完全错误的。这种认识部分来自于下列情况,即大多数后工业化的领导模式都倡导系统化的领导方式,这种领导方式常常被误解为应该严格清除掌权者。而实际情况是,在生产效率日益提高的过程中掌权者通常起到了有效作用,正是在这一方面,他人与掌权者相互交流,一起工作(Allen 和 Cherrey,2000)。掌权者确实可以被取消,促成一种关系宽松的自我管理组织的形成,但掌权者还会存在于团队的不同层面之间和不同层面内部的相互影响之中,这种影响是能动的和持续的,为组织功能的发挥起着积极作用。现实世界中存在着大量运用后工业化领导力理论的案例,这些案例构成了后工业化领导力理论的宝贵财富(Collins,2001;Daloz、Keen、Keen 和 Parks,1997;Kezar,2009;Kouzes 和 Posner,2007;Preskill 和 Brookfield,2009)。

 # 五、小结

领导力理论的发展是一场复杂的运动,这场运动从以领导人个人为中心、以管理为目标、聚焦于个人成就的领导方式,向社会责任、关注发展和有明确方向的变革过程等为特征的领导方式转变。关于学生领导力理论的文献主要来自于后者,并为一些基础性的领导力发展项目提供了丰富的资源。教育工作者应当精通广博的理论,把这些理论作为一种工具用来构造他们领导力项目的理论体系。在这些有明确教育目标、能最有效地帮助学生学习领导力的项目实践过程中,这是一个必需的步骤。

 # 参考文献

Allen, K. E. ,& Cherrey, C. (2000). *Systemic leadership*. Lanham, MD: University Press of America.

Association of American Colleges and Universities(2007). *College learning for the new global century*. Washington, DC: Author.

Astin, A. W. , & Astin, H.S. (2000). *Leadership reconsidered: Engaging higher education in social change*. Battle Creek, MI: W. K. Kellogg Foundation.

Avolio, B. J. , Chan, A. , Chan N. , Galanhxi-Janaqi, H. , Gitlitz, J. , Hannah, S. . . . Zhu, W. (2005). 100 year review of leadership intervention research: Briefing report 2004-01, Gallup Leadership Institute. *Leadership Review*, *5*, 7—13.

Avolio, B. J. , & Gardner, W. L. (2005). Authentic leadership development: Getting to the root of positive forms of leadership. *Leadership Quarterly*, *16*, 315—338.

Bass, B. M. (1985). *Leadership and performance beyond expectations*. New York, NY: Free Press.

Bass, B. M. (1990). *Bass & Stogdill's handbook of leadership: Theory, research, and managerial applications.* New York, NY: Free press.

Bass, B. M., & Avolio, B. J. (1990). The implications of transactional and transformational leadership for individual, team, and organizational development. *Research in Organizational Change and Development, 4,* 231—272.

Baxter Magolda, B. M. (2002, January-February). Helping students to make their way to adulthood: Good company for the journey. *About Campus,* 2—9.

Bennis, W. (2007). The challenges to leadership in the modern world. *American Psychologist, 62,* 1—5.

Bordas, J. (2007). *Salsa, soul, and spirit: New approaches to leadership from Latino, Black, and American Indian communities.* San Francisco, CA: Berrett-Koehler.

Brackley, D. (1999). *Higher standards for higher education: The Christian university and solidarity.* Keynote address presented at Creighton University, Omaha, NE.

Buckingham, M., & Clifton, D. O. (2001). *Now, discover your strengths.* New York, NY: Free Press.

Burns, J. M. (1978). *Leadership.* New York, NY: Harper & Row.

Chambers, T. (1992). The development of criteria to evaluate college student leadership programs: A Delphi approach. *Journal of College Student Development, 22,* 339—347.

Collins, J. (2001). *Good to great: Why some companies make the leap. . . and other don't.* New York, NY: Harper Collins.

Council for the Advancement of Standards in Higher Education. (2009). The role of leadership programs for students: CAS standards contextual statement. *CAS professional standards for higher education.* Washington, DC: Author.

Covey, S. R. (1989). *The 7 habits of highly effective people.* New York, NY: Simon & Schuster.

Daloz, L. A. P., Keen, C. H., Keen, J. P., & Parks, S. D. (1997). *Common fire: Leadership lives of commitment in a complex world.* Boston, MA: Beacon Press.

Day, D. V., Harrison, M. M., & Halpin, S. M. (2009). *An integrative approach to leader development: Connecting adult development, identity, and expertise.* New York, NY: Routledge.

Dugan, J. P., & Owen, J. E. (2007). Practicing what we preach: An institutional approach to student leadership development. *Leadership Exchange, 5*(2), 20—23.

Eich, D. (2008). A grounded theory of high-quality leadership programs: Perspectives from student leadership development programs in higher education. *Journal of Leadership & Organizational Studies*, *15*, 176—187.

Greenleaf, R. (1970/1977). *Servant leadership*. New York, NY: Paulist Press.

Heifetz, R. A. (1994). *Leadership without easy answers*. Cambridge, MA: Harvard University Press.

Hersey, P., & Blanchard, K. H. (1969). Life-cycle theory of leadership. *Training and Development Journal*, *23*, 153—170.

Higher Education Research Institute [HERI]. (1996). *A social change model of leadership development: Guidebook version Ⅲ*. College Park, MD: National Clearinghouse for Leadership Programs.

Hoy, A., & Meisel, W. (2008). *Civic engagement at the center: Building democracy through integrated cocurricular and curricular experiences*. Washington, DC: Association of American Colleges and Universities.

Kezar, A. (Ed.). (2009). *Rethinking leadership in a complex, multicultural, and global environment: New concepts and models for higher education*. Sterling, VA: Stylus.

Kezar, A., & Carducci, R. (2009). Revolutionizing leadership development. In A. J. Kezar (Ed.), *Rethinking leadership in a complex, multicultural, and global environment* (pp. 1—38). Sterling, VA: Stylus.

Kezar, A. J., Carducci, R., & Contreras-McGavin, M. (2006). *Rethinking the "L" word in higher education: The revolution in research on leadership*. ASHE Higher Education Report, 31(6). San Francisco, CA: Jossey-Bass.

Kirkpatrick, S. A., & Locke, E. A. (1991). Leadership: Do traits matter? *Executive*, *5*, 48—60.

Kolvenbach, P. H. (2000). *The service of faith and the promotion of justice in American Jesuit higher education*. Keynote address to the Commitment to Justice in Jesuit Higher Education Conference, Santa Clara, CA.

Komives, S. R., & Dugan, J. P. (2010). Contemporary leadership theories. In R. A. Couto (Ed.), *Political and civic leadership: A reference handbook* (pp. 111—120). Thousand Oaks, CA: Sage.

Komives, S. R., Longerbeam, S., Owen, J. E., Mainella, F. C., & Osteen, L. (2006). A leadership identity development model: Applications from a grounded theory. *Journal of College Student Development*, *47*, 401—420.

Komives, S. R., Longerbeam, S. D., Mainella, F., Osteen, L., Owen, J. E., & Wagner,

W. (2009). Leadership identity development: Challenges in applying a developmental model. *Journal of Leadership Education*, *8*(1), 11—47.

Komives, S. R., Lucas, N., & McMahon, T. R. (1998/2007). *Exploring leadership: For college students who want to make a difference*. San Francisco, CA: Jossey-Bass.

Komives, S. R., Owen, J. E., Longerbeam, S. D., Mainella, F. C., & Osteen, L. (2005). Developing a leadership identity: A grounded theory. *Journal of College Student Development*, *46*, 593—611.

Komives, S. R., Wagner, W., & Associates. (2009). *Leadership for a better world: Understanding the social change model of leadership development*. A publication of the National Clearinghouse for Leadership Programs. San Francisco, CA: Jossey-Bass.

Kouzes, J. M., & Posner, B. Z. (1987/2007). *The leadership challenge*. San Francisco, CA: Jossey-Bass.

Lewin, K., Lippitt, R., & White, R. K. (1939). Patterns of aggressive behavior on experimentally created social climates. *Journal of Social Psychology*, *10*, 271—299.

Lowney, C. (2003). *Heroic leadership: Best practices from a 450-year-old company that changed the world*. Chicago, IL: Loyola Press.

Marquette University Division of Student Affairs. (2010). *Model of student leadership development*. Milwaukee, WI: Author. Retrieved from www. marquette. edu/osd/leadership/model. shtml.

McCaulley, M. H. (1990). The Myers-Briggs Type Indicator and leadership. In K. E. Clark & M. B. Clark(Eds.), *Measures of leadership* (pp. 381—418). Greensboro, NC: Center for Creative Leadership.

Myers, I. B. (1980). *Gifts differing*. Palo Alto, CA: Consulting Psychologists Press.

National Association of Student Personnel Administrators & American College Personnel Association. (2004). *Learning reconsidered: A campus-wide focus on the student experience*. Washington, DC: Author.

Northouse, P. G. (2010). *Leadership: Theory and practice* (5th ed.). Thousand Oaks, CA: Sage.

Owen, J. E. (2008). *Towards an empirical typology of collegiate leadership development programs: Examining effects on student self-efficacy and leadership for social change* (doctoral dissertation). Retrieved from *Dissertation and Theses* (*ProQuest*). (AAT 3324779)

Posner, B. Z. (2004). A leadership development instrument for students: Updated. *Journal of College Student Development*, *45*, 443—456.

Posner, B. Z. (2009). A longitudinal study examining changes in students' leadership behavior. *Journal of College Student Development*, *50*, 551—563.

Preskill, S. , & Brookfield, S. D. (2009). *Learning as a way of leading: Lessons from the struggle for social justice*. San Francisco, CA: Jossey-Bass.

Roberts, D. C. (2003). Crossing the boundaries in leadership program design. In C. Cherrey, J. J. Gardner, & N. Huber (Eds. ), *Building leadership bridges 2003* (pp. 137—149). College Park, MD: International Leadership Association.

Roberts, D. C. , & Ullom, C. (1990). *Student leadership program model*. College Park, MD: National Clearinghouse for Leadership Programs.

Rost, J. C. (1991). *Leadership for the twenty-first century*. Westport, CT: Praeger.

Schein, E. H. (1991). *Organizational culture and leadership: A dynamic view*. San Francisco, CA: Jossey-Bass.

Senge, P. M. (1990). *The fifth discipline: The art and practice of the learning organization*. New York, NY: Doubleday.

Spears, L. C. , & Lawrence, M. (Eds. ). (2002). *Focus on leadership: Servant-leadership for the twenty-first century*. New York, NY: Wiley.

Uhl-Bien, M. , & Marion, R. (2007). *Complexity leadership: Part 1: Conceptual foundations*. Charlotte, NC: Information Age.

Wheatley, M. J. (1994). *Leadership and the new science: Learning about organization from an orderly universe*. San Francisco, CA: Berrett-Koehler.

Zimmerman-Oster, K. , & Burkhardt, J. C. (1999). *Leadership in the making: Impact and insights from leadership development programs in U. S. colleges and universities*. Battle Creek, MI: W. K. Kellogg Foundation.

# 第三章

# 大学生领导力发展研究

约翰·杜根

一位聪明的导师曾经说过："一分数据胜过十分观点。"当用在学术背景下强调教育结果评价、责任感以及资源的有效利用时,这样的观点再正确不过了(美国高校联盟,2007;美国学生事务管理工作者协会以及美国高校学生事务工作人员协会,2004;美国教育部,2006)。然而,由此也引发了一个问题,就是领导力教育工作者是否真正知道学生学习了什么以及这多大程度上是教育工作者干预的结果。大学生领导能力的发展是高等教育的长期发展目标(Alexander Astin 和 Helen Astin,2000;高等教育标准促进委员会,2009;Thelin,2003),但也经常被看作是教育的副产品,而不是有目的的教育发展的结果。

通过对过去一百多年来两百多项领导力干预效果检测的研究调查进行的系统分析,可以发现接近65%的研究样本来自大学生(Avolio 等,2005)。然而,令人吃惊的是,几乎没有研究人员从学生发展文献研究的角度或者本着在大学阶段提高领导力干预质量这个目的的角度来说明研究的结果。这主要归因于一种文化,在这种文化中领导力教育工作者通常依赖于经证实的"最佳实践"假定的转化性或依赖于直觉设计来指导项目的进展,而不是以研究来指导实践(Dugan、Bohle、Gebhardt、Hofert、Wilk 和 Cooney,即将出版;Dugan 和 Komives,2007)。然而,情况发生了改变。专门针对大学生领导力发展研究的迅速发展,为我们提供了关于预测教育结果要素的有益见解。本章开端部分构建了关于领导力研究的解释与应用的关键要素框架,然后提出了源于这些研究发现的综合分析,从而推进了关于什么是大学生领导力发展以及什么样的实践最能够促进学生学习的实证性理解。

# 一、阅读和理解领导力研究

基于证据的领导力发展项目实践水平的提升不仅需要从业人员具备学者的身份,而且还需要具有良好的研究消化能力。学者型的从业人员明白关于学生发展以及领导力的研究文献著作正处在不断发展之中,因此,他们积极尝试紧跟当代文献研究趋势。此外,他们需要发展解读实证研究的必要能力以及从领导力教育实践中得出推论的能力。这将是非常艰难的,取决于一个人的教育背景及完成学位时间的久远程度。无论如何,对于研究的有效消化需要能够辨别研究中的大量关键要素,包括怎样定义领导力、如何测量领导力、分析水平及研究设计的维度。这些要素提供了关于研究质量以及研究结果转化为具体的校园环境和项目的关键见解。以下内容作为综述,读者可以以此来检验确定研究的质量及其可转化性。

## ■ (一) 怎样定义领导力

贝斯(Bass,1990)曾提出,关于领导力的定义,有多少个领导力研究人员就有多少个关于领导力的定义。这就要求实证研究的应用者理解研究人员是如何定义领导力并且如何对之实施测量的。在定量研究中,所应用的措施与研究者陈述的明确参数或者与关于这个话题的当前概念相一致,也可能不相一致。例如,如果一项研究将领导力定义为了普遍利益的目标的实现过程,但是却以学生当选的职务领导角色及其雄心度作为衡量标尺,这就是一种不一致。研究人员没有必要衡量他们是如何定义领导力的,也没有必要试图去接近与当前理论理解相一致的领导力概念。这会将概念含义与研究相混淆,使领导力教育工作者难以有效地决定将其转化为实践。一项实证研究的调查将领导力概念和测评概括为以下四大类:

1. 没有定义。许多关于大学生领导力的研究没能给出关于这个术语含义的任何明确的参数或理论框架依据(Dugan 和 Komives,2007;Dugan、Komives 和 Segar,2008;Posner,2004)。缺少理论框架或定义要求读者自己寻求方法以确定领导力测评当中问到的具体问题。这常常为如何实施领导力提供了见解,但缺乏定义同样是一个明显的缺陷。

2. 职务定义。许多研究将领导力定义为所取得的职务角色(例如,学生组织财务主管、学生会主席、运动队的队长)。这些研究往往反映了与工业模型领导力相关的以领导者为中心的主张(这意味着什么可参见第二章关于此问题的详细讨论)。读者必须慎重判断在校园和项目领导力定义背景下这些研究的真正含义,以及研究结果与那些没有一定职务角色的学生之间的关联度。

3. 能力。能力反映了与领导力相关的综合知识、技能和行为(Day、Harrison 和 Halpin,2009;Hannah、Avolio、Luthans 和 Harms,2008)。这可以被认为是一个学生所奉行的领导力信仰、风格和方法。高质量的研究对学生领导能力的衡量建立在某一特定的理论背景下(如诚信领导力、社会责任领导力),而不建议在确定的概念范围外将之应用于实践。(关于领导力理论方法的完整讨论见第二章。)

4. 效能。效能定义为一个人有能力和才智来成功地执行特定任务的内部信念(Bandura,1997)。研究人员可以衡量一个人总体意义上的自我效能感作为理解领导力的一种手段(Day 等,2009)。研究人员也可以选择测量领导力效能(即个人对其在集体组织中超越职务边界的成功运作和实施能力的信念)或者领导者效能(即相信个人拥有职务角色中的成功能力;Hannah 等,2008)。通常情况下,研究人员认为他们在测量学生的领导能力,而事实上他们在评估学生自己的内部信念系统。这是读者应该加以辨别的重要区别,因为不同的定义产生独特的应用于实践的理解。一个人的效能发展目标看起来并不等同于其能力目标。(关于自我效能的进一步信息参见第四章。)

## ■ (二) 什么是分析水平

领导力研究中的分析水平日益成为需要考虑的重要维度。绝大多数的研究聚焦于个体。这些研究不仅提供了关于学生领导力发展模式的重要见解,而且提供了关于学生成长与变化本质的重要见解。少部分研究关注方案的有效性或者典型的领导力项目及干预特点。这些研究有助于理解与有效项目相关的常规维度(如财务、人力资源、任务特性)。最后,一个日益增长的需求是关于组织层面的领导力(organizational-level leadership)学习测试研究。比如,一个服务组织如何共同反映公民的参与能力。领导力本质上是一个团体历程(Northhouse,2010;Rost,1991),但在大学生领导力文献中,有关怎样构建集体效能和组织能力的研究却几乎不存在。理解领导力研究中的分析水平至关重要,因为它表明了领导力教育工作者将之应用于实践的目标所在。

## ▦ （三）怎样进行研究设计？

研究设计的几个因素对于体现大学生领导力研究质量和应用性方面扮演着重要的角色。这些因素包括研究设计的本质、抽样策略以及分析计划。

### 1. 研究设计

定性研究和定量研究都鼓励读者自己判断该研究是纵向研究还是横向研究。纵向研究提出了随着时间消逝关于领导力发展的更进一步理解及其对学习的持久影响。横向设计尽管只提供了关于学生发展的简单印象，但仍然十分有用，尤其是当研究人员在试图理解和说明学生进入大学之前的行为时。定量研究中读者应该考虑自我报告测量法是否恰当。自陈式问题要求学生针对他们的能力、经验以及学习作出直接的反应。领导力研究的风险在于它的发展基础。例如，如果学生被直接问到关于他们的领导能力水平，他们的反应会根据他们对于该术语的理解以及社会愿望的相对影响而有所不同（即那种认为特定的回答即使不准确也比其他更能为社会所接受的观念）。这可能使数据发生扭曲。无论如何，研究表明一般情况下自陈式测量法不仅正确而且有效，特别是在领导力研究中严格的方法论和心理测量标准（例如，便于理解的问题、信息检索、问题的感知价值以及清晰的回答选项）到位的情况下（Anaya，1999；Gonyea，2005；Pike，1995；Turrentine，2001）。

### 2. 抽样策略

影响研究评价的首要因素应该是学生样本的性质。样本是不是多样？样本代表了单个校园还是多个校园？样本与读者所在学院学生的相似度如何？在定量研究中，随机抽取的样本通常提供了实践发现的最典型的概括，但对于被问到的问题而言可能不总是可用或合适。在定性研究中，样本应该反映方法和具体的研究问题（如最大变异抽样寻求最大范围能力水平的学生，而强度抽样只要那些相似的）。在大学生领导力研究领域，读者应该注意到样本可能会限制研究结果的可转化性（在定性方法中）或概括性（在定量方法中）程度。

### 3. 分析计划

定研究清楚地概括了研究结果的统计或说明过程。定性研究应该建立在除简单的面试之外的理论基础（如基础理论、现象学）之上。定性设计中区别研究之间的相关性与预测是非常重要的。有时候，这种区别非常明显，有时候则由于在社会科学研究中对于准实验设计的依赖而使得情况更加复杂。这里的重要之处在于理解研究是调查简单的关系(如性别与领导效能是否相关)还是在调查更加复杂的模式(如在控制其他变量如年龄、自尊心以及指导关系之后性别与领导效能是否相关)。

这些因素为读者提供了怎样评价大学生领导力研究的见解,更为重要的是,为将研究发现在何种程度上转化到他们的专业实践提供了启示与借鉴。使用批判的眼光来辨别研究对于领导力教育的适用性至关重要,因为不是所有的研究构想都是相同的。与此类似,领导力发展项目之间巨大的差异性要求教育工作者利用最能符合他们教育目标的研究。

#  二、关于已知的大学生领导力

如前所述,关于大学生领导力的实证研究在过去的二十年里取得了非常大的进展。很多关键的研究项目非常关注大学背景下的有助于领导力学习的理解方式。其中最重要的要数亚历山大·艾斯丁(1993),他是最早的认为领导力发展不仅仅是大学学位的副产品,而且值得有目的地开发,是关键教育结果的人员之一。艾斯丁以及他所做的院校合作研究项目(CIRP)为在更大的深度上探究这个话题提供了至关重要的平台和数据来源,同时也提供了大学生领导力研究的当代理论基础(关于源于这些数据的最有影响力的实证研究概览见表3.1)。然而,读者需谨慎处理院校合作研究项目调查中用于定义领导力的变化参数。这些研究设计通常缺乏理论基础;反应表明管理本位的以及/或者以领导者为中心的方法存在着极大的一致性,不过后期的院校合作研究项目调查试图回应这一评论。不管怎样,院校合作研究项目的工作为大学生领导力及其影响的进一步研究打开了一扇门。

表3.1 与大学生领导力发展相关的关键实证研究

| 调查 | 数据源 | 理论基础 | 目的/研究问题 |
|---|---|---|---|
| 安东尼奥(2001) | CIRP | 以参与者"一般与领导力相关"的人际关系技巧等级来测量领导力 | 检查种族间互动对领导力发展及文化知识和理解的影响 |
| 阿米尼奥等(2000) | 其他 | 说明工业化和后工业化背景下的领导力的概念化发现 | 现象学调查检测有色人种大学生的领导力经验 |

（续表）

| 调查 | 数据源 | 理论基础 | 目的/研究问题 |
|---|---|---|---|
| 艾斯丁（1993） | CIRP | 当作为一个自陈式结果变量时领导力这个术语没有明确的定义 | 大学广泛的考试对学生的影响包括领导力影响是大学教育的关键结果 |
| 博特赖特和埃吉迪奥（2003） | 其他 | 探讨性别和领导力的相关文献；与效能相关的以领导者为中心的领导力愿望测量 | 探索心理变量对女学生未来职业生涯担任领导角色愿望的影响 |
| 克雷斯、艾斯丁、齐默尔曼－奥斯特及伯克哈特（2001） | CIRP | 为领导力教育工作者所确认的反映20个与领导力相关的领导力自陈式结果变量（如自我认知、敢于冒险、关于领导力理论的理解） | 检测参与规范的领导力项目是否提升了学生的领导力知识和技能以及领导力发展和其他教育结果的关系 |
| 杜根、库达姆及格布哈特（进行中） | MSL（多种院校的领导力调研） | 社会责任领导力测量；与班杜拉的推荐相一致的领导效能测量 | 当将集体的划分以种族特征来限定时，把集体种族自尊变量划归为中间结果变量这样的做法对于解释大学生的社会责任领导力是否有显著影响 |
| 杜根等（印刷中） | MSL | 社会责任领导力测量 | 个体领导力经验能否整合为代表独特类型的综合测量；当所选择的被调查对象大学以前的领导能力没有区别时，个体领导力经验对大学生的社会责任领导力有多强的预测力 |
| 杜根、加兰德、雅各比及西格（2008） | MSL | 与班杜拉的推荐相一致的领导效能测量 | 非寄宿学生的领导力自我效能在集体内部是否存在明显的差异；大学环境影响在多大程度上能够预测非寄宿学生的领导效能并且这些预测在非寄宿群体之间是否存在差别（如独立与不独立） |
| 杜根及库米维斯（2010） | MSL | 社会责任领导力测量；与班杜拉的推荐相一致的领导效能测量 | 大学环境经验在多大程度上能够通过建构在理论基础上的这八个社会责任领导力变量来预测学生的能力；把领导力自我效能变量划归为中间结果变量能否显著解释大学生能力结果变量 |

| 调查 | 数据源 | 理论基础 | 目的/研究问题 |
|---|---|---|---|
| 杜根、库米维斯及西格（2008） | MSL | 社会责任领导力测量 | 以建构在理论基础上的八个领导力变量为依据的全国学生成绩如何；八个领导力变量中关键的人口统计学变量（如种族、性别、性取向）和学生成绩之间是否存在关联 |
| 凯泽尔及莫里亚蒂（2000） | CIRP | 自陈式领导力测量，直接询问领导能力及其他与领导力相关结果的单项问题（如公共演讲能力、影响他人的能力） | 以性别和种族（仅仅非洲裔美国人和白人学生）为前提的分析大学生领导力发展的影响因素 |
| 库米维斯、欧文、郎格彼姆、曼努埃拉及奥斯汀（2005） | 其他 | 领导力相关变量/领导力身份发展 | 理解一个人在建立领导力身份中的经历过程 |
| 麦考密克、坦古马及洛佩兹-福尔门特（2002） | 效能 | 与班杜拉的推荐相一致的领导效能测量 | 开始验证领导力自我效能构建以及其与领导愿望和性别相关模式之间的关系 |
| 波斯纳（2004） | 《领导力》 | 反映派生于变革型领导力并与《领导力》相关的五种典型的领导力实践测量 | 五种典型实践变量的实证文献回顾及其测量仪器的心理计量特性 |
| 波斯纳（2009） | 《领导力》 | 反映派生于变革型领导力并与《领导力》相关的五种典型的领导力实践测量 | 纵向检测大学第一学年期间学生参与规范的领导力项目的影响 |
| 雷恩（2007） | 其他 | 关系型领导力变量/领导力认同发展 | 校园LGBT（同性恋/双性恋/变性）团体的学生领袖其性别、性取向及领导力认同之间存在怎样的区别；对于这些学生而言，性别、性取向及领导力认同之间如果有影响的话，又是以何种方式相互作用的 |
| 雷恩及比洛多（2005） | 其他 | 关系型领导力变量/领导力认同发展 | LGBT学生组织的领导力参与与（1）领导力发展及与（2）LGBT身份相关的学生结果之间如果有关系的话，又是怎样的关系 |

（续表）

| 调查 | 数据源 | 理论基础 | 目的/研究问题 |
|---|---|---|---|
| 斯马特、埃辛顿、里格斯及汤普森（2002） | CIRP | 通过构成学生自我认知的综合变量测试领导力，如领导能力、成功的动力、受欢迎度、智力 | 考察学院和大学的消费模式与大学生四年期间对于他们领导能力认知变化之间的关系及社会自信 |
| 汤普森（2006） | 分层/系统 | 应用领导力态度与信心量表III来检查分层与系统的领导力方法 | 就大学背景下领导力及其影响来探讨学生的性格 |

注解：此表不代表关于大学生领导力发展研究的完整列表，而是有选择地选自同行评议期刊中有影响力的和/或者经常被引用的文章。

库泽斯和波斯纳（2003）在商业和公共部门开展的研究探究了领导风格，并确定了关于有效领导的五种典型实践。他们后来将之适用于大学生群体，为探究大学生领导力行为方面提供了重要基础。无数研究人员在各种各样的学生群体研究中采用了库泽斯和波斯纳（1998）的量表，尽管这个研究通常只关注学生在职务上的领导角色，而往往不看预测的关系。表3.1列出了他们工作中的一系列关键调查，这些调查被频繁地用作领导力教育中的训练工具及基准测试。

关于大学生领导力最现代的研究已经应用领导力发展的社会变革模型为理论基础（关于此模式的详细讨论见第二章）。这些研究依赖于由特伦坦（Tyree,1998）开发的大学生社会责任领导力测量量表，该量表已经被应用于大规模的研究调查之中，如多种院校的领导力调研（MSL）和瓦贝西全国通识教育调查。多种院校的领导力调研是一个正在进行的关于高等教育对大学生领导力发展影响的国际化调查，形成了一个对于高校和个体学生基准的规范的数据库。瓦贝西调查是一个纵向的混合方法调查，包括一系列关键的大学收益中的社会责任领导力调查。表3.1从这两个调查中列举了一些关键文章，尽管它们仅是关于大学生领导力发展实证研究相对近期的补充。

以上提及的研究项目源于无数个体研究调查的额外发现。回顾每一个关于大学生领导力的实证研究不是本章讨论的范畴。然而，研究中关于模式和新兴主题的识别对于指导为领导力教育所做的努力非常有帮助。对于这些研究的分析揭示了许多与大学生领导力发展相关的关键指标的一致发现。这些发现可以被划分为如下三大类别：人口统计资料与大学学前特征、大学环境因素以及学制与项目影响。这些类别中的以下每个元素都有一个建议行动分析，为如何将研究发现付诸专业实践提供了典型实例。它们可以被用来作为领导力谈话的起点并且/或者作为领导力教育的实务案例,领导力教育工作者可以直接将他们的领导力项目干预和服务与这些实证研究相结合,以创建基于证据的领导力教育项目。

## ■ (一) 人口统计资料与大学学前特征

关于与领导力发展相关的人口统计资料与大学学前特征(如年龄、种族、性取向、进入大学前的培训),研究人员已经进行了广泛的研究,尽管这些研究的深度还相对较浅显,有影响力的研究极少(Arminio 等,2000;Dugan 和 Komives,2010;Dugan、Komives 等,2008;Kezar、Carducci 和 Contreras-McGavin,2006;Kezar 和 Moriarty,2000)。研究通常使用相关性分析来确定变量之间的关系,但在预测模式情形下这些影响在减少。换一种方式说,当模式中的其他因素,如进入大学之前的知识和大学经验被用作解释说明时,许多基于人口统计学的指标差异就会消失。这是令人乐观的,因为它强化了领导力的可学习性本质(Komives、Lucas 和 McMahon,2007;Northhouse,2010),说明了旨在提升领导力发展的有目的的教育计划的正当性。然而,关于学生领导力的更进一步研究的必要性并没有减弱。人口统计资料与大学学前特征的相关文献中,许多重要的主题一再出现。

1. 大学学前知识

研究人员一致发现学生进入大学前的领导力知识和技能是他们的领导能力和领导效能最重要的预测因子(Antonio,2001;Dugan、Garland、Jacoby 和 Gasiorski,2008;Dugan 和 Komives,2010;Kezar 和 Moriarty,2000;Smart、Ethington、Riggs 和 Thompson,2002)。这并不奇怪,因为学生在进入大学前通常至少有 18 年的生活经验,而且他们在大学度过的时间毕竟是有限的。领导能力和领导效能建立在上大学前反映了它们的发展性质(Bandura,1997;Day 等,2009;Komives、Longerbeam、Owen、Mainella 和 Osteen,2006)。这还表明,中小学教育阶段支持领导力发展有很多工作可以做,我们可以在大学生入学时对他们的领导力发展水平进行评估,而不是依赖有限的领导能力假设。

**建议行动分析**:与当地高中建立合作伙伴关系,实施一个朋辈领导力项目。大学生有机会通过提供课程来开发高端技能,而高中学生则受益于早期接触的规范的领导力培训。

2. 性别

性别对领导力的影响在大学生领导力方面以及更广泛的领导力研究文献中都是一个长期研究的问题。结果通常根据如何定义领导力及其研究背景而有所不同。当依据当代的理论原则如协作、关系取向、民主价值观对领导力进行定义时，更广泛的文献中关于领导能力的研究支持女性倾向（Eagly 和 Karli，2007；Eagly、Johannesen-Schmidt 和 van Engen，2003；Eagly 和 Johnson，1990；Eagly、Karau 和 Makhijani，1995）。这些发现似乎可从大学生文献的相关研究中获得支持（Dugan，2006a；Dugan、Komives 等，2008）。然而，关于领导效能、抱负、在职位上发挥的作用以及/或者以领导者为中心的行为测量和能力的检测调查通常证明了男性大学生之间没有显著的性别差异或太大的能力差别（Adams 和 Keim，2002；Cress、Astin、Zimmerman-Oster 和 Burkhardt，2001；Kezar 和 Moriarty，2000；McCormic 和 López-Forment，2003；Posner，2004、2009；Posner 和 Brodsky，1992、1994）。在预测模式中这些影响大多数都趋于消失了，但依然存在一个清晰的样式，这表明性别差异的存在以及需要将学生的能力与他们的效能感相匹配。这提供了女性大学生和男性大学生发展的干预目标与方向，女性大学生可能拥有自我约束信念，而男性大学生可能内心里挣扎于非领导者为中心的概念以及/或者对自己能力的高估。

**建议行动分析**：利用女性效能构建的主动性来举办一系列女性领导力工作坊，并以此来定位基于性别的领导力课程目标。对于女性而言，替代性经验往往是特别重要的，因此重点可能在指导现有的女性领导者和随之而来的机会之间的关系。

3. 种族

尽管有明确的证据表明文化对全球领导力文献的影响力，但关于种族及其对领导力发展影响的研究仍然非常有限（Hoppe，1998；House、Hanges、Javidan、Dorfman 和 Gupta，2004；Northhouse，2010）。研究人员还没有开展关于国内文化对领导力的影响研究，这一点令人惊讶。有限的关于种族和大学生领导力的研究结果存在互相矛盾的倾向，定性研究认为种族成员关于领导力和领导能力的感知相同（Arminio 等，2000；Komives 等，2006）。而定量研究通常报告没有影响（Cress 等，2001；Dugan 和 Komives，2010；Posner，2004），或者只存在有条件的影响（如能力大体相同，但对于不同的种族而言不同的经历非常重要）（Kezar 和 Mrriarty，2000）。关于这些发现，其中一个解释是定量研究通常只探讨种族类别而不是关于种族身份更加动态和有意义的建构。种族类别对于理解大学生的领导能力没有什么帮助,但是与此并列的关于他们的种族身份研究却可以解释大量的学生有关他们的种族和信仰的个人价值评估,如作为种族群体的成员,他们如何发挥正面而积极的作用(Dugan、Kodama 和 Gebhardt,进行中)。换言之,在定性和定量研究中,当种族类别不用作与种族身份相关的更强大和适当的概念替代物时,种族对于领导力发展似乎有着强大的影响力。有必要进一步研究探讨种族的基于身份的影响及其有条件的效果,以进一步确定领导力项目设计与实施。

**建议行动分析**:由大学机构发起基于身份的文化领导力静修会或者课程。鉴于种族身份对于大学生领导力理解与学习的影响,教育工作者应该通过课程深入开展基于身份的探索。可能要设计不同的干预措施,针对身份特点的不同等级而不是针对基于种族群体成员想当然的身份特点。

## （二）大学环境因素

有学者已经投入相当大的精力来检测大学环境中的哪些元素最影响大学生领导力的发展。其结果是一些研究文献的面世,确定了更为复杂的领导能力与各种各样的大学经历之间存在着众多关系。然而,考虑到领导力定义上的分歧以及在复杂的预测模式背景下许多关系趋于消失的事实,很难对这些主题进行分析。然而,尽管关于领导力的定义不同,许多一致的主题开始出现,如强调来自大学环境的一些重要因素。这些因素通常反映了对学生学习的深刻影响。

### 1. 效能

本章首先对领导能力和领导效能作了区分,它们常常被视为两个独立无关的概念体系。然而,研究理论和证据都表明,这两个概念是不可避免地纠缠在一起的(Bandura, 1997; Dugan 和 Komives, 2010; McCormick、Tanguma 和 López-Forment, 2002)。学生可能拥有与领导力相关的显著知识和能力,但这些知识和能力的取得可能在很大程度上有赖于他们对自身能力的内在信念系统。最近的研究表明,自我效能感可以解释学生在参与社会责任领导力方面 13% 的差异(Dugan 和 Komives,2010)。这就是问题所在,因为大多数领导力教育干预旨在建构能力并且通常假定具体的经验(如承担领导职务角色)可以直接转化为效能的增加。对于一些学生以及经验而言,情况可能如此,但领导效能的建立需要实质性的机会来反映和交换具体的经验。班杜拉(Bandura,1997)指出,效能的培育也可以通过以下途径产生:通过机会来观察对他人的有效领导模式(即替代性经验)、对一个人能力和发起活动的高度赞赏(即社会劝导)以及顾及生理和情感状态的变化。

**建议行动分析:**理解了领导能力和领导效能之间的直接联系,教育工作者需要重新设计一个辅助课程性质的领导力认证项目。绝大多数领导力项目经验的目标在于能力建设。每个个体的经验都伴有效能构建机会(如指导关系、体验学习机会),以促进领导能力和领导效能这两个维度的同步增长。

2. 社会文化讨论

不同学生之间关于不同观点的讨论互动,经常作为教育收益的重要预测因子出现在有关大学影响的研究文献中(Pascarella 和 Terenzini,2005)。在大学生领导能力和领导效能的研究中情况也是如此(Antonio,2001;Dugan、Garland 等,2008;Dugan 和 Komives,2010;Kezar 和 Moriarty,2000)。学生与同伴在教室外跟各种不同的人(如种族、宗教、性取向)以及关于不同观点讨论(如个人价值、社会问题、政治观点)的互动很大程度上有助于他们的发展。事实上,社会文化对话成为社会责任领导力最强的环境预测因子(Dugan 和 Komives,2010)。与同伴进行社会文化讨论所产生的影响理论上与社会观点采择能力和认知能力相联系,而社会观点采择能力和认知能力指当个人面对和考虑不同观点时所随之增强的两种发展结构(Gehlbach,2004;Komives 等,2006)。引导学生参与不同种类的人关于不同观点的有意义对话并且在领导力教育中有意识地去创造这样的机会,其重要性不可低估。

**建议行动分析:**领导力辅修科目有一个关注"多样性和领导力"的课程,其中大部分的对话是关于差异的对话。了解了社会文化讨论的力量之后,辅修科目中教师应该在课堂外创造便利的朋辈对话项目小组,将学生与多样性课程和其他所有的必修课程联系起来。学生确定差异区域的存在,然后参加一个共享的经验(如参加多个教派的宗教服务),然后运用结构反射和问题提示来指导经验分享小组讨论,该讨论要围绕个人的信仰系统和课程内容来进行。

3. 教师指导

一般来说,学生之间的互动作用和教师的指导也成为教育结果的重要预测因子(Pascarella 和 Terenzini,2005),在领导能力方面尤其如此(Astin,1993;Dugan 和 Komives,2010;Kezar 和 Moriarty,2000;Komives 等,2006;Thompson,2006)。学生间的互动程度以及教师的指导程度与他们的总体领导能力呈正相关关系。研究中还不清楚的是这些相互作用是如何直接影响领导力发展的。同时,还需要开展进一步的研究来揭示那些重要的相互作用的特定类型。无论如何,领导力教育工作者应该考虑怎样提升师生间的互动,尤其是那些直接涉及领导力相关问题处理的相关互动。做这件事的努力往往集中在教师教育方面,强调老师参与学生课外活动的重要性或过分依赖那些在辅助课程的学习中被筛选确定为"信徒"的少数教师。一个替代方法是训练学生,为他们提供技能和信心,以积极寻找和发展与教师的关系。

**建议行动分析**:一年级生活学习社区的重点放在对于社会创新和领导力方面的基础入门课程进行重组。项目教师主持一个会话以解释教师之间关系的重要性。同时辅助以一个由学生组成的小组作为补充,说明学生与教师互动的好处以及如何开始建立这种类型的关系。需要布置一个课程作业,包括接近和会见几个教师以训练关系建立技巧。

4. 社区服务

社区服务和服务学习对大学生领导能力的影响既是意料之中又有着充分的文献记录(Astin 和 Sax,1998;Astin、Sax 和 Avalos,1999;Cress 等,2001;Dugan,2006b;Dugan 和 Komives,2010;Kezar 和 Moriarty,2000;Thompson,2006)。当代理论认为领导力是以他人为导向的,必然关心的是公共利益(Komives 和 Dugan,2010;Northhouse,2010)。服务经验,尤其是那些与社区具有深层合作关系为特征的经验、对问题产生根源的探索以及批判反思能力为社会观点的获得(如接受别人的观点以及准确地推断出别人的想法和感受的能力)、协作和发展的世界观的形成提供了一个平台。构建良好的服务经验可以提供一个关乎领导力发展的强大学习工具。

**建议行动分析**:除了少数的协作项目之外,社区服务和领导力发展办公室在校园里彼此独立运作。理解了这两个领域之间存在着相互学习的关联性就更加有必要增加他们之间的合作性。这包括鼓励服务区域的学生在领导力、社会正义和社会行动之间建立联系以及支持领导区域的学生将基于服务的经验注入课程和培训项目之中,使学生获得检测社会差异、社区行动和领导力之间交集的浸入式协作体验。

5. 参与

学生在大学环境下的一般参与,特别是他们作为俱乐部成员的参与以及/或者作为领导者角色的组织参与与领导能力和领导效能之间呈正相关关系(Dugan,2006b;Dugan 和 Komives,2010;Dugan、Garland 等,2008;Kezar 和 Moriarty,2000;Komives 等,2006;Renn 和 Bilodeau,2005;Smart 等,2002)。职务角色对于领导效能的发展尤其重要（Dugan、Garland 等,2008；Komives 等,2006）,这支持了班杜拉(1997)的观点,明确肯定实施熟练经验(如反复表现的机会)对于感知能力形成的作用。学生俱乐部以及学生组织的简单会员身份也是作用巨大的,作为职务角色对领导能力建设通常产生同样深远的影响（Dugan 和 Komives,2007）。团体经历影响预期的领导力,教育工作者应该鼓励学生参与这些经历。然而,还可以做很多工作以有意识地构建学生组织参与,通过其他影响因素如社区服务和社会文化对话鼓励其发展。这提升了俱乐部以及学生组织参与在领导力发展方面的影响力,而不是仅仅将之视作团体工作的副产品。

　　**建议行动分析:**理解了组织会员的益处,领导力教育工作者应该创造激励项目以促进和支持此种类型的参与,包括辅助课程的成绩单。除此之外,他们为学生组织领导力发展项目的系统参与者提供了群组水平福利。这些项目包括指导学生团体通过活动的规划和实施培养教师指导、社区服务和社会文化讨论。随着个人来自于项目发展收益的积累,组织机构获得额外的赞助也变得合情合理。

　　6. 规范的领导力项目

　　规范的领导力项目是有意识设计的学习机会,通过跨多个平台的包罗万象的一系列经历以增加大学生领导力知识、技能和价值观。关于参与不同类型的规范领导力项目的发展影响研究相对较薄弱,主要源于项目设计和内容上的重大变化。当领导力这个术语被广义定义时,研究人员通常报告参与规范的领导力项目的积极收益（Binard 和 Brungardt,1997；Cress 等,2001；Dugan,2006b；Komives 等,2006；Lamborghini 和 Dittermer,2002）。在更复杂的预测模式中结果并不明确。来自多高校的领导力研究项目(MSL)的研究将个体的领导经验(如静修会、工作坊、沉浸体验)在概念上以他们的相对持续时间(即短期、中期和长期)进行分类,他们假设长期的经验会伴随着更大的精力上的投入以及增加学习上的可能性（Dugan 和 Komives,2010）。然而,研究结果却有了相反的发现,长期的经验对能力尤其是社会变革模型的个体价值观有小的负面影响（Dugan 和 Komives,2010）。中期经验(如单一课程,多个相关的工作坊)作为结果收益的正向预测因子出现,尤其是对集体和社会价值观而言（Dugan 和 Komives,2010）。研究人员将这种影响解释为长期的领导力干预项目设计上两个因素的可能结果。首先,许多长期的领导力项目(如主修、辅修)内容可能符合,也可能不符合与社会责任领导力相关的理论原则。比如,一个商学院形式的辅修领导力项目提供的可能是一个高度以领导者为中和以管理为基础的方法,它可以加强学习但是不符合社会责任领导力。其次,许多长期项目是由几个个体的领导力经验所组成的,这些经验可能是也可能不是一个另一个彼此建立在复杂性基础上的。这些项目也不能始终重新审视个体的自我概念以及在新的学习和经验出现的情况下,他们是如何转移或改变的。这两个问题可能导致发展停滞、倒退或创意上的故步自封,这对学生的整体学习是非常有害的。

**建议行动分析**:在分配新的资金资助领导力发展项目过程中,可以决定不投入大部分资金在多级认证项目上。虽然项目将跨越四年时间而且包含新的现成的经验,但它每年最多只能对一百个学生提供服务。另外,经验并非必须彼此相联系,剩下的就是让学生自己来解释意思。相反,资金用于增加短期领导力经验提高学生接触领导力概念的总数以及作为课堂内外正式和非正式对话的催化剂。这些经验包括绑定到特定学科的讲座、时间有限的领导力工作坊以及将领导力主题注入一年级的经验课程中。

### 7. 个体领导力经验

个体领导力经验代表了组成规范的领导力项目的各种独特的、独立的领导力干预活动,他们的范围在类型上包括会议、讲座、学术辅修以及以领导力为主题的生活学习项目。现有的研究文献只关注各种各样的这些经验与积极的教育收益之间的直接关联度。然而,关于他们相对影响的比较分析目前仅限于杜根等的单个研究(即将出版)。这项研究仔细检测了 16 种类型的个体领导力经验,发现它们除了都被确定为领导力教育项目这点之外很少有共同之处。研究人员也发现,参与个体领导力经验只能解释极少量的学生领导能力方面的差异。考虑到领导力是直接干预的结果这一说法,这一结论令人吃惊。对于调查结果的解释可以参考前人的研究文献,如杜根等(即将出版)就认为个体领导力经验类型所产生的影响比传授个体领导力经验的教学法所产生的影响要小得多。作者建议采用广泛影响的学习策略,如服务学习、跨差异的社会文化对话、指导关系、效能构建经验以及团体参与机会,是学生参与个体领导力体验收益时更为重要和关键的因素。

**建议行动分析**:相较于强调多种类型的领导力项目,确定一个提供教育上有意义的经验机构更为重要。每个个体领导力体验需要修订课程以确定项目采用具有广泛影响的学习策略的程度。例如,为了提高效率,将一个以领导力为主题的生活学习项目嵌入到一个与当地社区相结合的专注于探究文盲根源的服务学习项目。学生参与不同种类的人关于社会文化差异的结构化和非正式对话、为他们分配朋辈和指导教师并向其定期汇报。

## ▨ （三）学制与项目结构上的影响

考察大学生领导力的研究人员常常发现传统学制特点（如规模、管理、卡内基分类、专一性）的影响是领导力测量的一个函数。然而，其影响程度通常极小（Pascarella 和 Terenzini，2005）。应用院校合作研究项目（CIRP）数据对以领导者为中心的领导力概念进行测量的基础研究，其研究报告通常显示出传统学制特点对于领导力的重大影响（Antonio，2001；Astin，1993；Kezar 和 Moriarty，2000），而针对社会责任领导力和领导效能的研究则没有发现显著影响（Dugan、Garland 等，2008；Dugan 和 Komives，2010）。其他的研究已经发现学生事务付出模式和学生领导力结果之间存在关联（Smart 等，2002）。更大的影响可能是项目结构的类型，其有助于产生教育收益而且领导力教育工作者对之有一些表面上的控制，尽管大多数这些变量参数只是概念上的派生物。有限的实证研究表明了以下事项的重要性：清楚地定义领导力、项目的理论基础、机构和项目任务的一致性、项目实施和设计中的协作伙伴关系以及对学生学习的连续评价和评估（Chambers，1992；Cress 等，2001；Eich，2008；Owen，2008）。（关于项目结构元素以及它们在教育干预设计中应用的更加详细的信息参见第十章。）

# 三、基于证据的项目建构

本章一开始提供了许多用于阅读和解释实证研究的关键因素。这些因素提供了一个基于事实的领导力教育实践项目参与基础。但是，该基础不单独支持实施过程，领导力教育工作者必须开发一个框架以采取行动，将研究发现注入他们的项目和服务中。以下关键因素可以提供个体框架搭设的"脚手架"，成为连接理论、研究和实践的桥梁：

怎样获取信息。领导力教育工作者应该开发一个清晰的研究媒介以发布大学生领导力的实证研究，包括特定的期刊，如《领导力教育期刊》（*Journal of Leadership Education*）、《领导力与组织研究期刊》（*Journal of Leadership and Organizational Studies*）、《大学生发展期刊》（*Journal of College Student Development*）、《学生事务研

究和实践期刊 》(*Journal of Student Affairs Research and Practice*)、一般的领导力期刊如《领导力季刊》(*Leadership Quarterly*),以及研究发现的资源库(如全美领导力项目数据库)。

何时获取信息。常见的有关基于证据的实践误区认为,需要不断了解新的研究或者相反,仅仅需要了解项目发展或修改过程中的重要方面。这两种假定都是错误的。试图保持对新研究的持续关注和了解可能非常重要,但将导致项目结构和实施缺乏一致性。相反,在变革的时代中仅仅从事研究也会导致停滞。应当鼓励领导力教育工作者确定一个时间框架以阅读和考虑研究的含义,并将该研究集成到他们正在进行的专业实践中。

考虑到独特的上下文。从事有效的基于证据的实践涉及要以一个人独特的教育背景为上下文来理解研究。这包括承认并不是所有的研究可以应用的能力,以及以某种方式更好地服务学生某方面需求或在一个特定的院校背景下改造研究结果的能力。

关于基于证据的领导力项目的例子比比皆是。领袖塑造协会(LeaderShape Institute)就是一个突出的例子,个人的领导经验成功嵌入多个高影响力的学习策略,以提高学生的学习能力。"领袖塑造"是一个为期 6 天的专注于构建大学生领导能力的密集的静修会体验活动(更详细的信息见 www. leadershape. org)。该课程整合了符合当代哲学的领导力理论内容并将这些内容转化成为研究文献中业已证明的领导力方面的积极影响。具体地说,该项目提供了广泛的刺激团队间互动批判反思的机会。团队之间也建立信任并参与体验式学习,旨在提高学生的领导效能和领导能力。其内容包含了课程中的社会文化对话部分以及允许参与者深入研究与权力、特权和压迫相关问题的重点的社会文化对话。指导关系也起着关键作用,参与者与成人助理互动并建立一种超越为期 6 天体验边界的持续关系。

另一个优秀的基于证据的领导力项目实例是博林格林州立大学(Bowling Green State University)的西德尼 · 里博(Sidney A. Ribeau)校长领导力研究会(President's Leadership Academy,PLA)。校长领导力研究会提供了一个优秀范例,表明一个设计良好的复杂项目可以有效地覆盖课程以及辅助课程内容的多个维度。该项目涵盖领导力发展、多元化教育、学术准备、个人发展和保留计划,其使命旨在使充满激情的毕业生领导者拥有技能和知识以积极影响他们的社区(更详细的信息见 www. bgsu. edu/offices/sa/pla/)。该项目建立在坚实的理论基础之上,有针对性地征集了不同类型的学生群体,呈现了领导力项目内容复杂性方面稳固的演进趋势,权衡了课程经验和辅助课程体验间的分配,并充分纳入了与领导力学习收益相关的许多因素,如朋辈之间的社会文化对话、学生团体参与状况以及社区服务等。该项目还包括各种各样的经验以培育与同伴、教师和校园中的学生事务人员之间强有力的指导关系。

 # 四、小结

基于证据的实践提供了一种强大的提倡人力和财力资源的方法,结合优良实践原则、学生学习记录,论证了领导力教育的重要性。然而,更为重要的是,这是一个通过未来社会领袖和变革推动者的个人发展来完成高等教育使命的方法。作为领导力教育工作者,迫切需要塑造加强和描述项目设计和实施中理论导向的目的性、真实性和赋权值。这最好通过关注研究文献并将之作为反思、重新思考以及发展持续练习的一种手段来完成。

 # 参考文献

Adams, T. , & Keim, M. (2002). Leadership practice and effectiveness among Greek student leaders. *College Student Journal*, *34*, 259—270.

Anaya, G. (1999). College impact on student learning: Comparing the use of self-reported gains, standardized test scores, and college grades. *Research in Higher Education*, *40*, 499—526.

Antonio, A. L. (2001). The role of interracial interaction in the development of leadership skills and cultural knowledge and understanding. *Research in Higher Education*, *42*, 593—617.

Arminio, J. L. , Carter, S. , Jones, S. E. , Kruger, K. , Lucas, N. , Washington, J. . . . Scott, A. (2000). Leadership experiences of students of color. *NASPA Journal*, *37*, 496—510.

Association of American College and Universities. (2007). *College Learning for the new global century*. Washington, DC: Author.

Astin, A. W. (1993). *What matters in college: Four critical years revisited*. San Francisco, CA: Jossey-Bass.

Astin, A. W. , & Astin, H. S. (2000). *Leadership reconsidered: Engaging higher education in social change*. Battle Creek, MI: W. K. Kellogg Foundation.

Astin, A. W. , & Sax, L. J. ( 1998 ). How undergraduates are affected by service participation. *Journal of College Student Development ,39 ,*251—263.

Astin, A. W. , Sax, L. J. , & Avalos, J. ( 1999 ). The long-term effects of volunteerism during the undergraduate years. *Review of Higher Education ,21 ,*187—202.

Avolio, B. J. , Chan, A. , Chan N. , Galanhxi-Janaqi, H. , Gitlitz, J. , Hannah, S. . . . Zhu, W. ( 2005 ). 100 year review of leadership intervention research: Briefings report 2004-01, Gallup Leadership Institute. *Leadership Review ,5 ,*7—13.

Bandura, S. ( 1997 ). *Self-efficacy: The exercise of control.* New York, NY: W. H. Freeman.

Bass, B. M. ( 1990 ). *Bass & Stogdill's handbook of leadership: Theory, research, and managerial applications.* New York, NY: Free Press.

Binard, K. , & Brungardt, C. ( 1997 ). Learning leadership: Assessing students at the community college of Denver. *Journal of Leadership Studies ,4 ,*128—140.

Boatwright, K. J. , & Egidio, R. K. ( 2003 ). Psychological predictors of college women's leadership aspirations. *Journal of College Student Development ,44 ,*653—669.

Chambers, T. ( 1992 ). The development of criteria to evaluate college student leadership programs: A Delphi approach. *Journal of College Student Development ,33 ,*339—347.

Council for the Advancement of Standards in Higher Education. ( 2009 ). *CAS standards for leadership programs.* Washington, DC: Author.

Cress, C. M. , Astin, H. S. , Zimmerman-Oster, K. , & Burkhardt, J. C. ( 2001 ). Developmental outcomes of college students' involvement in leadership activities. *Journal of College Student Development ,42 ,*15—27.

Day, D. V. , Harrison, M. M. , & Halpin, S. M. ( 2009 ). *An integrative approach to leader development: Connecting adult development, identity, and expertise.* New York, NY: Routledge.

Dugan, J. P. ( 2006a ). Explorations using the social change model: Leadership development among college men and women. *Journal of College Student Development ,47 ,*217—225.

Dugan, J. P. ( 2006b ). Involvement and leadership: A descriptive analysis of socially responsible leadership. *Journal of College Student Development ,47 ,*335—343.

Dugan, J. P. , Bohle, C. , Gebhardt, M. , Hofert, M. , Wilk, E. , & Cooney, M. ( in press ). Influences of leadership program participation on students' capacities for socially responsible leadership. *Journal of Student Affairs Research and Practice.*

Dugan, J. P. , Garland, J. L. , Jacoby, B. , & Gasiorski, A. ( 2008 ). Understanding commuter student self-efficacy for leadership: A within-group analysis. *NASPA Journal ,45 ,*282—310.

Dugan, J. P. , Kodama C. , & Gebhardt, M. ( in progress). *Differentiating influences of racial group membership and collective racial esteem in college student leadership development.* Unpublished manuscript.

Dugan, J. P. , & Komives, S. R. ( 2007). *Developing leadership capacity in college students: Finding from a national study. A Report from the Multi-institutional Study of Leadership.* College Park, MD: National Clearinghouse for Leadership Programs.

Dugan, J. P. , & Komives, S. R. ( 2010). Influences on college students' capacity for socially responsible leadership. *Journal of College Student Development,51,*525—549.

Dugan, J. P. , Komives, S. R. ,& Segar, T. C. ( 2008). College student capacity for socially responsible leadership: Understanding norms and influences of race, gender, and sexual orientation. *NASPA Journal,45,*475—500.

Eagly, A. H. , & Carli, L. L. ( 2007). *Through the labyrinth: The truth about how women become leaders.* Boston, MA: Harvard Business School Press.

Eagly, A. H. , Johannesen-Schmidt, M. C. , & van Engen, M. L. ( 2003). Transformational, transactional, and laissez-faire leadership styles: A meta-analysis comparing women and men. *Psychological Bulletin,129,*569—591.

Eagly, A. H. , & Johnson, B. T. ( 1990). Gender and leadership style: A meta-analysis. *Psychological Bulletin,108,*233—256.

Eagly, A. H. , Karau, S. J. , & Makhijani, M. G. ( 1995). Gender and the effectiveness of leaders: A meta-analysis. *Psychological Bulletin,117,*125—145.

Eich, D. ( 2008). A grounded theory of high-quality leadership programs: Perspectives from student leadership development programs in higher education. *Journal of Leadership and Organizational Studies,15,*176—187.

Gehlbach, H. ( 2004). A new perspective on perspective taking: A multidimensional approach to conceptualizing an aptitude. *Educational Psychology Review,16,*207—234.

Gonyea, R. M. ( 2005). Self-reported data in institutional research: Review and recommendations. In P. D. Umbach( Ed. ), *Survey research: Emerging issues.* New Directions for Institutional Research, no. 127( pp. 73—89). San Francisco, CA: Jossey-Bass.

Hannah, S. T. , Avolio, B. J. , Luthans,F. , & Harms, P. D. ( 2008). Leadership efficacy: Review and future directions. *Leadership Quarterly,19,*669—692.

Hoppe, M. H. ( 1998). Cross-cultural issues in leadership development. In C. D. McCauley, R. S. Moxley, & E. Van Velson( Eds), *Handbook of leadership development: Center for creative leadership* （pp. 336—378）. San Francisco, CA: Jossey-Bass.

House, R. J. , Hanges, P. J. , Javidan, M. , Dorfman, P. W. , & Gupta, V. (2004). *Culture, leadership, and organizations: The GLOBE study of 62 societies.* Thousand Oaks, CA: Sage.

Kezar, A. J. , Carducci, R. , & Contreras-McGavin, M. (2006). *Rethinking the "L" word in higher education: The revolution in research on leadership.* ASHE Higher Education Report, 31 (6). San Francisco: Jossey-Bass.

Kezar, A. , & Moriarty, D. (2000). Expanding our understanding of student leadership development: A study exploring gender and ethnic identity. *Journal of College Student Development, 41,* 55—68.

Komives, S. R. , & Dugan, J. P. (2010). Contemporary leadership theories. In R. A. Couto (Ed. ), *Political and civic leadership: A reference handbook* (Vol. 1, pp. 111—120). Thousand Oaks, CA: Sage.

Komives, S. R. , Longerbeam, S. , Owen, J. O. , Mainella, F. C. , & Osteen, L. (2006). A leadership identity development model: Applications from a grounded theory. *Journal of College Student Deveolpment, 47, 401—418.*

Komives, S. R. , Lucas, N. , & McMahon, T. R. (2007). *Exploring leadership: For college students who want to make a difference* (2nd ed. ). San Francisco, CA: Jossey-Bass.

Kouzes, J. , & Posner, B. (1998). *Student leadership practices inventory.* San Francisco, CA: Jossey-Bass.

Kouzes, J. , & Posner, B. (2003). *The leadership challenge.* San Francisco, CA: Jossey-Bass.

Lamborghini, N. M. , & Dittmer, R. (2002). Northern Essex Community College: Student leadership development program. In National Association of Student Personnel Administrators (Eds. ), *Bridge to student success* (pp. 10—12). Washington, DC: Magnificent.

McCormick, M. , & López-Forment, A. S. (2003). Gender differences in beliefs about leadership capabilities: Exploring the glass ceiling phenomenon with self-efficacy theory. *Leadership Review.* Retrieved from www. leadshipreview. org/2003spring/article2summary_spring_2003. asp.

McCormick, M. J. , Tanguma, J. , & López-Forment, A. S. (2002). Extending self-efficacy theory to leadership: A review and empirical test. *Journal of Leadership Education, 1, 1—15.*

National Association of Student Personnel Administrators & American College Personnel Association. (2004). *Learning reconsidered: A campus-wide focus on the student experience.* Washington, DC: Author.

Northhouse, P. G. (2010). *Leadership: Theory and practice* (5th ed. ). Thousand Oaks, CA:

Sage.

Owen, J. E. (2008). *Towards an empirical typology of collegiate leadership development programs：Examining effects on student self-efficacy and leadership for social change* (doctoral dissertation). Retrieved from *Dissertations and Theses* (*ProQuest*). (AAT 3324779)

Pascarella, E. T. , & Terenzini, P. T. (2005). *How college affects students：A third decade of research*. San Francisco, CA：Jossey-Bass.

Pike, G. R. (1995). The relationship between self reports of college experiences and achievement test scores. *Research in Higher Education*,*36*,1—21.

Posner, B. (2009). A longitudinal study examining changes in students' leadership behavior. *Journal of College Student Development*,*50*,551—563.

Posner, B. Z. (2004). A leadership development instrument for students：Updated. *Journal of College Student Development*,*45*,443—456.

Posner, B. Z. , & Brodsky, B. (1992). A leadership development instrument for college students. *Journal of College Student Development*,*33*,300—304.

Posner, B. Z. , & Brodsky, B. (1994). Leadership practices of effective student leaders：Gender makes no differences. *NASPA Journal*,*31*,113—120.

Renn, K. A. (2007). LGBT student leaders and queer activists：Identities of lesbian, gay, bisexual, transgender, and queer identified college student leaders and activists. *Journal of College Student Development*,*48*,311—330.

Renn, K. A. ,& Bilodeau, B. L. (2005). Leadership identity development among lesbian, gay, bisexual, and transgender student leaders. *NASPA Journal*,*42*,342—367.

Rost, J. C. (1991). *Leadership for the twenty-first century*. Westport, CT：Praeger.

Smart, J. C. , Ethington, C. A. , Riggs, R. O. , & Thompson, M. D. (2002). Influences of institutional expenditure patterns on the development of students' leadership competencies. *Research in Higher Education*,*43*,115—132.

Thelin, J. R. (2003). Historical overview of American higher education. In S. R. Komives & D. B. Woodard Jr. (Eds)，*Student services：A handbook for the profession* (4th ed. ; pp. 3—22). San Francisco, CA：Jossey-Bass.

Thompson, M. D. (2006). Student leadership process development：An assessment of contributing college resources. *Journal of College Student Development*,*47*,343—350.

Turrentine, C. G. (2001). A comparison of self-assessment and peer assessment of leadership skills. *NASPA Journal*,*38*,361—371.

Tyree, T. M. (1998). Designing an instrument to measure socially responsible leadership using the social change model of leadership development. *Dissertation Abstracts International*, 59(06), 1945. (AAT 9836493)

U. S. Department of Education. (2006). *A test of leadership: Charting the future of U. S. higher education.* Washington, DC: Author.

# 第四章

# 学生领导力发展反思

温迪·瓦格纳

本章问题涉及学生发展在领导力培养中占据什么样的地位,究竟什么是领导力;学生的能力、实践与责任感如何通过班级活动进行增强或评价;学生理解领导力含义的过程中,学生发展的水平起着一定的作用,他们会逐渐认识到领导力包括实践能力;对于特定班级结构或班级任务的责任感;从辅助课程中获得学习能力,甚至还包括怎么来看待领导力教育者所起到的作用。说到领导力的方式,过去对它的认识并不统一(如领导力是统治、影响或者便利化的过程),目前对领导力已经形成了共识,它是领导者一种可发展变化的复杂性反思能力(Day 和 Lance,2004a;Drath & 和 Palus,1994)。该理论涉及认知、道德或伦理、人际交往和认同发展,这些有利于帮助领导力教育工作者理解学生对自己个人经历的解释与内化过程。

制定现实的目标要求教育工作者了解在领导力项目中,学生之间发展的起点不同。学生发展理论能够帮助教育工作者理解为什么有的学生能有计划、有方法地主动学习(如领导力活动、学生组织中获得的直接经验等),而其他学生在领导力实践之后似乎没有及时获益或是思维深度没有提升。有效的学习不是指放之四海而皆准的学习方法,而是说根据学生的不同特点因材施教,帮助不同的学生提升思维的复杂性。

如果不考虑学生发展,领导力教育工作者可能会简单推动学生发展,而不是以学生的发展现状为基础进行适当的调整与帮助。还有一点可能会被教育工作者所忽视,即有些学生需要创设最佳挑战来帮助他们跨越能力发展的界限,否则他们可能很难掌握领导力的概念或技能。有效地使用学生发展理论可以提醒教育工作者如何创造良好的学习环境。什么是良好的学习环境呢？就是这个环境是对学生具有支持性，能帮助学生体验到自己发展上的不平衡性，然后试图寻找复杂有效的方法与实践来提高自己的领导力水平。教育工作者可能会发现学生在明显进步之后似乎又回到过去的老路上去了。这是因为成长与发展是有压力惯性的，教育工作者需要帮助学生认识到发展的过程与压力相伴，让他们能理解由于失败带来的压力，通过合理的方式表达他们的压力。

了解学生发展与领导力培养间的关系，还有利于教育工作者了解到自己工作的长期性和复杂性。参加领导力学习班的学生希望能学习到跟权力相关的某种"正确"的方法，而不仅仅是知识适应（Heifaetz，1994）、协作（高等教育研究会，1996）或关系领导力（Komives、Lucas 和 McMahon，2007）。但是，领导力研讨会可以通过非等级非权力的方法让他们的能力逐步提升。学生逐步掌握概念与提高能力，当他们发展到某一水平时，对领导力的概念的理解也会达到更高的层次。

本章在创设学生发展的环境之前先对基本概念进行梳理。接下来，本章将介绍几个具有代表性的发展理论，在此基础上教育工作者才能更好地理解不同学生不同的发展路径以及领导力习得过程。

# 一、创设环境促成领导力发展

发展是指理性、价值、多元认同的整合，且越来越具有复杂性与深刻性（McEwen，2003）。发展不只是量的变化（如高度的增加。McEwen，2003；Day 和 Lance，2004b），更反映了不同阶段的本质区别。学生对世界的感知和对事物意义的表达取决于他所处的发展阶段。当他们的眼界能解释他们的经历时，他们处于"平衡"的阶段。当新信息或新经验出现却无法用已有的心理框架来解释的时候，学生们会面临两种不同的选择：（1）对经验进行重新解释，让它们与当前的心理框架相适应；（2）改变已有的心理框架以更好地解释新经验。第二种选择会带来一段时间的转变与"不平衡"。它需要以其他的信息和经验来确认尝试新的心理框架的正确性，还需要对于已有的学习经验进行新的解释和重新定位（Evans、Forney、Guido、Patton 和 Renn，2010；McEwen，2003）。不平衡期反映出不同发展阶段的过渡过程。而进入某一阶段则是个体发展的平衡期或"休息点"（Perry，1981，78）。

问题在于，只有在"有准备的时候"，学生才有可能接受由于改变带来的不平衡感并一直持续到新心理框架的出现。桑福德(Nevitt Sanford,1962,1967)对学生发展理论的经典解释是:个体发展有三个条件,即准备、挑战与支持。准备包括内部的过程,如生理上的成熟,也包括外在环境提供"正确"的条件。准备为挑战和支持提供最佳的意义水平。支持主要是指环境能为学生当前的意义建构系统提高强化和奖励。挑战是指一些事情的出现表明学生当前心理框架的有限性。两者间最佳的平衡在于在某一情景中,学生能发展出更为丰富的理性,而非过犹不及。否则,学生很难适应与发展,甚至会懈怠或退回到原来的发展阶段。个体能接受的挑战程度与环境所提供的支持程度呈函数关系(Sanford,1967)。

科根(Kegan)和莱希(Lahey)(2009)将最佳平衡描述为"掌控环境",挑战与支持均属于个体意义建构系统的设置部分,通过它们培养个体深刻的反思性与崭新的视野。创造平衡性的环境意味着发展更上了一个台阶(Knefelkamp、Widick 和 Stroad,1976),学生能依靠自己在新的发展水平上理解世界并进行推理,从而进入新的发展阶段。有的时候,学生出现更高阶段的意义建构,但那只是灵光一闪,他们还不能在实际生活中对此进行应用。最佳挑战的环境水平支持和帮助学生从当前的发展阶段进入到更高的发展阶段。

##  二、使用学生发展理论的基本指导方针

以下是使用学生发展理论的指导方针:

● 发展并非对某人做某事。教育工作者的作用是要创设最佳环境、挑战与支持,当学生准备好后,他们在新环境中所获得的经验能帮助他们认识到自己当前的意义建构结构已经不足以解释这个世界。

● 发展的环境能通过特意的设计得到挑战与支持的平衡,而没有设计过的环境有时候也能达到这种效果。这要求领导力教育工作者引导学生进行有效的自我反思。

● 每个学生都是独一无二的。通过发展阶段论将学生进行分类是错误的,这么做只会抹杀学生作为个体的特殊性。这些理论只是为了帮助教育工作者从某一方面来了解学生。即使同一个学生也并非固定在某一阶段上,而是在不断发展变化中。

● 没有哪一种发展理论能够帮助教育工作者完全地理解学生的经验和看法。

多种发展理论都是在尽量地去理解独一无二的学生。每个学生的独特性表现在领导力经验、世界观、伦理性、精神性、心理以及认同发展等方方面面。这些都在影响着学生对领导力实践的认识与体验以及他们如何建构自己的领导力经验意义。

● 很多传统的学生发展理论来自于对少数学生样本的研究,已经不再适应今天的学生发展状况了。比如学生样本的有限性限制了某些发展理论的适用范围。

● 本章的目的在于如何使用这些理论。本章不会花大量的篇幅来解释每个发展理论的复杂模型,读者如果有兴趣的话,可以自己去查阅相关书籍以更透彻地理解这些理论。

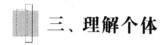# 三、理解个体

接下来介绍的与学生发展和领导力发展相关的理论都是为了帮助教育工作者理解学生的独特性,以此创设能够提供最佳挑战与支持的环境。

## （一）学生发展理论

有从事学生事务背景的领导力教育工作者早在几十年前就接受了关于成人发展理论的指导。而关于管理与领导力的主流研究在最近才开始从成人发展理论转移到公司和政治背景下的领导力发展。其中一派领导力发展理论将成人发展应用到领导力发展之中,从而提出了发展中的领导力效能,追随者的发展是如何影响他们对领导者的评价的,领导力发展项目需要考虑环境对发展的促进。作为领导力发展自身来说,不要忘记如何有效地应用创设的环境来促进个体的发展。

大学生发展领域中有很多相关理论可供教育工作者借鉴,在此就不一一列举了。本章会提及部分发展理论以及它们如何在领导力领域进行应用。

1. 佩里的认知发展理论(Perry's Cognitive Development Theory)

所谓认知理论是指学生如何思考以及赋予个人经历以意义。佩里的理论涉及智力与道德的发展(1981),为解释领导力的发展过程提供了很好的范本。该理论将学生认知发展归纳为九个阶段,其中的两个阶段可以用来说明领导力发展过程。学生经常按照两分法来认识并理解这个世界,如正确或错误、好与坏、智或愚、领导还是随从等。他们或认为所有的问题都会有一个明确的答案,所有的问题都能找到解决的办法,而专家或是权威者拥有答案或是解决之道。处于这一阶段的学生

认为领导力是位高权重者所拥有的能力。他们希望领导能给予正确的答案以制定决策,而他们自己只需要追随与执行就可以了。他们可能认为试图去包容他人的想法是"弱势领导"的表现。

对于处于两分阶段的学生来说,合作或关系性领导力方式对他们具有挑战性。如果外在环境支持了这一两分模式,领导力的学习关键便会局限于此而难以发展到下一个阶段,即佩里(1981)提出的多元化阶段。在多元化阶段中,所有的选择都是平等的,而不是非黑即白的。新的角度也能让学生以全新的方式来认识领导力。但是,当所有的选择摆在学生面前时,其可能由于自身的局限性而难以获得某些具体性的支持。集体讨论也许能够帮助学生实现领导力多元性中涉及的挑战与支持间的平衡。

2. 科尔伯格和吉利根的道德发展理论(Kohlberg's and Gilligan's Theories of Moral Development)

领导力中经常会涉及道德方面的内容,由此领导力教育工作者需要了解并掌握与伦理相关的发展理论。当学生遭遇道德两难问题时,知道如何认识并理解两难困境。20 世纪 70 年代末,吉利根(1977)的研究表明女性的道德判断标准与男性不同,由此对科尔伯格的道德理论予以了强烈的冲击。因为科尔伯格的道德发展理论仅研究男性样本,并以此为基础进行归纳和总结,其结论有失偏颇。了解科尔伯格和吉利根的理论,能全面且有效地理解学生在道德两难中的选择与解释。一般来说,男性在两难困境中会出现基于道德的权利或价值自主的正义倾向,而女性则更倾向于在人际关系中实现自我与他人的平衡。

无论是科尔伯格还是吉利根,他们在表述道德发展阶段的时候都是用了"水平"(level)一词。某学生在科尔伯格(1976)的理论中属于第二阶段,即他是一个好人,需要实现别人对他的期许并遵守社会规则。做正确的事情意味着在法律规范与自身责任之间寻求某种平衡。在吉利根理论的第二阶段也是指价值的社会接受,但是度过这一阶段的人认为自我牺牲以实现集体的需要比做好自己的角色更重要。美德在很多时候是用于衡量愿意为别人放弃自己的程度。在学习环境中,某种挑战能促使处于第二阶段的学生向道德理论的第三阶段发展。第三阶段是指抛弃他律转向新的发展阶段。

成人道德和伦理发展过程中的相似性能够为我们了解学生在领导力领域中的道德发展提供一些启示。领导力的后工业化模型(见第二章的讨论部分)更侧重于关系而非等级结构。也许某些学生对此难以理解。这说明这些学生认为"做正确的事情"是指遵守规则或实现他人对自己的期待。这中间的认识挑战需要相关的支持系统来平衡。

事实上,考虑到伦理问题,需要遵守"加一"(plus one)的原则,尤其是要影响到整个大环境时,更需要全面考虑问题。同时,教育工作者也许希望学生发展出复杂的方式来解决道德问题。但是,复杂的解决方式的出现源自问题以及学生思维方式的复杂性。发展就是通过创设最佳环境为挑战提供支持以帮助学生进入到下一个发展阶段。

3. 科根(Kegan)和莱希(Lahey)关于心理的复杂性发展阶段理论(Plateaus in Mental Complexity)

在认知发展理论中,科根和莱希描述了复杂意义生成的三种方式即三个阶段。第一种方式与社会心理对他人期待的关注有关。身处在群体中的学生会受到他人的影响。科根和莱希注意到了这一问题。他们认为,学生对群体的认同方式的差异导致了他们思维复杂水平的不同。即使团体成员知道提供的方案不一定有效,但是由于这些方案是团队的领导提出来的,所以他们还是对该方案表示了支持。第二种方式是自主性的发展阶段。在该阶段中,学生拥有自己的观点或目标,他们希望得到别人的支持,他们也许会竭力向别人解释自己的观点或主张。处于这一阶段的学生也许不怎么能接受与他们立场相左的观点。而接下来的阶段,即自我转化(self-transforming)阶段,处于该阶段的学生能以自己的观点为依据,但同时也认识到一个问题不一定只有唯一的解决之道,每一种观点都存在不足,当环境改变后,它就无法继续起作用了。处于这一阶段的学生乐于与他人分享观点,包括与自己的想法相反的意见。科根和莱希将自己的理论比喻为一辆能让人驾驶的汽车,自我创造阶段的学生希望通过车轮使它发动,而自我转化阶段的学生则希望它朝正确的方向行驶。

## ■■ (二)其他成人发展的相关理论

很多学生发展理论都对领导力发展大有启发,因为它们的提出都是基于学生的认同研究,其他的相关理论列举如下(请留意本章结尾处的参考文献以备进一步的研究):

- 结构/认知发展(Structural/Cognitive Development):科根的意识阶段论、金

和基奇纳的反思判断模式以及巴克斯特·马格拉丹的认识反思模式（Kegan's（1982）order of consciousness，King and Kitchener's（1994）reflective judgment model，and Baxter Magolda's（1992）model of epistemological reflection）。

● 灵性/信仰发展（Spirituality/faith development）：福勒的信仰发展阶段论和达拉斯·帕克斯的对福勒理论对大学生的应用（Fowler's（1981）stages of faith development and Daloz Parks's（2000）adaptation of Fowler's theory for college students）。

● 身份发展（Identjity development）：因为领导力发展包括自我意识、真实性以及从真实自我的角度与他人合作而产生的人际关系，身份发展理论对于领导力教育工作者尤为重要（关于身份发展和领导力之间的关系的进一步讨论见第十四章）。

其他文本提供的许多学生发展理论的概述包括：

● Evans，N. J.，Forney，D. S.，Guido，F.，Patton，L. D.，& Renn，K. A.（2010）. *Student development in college*：*Theory*，*research*，*and practice*（2nd ed.）. San Francisco，CA：Jossey-Bass.

● Schuh，J.，Jones，S. R.，& Harper，S.（2010）. *Student services*：*A handbook for the profession*（5th ed.）. San Francisco，CA：Jossey-Bass.

● Wijeyesinghe，C. L.，& Jackson，B. W.（2001）. *New perspectives on racial identity development*：*A theoretical and practical anthology*. New York，NY：New York University Press.

● Wilson，M. E.，& Wolf-Wendal，L.（2005）. *ASHE reader on college student development theory*. Boston，MA：Pearson.

1. 自我效能感（Self-Efficacy）

自我效能感是指自己相信自己能完成某种具有挑战性任务的信念（Bandura，1997）。自我效能感能在一定程度上为领导力的学习创设环境。"相信自己的能力"是领导力能力中的重要内容，因为人们倾向于拒绝自认为不可能完成的任务（Denzine，1999）。学生领导力自我效能感的增强或降低取决于他们自己的选择，是否在面对群体任务时接受挑战或是产生了新的领导力体验（如低领导力效能感的个体往往较少有领导力体验）。

让自己接受或面对新的领导力经验是领导力发展的有效来源。自我效能感作用于学生的意志对于领导力的发展来说非常重要。领导力自我效能感也影响到个体的体验,具有高效能感的个体倾向于付出。因为他们相信自己的付出是有所回报的(Denzine,1999)。如果说提供挑战与支持的平衡对于发展和体验反思性的经验至为关键,自我意识对于学习非常重要的话,那么理解自我效能感的作用以及如何培养自我效能感对于领导力教育工作者至关重要。

幸运的是,班德拉关于自我效能感的著作(Bandula,1997)描述了增进个人内在信仰体系的四个来源。考虑到学生自我选择获得领导力经历的需求,学生领导力项目应该包含一些措施,以增强学生的领导力自我效能感。表4.1总结了这些来源,并且提供了与领导力相关的具体实例。

**表4.1  发展领导力自我效能感的契机**

| 领导力自我效能感的前提 | 为学生提供的机会 |
| --- | --- |
| **需要掌握的技能** | 如何举一反三 |
| 举一反三的使用技能 | 社会角色和工作任务所取得的成绩与承担的责任,积极参与同学发展、引导与学生助理等活动 |
| **替代经验** | 观察同伴模型以及校园中同伴的成功经验 |
| 观察他人如何战胜挑战实现目标 | 认真倾听地方、国家或是国际上的名人关于领导力的讲座<br>从他人的问题与失败中汲取教训<br>观察他人的优点来总结自己的优势,通过案例学习认识到行为可能出现的不同过程并模拟其结果 |
| **言语劝说** | 将发展型的领导聚集在一起,鼓励他们相互学习 |
| 鼓励学生正视具有挑战性的问题 | 指导老师与学生建立起固定联系<br>通过参与活动建立起正式的或非正式的关系<br>建立起归纳相似经验的能力并形成效能感 |
| **对心理以及情感状态进行评估** | 学习处理问题的技巧以及增加自我调节行为 |
| 认识压力减轻焦虑 | 当任务众多时如何对待压力,制订计划,注意自己的恐惧、希望、目标与课程学习<br>与他们的优势心理资源相结合,处理好最大的问题并有意识地进行领导力的学习 |

资料来源:Komives、Longerbeam、Mainella、Osteen、Owen 和 Wagner(2009)。

2. 目标导向(Orientation Towards Goals)

目标导向可分为表现性目标导向和学习性目标导向(Dweck,1986),两者都与自我效能感有关且都是在为发展做准备(Avolio,2004)。具有表现性目标导向的个体认为所有的任务都是表现的机会,个体会展示他所知道和获得的内容或是从别人那里所获得的积极评价。具有学习性目标导向的个人把每一个任务都视为学习的机会,不断尝试和反思自己的所作所为以获得进步(Dweck,1986)。研究发现目标导向不同会影响个体对目标的选择。具有表现性目标导向的个体的自我效能感较低,他们害怕失败,不愿意选择具有挑战性的目标。但是,即使是一个自我效能感较低的人,如果他具有学习性目标导向,他也会选择具有一定难度的任务。他将此视为学习的过程。因此,领导力发展需要创设相应的环境,让表现性目标导向的人逐渐转化为目标性自我导向的人。

3. 实践能力(Practical Intelligence)

目前对领导力的研究开始重视学生在其自身领导力发展过程中所扮演的角色(Day、Harrison 和 Hapin,2009)。具有实践能力的个体能在面临挑战的时候深入学习不断反思。领导力发展的终极目标就是要培养学生的实践能力,将领导力培养融入个体的经历之中,以实现个体的积极发展(Cianciolo、Antonakis 和 Sternberg, 2004)。

目前研究领导力教育的专家一再强调体验式教育的重要性,行为和反思的原则是为了更好地学习( Brungardt, 1996; Gardner, 1990; HERI, 1996; Komives 等,2007; Robert 和 Ullom, 1989; Zimmerman-Oster 和 Burkhardt,1999)(见第五章对体验式教学的详细描述,包括科尔布(Kolb)的体验式学习模型)。

实践能力要求个体对领导力学习要更具责任感,只有这样才能积极且主动地进行体验式学习。而企业领导力发展项目突破了研习班培训的形式,进入到对员工日常工作中的真实体验的关注(Day,2001)。在面对挑战时独立探索有利于领导力的有效发展。

早期对实践能力的研究发现,它与自我效能感、对开发经验的态度以及行为倾向、自我学习与成绩的责任感、改变学习和能力的信念以及情绪调节和学习模型中焦虑的产生等密切联系( Van Velsor 和 Guthrie,1998)。研究同时关注以上这些是否与人格特质有关,相应的人格特质是否可以通过学习来获得或增强,但事实上在体验中学习往往发生在行为和反思之后。

4. 认同与自我意识(Identity and Self-Awareness)

近几十年来,大学领导力教育工作者借鉴了与学生发展相关的心理学理论,其中就包括认同发展理论。最近,领导力研究领域开始关注认同和自我意识在学生领导力发展中所发挥的作用( van Knippenberg、van Knippenberg、De Cremer 和 Hogg,2004)。一些领导力发展模型也开始注意到个体的认同与自我意识的发展过程(Avolio,2004;Hall,2004;HERI,1996)。

认同发展（Identity development）涉及个体对自己的完整感知，包括自己所具有的独一无二的人格特征与价值，自己如何在团体中形成个体意义以及如何将此与团体成员分享等内容（Abes、Jones 和 McEwen，2007；Erikeson，1980；Stryker 和 Burke，2000）。而领导力认同是指个体作为领导时发展出的感知，以及当他以不同的角色参与到团体中去的时候他是如何建构意义的（Lord 和 Hall，2005；O'Connor 和 Day，2007）。个体一定要成为真正的领导者，但是领导者的感觉也能融入其他的社会认同之中。当然，发展领导力认同与个体是否将自己视为领导者以及视为何种程度上的领导者关系密切。随着时间的变化，个体对于领导者的认同会逐渐融入他的认同领域，成为其中的一个组成部分（Komives、Owen、Longerbeam、Mainella 和 Osteen，2005）。

个体丰富的社会角色使得他所拥有的认同也较为多样。而认同也许是最能描述个体是如何在多种社会身份中建构与整合意义的内容。"显著的认同"是指个体多种身份中的中心组成部分，具有整合自我意识和其他身份的重要作用（Day 等，2009）。认同这一概念对于个体的角色选择的塑造意义重大。比如，有研究表明显著的宗教身份能预测花费在宗教活动上的时间（Stryker 和 Burke，2000），显著的母亲身份也能预测个体对成为母亲的接受度（Stryker 和 Burke，2000）。像领导力效能感一样，个体领导力身份的显著程度也能预测他能为领导力发展所花费的时间和精力（Day 等，2009）。如果个体将领导者视为他的主要身份，学生就会想尽办法使领导力得到进一步的发展（Day 等，2009）。如果学生并没有领导者的意识，他们对领导力的学习就缺乏相应的自我动机。

领导力认同随着时间发展而发展，在这一过程中，研究者强调领导力经验的重要性，然后将领导力经验整合到已有的认同意识之中，从而形成领导力认同（Day 等，2009）："不断积累领导力经验以加强个体的领导认同，尤其是当出现积极的领导力体验时，更需要不断地自我强化。"（p. 185）领导力经验在很多情景下都可以获得（比如，做志愿者、工作、班级生活等），这些体验能帮助学生将领导力身份整合到他们所具有的其他身份中（Day 等，2009）。

不少领导力理论甚至包括领导力发展的社会变革模型（HERI，1996）的中心内容都是发展自我意识与专注力（mindfulness）。自我意识是指个体对自己的完整、公正和客观的认识（Hall，2004，p154）。自我意识是领导力的重要方面。自我意识中存在两方面截然不同的内容。首先，对自己特质、优势、弱势、心理结构和表达方式的认识。领导力发展计划的目标是帮助学生理解文化对他们的影响,以及人格特质如何塑造他们的世界观和澄清他们的价值观,从而实现个体自我意识的发展。自我意识的第二部分被称为"专注力"。它是指对当下自我状态的认识,能及时调整、自我调节自己的想法、行为和情绪反应。它包括了个体对沟通调节的能力,因为具有个体领导力风格的发言能反映出团体或听众的众多信息,同时也能使工作更具效率。对于很多培养领导力的方法来说,发展个体的自我意识是其基本内容,最重要的是要发展出真实的领导力风格(Avolio,2004)。自我意识是情商的重要内容(Goleman、Boyzatzis和Mckee,2002),而情商同时也是领导力的组成元素之一(Shankman和Allen,2008)。自我意识和自我调节也是实践能力的核心内容(Day等,2009)。

## ▓ (三) 领导力认同的发展

领导力认同发展模型(LID)包括了六个发展阶段,这六个发展阶段反映出个体对领导力的认识以及认同自己的领导力身份的复杂过程(Komives、Longerbeam、Owen、Mainella和Osteen,2006)。在每一个发展阶段中,学生的意义建构建立在上一个阶段的基础之上,同时又将产生对领导力的全新理解与崭新的领导力体验。每一阶段上学生对领导力的意义建构是以下五个发展要素的组合:

1. 概括的认识:如何理解或认识领导力。

2. 不断发展的自我(如深层次的自我意识、建立自信、获得新技能以及动机的拓展)。

3. 团体影响力,尤其是具有何种动机使自己参加团队改革。

4. 对于自我和他人的关系从依赖到独立再到人际间的关系(即能够既依赖他人又被他人所信赖)。

5. 日益发展的影响力(包括对成人、同伴的影响,有意义的经历,以及对于个体领导力发展的反思)。

领导力认同发展模型包括了六个阶段,其中前两个阶段即意识和探索/参与阶段,正常情况下应该是出现在进入大学之前(Komives等,2006)。从第三阶段到第四阶段的变化比较复杂,因为这两个阶段同时存在沉浸与挣脱的内容。表4.2根据以上五方面内容对每个阶段的特征进行了描述。

表 4.2 领导力认同发展

| LID 阶段 | 对领导力的认识 | 发展的自我 | 团队影响 | 发展影响 | 自我与他人的关系 |
|---|---|---|---|---|---|
| 3. 领导力识别 | 领导力由等级中的地位所决定，领导力是处于领导位置上的人要考虑的问题，领导说什么我们就做什么。只有当上领导的学生才叫领导者，否则免谈 | 在一些例子中，个体希望在团体中担任领导，只有在其位才有所谓的领导者的身份。有的人只愿意成为跟随者，因为他们不愿为团体决策承担责任。成为领导者才具有领导力的身份感，也才有资格在领导力中发挥作用 | 意识到团队的结构和目标。将团队视为具有等级性的组织。意识到其作用和存在过程是为了实现目标。个体参与的动机在于团队的任务和价值是否能实现自己的利益。最重要的是，只有少数人真正参与到团队中来 | 个体调节与培训的作用。学兄或学姐所起到的作用在不同风格的领导力模型中都予以了肯定。通过培养掌控能力如树立领导意志或积极参与等方式建立领导效能感。借此机会学习领导力理论，拓展语言表达能力和反思能力，这些都是实践智力的发展基础。同时，在同伴与群体中感受发展的多样性 | 1. 作为领导者的学生觉得自己是独立的 2. 作为追随者的学生认为自己是依赖领导者的 |
| 4. 领导力区分 | 在等级结构中，对于领导者的认同与成为领导者是两个不同的概念。能对团体的发展起到积极作用的人都是领导者。在对领导者认同的认识过程中，最重要的是个体作为领导者积极地参与到团体建设中来 | 不管有没有领导者的头衔，都努力为团体进步出谋划策。学会团体协作相互信任，发现他人的长处。自我意识日益增强。在多样化的团体中能与不同风格的人打交道，更有自信 | 认识并理解自己所在的团体是大系统中的一部分。参与到群体中后，个人能力得以增强，如信任、与持不同观点的人工作、学会合作 | 不断地对自己和他人进行反思。从学习体验中探索意义 | 在团体中人和人之间相互依靠。只有领导者和团队成员相互依靠，团队才能发展进步 |
| 5. 一般化 | 领导者是指参与到领导力过程中的人。不管是否处于领导者的位置上，自己是领导者已经成为个体身份中稳定且重要的组成部分 | 个体的自我意识增强，形成具有觉知性的信仰以及与行为相一致的价值观，了解自己积极投入的原因，以及设立的长期目标的内容。将自己视为团队的老成员，感觉有责任帮助新成员尽快地适应与调节 | 团队中角色变化，因为大家把更多的机会留给了具有创造性的新成员。虽然在具体活动中不再抛头露面，但是始终为团队建设出谋划策。 | 团队成员间能真诚地沟通与交流。意识到自己在领导力模型中所扮演的角色以及指导新成员的责任。越来越注意进行自我反思，比如团队的发展、目标走向等 | 通过培养形成团队成员相互依赖共同发展的局面 |

（续表）

| LID 阶段 | 对领导力的认识 | 发展的自我 | 团队影响 | 发展影响 | 自我与他人的关系 |
|---|---|---|---|---|---|
| 6. 整合/综合 | 将领导力视为活动过程中的积极参与。领导者身份成为自我认同中稳定的构成部分 | 体验新环境，能寻找到团队发展的多元途径，认识到从他人那里可以学习到更多内容。自我发展是持续终生的过程 | 通过环境差异认识到组织的复杂性。在选择新团队之前，主要关注目前团队的任务与价值 | 在新环境中了解他人的机会有利于进一步的发展。发展中很自然地遭受来自新经验的挑战。在此过程中，人们相互分享价值观，不断反思自己的学习过程 | 依赖本身就是一个系统，反映出个体在群体中的作用方式 |

考虑到对正式的领导力项目进行宣传，而读者又是处于不同领导力发展水平上的学生，领导力项目没有必要只针对某个阶段的学生进行设计。相反，教育工作者需要创设一些能够让所有学生参与和反思的活动，这样才能了解不同阶段学生的心理意义。比如，布置给学生的课后反思作业能够了解学生多重发展结构中的领导力身份探索（如什么时候你觉得自己是领导者）。类似的，在班级讨论中，处于更高阶段的个体经常会引发不平衡并为新的心理意义的建构提供指引。领导力项目的设计需要给学生的挑战和支持间提供最佳平衡。这里提供的并非详细的清单，而是引起思考的例子。

**表 4.3　LID 阶段中的支持与挑战**

| LID 阶段 | 支持 | 挑战 |
|---|---|---|
| 2. 探索/参与 | 对有集体责任感的学生予以奖励 | 鼓励学生按照自己的兴趣和价值取向选择所要加入的团队 |
| | 对价值观、个体兴趣、人际参与机械技能予以积极反思。 | 尽量多地让学生参与团队活动 |
| | 对专业技能与人际能力的反思，有利于学生认识到自己的优势以及可以持续发展的领域 | 当前的术语体系有利于与学生通过命名或描述的方式来观察他们所在的团队 |
| | | 让学生有机会主动地观察他人的领导方式与风格 |
| 3. 领导力识别 | 学生在社团中也能按照他们已有的价值取向与兴趣行事 | 向学生介绍合作领导力理论（非等级性），领导力是参与活动过程中所获得的能力，而非处于领导位置上的人所独有的 |

| LID 阶段 | 支持 | 挑战 |
|---|---|---|
| | 确认学生对组织的等级性已经明了<br>并自觉地参与其中（等级性的组织<br>按照劳动的不同进行分工） | 好的追随者也是好的领导者 |
| | 为学生提供相互交流的机会,通过<br>学生间的互动与学习让他们认识到<br>团队的任务与价值观 | 提供机会使学生参与到特定的任务中去,<br>在执行任务的过程中让学生明白团队的<br>成功是所有成员共同参与的结果而非领<br>导者的一己之力。团队参与在精不在多 |
| 4. 领导力区分 | 在讲授和实践过程中,对领导者和<br>有名无实者予以清晰的划分。认识<br>到领导力并非在团队中争取到什么<br>样的地位 | 一些学生会否认领导力的等级性,并试图<br>通过某种方式来取代它。对于这部分学<br>生要鼓励他们对以下问题进行反思:他们<br>以及所在团队具有何种领导力并且是如<br>何发挥出来的 |
| | 有的学生也许还停留在第三阶段,<br>他们对自己的领导力还不是很确<br>定,或认为团队同伴中竟然有人不<br>尊重等级组织中领导的权威。他们<br>需要获得帮助,需要不断对面临的<br>困境予以反思 | 另一些学生可能对阶段4的价值很认可,<br>却没能将其反映到团队行为中,他们需要<br>注意观察那些将领导力视为合作过程的<br>同伴,这对他们领导力行为的运用有帮助 |
| | | 连续的压力让学生希望自己参与的团队<br>能够成功 |
| 5. 一般化 | 学生如何认识他人领导力的发展对<br>他们如何定义领导力起着重要的<br>作用 | 鼓励学生的实践能力,将自己视为对自己<br>负责的人。了解自己的学习体会并能主<br>动地对自己进行反思(并非常规安排和<br>班级讨论的要求) |
| | 为学生提供机会让他们从同伴角色<br>模式和引导者等方面来影响同伴,<br>包括对领导力发展问题的培训,如<br>自我效能感和 LID 模型等;对有效<br>运用角色模型和指导他人的学生予<br>以奖励 | 创造机会让学生认识到自己所在的团体<br>与校园组织和部门是匹配的 |
| | 奖励为他人提供角色模式和指导的<br>学生 | |
| 6. 整合/综合 | 鼓励学生与学生组织之间建立联系<br>与合作,分部门管理以促成系统目<br>标的实现 | 提供机会让学生在新环境中观察并体验<br>领导力,尤其是将此与他们的职业发展相<br>联系;让学生认识到大学之后他们所面<br>临的新环境也许跟他们已有的领导力观<br>点并无完全匹配,帮助学生寻找到能实现<br>领导力认同的新模式或新经验,使领导力<br>认同成为个体自我领域中的新内容 |
| | 当学生面临毕业或下一步的选择时,<br>指导学生反观内心,正视新经验以帮<br>助自己继续学习领导力效能感 | |

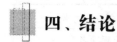

# 四、结论

具有发展视野的领导力教育工作者了解自己工作的长期性以及工作反馈的滞后性。发展的目标是不断前进的,绝不会通过一次探讨会或课外活动就能达到目标。复杂的能力建立在过去的技能之上。以下是领导力发展项目的新思路:

• 检查当前领导力项目的理论依据。处于不同发展阶段的学生从领导力项目中能学到什么内容?领导力项目是如何满足不同发展阶段学生的需求的?领导力项目的内容能否在以下领域内(如认知、社会心理和社会认同等)对理论予以反馈?

• 为学生组织顾问在学生发展理论的应用上提供专业的指导。讨论在角色模拟、指导和反思活动中他们所起到的作用。讨论他们在创设最佳挑战和支持环境中所起到的作用。

• 为学生领导力角色模拟的实现和对他人的指导(无论是对成人还是同伴)创造机会。当模拟成为实际能力时,角色模拟的发展潜力特别强大(如自我意识让学生意识到需要让自己变得更有效能感,责任感让学生开始把握学习机会,对个人经验的反思让学生持续地学习)。在LID所罗列的阶段中,通过不同的经历和表现相应的能力得到发展,自我效能感得以增强。具体过程如下:为处于早期发展阶段的学生提供发展模式,对于中期发展阶段的学生提供指导让他们学会自我反思,为后期阶段的学生提供机会让他们能对他人进行指导。

• 为加入有意义的领导力项目提供机会。学生在不同领域的发展都强调体验式学习,这是个体发展的核心。复杂的团队挑战,比如服务培训项目、协调校园活动或长期的研讨项目等,为学生对领导力过程和学习到的领导能力提供了反思的内容。更多的针对特定技能的简单模拟训练能提高学生自我意识的水平,或让学生进入更高的发展阶段。教育工作者也观察到学生的提前准备对促成发展是有效的。

• 培养学生养成对所学内容和自我意识进行反思的习惯。对经验的反思是认同发展的重要内容。库米维斯等(Komives等,2006)也意识到“每个阶段的关键是拓展自我意识”(p.414)。培养学生养成自我反思的习惯,并让此习惯持续终身。

• 让学生参与到领导力理论与学术研究中。除了通过探索领导力的不同方式来整合与塑造个体的领导力认同外,有些体验是学生能感受到却难以表达的部分,领导力理论还能帮助学生通过语言将这些感受表达出来。言语训练能帮助学生在反思、讨论和行为表现上的能力大大提高。

• 评价。通过领导力学习让学生自我效能感和动手能力增强,或参与领导力项目后其领导力认同进入到更高一级的阶段。所有的领导力发展框架中都能为此提供一个评价模式来判断领导力项目是否有利于学生领导力的发展。

本章的目的在于再次强调发展理论对大学生领导力项目的重要性。从教育理念上看,领导力是简单能力,但在教育实践上却需要教育工作者运用复杂的方法和有效的手段对学生进行培训。对领导力认同发展、实践能力、自我效能感以及与领导力相关的学生发展理论予以整合和应用,为学生创造合适的学习环境,培养他们多角度思考问题以及与人相处。

 **参考文献**

Abes, E. S., Jones, S. R., & McEwen, M. K. (2007). Reconceptualizing the model of multiple dimensions of identity: The role of meaning-making capacity in the construction of multiple identities. *Journal of College Student Development*, 48, 1—22.

Avolio, B, J. (2004). Examining the full range model of leadership: Looking back to transform forward. In D. V. Day, S. J. Zaccaro, & S. M. Halpin (Eds.), *Leader development for transforming organizations: Growing leaders for tomorrow* (pp.71—98). Mahwah, NJ: Lawrence Erlbaum.

Bandura, A. (1997). *Self-efficacy: The exercise of control.* New York, NY: W. H. Freeman.

Baxter Magolda, M. B. (1992). *Knowing and reasoning in college: Gender-related patterns in students, intellectual development.* San Francisco, CA: Jossey-Bass.

Brungardt, C. (1996). The making of leaders: A review of the research in leadership development and education. *Journal of Leadership Studies*, 3(3), 81—95.

Cianciolo, A. T., Antonakis, J., & Sternberg, R. J. (2004). Practical intelligence and leadership: Using experience as a "mentor". In D. V. Day, S. J. Zaccaro, & S. M. Halpin (Eds.), *Leader development for transforming organization: Growing leaders for tomorrow* (pp: 211—236). Mahwah, NJ: Lawrence Erlbaum.

Daloz Parks, S. (2002). *Big questions, worthy dreams: Mentoring young adults in their search for meaning, purpose, and faith.* San Francisco, CA: Jossey-Bass.

Day, D. V. (2001). Leadership development: A review in context. *Leadership Quarterly*, *11*, 581—613.

Day, D. V., & Halpin, S. M. (2004). Growing leaders for tomorrow: An introduction. In D. V. Day, S. J. Zaccaro, & S. M. Halpin (Eds.), *Leader development for transforming organization: Growing leaders for tomorrow* (pp. 3—22). Mahwah, NJ: Lawrence Erlbaum.

Day, D. V., Harrison, M. M., & Halpin, S. M. (2009). *An integrative approach to leader development: Connecting adult development, identity, and expertise*. New York, NY: Routledge.

Day, D. V., & Lance, C. E. (2004a). Leadership challenges for the future. In D. V. Day, S. J. Zaccaro, & S. M. Halpin (Eds.), *Leader development for transforming organizations: Growing leaders for tomorrow* (pp. 41—69). Mahwah, NJ: Lawrence Erlbaum.

Day, D. V., & Lance, C. E. (2004b). Understanding the development of leadership complexity through latent growth modeling. In D. V. Day, S. J. Zaccaro, & S. M. Halpin(Eds.), *Leader development for transforming organizations: Growing leaders for tomorrow* (pp. 41—69). Mahwah, NJ: Lawrence Erlbaum.

Denzine, G. (1999). Personal and collective efficacy: Essential components of college students' leadership development. *Concepts & Connections*, *8*(1), 1—5.

Drath, W. H., & Palus, C. J. (1994). *Making common sense: Leadership as meaning-making in a community of practice*. Greensboro, NC: Center for Creative Leadership.

Dweck, C. S. (1986). Motivational processes affecting learning. *American Psychologist*, *41*, 1040—1048.

Erikson, E. H. (1980). *Identity and the life cycle*. New York, NY: Norton.

Evans, N. J., Forney, D. S., & Guido, F. M., Patton, L. D., & Renn, K. A. (2010). *Student development in college: Theory, research, and practice*. San Francisco, CA: Jossey-Bass.

*Fowler, J. W. (1981)*. *Stages of faith: The psychology of human development and quest for meaning*. San Francisco, CA: Harper & Row.

*Gardner, J. W. (1990)*. *On leadership*. New York, NY: Free Press.

Gilligan, C. (1977). In a different voice: Women's conceptions of self and morality. *Harvard Educational Review*, *47*, 481—517.

Goleman, D., Boyatzis, R., & McKee, A. (2002). *Primal leadership: Realizing the power of emotional intelligence*. Cambridge, MA: Harvard Business School Press.

Hall, D. T. (2004). Self-awareness, identity, and leader development. In D. V. Day, S. J. Zaccaro, & S. M. Halpin (Eds.), *Leader development for transforming organization: Growing leaders for tomorrow* (pp:153—176). Mahwah, NJ: Lawrence Erlbaum.

Heifetz, R. A. (1994). *Leadership without easy answers.* Cambridge, MA: Harvard Business School Press.

Higher Education Research Institute [HERI]. (1996). *A social change model of leadership development: Guidebook version III.* College Park, MD: National Clearinghouse for Leadership Programs.

Kegan, R. (1982). *The evolving self: Problem and process in human development.* Cambridge, MA: Harvard University Press.

Kegan, R., & Lahey, L. L. (2009). *Immunity to change.* Cambridge, MA: Harvard University Press.

King, P. M., & Kitchener, K. S. (1994). *Developing reflective judgment: Understanding and promoting intellectual growth and critical thinking in adolescents and adults.* San Francisco, CA: Jossey-Bass.

Knefelkamp, L., Widick, C., & Stroad, B. (1976). Cognitive-developmental theory: A guide to counseling women. *Counseling Psychologist, 6*(2), 15—19.

Kohlberg, L. (1976). Moral stages and moralization: The cognitive-developmental approach. In T. Lickona (Ed.), *Moral development and behavior: Theory, research, and social issues* (pp. 31—35). New York, NY: Holt, Rinehart & Winston.

Komives, S. R., Longerbeam, S. D., Owen, J. E., Mainella, F. C., & Osteen, L. (2006). A leadership identity development model: Applications from a grounded theory. *Journal of College Student Development, 47*,401—418.

Komives, S. R., Lucas, N., & McMahon, T. R. (2007). *Exploring leadership: For college students who want to make a different* (2nd ed.). San Francisco, CA: Jossey-Bass.

Komives, S. R., Owen, J. E., Longerbeam, S. D., Mainella, F. C., & Osteen, L. (2005). Developing a leadership identity: A grounded theory. *Journal of College Student Development, 46,* 593—611.

Lord, R. G., & Hall, R. J. (2005). Identity, deep structure and the development of leadership skill. *Leadership Quarterly, 16,* 591—615.

McCauley, C. D., Drath, W. H., Palus, C. J., O'Connor, P. M. G., & Baker, B. A. (2006). The use of constructive-developmental theory to advance the understanding of leadership. *Leadership Quarterly, 17,*634—653.

McEwen, M. K. (2003). The nature and use of theory. In S. R. Komives & D. B. Woodard Jr. (Eds.), *Student services: A handbook for the profession* (pp. 153—178). San Francisco, CA:

Jossey-Bass.

O'Connor, P. M. G. , & Day, D. V. ( 2007 ). Shifting the emphasis of leadership development: From "me" to "all of us." In J. A. Conger & R. E. Riggio (Eds. ), *The practice of leadership: Developing the next generation of leaders* ( pp: 64—86 ). San Francisco, CA: Jossey-Bass.

Perry, W. G. ( 1981 ). Cognitive and ethical growth: The making of meaning. In A. W. Chickering & Associates ( Eds. ), *The modern American college* ( pp. 76—116 ). San Francisco, CA: Jossey-Bass.

Roberts, D. C. , & Ullom, C. ( 1989 ). Student leadership program model. *NASPA Journal*, *27*, 67—74.

Sanford, N. ( 1962 ). *The American college*. New York, NY: Wiley.

Sanford, N. ( 1967 ). *Where colleges fail: A study of the student as a person*. San Francisco, CA: Jossey-Bass.

Schuh, J. , Jones, S. R. , & Harper, S. ( 2010 ). *Student services: A handbook for the profession* ( 5th ed. ). San Francisco, CA: Jossey-Bass.

Shankman, M. L. , & Allen, S. J. ( 2008 ). *Emotionally intelligent leadership: A guide for college students*. San Francisco, CA: Jossey-Bass.

Stryker, S. , & Burke, P. J. ( 2000 ). The past, present, and future of an identity theory. *Social Psychology Quarterly*, *63*, 284—297.

van Knippenberg, D. , van Knippenberg, B. , De Cremer, D. , & Hogg, M. A. ( 2004 ). Leadership, self, and identity: A review and research agenda. *Leadership Quarterly*, *15*, 825—856.

Van Velsor, E. , & Guthrie, V. L. ( 1998 ). Enhancing the ability to learn from experience. In C. D. McCauley, R. S. Moxley, & E. Van Velsor ( Eds. ), *The center for creative leadership handbook of leadership development* ( pp. 242—261 ). San Francisco, CA: Jossey-Bass.

Wijeyesinghe, C. L. , & Jackson, B. W. ( 2001 ). *New perspectives on racial identity development: A theoretical and practical anthology*. New York, NY: New York University Press.

Wilson, M. E. , & Wolf-Wendel, L. ( 2005 ). *ASHE reader on college student development theory*. Boston, MA: Pearson.

Zimmerman-Oster, K. , & Burkhardt, J. C. ( 1999 ). *Leadership in the making: Impact and insights from leadership development programs in U. S. colleges and universities*. Battle Creek, MI: W. K. Kellogg Foundation.

# 第五章

# 领导力与学生学习

朱莉·欧文

大概在20世纪80年代,有本领导力的书籍的最后一章提到了"学习"的内容,当时引发了一系列的争议与怀疑。长久以来,对领导力的认识还停留在它是那种经过特殊选拔挑选出来的人所具有的特质或特殊才能。这些人与他人互动,试图对自己的领导能力加以确认。目前这个看法和认识正不断受到挑战,人们开始用一种崭新的视角和眼光来看待领导力。当前,无论是研究领导力的学者还是领导力项目的参与者都将领导力视为"可以通过学习和实践获得的"而非"天生的能力"(Daloz Parks, 2005, p. ix)。当然,目前对领导力的认知并非说改就能改的,它来自于对社会过程的研究和不同领域的实践。同时,这也是领导力教育工作者需要向学生传递的领导力的核心知识以及带领学生进行领导力实践以帮助学生树立领导力认同感。一旦成功,最开心的事情莫过于看到学生可以通过新的方式与人交往。当项目实施的过程中遭遇困难和问题时,尤其对于领导力教育工作者来说一定要记住,学生也许会在其自我发展的过程中对领导力学习中的很多问题有所领悟。

本书的逻辑在于领导力是可以也应该学习的,学习和发展领导力是交织在一起的。领导力教育工作者需要有意识地创设环境帮助学生以富有意义的方式整合学习到的知识、技能和学习体验。本章将概括地介绍与学生领导力发展相关的学习理论。我们将从一个小测验开始,探讨什么样的人才能被称为领导力教育工作者以及在领导力教育中起到了什么样的关键作用。接下来,我们来分析"有意学习团体(intentional learning communities)"建立的重要性。然后,我们将介绍相关的学习以及它们在领导力发展中的运用。再次,简要地描述一下与领导力相关的学习结果和领导力学习的评价等。最后,介绍一些与领导力学习相关的资源与组织。读者可以根据本章的内容与他人合作创造一些复杂而有意义的领导力发展项目。此外,在第十三章和十五章还将介绍一些最前沿的领导力教育学的相关内容,第八章则详细介绍了对个体、团队和组织领导力结构的评价。

 ## 一、领导力教育工作者的社会角色

罗伯茨(Roberts)在《深入学习领导力》(Deeper Learning in Leadership,2007)一书中提到:

> 如果说领导力是高等教育中不断延伸的过程与过程中一个又一个的结果,那么我们的知识和组织模型必须与之相匹配。因此,教育工作者必须将自己视为学习过程中的领导者和推动者。(p. 209)

事实上,很多参与者还认为自己只是为学生提供服务与组织活动,扮演着程序员的角色。进一步看,他们经常"因为其他的事情而分心或是没有学习的机会"(Joint Task Force,1988,p.1)。这种状况如果得不到改变将对领导力发展研究不利,因为它会使老师失去对教育的兴趣、失去内化学习经验的能力以及失去创建有意学习社区的动力。专业的学生事务联合会如"学生学习规则"(美国大学生人事联合会,1996),"好原则的标准"(全国学生事务管理中心,1997),"有用的同伴关系"(Joint Task Force, 1998)以及"重新思考学习"(NASPA 和 ACPA, 2004),所有的学生事务组织的中心任务都是学生的学习问题。

作为一名教师,不仅需要转变心态,还需要不断地学习。帕尔默(Palmer,2007)认为,如果我们对自己的某些方面都不了解,我们也很难去了解别人的这些方面。作为一名教育工作者,每个人既是教授者也是学习者,每个人既在塑造他人也在被他人所塑造。这意味着作为领导力教育工作者是带着两个罕见礼物和复杂的包袱来开展工作的。领导力教育工作者经常会无意识地将他们自己的特权、倾向性的行为方式传递给学生。教育工作者必须努力确定和解决自己的多重交叉身份、自己的学习风格和发展经历,只有这样才能更好地开展教学工作。贝尔·胡克斯(Bell Hooks,1994)提出:"谁期待自我实现,谁就会创造出更好的教育方法来激励学生,就会认识到自己的能力可供挖掘和开发的内容还很多很多。"(p.22)投身到教育界的领导力实践者改变自己的同时也为学生提供改变的可能性。这些教育工作者从真实的环境中学习,同时也是环境的创造者。当他们在指导和激励学生时,他们以自己的发展过程为例,从外在环境和自我经验出发让学生对自己的学习负责。教育是难度很大的领域,可靠的途径是通过有意义的领导力学习发展学生的能力。

# 二、创设具有教育目的的领导力学习环境

复杂的理论也许更容易让人了解或学习,大多数领导力项目的目标都是让学生成为领导力的积极参与者,而非仅仅是被动的消费者。这需要领导力教育工作者发现聪明的沟通方式来鼓励学生投入到实践与反思之中(Freire, 1970)。有种方法能帮助学生内化理论并进行领导力实践,或按照贝尔·胡克斯(Bell Hooks, 1994)所说"将此化为一种习惯",创设有意义的学习环境和学习小组(p. 43)。对学习团体(learning communities)的定义很多,有研究认为学习团体不仅仅包括课程结构,还包括与此相关的不同的主题与问题(Gabelnick、MacGregor、Mattews 和 Smith,1990)。艾斯丁(Astin,1985)认为,学习团体是"根据学生学习目的和特质进行的细分……可用来形成团队认同、团队凝聚力、团队独特性,鼓励学习的连续性并将不同的课程与课程经验进行整合"(p. 161)。本章选择了后一种对学习团体的定义。

## (一) 设计领导力学习团体

弗莱雷(Freire,1970)描述了学习团体的重要性,"只有创造和再创造才能形成知识,并且知识形成的过程五味杂陈,坚持和希望鼓励着人们与外界、与他人、与自身不断地追求知识"(p.72)。人们经常会认为学生仿佛空瓶子一般,教育就是要将瓶子装满(Freire, 1970)。应该转变教育的理念,将灌输改为调动学生自己的学习积极性。建立一种团队学习文化,鼓励学生多发言,进行有挑战性的对话,同伴之间相互提问,自觉地进行实践。这些都需要通过宣传与评价对项目进行有目的的设计。关于如何设计有意义的学习领导力团队可以写的东西很多(Astin, 1985;Kuh、Schuh、Whitt 和同事,1991;Pascarella 和 Terenzini,1991;Shapiro 和 Levine, 1999;Smith、MacGregor、Matthews 和 Gabelnick, 2004)。我们要学习的中

心内容就是如何创设领导力学习的内部环境。表5.1中描述了十个学习重点。

表5.1　创设领导力学习环境的相关原则

| 学习原则(来自 Joint Task Force, 1998) | 领导力学习的含义 |
|---|---|
| **一般来说学习是指形成或保持联系：**生理上是通过神经网联系；心理上则通过概念、观点以及意义相联系；通过心理和环境、自我和他人、一般与特殊、思考与行动的交互作用得以显现 | 是否给予了学生机会,让学习与他们已有的领导力经验相结合并让学生在此之前就了解过领导力学习的相关内容?<br>领导力学习中是否提供了具有差异性或争议性的观点,让学生通过学习知道如何认识并处理这些问题?<br>是否从多途径多角度展示了领导力知识? 是否具有综合性和跨学科性? |
| **学习让发生过的事情的影响性增强,**在挑战与机会间保持平衡,刺激和利用脑的能力快速地概念化,并不断对已有经验予以思考与反省 | 是否所有的学生都参与到活动中来并从自己的角度对领导力有所认识?<br>是否学生问及对真实世界复杂性相关的问题以及他们能否具有相应解决问题的方法?<br>是否鼓励学生将自己对领导力的认识与不同类型的人进行分享?<br>是否给予学生足够思考和反省的时间以及尝试与实践的机会?<br>通过领导力的学习,学生是否增强了责任感和自我规划的能力? |
| **学习是学习者获取意义的行动：**主动获取比被动接受有价值,被塑造的同时对自己进行塑造 | 是否让学生直接进入到知识发现的过程中? 学生的评价是否来自于对自身领导力的感受以及将知识运用到领导力过程中去之后所得出的?<br>是否鼓励学生在领导力行为与承诺的过程中考虑道德因素? |
| **学习是个体不断发展、积累的过程,**涉及过去与现在、将旧的整合在新的之中,超越个体的关注点与兴趣 | 领导力教育的设计是否建立在学生过去已有的学习和经验之上?<br>学生领导力发展是否具有客观科学的评价并记录在案?<br>学生的领导力自信是否与其领导能力相匹配?<br>领导力评价是否包含了领导力教育中的各个方面? |
| **学习的开展本质上需要个体将他人视为**社会成员,通过竞争或合作、约束或支持进行互动;通过合作与分析巩固学习内容,获得学习体会 | 在创设领导力学习环境时,是否考虑到学生的经历、身份、文化等因素?<br>创设领导力学习环境时,是否为学生提供了分享与合作的机会?<br>领导力学习的过程中是否将学校、工作、家庭、社区等资源进行了整合与利用? |

| 学习原则（来自 Joint Task Force, 1998） | 领导力学习的含义 |
|---|---|
| **学习非常强烈地受到教育环境的影响：**模式与环境、他人的影响价值观以及学习成就 | 领导力教育项目是否在所有社区组织中邀请了影响力最大的组织参与？<br>当合作领导力对团队生活和教育价值有所贡献时，哪些方面是合作领导力需要突出和自勉的？<br>学生是否认为自己是领导力组织中的一部分？<br>学生是否在团队组织中有归属感，感觉到被关心、被信任？ |
| **学习效果的维持需要不断反馈，**不断练习并且寻找一切机会运用 | 是否有机会进行领导力实践并从中发现自己的问题之所在？<br>是否教会学生如何给予他人建设性的反馈或从他人建设性的反馈中获得进步？<br>是否鼓励学生在实践中检验领导力理论并在自己领导力体验的基础上对相关理论进行精炼化？ |
| **很多时候学习往往发生在不经意间，**除了教学和课堂之外，还包括与老师、同学交往、校园生活、社会活动和社区参与等 | 领导力学习是否提供了解决问题的方法，正式的还是非正式的？<br>学生领袖是否将学校的教职人员、同学视为其良师益友？或是否有人将他们视为良师益友？<br>学生是否将领导力学习主动地与积极公民教育和社区参与相结合？ |
| **学习需要特定的环境与个体的体验相结合，**当遇到新信息时，能迅速地举一反三 | 当面临文化和社会差异时，是否鼓励学生进行有效的交流与对话？<br>学生是否能没有任何成见地分享经验、环境以及形成领导者认同的过程？<br>是否让学生思考过他们多重交叉的身份如何与领导力身份发展进行互动？<br>领导力教育工作者是否主动与学生分享过他们自己领导力发展的过程？ |
| **学习还包括自我学习的能力，**知道什么样的知识是自己需要的，寻找适合自己的学习方法以及适应自身的学习框架 | 是否鼓励学生寻找自己的领导力学习兴趣、方式、长处以及提升空间？<br>是否清晰地向学生阐释过领导力的评价标准？是否让学生在领导力学习项目中，观察和记录他们自己的活动？<br>是否多元的学习方式、技巧和教育手段能帮助领导力内容的学习？<br>领导力学习环境是否符合学生的学习规律，是否适应不同学生之间的个体差异？教育技术的使用在领导力学习中是否恰当？ |

以上所有原则的目的在于建立有效合作关系（Powerful Partnerships，Joint Task Force，1998）和创设领导力学习环境（有部分观点来自于创设有意义的学习团体，见本书第十三章，Csikszentmihalyi，2003）的教育实践、美国大学生自主自由联盟与美国领导力教育的承诺（见本书第七章领导力项目全纳设计）。

## ▨ （二）发展指导模型

其他关于领导力学习团体的创设都是为了给学生的自我挑战与外界支持之间提供最佳的学习体验。达拉斯·帕克斯（Daloz Parks，2005）指出：

> 一方面是教会学生特定领域内的知识，另一方面是让学生领悟与知识相关的判断与技能，并能把两者灵活运用到不断变化且错综复杂的现实环境中去。（p.5）

必须要重视领导力的实践。只有通过实践才能将所学的知识变成自己的。

内费尔卡姆普（Kneflekamp）和韦狄克（Widick）（1984）提出的发展指导模型指出了调整学生教育体验的四个因素。首先是结构变量或称之为框架变量。该变量基本上全部提供给学生，结构与支持对于刚接触领导力的学生帮助极大，有助于促成他们领导力的发展或让学生接触到领导力的相关理论与议题。其次是多样性因素，即从多角度为学生提供领导力学习的环境。多样性还包括提供大量丰富而复杂的学习材料与资源。初学者通过学习，其思维方式和处理问题的思路会日益多元化。学习材料的丰富性有利于培养学生开阔的思维方式。

模型中提到的第三个因素是指体验学习。初学者的领导力发展需要参与到更多直接、具体的活动中，以帮助他们将领导力与自己的生活密切地联系起来。这些活动包括角色扮演或相关游戏。在活动中投入的学生会对领导力有越来越深入的理解和认识，并能从不同类型的体验学习中获益。如案例研读、意义推断或行为与实践的系统性。最后，创设领导力环境还需要实践或项目中的健全人格（personalism）。健全人格是指当遭遇险境时能提供安全感的环境。初学者依赖健全人格的环境，而高层次的学生则从带有挑战性的风险环境中获益。

## ▨ （三）实践反思与领导力

一个人不管如何创设领导力学习环境，培养学生的反思能力才是关键。杜威

（Dewey，1938）认为："真正的教育从实践中获得并非指亲自去做过的才叫实践或说实践等同于教育。"（p.33）为了将实践转化为深刻的理解或转化为学习，领导力教育工作者要鼓励学生将他们的所思所想、所见所闻、所观所感均视为实践的组成部分（Moon，2005）。学生可以开始检验他们的假设——它们是具有因果性的（例如变革是怎样发生在世界中的），还是实然性的（例如世界是什么样子的），还是应然性的（例如什么是应该发生的）（Brookfield，1995）。有效地反思与领导力项目中特定的学习内容相联系，并需要及时反馈与评价。对反思活动的讨论与评价有利于帮助学生从感性认识上升到理性认识。反思为学生提供了综合信息的机会，有助于学生的领导力学习。

哈顿（Hatton）和史密斯（Smith）（1995）提出了反思的发展模型。他们认为应该从没有分析或综合的描述反思开始，然后进入到对话反思。处于对话反思中的学生应仔细考虑原因并探索新方法。最后，学生逐步进入到批判反思阶段，与此相对的实践经验多来自于社会或政治领域。领导力教育工作者按照该模型会逐步询问学生以下问题："发生了什么？""意味着什么？现在如何？"通过这些问题深化学生的体验式学习。穆恩（Moon，2005）提供了比较精炼的反思学习过程，让学生从留心留意到讲得通，再到有意义，最后到学会。这既是观念的重建过程，也是领导力能力的评价过程。弗莱雷（Freire，1970）将这一实践过程称为"源自活动与反思，又高于活动与反思"（p.79），其核心在于引导学生发展出他们自己的领导实力。

# 三、学习理论对于领导力发展的意义

弗莱雷（Freire，1970）认为"解放的教育包含了认知行为，而不是信息的传递"（p.79）。很多传统的学习理论解释了智力的发展或者说人们是如何思考、归因和赋予经验意义的。它们描述了不同的心理框架，这些理论常常提到纲要、定位、阶段或状态，以及对人们如何认识、评价事物的各种假设的心理框架。随着生理成熟、经验学习、同伴交往认知和心理的发展，这些结构变得日益复杂。在众多的发展模型中都提到了两个中心过程，即同化与顺应。同化是指将新信息纳入已有的心理框架，而顺应则是创造出新的框架或是改变已有框架以接纳新信息（Evans，2003）。当遭遇新环境时，人们需要"平衡"，但首先人们会先处于"非平衡"状态。

在非平衡的状态中,人们试图用新方式来思考事物存在的状态,当事物的发展延缓时,人们也许会暂停这一思考方式或用旧的思维习惯来认识新事物。

约翰·杜威(John Dewey)、库尔特·卢因(Kurt Lewin)、琼·皮亚杰(Jean Piaget)、威廉·佩里(William Perry)等人都为学习理论作出了自己的贡献。本书第四章回顾了佩里的(1982)认知发展模型、科尔伯格(1976)和吉利根(1977)等人的道德发展模型以及科根(Kegan)和莱希(Lahey)(2009)的心理复杂性的平台期。本部分将阐述大卫·科尔布(David Kolb)、霍华德·加德纳(Howard Gardner)和玛西娅·巴克斯特·马格达(Marcia Baxter Magolda)等人的学习理论为领导力学习服务。(其他主要的启发式学习,比如本杰明·布鲁姆(Benjamin Bloom)等人的分类学习、安德森(Anderson)和克拉斯沃尔(Krathwohl)[2001]对布鲁姆的分类,相关内容详见本书第十三章。)

## ▨ (一) 科尔布的学习周期(The Kolb Learning Cycle)

科尔布(1984)将学习定义为"经验转化为知识的过程"(p.38)。他提出,人们通过二选一(one of two)的基本模型获得信息,即抽象的概念或具体的体验。人们获取信息过程源自于反思性观察或具体实践。他将学习描述为一个周期,其中包含了四个步骤,分别为具体体验、观察反思、抽象概括和积极实践。所有的学习过程都包括了不同形式的具体体验以及在此基础上的观察反思。在反思的过程中,学生将自己的经验概括化,然后投入到积极实践中接受实践的检验,反思自己的概括是否正确。积极实践引发了更多丰富的具体体验。领导力的发展源自于体验过程和实践过程。个体能学会如何与他人相处和如何高效地工作。

科尔布(1984)提出的学习周期,定义了四种学习类型以及每种特定能力的特征状态。人们处理信息的方式(模型中的纵轴)以及传递信息的方式(模型中的横轴)的不同形成了不同的学习风格。富有幻想力的人通过具体的体验来获得信息,在观察反思中加工信息。这种学习方式有利于某些技能的学习,这些技能包括了个人的兴趣、情绪、想象力以及开放的心态。吸收者(同化者)通过抽象的概念获取信息,再通过观察反思加工信息。这一类型的学习有助于提升思维能力,如对抽象概念的处理、组织信息以及对抽象模型的应用。严密逻辑推理的人则是从抽象概念中获得信息,通过积极实践处理信息。这种学习风格有助于决策,如问题解决、确定目标和对新事物进行实践或实验。适应性强的人,从具体体验中获得知识并将其运用到实践中去。在应用技能方面具有优势,能接受任何形式的改变,很容易影响和引导他人,却经常使用试错的方式来解决问题。关于科尔布的学习周期和学习风格模型,详见图 5.1。

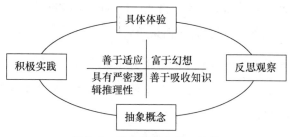

**图 5.1　学习周期和学习风格**

来源:© 2005 Experience Based Learning Systems, Inc. Developed by David A. Kolb. Adapted with permission from the Hay Group, Inc., 116 Huntington Ave., Boston MA 02116。

雷尼(Rainey)和科尔布(1995)在科尔布模型的基础上,描述了每种学习风格的学习环境,尤其是与教育多样性相关的环境。表 5.2 阐明了雷尼和科尔布对领导力教育的认识。由此,科尔布提出的学习领域为满足不同人的领导力需求提供了一种解决思路。关于科尔布的学习领域说中涉及的对领导力活动有利的资源详见《领导力使生活更美好》(*Leadership for a Better World*)之教师参考用书(Wagner、Ostick,Komives 和同事,2009)。

**表 5.2　科尔布对领导力环境特征的分类**

| | 情绪导向 | 观念导向 | 认知导向 | 行为导向 |
|---|---|---|---|---|
| **领导力教育的目的** | 发展个体对领导力的意识、优势、技能与能力 | 理解不同领导力理论和实践是如何结合起来的 | 探索领导力的核心知识与技能 | 将领导力学习积极地运用到日常生活中去 |
| **领导力学习关键的结构** | 提供能自由表达情绪、价值与意见的环境 | 强调过程与探究的环境 | 领导力学习目标与客观评价的环境 | 最低限度能进行建构和领导力自主学习的环境 |
| **领导力反馈的特征** | 直接对领导力能力予以反馈 | 对领导力的建议胜过批评 | 对领导力的反馈直接无误 | 基于确定标准的领导力表现评价 |
| **领导力教育者的作用** | 领导力角色模型与同事参与 | 保证领导力过程的畅通 | 对领导力学习领域的解释 | 领导力学习的教练与建议者 |
| **领导力活动** | 引导、分享与争辩 | 概念图式、探索过程或头脑风暴 | 概念、测试和评价的传统方式,个体领导力理论的发展 | 发展领导力的行为计划、鼓励或合作领导力 |

虽然科尔布的周期理论经常被人称为学习模式,但他劝告(1984)"为了更好地理解学生自己的学习方式,我们需要理解他在其他维度上所处的位置,这跟学生的发展有关"(p.98)。金(King)和马格达(Magolda)(1999)同意科尔布的看法,并认为认知和发展是缠绕在一起的,他们认为:

> 学生逐渐能够理解信息在决策中的作用,认识的模式、动态的社会关系变得越来越复杂但并非不能理解。改变学生的思维方式需要观察反思发展模式的参与。(p.602)

(关于领导力发展的其他内容详见第四章。)

## ■ (二)加德纳的多元智力(Multiple Intelligence)

霍华德·加德纳(1999)提出了多元智力这一概念用于解释"人们能做什么以及不能做什么,人们是怎么成为不同问题的解决者的"(King,2003,p.250)。这部分将用更多的篇幅和理论来描述认知学习风格和策略(如 Myers,1980;Witkin 和 Goodenough,1981)。认知、学习和思维风格是某种偏好,而不是对任务的学习能力(Pearson,1992;Sternberg 和 Zhang,2001)。学习风格描述了面对可供选择的不同的学习策略时学生的选择倾向。领导力教育需要理解学习风格和学习策略,只有这样才能与学生的认知方式相匹配。

加德纳(1999)将智力定义为"一种信息过程的心理生理倾向或潜能,在文化模式中被激活,以实现问题解决或是创造出相应的文化价值观"(p.33)。多元智力的本质暗示个体在不同领域具有完全不同的能力,不同的人在同一领域的智力存在着差异(Gehrke,2006)。加德纳最初提出了七种不同类型的智力,随着研究的深入,他进一步拓展了智力的维度,又增加了自然主义、精神和道德智力(Gardner,1983,1999)。加德纳的言语智力是指运用口头或书面语言理解和交流的能力。具有较高数学逻辑智力的人善于从逻辑、数学和科学的角度分析解决问题。传统教育可能会忽视拥有以下智力的学生:音乐智力,具有演奏、作曲和欣赏不同类型音乐的能力。身体运动智力包括了运动能力和动手能力。空间能力则是指认识和操控空间和封闭区域的能力(Gardner,1999,p.42)。人际智力是指理解他人动机和目的的能力。内心智力是指理解自己并有效调节个人生活的能力。

了解了多元智力之后,我们回到领导力项目中来。领导力项目将不同的学生集中在一起形成学习小组,每个学生都具有自己的学习风格,形成了自己独特的学习模式与学习过程。通过对多元智力的阐述在设计领导力体验活动时需要考虑到多元学习模式与学习策略。

## （三）同伴学习模型（The Learning Partnerships Model）

同伴学习模型源自于一个追踪研究,该研究持续 17 年关注青年的学习和发展持续（Baxter Magolda 和 King,2004）,同时还涉及早期的学习框架、认识论的反思模型（Baxter Magolda,1992）。巴克斯特·马格达（Baxter Magolda,1992）在定义环境和条件的时候提出了参与者的"自我调节"。所谓自我调节是指调整信念系统和协调与他人的多重关系的能力（p.8）,它反映了个体如何将外在的知识和信念转化为内在自我的一部分。这个过程包括了接受不确定的知识、建构个体信念体系、通过自我调节发展内在价值和认同以及当内在价值和认同遭遇挑战时内在的自我反思。自我调节和社会责任型领导力之间具有明显的重叠（Baxter Magolda,2004；Roberts，2007）。

针对教育环境和自我调节的产生,参与性学习模型提出了三个核心假设和三个核心原则。三个假设涉及学生遇到的挑战以及认识论的形成。假设一:学习环境应该提供具有复杂性和社会建构性的知识（Baxter Magolda 和 King，2004）。多元视角下的挑战,信息的多元探索,从不同的视角和观点进行选择有助于自我调节。假设二:"自我是知识建构的中心",这需要自我的内在意识（Baxter Magolda 和 King,2004,p.2）。自我内在意识的培养需要在人际关系中定义学习和工作。假设三:在同伴关系和其他日益成熟的关系中分享多元知识的建构。同伴关系被视为"对等伙伴"（Baxter Magolda 和 King,2004,p.42）,它有助于建立互助的能力。

在同伴学习模型中对学生认知的发展提出了三个核心原则。这些原则均致力于"在当前的发展状态和自我信念、认同与关系间建立桥梁"（Baxter Magolda 和 King,2004,p.42）。原则一:学习者的认知能力,包括与他人相联系的知识建构过程和价值投入。原则二:"来自于学习者的经验学习,自我调节是在尊重学习者已有经验的基础上进一步学习和发展的功能"。原则三:"意义建构的多元性",强调作为同伴的学习者需要注意调节与连接的重要性,在与他人相处的过程中学会协商与观点采择。

领导力项目需要考虑同伴学习模型中提到的教育环境因素,这样才有助于学生的自我调节和领导力的进一步发展。罗伯茨(Roberts,2007)描述了领导力学习共同体设计,在该设计中所有的教师和学生都要"遵守学习伙伴模型中提到的原则,并通过他们自己的经验建构出多元意义",所以,所有的参与者"在领导力项目中都会有不同的发展可能性"(p.177)。

## 四、领导力学习结果的发展

领导力学习结果的发展跟所有的研究一样会关注认知发展、学习风格与策略、学习偏好和学习能力(King,2003;Perry,1981;Sternberg 和 Zhang,2001)。除此之外,它还会对学习结果和学习过程进行区分。金(King,2003)认为学习结果(如知识、技能和态度等是智慧的基础)源自于学习过程(如问题解决的策略、对反馈和信息的回答、如何收集和解释信息)。上文中提到了领导力教育中的学习过程,本部分将涉及领导力学习结果的发展。

学习结果的发展描述了"究竟什么是学生需要展示和表现出来的结果"(Maki,2004,p.60)。因此,我们必须回答"当学生完成了一系列的学习与实践之后,他们究竟应该做什么"(Driscoll 和 Wood,2007)。这个问题可以从以下四个方面来回答:知识的结果、技能的结果、态度和价值的结果以及行为的结果(Driscoll 和 Wood,2007)。这些协同作用能清晰地说明大学生需要达到什么样的学习结果。国际领导力协会(2009)发布了一个名为《引导性问题:领导力项目的指导方针》(*Guiding Questions:Guidelines for Leadership Education Programs*)。在该方针中设定了一个既针对核心特征也针对个体差异的评价框架。高等教育标准促进委员会制定的学生领导力项目标准对领导力项目的规定为:"必须在领导力的a)基本分类、b)个体发展、c)人际发展和 d)群体、组织和系统发展上提高学生的能力。"(p.369)这些能力都可以用来评价领导力的学习结果。关于领导力的学生领导力项目高等教育提升标准的 CAS SLP 的分类标准参见表5.3。

**表 5.3　2009 年学生领导力项目标准中规定的领导能力**

| 领导力基础 | 从历史的视角认识领导、领导力和领导力发展<br>从理论、观点和哲学框架认识领导力的出现与发展<br>管理与领导的区别<br>了解不同领导力的学习方法,包括定义(领导力—追随者的动态变化)和非定位(合作、过程模型)<br>理论和策略的变化<br>领导力的整合与跨学科性质<br>领导力的跨文化与全球性研究方法 |
| --- | --- |
| 个体发展 | 认识并理解不同的领导力风格与方法<br>探索个体的领导力哲学,包括价值探索、领导力认同和反思性体验<br>认识到领导力与社会认同、人力发展、心理认知、道德和灵性发展的关系<br>领导能力的发展,包括评价和批评的信息来源,道德推理和决策制定,口头、书面的交流技巧,辩证思维和问题解决能力,文化沟通能力,目标设定与达成、行为动机、创造性与抗压性 |
| 人际关系 | 从依赖到独立到互助的关系变化过程<br>领导力自我效能感的发展<br>领导力对多元认同的再认知,包括种族、性别认同与表达、性取向、阶级、国别、宗教和民族 |
| 群体、组织和系统的发展 | 团队建设<br>信任的发展<br>团队角色、动力与发展<br>团队问题解决、冲突、管理与决策<br>领导力与合作的分享<br>组织能力<br>组织计划、沟通与发展<br>组织文化、价值与原则<br>组织的政治性与政治系统<br>组织的生命周期、持续性和管理<br>测量与评价组织的有效性<br>系统能力<br>理解和评价系统的功能和功能紊乱<br>改变系统的方式,包括合并和建立等<br>市民与社区参与<br>不同组织、环境和背景的领导力 |

来源:《高等教育专业标准(第 7 版)》。

2004 年,全美学生事务管理工作者中心和美国高校学生事务工作人员协会一起制定了《对学习的再思考》(Learnig Reconsidered),这是一份具有影响力的文件,它对所有涉及教育和学生的资源进行整合。该文件还为如何理解和支持学习提供了新路径,包括保持学生经验的完整性和不可分割性等。它主张教育工作者应具有改革的能力,从学习过程看,学生处于教学的中心位置(NASPA 和 ACPA,2004)。马里兰大学的马里兰领导力发展计划(MLDP)运用《对学习的再思考》对领导力项目的学习与参与课程的学习结果进行调整和发展。二十二项中心学习结果被分为六大类(Komives 和 Schoper,2006)。这些结果与领导力教学相匹配,同时也有利于对领导力学习进行有效的评估。评价的结果有助于领导力项目的改进和提高。学习结果标准的制定还可以避免机构同行的多头评价。(详见第三章"学生领导力发展"。)

## 五、对领导力学习的评价

罗伯茨(Roberts,2007)对领导力学习结果和如何评价领导力的某些特定问题和难点进行了清晰的梳理。其中评价的难点一,在于"只有自己选择参加我们课程和项目并进行学习的学生才能对课程进行评价"(Roberts,2007,p. 150);难点二,很多对领导力学习的评价都源于学生的自我报告而非项目本身是否达到了学习目标。本书的这部分为领导力教育工作者提供了一组策略以用于形成性评价(如它开始于⋯⋯)和总体性评价(最终状态)。(对个人、项目和组织领导力评价的更多内容参见第八章。)

最近对学习的评价趋势更多选用形成性评价,它关注提高学生的学习质量而不是为正式的评价提供证明。对领导力的正式评价的目的在于为教育工作者提供回答"学生学到的是什么、有多少、怎么样"的答案(Angelo 和 Cross, 1993, p. 5)。形成性评价以学习者为中心,强调互利性、过程性和具体背景的过程(Angelo 和 Cross, 1993)。它包括了计划评价和实施评价的三步(如传递内容、学习评价、分类反馈)与反应(如解释结果、沟通的后果、设计后续性的学习活动)。表5.4提到了相关的评价技术(Angelo 和 Cross, 1993;Barkley, 2010; Barkley, Cross 和 Major, 2005)(相关技术细节请参见以下资源:教室评价技术(Classroom Assessment Techniques)[Angelo 和 Cross, 1993];合作学习技术(Collaborative Learning Techniques)[Barkley、Cross 和 Major, 2005])和学生参与技术(Student Engagement Techniques)[Barkley, 2010])。

学生档案尤其是电子档案,是领导力学习和评价的好帮手。因为它们会为学生提供多重选择的例子。同时,学生档案还能帮助教育工作者了解学生的发展状况(Cambridge,2001),比如能用于评价领导力认同发展和阐明发展阶段的变化过程。例如,某学生描述了自己的合作关系和领导力风格,通过上交纸质版的反思材料,评价者将她的发展阶段定义为阶段4(领导力认同发展阶段的区分见领导力认同发展模型)(Komives、Longerbeam、Owen、Mainella和Osteen,2006)(详见第四章关于领导力认同发展)。可是,通过学生档案来判断该学生的发展状态,却发现她应该处于阶段3。因为在学生政府立法项目中,她没有将其他人纳入其中,而在挑战绳索课程的照片中也只有她一个人。这明显与她的纸质材料中的反思存在矛盾。其中也暴露出纸质材料评价方式的缺陷。综合两方面的评价,大概可以确定该学生的发展处于LID阶段3—4的过渡中。通过文档和其他形成性评价可以使教育工作者对学生领导力认同的发展状况予以更精确的评价,同时也有利于复杂性领导力认同评价的开展。(更多详情参见第十三章。)

表5.4　领导力学习评价技术

| 评价维度 | 评价技术 |
|---|---|
| 对知识、回忆和理解领导力的理论和概念的评价 | 咨询学生:他们相关的知识储备有哪些<br>学生的实践或体验中是否存在不真实的内容<br>让学生分享阅读到的名言佳句<br>是否给学生机会让他们将问题记录下来<br>学生学习过程的重难点在哪里<br>给学生一个不完整的主题框架,让他们补充完整<br>通过设置危险/家庭不和谐等游戏,考察他们的学习状况 |
| 对批判性思维与分析的评价 | 学生对学习主题的设定是否赞成<br>学生在争论之前是否列举出支持或反对的原因<br>学生是否对相关概念进行了非连续性分类<br>是否进行过分组讨论<br>是否组织过读书俱乐部 |
| 对创造性、综合性和革新性的评价 | 是否能用一句话概括学习内容<br>学生是否设计出一个团队概念图<br>学生是否设计出对话、案例研究或相关场景(角色扮演)<br>是否组织过海报展<br>是否编写过内部读物、研究报告、杂志、网站、图片集或是其他相关文档<br>学生是否在网上参与过寻宝游戏 |

（续表）

| 评价维度 | 评价技术 |
| --- | --- |
| 对领导力问题解决的评价 | 介绍案例教学<br>通过问题和案例让学生认同核心原则<br>告诉学生核心原则，让他们能举出生活中的例子<br>学生是否能成功地解决问题并掌握相关技术 |
| 对领导力表现和应用的评价 | 学生是否理解所学的内容<br>学生之间是否存在相互学习<br>学生是否相互提问<br>学生是否通过讽刺小品或相关活动展示他们所学的内容<br>组织实地考察 |
| 对学生态度、价值的评价 | 团体投票或强迫选择学习<br>通过复式期刊中的项目让学生反思<br>学生是否采访或了解过他们所尊重的人士<br>学生是否设置"播放列表"来描述他们的领导力学习过程<br>是否让他们身处道德两难或道德选择之中<br>对自我效能测量的管理 |
| 对学习者自我意识的评价 | 学生是否将自传性文字与他人分享<br>学生是否完成阶段性目标或是参与过与之相匹配的活动<br>学生对学习风格和学习策略的自我评价<br>是否分享过学习日志<br>学生是否完成了批判性事件问卷 |

# 六、小结

本章为领导力教育的发展与实践提供了广阔的视野和众多的学习理论。领导力项目的专业工作者将自己定位为学习社区中学生学习和发展的促进者。它对教育工作者提出了很高的要求，他们必须在偏好、表现和认同方面要像一个学习者，只有这样才能为学生和领导力项目之间搭好桥梁。本章讨论了教育工作者基本的学习理论和模型，强调教育工作者必须根据学生的个体差异因材施教，将学生视为事物的认知者并帮助他们建构多元意义。同时还为教育工作者提供了一套评价标准来考察学生的学习结果，如什么是学生必须了解、尝试和需要具备的能力。最后，还提出了学生学习过程的评价方式。教育工作者必须鼓励学生将学习的内容应用到个体、专业和公共生活中去。换言之，"所有的教育工作者必须认识到对话、合作和反思是学习的中心，也是所有能力的核心"（Arminio、Roberts 和 Bonfigli，

2009，p. 20）。领导力教育者应该是这一运动的先锋队。

 **学习协会与补充资源**

**全美高校联盟**（Association of American Colleges and Universities，AAC&U）：www. aacu. org/in-dex. cfm

全美高校联盟的目标是使自由学习在高等教育制度和实践方面产生强大的影响力。

**卡耐基教学促进基金会**（Carnegie Foundation for the Advancement of Teaching）：www. carnegie-foundation. org/

卡耐基教学促进基金会的使命是"实施并执行所有必要的事情以鼓励、支持和尊重专业教师和高等教育事业"。

**IDEA 中心**（the IDEA Center）：www. theideacenter. org/

IDEA 中心是一个非营利组织，其使命是为学院和大学致力于改善学习、教学和领导力绩效而服务。

**国家学术转型中心**（National Center for Academic Transformation，NCAT）：www. thencat. org/

国家学术转型中心是一个支持使用信息技术重新设计学习环境以提高学生学习效果和降低机构成本的独立、非营利组织。

**专业和组织发展网络**（Professional and Organizational Development Network，POD）：www. pod-network. org/

POD 开发和支持高等教育从业者和领导人致力于提高学习和教学。

**明 日 教 授 服 务 列 表**（Tommorrow's Professor Listserv）：http://ctl. stanford. edu/Tomprof/index. shtml

明日教授服务列表是一个邮件列表，在全球 250 001 用户中分享多样化的、世界性的教学和学习话题。由斯坦福大学的教学和学习中心赞助。

 **参考文献**

American College Personnel Association［ACPA］& National Association of Student Personnel Administrator［NASPA］. (1997). *Principle of good practice for student affairs.* Retrieved from www. acpa. ncehe. edu/pgp/principle. htm.

American College Personnel Association［ACPA］. (1996). *The student learning imperative：Im-*

*plications for student affairs*. Retrieved from www. acpa. nche. edu/ sli /sli. htm.

Anderson, L. W. , & Krathwohl, D. R. （Eds. ）. （2001）. *A taxonomy for learning , teaching and assessing：A revision of Bloom's taxonomy of educational objectives*. Boston, MA：Allyn & Bacon.

Angelo, T. A. , & Cross, K. P. （1993）. *Classroom assessment techniques：A handbook for college teachers*. San Francisco, CA：Jossey-Bass.

Arminio, J. , Roberts, D. C. , & Bonfiglio, R. （2009）. The professionalization of student learning practice：An ethos of scholarship. *About Campus, 14* （1）, 16—20.

Astin, A. W. （1985）. *Achieving educational excellence*. San Francisco, CA：Jossey-Bass.

Barkley, E. F. （2010）. *Student engagement techniques*. San Francisco, CA：Jossey-Bass.

Barkley, E. F. , Cross, K. P. , & Major, A. H. （2005）. *Collaborative learning techniques*. San Francisco, CA：Jossey-Bass.

Baxter Magolda, M. B. （1992）. *Knowing and reasoning in College：Gender-related patterns in students' intellectual development*. San Francisco, CA：Jossey-Bass.

Baxter Magolda, M. B.（2004）. Self-authorship：An internal foundation for leadership. *Concepts & Connection, 12*(3),14—15.

Baxter Magolda, M. B. & King, P. M. （2004）. *Learning partnerships：Theory and models of practice to educate for self-authorship*. Sterling, VA：Stylus.

Brookfield, S. （1995）. *Becoming a critically reflective teacher*. San Francisco, CA：Jossey-Bass.

Cambridge, B. （2001）. *Electronic portfolios：Emerging practices in student, faculty, and institutional learning*. Washington, DC：American Association for Higher Education.

Council for the Advancement of Standards in Higher Education ［CAS］. （2009）. *CAS professional standards for higher education* （7th ed. ）. Washington, DC：Author.

Council for the Advancement of Standards in Higher Education ［CAS］. （2010）. Retrieved from www. cas. edu/index. html.

Csikszentmihalyi, M. （2003）. *Good business：Leadership, flow and the making of meaning*. New York, NY：Harper & Row.

Daloz Parks, S. （2005）. *Leadership can be taught*. Boston, MA：Harvard Business School Press.

Dewey, J. （1938）. *Experience and education*. New York, NY：Simon & Schuster.

Driscoll, A. , & Wood, S. （2007）. *Developing outcomes-based assessment for learner centered education*. Sterling, VA：Stylus.

Evans, N. （2003）. Psychosocial, cognitive, and typological perspectives on student development. In S. R. Komives, D. B. Woodard, & Associates （Eds. ）, *Student services：A handbook for the profession* （4th ed. , pp. 179—202）. San Francisco, CA：Jossey-Bass.

Freire, P. (1970). *Pedagogy of the oppressed*. New York, NY: Continuum.

Gabelnick, F., MacGregor, J., Matthew, R. S., & Smith, B. L. (Eds.). (1990). *Learning communities: Creating connections among students, faculty, and disciplines*. New Directions for Teaching and Learning, no. 41. San Francisco, CA: Jossey-Bass.

Gardner, H. (1983). *Frames of mind: The theory of multiple intelligences*. New York, NY: Basic Books.

Gardner, H. (1999). *Intelligence reframed: Multiple intelligence for the 21st Century*. New York, NY: Basic Books.

Gehrke, S. (2006). Student learning in leadership programs. In S. R. Komives, J. P. Dugan, J. E. Owen, C. Slack, & W. Wagner (Eds.), *Handbook for student leadership program* (pp. 15—27). College Park, MD: National Clearinghouse for Leadership Programs.

Gilligan, C. (1977). In a different voice: Women's conceptions of self and morality. *Harvard Educational Review*, *47*, 481—517.

Hatton, N., & Smith, D. (1995). Refection in teacher education: Towards definition and implementation. *Teaching & Teacher Educaiton*, *11*, 33—49.

Hooks, B. (1994). *Teaching to transgress: Education as the practice of freedom*. New York, NY: Routledge.

International Leadership Association. (2009). Guiding questions: Guidelines for leadership education programs. Retrieved from www. ila-net. org/Communities/LC/Guidelines. htm.

Joint Task Force on Student Learning. (1998). *Powerful partnerships: A shared responsibility for learning*. Retrieved from www. myacpa. org/pub/documents/taskfore. pdf.

Keeling, R. (Ed.) (2006). *Learning reconsidered 2: Implementing a campus-wide focus on the student experience*. American College Personnel Association and National Association of Student Personnel Administrators. Washington, DC: ACPA & NASPA.

Kegan, R., & Lahey, L. L. (2009). *Immunity to change*. Boston, MA: Harvard Business School Press.

King, P. M. (2003). Student learning in higher education. In S. R. Komives & D. B. Woodard Jr. (Eds.), *Student services: A handbook for the profession* (4th ed., pp, 234—268). San Francisco, CA: Jossey-Bass.

King, P. M., & Magolda, M. B. (1999). A developmental perspective on learning. *Journal of College Student Development*, *40*, 599—609.

Kneflekamp, L., & Widick, C. (1984). *Developmental instruction model*. Unpublished paper.

Kohlberg, L. (1976). Moral stage and moralization: The cognitive-developmental approach. In

T. Lickona(Ed. ), *Moral development and behavior*: *Theory*, *research*, *and social issues*(pp. 31—53). New York, NY: Holt, Rinehart & Winston.

Kolb, D. A. (1984). *Experiential learning*: *Experience as the Source of learning and development*. Englewood Cliffs, NJ: Prentice-Hall.

Komives, S. R. ,Longerbeam, S. D. , Owen, J. E. , Mainella, F. C, & Osteen, L. (2006). A leadership identity development model: Applications from a grounded theory. *Journal of College Student Development*, *47*, 401—418.

Komives, S. R. , Lucas, N. , & McMahon, T. R. (2007). *Exploring leadership*: *For college students who want to make a difference* (2nd ed. ). San Francisco, CA: Jossey-Bass.

Komives, S. R. , & Schoper, S. (2006). Developing learning outcomes. In R. Keeling (Ed. ), *Learning reconsidered 2*: *Implementing a campus-wide focus on the student experience* (pp. 17—41). Washington, DC: NASPA & ACPA.

Kuh, G. D. , Schuh, J. H. , Whitt, E. J. , & Associates. (1991). *Involving colleges*: *Successful approaches to fostering student learning and development outside the classroom*. San Francisco, CA: Jossey-Bass.

Maki, P. (2004). *Assessing for learning*. Sterling, VA: Stylus.

Moon, J. (2005). Learning through reflection. *Guide for Busy Academics*, *no. 4*,. York, UK: HE Academy.

Myers, I. B. (1980). *Gifts differing*. Palo Alto, CA: Consulting Psychologists Press.

National Association of Student Personnel Admin: strators [NASPA] & American College Personnel Association [ACPA]. (2004). *Learning reconsidered*: *A campus-wide focus on the student experience*. Retrieved from www. myacpa. org/pub/documents/LearningReconsidered. pdf.

Palmer, P. (2007). *The courage to teach*: *Exploring the inner landscape of a teacher's life* (10th ed. ). San Francisco, CA: Jossey-Bass.

Pascarella, E. T. , & Terenzini, P. T. (1991). *How college affects students*. San Francisco, CA: Jossey-Bass.

Pearson, C. S. (1992). Women as learners: Diversity and educational quality. *Journal of Developmental Edcuation*, *16*(2),2—38.

Perry, W. G. (1981). Cognitive and ethical growth:The making of meaning. In A. W. Chickering & Associates (Eds. ), *The modern American college* (pp. 76—116). San Francisco, CA: Jossey-Bass.

Rainey, M. A. , & Kolb, D. A. (1995). Using experiential learning theory and learning styles in diversity education. In R. R. Sims & S. J. Sims (Eds. ), *The importance of learning styles*: *Under-*

*standing the implications for learning, course design, and education* ( pp. 129—146 ). Westport, CT: Greenwood.

Roberts, D. C. ( 2007 ). *Deeper learning in leadership.* San Francisco, CA: Jossey-Bass.

Shapiro, N. S., & Levine, J. H. ( 1999 ). *Creating learning communities: A practical guide to winning support, organizing for change, and implementing programs.* San Francisco, CA: Jossey-Bass.

Smith, B. L., MacGregor, J., Matthews, R. S., & Gabelnick, F. ( 2004 ). *Learning communities: Reforming undergraduate education.* San Francisco, CA: Jossey-Bass.

Sternberg, R. J., & Zhang, L. ( Eds. ). ( 2001 ). *Perspectives on thinking, learning, and cognitive styles.* New Haven, CT: Yale University Press.

Wagner, W., Ostick, D., Komives, S. R., & Associates. ( 2009 ). *Instructor's manual for Leadership for a Better World.* San Francisco, CA: Jossey-Bass.

Witkin, H. A., & Goodenough, D. R. ( 1981 ). *Cognitive styles: Essences and origins.* New York, NY: International Universities Press.

# 第二编

# 领导力项目设计

如果你真的不知道走向何方,最好停留在某个地方。

——大卫·坎贝尔

太多的情况下,领导力项目仅反映了领导力教育工作者个体的兴趣。精心策划的、高质量的项目设计建立在本书第一编学术和研究的基础上来指导实践。领导力教育工作者从每个学校具体情况出发,在指导高质项目设计时,将会从诸如高等教育标准促进委员会的学生领导力项目标准中获益。

第二编展示了高质项目设计的必要元素。这些元素一定是多种思想综合、代表了领导力教育所发生的多种学生生活经历。关键的专业性实践应建立在评估的理念之上,这是设计的基础,包括对学习产出的评估和严密的项目评价以判断项目元素是否有效。第二编是个起点,从这里开始,项目设计者可以思考第一编所涉及的基础概念,进行正式的领导力项目设计。

# 参考文献

Council for the Advancement of Standards in Higher Education [CAS]. (2009). *CAS standards for leadership programs*. Washington, DC: Author.

Love, P. G., & Estanek, S. M. (2004). *Rethinking student affairs practice*. San Fancisco, CA: Jossey-Bass.

# 第六章

# 创建和推进领导力项目

简·阿尔米尼奥

你被一个不提供集中的领导力培训的机构聘用了。机构中的各种组织充当了培训领导者和学生职员的角色,因此,学生或许有可能在自己的岗位上履行职责,但是不会有"主动的、持续的"努力,将自己的领导力"整合"到"组织生活中——以学习和发展理论为指导,反映了学生群体发展的统计学意义"(标准促进委员会,2009,p. 386)。你对领导力教育及其对公民参与的影响非常感兴趣。因此,你开始考虑在你的机构里创建一个更为正规的教育领导力项目。从哪里开始呢? 目的是什么? 谁会参与其中? 怎样施行这一计划?

本章运用了理论、模型、标准和校本案例,不但是为了创建一个新的领导力教育项目,更是为了推进和维持一个领导力教育项目。特别是科特(Kotter,1996)的转变模型,它是指导一个全面的、综合的领导力教育项目的关键。其八个步骤包括:

(1)说服有重要变革需求者;

(2)创建一个引领变革进程的团队;

(3)为完成变革设定一个愿景和计划;

(4)展望一个更远大的新愿景;

(5)授权给很多人以施行变革;

(6)获得很多短期的成功;

(7)合并早期成功,作为接下来变革的理由和指导方针;

(8)确保在新的组织文化中付出努力。

最特别的是,本章还讨论了以下几个方面的内容:将领导力项目与机构任务相联系,创造一个同盟和愿景声明,以及去除障碍以创建和维持项目。有关机构类型是怎样影响和促进领导力项目进程的案例将在本章中频繁提及。本章最后以未来的方向、仍然存在的问题以及建议的资源结束。

# 一、与机构使命相联系

想要在组织中创新,表明这一组织是富有活力的。实际上,组织是"一种生命形式,它就像其他任何一种生命形式一样,有自己生长、学习和参与的潜力"(Senge,Scharmer,Jaworshi 和 Flowers,2008,p.8)。尽管创建一个新的项目可能会使人气馁,特别是遇到巨大阻碍的时候,但总会有办法改变它的。科特(1996)认为我们必须领导变革的过程,而不仅仅是管理变革。不管它是被一个人还是被几个人领导,从一开始就需要设立一个指导方针,以协调、激发和鼓舞他人。然而,变革首先必须与机构的使命和学习目标密切联系。

创建领导力教育项目首先要考虑一个问题——"领导力教育对这个机构为什么重要"。这一问题表明领导力教育项目与机构的使命紧密相连,也从另一个方面说明了它的重要性。齐默尔曼－奥斯特尔(Zimmerman-Oster)和伯克哈特(Burkhardt)(1999)认为,最成功的领导力教育发展计划与学校使命密切相关。如果将"领导力发展"或"创造明天的领导者"等词汇写入一个机构的使命宣言中,领导力教育项目将很明显地推动该机构完成自己的使命。即使"领导者"或"领导力"这样的词汇没有出现在宣言中,其他有价值的和高尚的概念,如公民、公民参与或服务等词汇也可以与领导力联系起来。一些研究者已经证明了领导力教育对获得公民权(Burkhardt 和 Zimmerman-Oster,1999;Dugan 和 Komives,2007;Pascarella 和 Terenzini,2005)、社会责任感(Dugan 和 Komives,2010)以及身份发展(Renn,2007;Renn 和 Bilodeau,2005)的益处。为了将"公民领袖的发展"纳入自己的义务中,朗沃德(Longwood)大学改善了自己的领导力教育项目。其教职工发现,那些接受新修定的使命和改善的领导力项目的学生更可能在毕业后扮演领导者的角色。这些共同的结果表明,一个与机构使命紧密联系的领导力教育项目可以为机构带来活力。

试想书中所提及的机构是一所大型的研究性大学,这种机构的使命主要是开展并运用研究以造福社会。这通常发生在一个复杂的,充满各种学生、教师和职工和努力人士的环境中。那些获得政府赠地的研究机构的成立更被寄予了服务大众的期望。希尔特(Hirt, 2006)将这些机构的主要特征概述为是对某个专业领域的深入,而不是致力于广泛的研究。领导力教育项目怎样与环境保持一致并推动任务的发展?当然,项目应该具有服务的责任,并涉及参与的学生和行动研究。因为"一般而言,研究机构更倾向于反对变革"(Hirt, 2006, p.98),所以,最初的变革需要耐心和对复杂官僚体制的准确解读。如果"你"是其中一个新雇员,支持性的引导,对驾驭这样的环境的确是有益的。

作为比较,我们来看下面的使命宣言。首先介绍的使命宣言来自马里兰大学——一所赠地研究机构。

> 创造和应用知识,以造福各州、地区乃至国家以及国家以外的地方的经济和文化……与企业、政府和其他教育机构分享研究、教育、文化和核心竞争力。提升知识,提供卓越新颖的教学,在大多数学科和跨学科领域培育知识成长的氛围。将教师、学生和职工的多样性视为最重要的优势之一,也是卓越之所在。马里兰大学帕克学院致力于同等的教育机会,通过积极的行动,力争雇用各种取得优异成就的教职工人员,以保持所有项目和活动中所取得的多样性,吸引并留住资优的研究生和少数民族本科生。(马里兰大学,2006)

下面是波特兰大学——"俄勒冈州的天主教大学"的使命宣言:

> 波特兰大学是一所独立管理的天主教大学,是一所由不同种族、年龄、国籍和宗教信仰的人所组成的学术团体。自1901年开始就有了三个宗旨——教学、信仰和服务。波特兰大学将通识课作为学习的基础,并为研究生和本科生提供相应学习水平的艺术、科学、人文和职业课程。学校通过优质和创新的项目以及时刻准备着奉献的毕业生,为社区和世界提供公认的领导力和领导者。大学在致力于培养全人的环境中提供优秀的教学和提升个人发展。公正和符合道德的行为理念是学校日常生活的中心。波特兰大学鼓励学生为上帝和邻里服务。(波特兰大学,2010)

显然,在考虑什么时候创建一个领导力教育项目时,机构类型是需要考虑的因素。上述两个使命宣言表明宗教的信仰、关注焦点的扩大(比如"国家和更广大的世界"比之于"邻里")、地理位置以及面积是如何影响任务,以及后续的领导力项目的。这些因素而不是使命以何种方式影响领导力项目的创建和维持的呢？

## ▨ （一）机构因素对项目创建的影响

有很多因素会影响到一个领导力项目的创建和完成。这些因素包括：机构文化和类型、机构委托人的支持以及学生群体。库（Kuh）和霍（Hall）（Strange 和 Banning，2001）将校园文化定义为"学校的历史、校园传统、价值观和担当的集合，这些因素塑造了一个既定学院或大学的特征"（p. 100）。如果已经有传统、价值观和担当可以支撑领导力教育，如学校行政管理中有极高的学生参与度，成立一个领导力教育项目可以认为是这些传统、价值观和担当的延续。但是，如果不是这样的话，新项目的创建者需要考虑学校是否对创新持开放态度。对那些在拒绝改变的学校工作的教育领导者而言，遵循一种变革过程模式是很关键的。布科（Bucco）和布什（Busch）认为应寻求校长或其他核心领导的支持。如获得学校牧师、学生干部以及大学理事会的学生主席或教职工工会主席的支持非常重要。

另外，布科和布什（1996）认为，领导力项目的策划者应当考虑到学生群体的特征对项目设计的影响。例如，如果学生大部分时间有规律地往返于校园，他们可能已经与一个充分利用领导力教育项目的社区有了联系，住校生可能会将领导力项目视为连接学校和社区的纽带。一个鼓励学生参与校内外活动的学校所倡导的领导力教育项目，与那些只希望学生坐着并全盘吸收上课内容的学校所倡导的领导力教育项目的施行方式是完全不同的。但是，一般来讲，即便参与到该学校活动中的有色人种的学生与白种人学生比例相当，有色人种学生也不大可能深入到领导力教育项目中，因为他们并没有将自己当作一个领导者来看待（Arminio 等，2000）。领导力教育对于一个大部分学生大一就出国的学校，或者根本用不了四年就可拿到学位的学校又意味着什么呢？根本没有榜样可供学生效仿。尽管如此，领导力教育项目仍然经常出现在学校中，包括学生在校时间少于四年的社区学院。

社区学院的成立是为了满足工业扩张性培训的需要。社区学院被定义为一种被授权颁发文理科大专学位作为最高学位的机构（Carnegie Foundation，2009；Cohen 和 Brawer，1996）。目前有些社区学院甚至可颁发本科学位，但这种情况很少。社区学院常常通过支持俱乐部、组织和学生管理来提升社区学院的领导力。但是，有些两年制的社区学院已经创建了领导力教育项目，如位于纽约布朗克斯区的奥斯托斯（Hostos）社区学院的领导力研究院。因为社区学院致力于服务临近的社区,领导力教育项目需要与社区紧密相连。与社区的伙伴关系可以为领导力和公民参与提供重要机会。高等教育的研究发现维持伙伴关系需要付出很多努力,伙伴关系需要关注学生的学习,需要使机构任务具体化(Whitt、Nesheim、Guentzel、Kellogg、McDonald 和 Wells, 2008)。伙伴关系可以产生重要的学习结果,它值得我们投入时间和精力去交流、谈判和达成共识。同时,汤姆修(Tomsho,2005)认为,为建立社区与教职工间牢固的伙伴关系,社区有必要构建领导力教育项目。另外,社区伙伴关系还会带来经济支持。

社区学院的学生一般往返于校园间,因此他们除了学术任务外,还有很多其他的任务。在这种情况下,领导力项目的成立要求参与的方式时机、地点、推广以及评估都对此群体有利(Enser, 2006)。教学对象可能包括家庭成员,教学策略不必太繁琐,教学包括白班和晚班(Enser, 2006)。该项目招生可能会比其他学校更难。因此,鼓励其他学校的学生跨校参与显得尤为关键,包括将校园领导力教育与那些在社区担任领导角色的学生联系在一起(如信仰社团、家庭教育协会和邻里共防组织)。"在一个两年制的学校里,有时候很难在春季知道秋季有谁会来到这个校园"(Lyons, 2005b, p.58)。除了在教职工和学生的帮助下寻求对项目感兴趣的学生外,招聘会对此也非常有帮助(Cross, 2006),但一定要"尽早地招学生,最好从新生入学开始招募"(Lyons,2005a, p.47)。当项目与学院的学习目标相联系的时候,为领导力教育项目招募学生应该会更容易一些。

## ■ (二) 与机构的学习目标相联系

除了与机构的使命相关,证明一个项目怎样促进机构的学习目标和结果,也为支持领导力教育项目提供了依据。例如,普瑞斯基尔(Preskill)和布鲁克菲尔德(Brookfield)(2009)将学习与领导力强有力地联系在一起,因为学习型的领导者能为革命性的社会运动提供动力。他们鼓励领导者将学习作为"实践的中心"(p.6)。

再来看另外一种机构类型的例子,领导、学习和社会运动之间的关系是传统的美国黑人大学(HBCUS)的中心,传统的美国黑人大学被认为是"社会资本的供应者"(Palmer 和 Gasman, 2008, p.66)。希尔特(2006)发现传统的美国黑人大学的教育工作者将他们的工作视为一种召唤。这些大学跨越了卡耐基分类系统,但是只有"在服务黑人学生的时候才这样做"(Hirt, 2006, p.116)。他们的使命除了与机构类型相联系外（如文理学院、研究机构、专业机构、单一性别机构），作为一个团体，他们特别努力地教授"那些历史上曾拒绝学习的自由人的子孙后代"（林肯大学，2000，第二卷）。希尔特（2006）的研究证实了弗莱明（Fleming，1984）的开创性研究，认为传统的美国黑人大学的教育工作者们与学生有着密切的联系，这种联系产生了一种积极的结果。希尔特（2006）注意到，这些教育工作者们认为自己是"学生广义上的家庭成员"（p.125）和"代理家长"（p.128）。"别样母爱"（Othermothering）这种说法被用来描述他们与学生间的关系（Hirt、Amelink、McFeeters 和 Strayhorn，2008，p.210）。这些亲密的关系是有益的。这类学校的黑人学生比以白人为主的大学（PWI）的黑人学生有着更高的参与度和整体发展水平（Hirt 等，2008）。同时，传统的美国黑人就读的学院或大学比以白人为主的大学取得的成就更大（PWIs；Castenell，2007；Nelson、Bridges、Morelon-Quainoo、Williams 和 Holmes，2007）。实际上，在美国有 1/3 的教学人员都是从传统美国黑人大学毕业的（Castenell，2007）。尽管通常传统的美国黑人就读的大学规模都更大些，但它们所创造的校园文化与那些文理学院类似（Seifert、Drummond 和 Pascarella，2006）。

除了这些密切的关系外，希尔特（2006）还发现传统的美国黑人就读的大学的环境可以被整合成"三个相互关联的问题：有限的资源、可以聚集这些资源的政策以及一旦这些资源确保后就必须移除的官僚主义"（p.120）。这些问题对领导力教育项目的应用意味着什么呢？

斯菲尔特（Seifert 等，2006）写到，"提供迅速的反馈，并明确地表达和维持高的期望"（p.197）是传统的美国黑人大学的学生所赞赏的信条。因此，这些信条也应该被吸收到以白人为主的大学的领导力教育项目中。另外，传统的美国黑人大学所期待的人际关系要求学生"随着时光流逝而强化"的"个人担当"，这也是领导力教育员工需要效法的（Hirt 等，2008，p.229）。最后，为了完成传统的美国黑人大学的义务，领导力教育需要提供"以文化为基础的理念、项目和宣传"（Harper 和 Quaye，2007，p.141）。然而，希尔特（2008）所认为的"普遍"的"资源匮乏"（p.672）指的是得到大学的支持特别困难。因此，项目策划者利用传统的黑人大学的力量非常重要，卡斯特莱（Castenell，2007）将其定义为"人力资本，解决非传统学生教育需求的模范经验，是解决社区问题的可靠路径，这些问题主流高校并不熟悉"（p.251）。

不同类型高校的战略规划或评估过程都证实，将已有的领导力教育项目结果与制度需求相联系是明智的。例如，一个项目可以将领导力教育与更富有潜力的机构参与成果或公民权联系在一起。结果数据证实了领导力项目的作用。齐默尔曼-奥斯特（Zimmerman-Oster）和伯克哈特（Burkhardt）（1999）发现，在开设了领导力项目的学校，即便是没有参与项目的学生，也比机构中没有任何领导力项目的学生展现出更强的领导能力和公民责任感将学生特性倾向以及其他因素作为控制项。

领导力教育工作者也可以将学生领导力高等教育标准促进委员会（CAS，2009）的学习结果（如建构性知识、与日常生活相关的知识），或者将全国校园活动协会（NACA，2009）所创造的《学生领导者竞争力指南》（*Competency Guide for Student Leaders*）中的核心竞争力，与一个大学日常教育的学习目标联系起来。领导和学习间的潜在联系不能削弱（见第五章关于领导力和学习理论的全面讨论），而是必须马上紧密结合。

# 二、创造一个同盟和愿景声明

##  （一）说服有重要变革需求者

做一个必须变革的范例，制造了一种紧迫感（Kezar 和 Lester，2009；Kotter，1996）。大多情况下，目前的做法是"足够好"。但是，"足够好"是一种自我满足（Collins，2001；Kotter，1996）。科特（1996）认为，变革需要转型，变革的最大障碍之一就是满足。为了提升"紧迫感"（Kotter，1996，p. 44）并创建一个领导力教育项目范例，变革主体必须证实"不变"是一种危机。为了一个紧急的变革，运用领导力教育项目同行的学习结果中的研究数据、国家标准和基本准则作为基本原则，是明智的做法。科特（1996）还认为，变革主体必须说服机构中75%的领导者，让他们认为变革是必需的。为了完成这一任务，变革主体需要一个以广泛群众为基础的先导性同盟的支持。一意孤行，就好像"18 个轮子的卡车由一个割草机来拉动"一样（Kotter，1996，p.54）。

再来看另外一个机构类型的案例。迪金森（Dickinson）学院作为一个小型的文理学院，是一个著名的彻底变革的例子。运用"领导力叙事"的基本原理和想象完成了紧急变革（Sanoff，2006）。当威廉·德登（William Durden）于 1999 年到达迪金森学院时,他试图寻找一个故事,"它从学校的独特历史中生长出来,并与当今世界的需求和机会相联系"(Massa 和 Parker,n.d.,p.2)。德登被选为变革的主导,代替学校的创始人和法人——本杰明·路西(Dr. Benjamin Rush)。德登将形式性的东西和反面的东西批判为不切实际的、无用的教育。德登(2009)认为,"在美国教育革命追求自我放纵和学习者寻求自我独立,或仅仅注重一门学术课程之后,人们的同情心就失去了"(p.5)。但是,"任务是在高度紧张的状态中实施的,其中隐藏着继续变革的可能"(Durden,2009,p.5)。德登(2009)引用了路西的话:

> 将"美国革命"与后来的"美国战争"相混淆再正常不过了。美国战争结束了,但美国革命远没有结束。相反,这只是伟大戏剧的第一幕结束了。它需要建立和完善新的管理模式,它将为公民提供准则、道德规范和风俗习惯,为建立和完善新的管理模式做好准备。(p.5)

路西的愿景在大学文件中得以体现(如大学使命、愿景声明和战略策划文件),其塑像竖在校园中心区域。学校"再次确认"迪金森的历史使命"让年轻人做好准备,即通过实用的文理教育和科学教育方式,让学生在服务社会中拥有公民权和领导权"(Massa 和 Parker,n.d.,p.5)。因此,为公民持续完善美国民主做准备是迪金森一直以来的使命。

领导力叙事怎样能有效地证明建立领导力教育项目的紧迫性呢?可以参照的领导力教育项目的故事是非常多的。有没有一个英雄、巾帼英雄或支持者可以充当该项目的梦想家?例如,圣克拉罗(Santa Clara)大学社区行动计划的一个学生煽动者,他于1965年鼓动学生逃课去反对越南战争,让学生憧憬社区服务,而不是去足球场野营。细想这种类似的故事是怎样指导新项目的愿景或帮助学生意识到其紧迫性的。在圣克拉罗大学的案例中,这个学生是主角,配角是没有参与其中的学生,情节是学生愿景的实现。

### ▨ (二) 创建一个引领变革进程的团队

变革紧迫性的建立可以通过很多方式完成,如领导力叙事。但是,这需要一个忠诚团体的加入。有作者强调尽早让小团体加入其中的重要性。森奇(Senge 等,1999)相信"非正式的联系往往比等级制的渠道更能有效传播新事物"(p.49)。这些团体被认为是"领航团体"(Senge 等,1999)、同盟(Kotter,1996)和掌舵委员会(Tomsho，2005)。无论使用什么名称，应优先选择从小团体着手，因为很多小团体为培育新理念提供了场所(Senge 等，1999)。科特(1999)认为这种形式提供了更多的智能、职位权力、专业知识可靠性和领导力。实际上，科特(1996)建议选择头脑中有这些素质，拥有各类专门技术、工作经验和身份的人作为变革同盟的成员。

三十多年前，在《大学是怎样运作的》(*How Colleges Work*)一书中，伯恩鲍姆(Birnbaum，1988)写道："尽管可以进行变革，但应该在信任建立以后才试图进行变革"(p. 227)。直到今天这一说法仍然是正确的(Kezar 和 Lester，2009)。总之，团体成员必须在同盟中相互信任，并忠诚地执行任务。这不仅仅是一种简单的共同合作。真正的共同合作包括"共同目标和相互信任以完成目标"(Kezar 和 Lester，2009)。谁尤其应该成为一个领航团体的成员？齐默尔曼-奥斯特尔和伯克哈特(1999)发现，范例式的领导力教育项目得到各个学校的支持。布科和布什(1996)强烈建议教职工"从一开始就参与其中"(p.233)。他们还建议重要支持者的加入，还包括获得高层管理者的支持。他们写道："受人尊敬的教职工的支持会使项目可信和可靠"(p.233)。高等教育标准促进委员会(2009)的标准要求学生领导力项目"广泛接触相关学生个体、学校办公室和外部机构"(p.273)。接下来团队必须为项目创造愿景。

## ■ (三) 开发愿景声明

创建项目的愿景是领航团体的一个关键任务。科特(1996)将愿景定义为"一幅有关未来的图景，伴有人们为什么努力创造那样一个未来的原因的内在或外在的说明"(p.68)。他进一步说到，愿景给予项目"明确的方向"(p.69)。愿景声明是注重现实和未来的，并且"清晰地表达了一系列的可能性"(Kotter，1996，p.72)。他还认为，个体应该为自己规划愿景声明和同盟，为规划花点时间并作出相应的努力。这一过程需要"分析性的思考和很多的梦想"(Kotter，1996，p.81)。愿景声明也可能出现在"概念文件"(Kezar 和 Lester，2009，p.74)中，被分发到一个更大的团体中，为新的项目带来激情。"在一个致力于发展学生领导的校园中，变革主体可能将领导力发展项目的扩张描述为，为有领导力专长的教职工创造一个全国性的杰出项目"(Kezar 和 Lester，p.74)。

1. 领导力评估

为实施领导力教育项目,在创建愿景声明之前,一个同盟可能希望先进行领导力评估。波特曼(Boatman,1999)指出:

> 领导力评估是一个综合的、全面的和客观的过程,用以描绘和评估特别的学院或大学的领导力经历。作为一个描述性进程,领导力评估是收集和报道机构内领导力发展的一种手段。通常,这一过程通过观察、问卷调查、个人或集体访谈、分析文件内容或书面文件获得…… 一个大学可以描述和评估已经存在的领导力经历的价值,它常常发生在出乎意料的或不易察觉的地方,它将获得更完善的数据用以提升所有学生的领导力发展。(p.326)

评估可以被视为一个测评过程,也可以被视为一个诊断过程。"诊断在行动之前,使项目策划者能够采取合适的行动以保证成功"(Boatman,1999,p.326)。因此,领导力的评估使同盟可以决定项目从哪开始。高等教育标准促进委员会的《学生领导力项目标准》(*Standards for Student Leadership Programs*)(2009)和全美校园活动协会的《学生领导者竞争力指南》(2009)可以作为评估工具。

2. 愿景声明的内容

一旦同盟对目前领导力状态熟悉后,他就会开始清晰解读项目应该是什么样的,应该怎样完成它。愿景声明应包括领导力的实践性定义。成功的领导力发展项目通常共享一个共同的智力框架,包括领导力定义、价值观以及核心原则(Dugan和 Owen,2007;Owen,2008;Tomsho,2005;Zimmerman-Oster 和 Burkhardt,1999)。同时,学习结果应该列举在愿景声明中。有很多资源可为产生学习结果提供帮助,包括学习结果模型,如那些由高等教育标准促进委员会、全美校园活动协会和《学习再考虑 2》(*Learning Reconsidered 2*)(2009)所倡导的六个学习领域:

(1) 知识获取、建构、整合和应用;

(2) 认知复杂性;

(3) 内省发展;

(4) 人际能力;

(5) 人道主义和公民参与;

(6) 实践能力。

有效领导力属于人际能力领域。

项目的组织和资金是愿景进程的一部分（Bucco 和 Busch，1996）。项目有多集中？谁最终为管理项目负责？有课程和合作课程因素吗？资金哪里来？"获得稳定的机构资金支持对于发展持续性的项目是必要的"（Bucco 和 Busch，1996，p. 240）。（与正式领导力项目设计相关的资金信息详见第九章）。

### 3. 愿景交流

与更大的社区共同分享的项目愿景是什么？在愿景声明中应该明确的是，所倡导的项目应与国家标准和指导方针一致。在其他标准中，这意味着项目应该是综合的，它也应该是领导力评估的结果（Boatman，1999）。根据高等教育标准促进委员会和国际领导力协会的指导方针，愿景声明描绘了一个与学校使命密切相关的项目，它是"有目的的、一致的"，并且"整合到学校的生活当中"（CAS，2009，p. 368）。一个综合的项目对个体和对多元、特殊群体的需求都负有责任，它可增强学生的自我意识力和领导竞争力。学习结果应该是综合的，因为它们是发展的，跨越了一系列的学习目标，包括潜认知、有感情的和实际的结果，以及成熟的结果，包括建构知识和提炼的专业技能（领导力发展结果的更多具体知识见本书第八章）。这要求运用一系列教与学的策略，以"保证学生最大化地学习"（ILA，2009，p. 8）。（更多有关学生领导力项目标准的具体信息可以从国家领导力协会和高等教育标准促进委员会中获得。）

我们中大部分人都有过被大量有用的信息所淹没的经历。科特（1996）建议，愿景声明应当是简单而直接的。他感觉作者们经常将文字作为一种"挡箭牌"，以隐藏宣言的弱点。愿景声明应该以不同的形式，反复传递给各个个体。对于科特而言，反复是关键。在前面讨论的迪金森的案例中，很多努力都用于讨论路西愿景的实现。这包括五颜六色的旗帜、新的标志、红色的阿第伦达克户外坐椅、海报、学校网页，和以路西的写作为基础的思维习惯创新。领导者们意识到"整个机构中一致的和明确的信息的力量"（Massa 和 Parker，n.d.，p. 14）。品牌标识对促进领导力教育运动非常重要。它让人知道你是什么，并明确标示。除了信息本身外，"没有什么比那些与愿景不一致的关键参与者的行为更能对一个变革的愿景造成破坏的了"（Kotter，1996，p. 97）。因为领导力教育的愿景以领导力为中心，领航团体（作为一个个体和团体）的行为将根据宣言中的价值观来评估。愿景声明的价值观与领航团体的行为间不管是微小的还是明显的不和谐，都将减少变革的动力。最后，愿景声明为同盟外的人了解领导力教育项目的前愿创造了机会，也为同盟倾听他人的意见创造了机会。

愿景一旦得到充分认可,潜在的障碍就消除了。

# 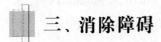 三、消除障碍

推进领导力教育项目需要尽可能多地消除执行过程中的障碍。这些障碍包括不良的结构、糟糕的技能、无效的系统以及消极支持的管理者。高等教育的半隐蔽特性是可能的结构性障碍。如,如果领导力教育项目的愿景是成为一个全面的项目,其他部门要充分了解它、支持它并参与其中吗?不幸的是,很多教育工作者感觉自己有资格执行一个领导力教育项目,仅仅是因为他们在一个领导职位上工作过,但是他们完全无视了领导力实践的资格和教学的技巧。科特(1996)提醒到,不要"在发起主要变革的时候,才去思考需要什么新的行为、技巧和态度"(p.108)。

评估系统、薪金、管理以及评价如何促进变革?机构管理系统如何让学生参与其中?高等教育标准促进委员会的学生领导力项目的一个重要标准是学生参与机构管理。学生没有参与管理当然被认为是项目成功的障碍,可能性的系统障碍需要识别和调整。

当管理者自身成为障碍的时候,"解决这一问题的简单方案是不存在的"(Kotter, 1996, p.113)。然而,明确的是,需要尽早地与这类管理者进行面对面的交流。科特(1996)建议提一个问题:"我们(领导团队)可以怎样帮助你(管理者)以帮助我们自己?"(p.114)。认为管理者是障碍的另外一种现象是:"我承认这一点,告诉我你怎么可以帮助我改变。"科特表明,愿景声明中细节明确可能减少不坚定的管理者人数。同样的,机构组织采取政治性的方式可能使管理者更难忠诚于新项目(Birnbaum, 1988)。因此,理解组织结构和结构是怎样影响管理者行为的,对消除障碍、寻求改变很有效。

## ▨ (一)维持项目

一旦障碍被移除或者减少,科特(1996)认为在获得热心者支持的同时,关注那些能提供信任、增强项目和反驳怀疑者数据的短期结果非常关键。当短期结果清晰可见以及与机构使命相关联时,更是如此。同时,它会让领导团队审视与"具体情况"不符合的愿景(Kotter, 1996, p.122)。不管怎样,领导力教育不应该用早期

的成功说服团队认为变革已经实现。

## ■■ （二）不要过早地放松

科特（1996）提醒我们，如果变革实践的强度减小，关键的进程就会丢失，甚至可能倒退。伯恩鲍姆（Birnbaum，1988）写到，高等教育机构是开放的、松散的关联系统，这意味着高等教育要素受到外在机构的影响，并且系统内要素间相互回应。科特认为，需要付出很大努力才能改变这样一个相互依赖的系统，以使得它们整合到系统当中。指导团队必须保持好的工作状态。从某种意义上讲，执行项目的团队需要与咨询委员会或委员会合作。该委员会由教师、职工和学生组成，有责任进行持续性的监督（Tomsho，2005）。持续性的变革需要缓慢进行，需要从环境中学习，也需要广泛的承诺。这些都没办法很快完成，但却对成功尤为重要。伯恩鲍姆（2000）警告我们，应反对将未经证实的想法视为真理的狂热。领导力教育项目的潜在效果已经被证实，但是其潜在的效果不容易产生或被记录下来，这需要我们长期的努力。

## ■■ （三）维持领导力教育

发起领导力项目是一种伟大的行动，但是项目一旦确立，它不会自己持续下去。弗兰（Fullan，2001）写到，持续性的变革需要一个变革主体像乌龟而不是兔子那样行动。这意味着变革机构应该有思想、思维缜密并且有目的性。它强调深思熟虑、有效行动比草率行动更为重要。鲁伊（Rue，1996）认为，有几个因素与持续性项目有关，包括维持关系、经常寻求额外的资金支持、战略规划、解决冲突、提供奖赏和认可、坚持核心原则、跟踪参与者以及恰当地管理危机。齐默尔曼-奥斯特尔和伯克哈特（1999）认为，可持续性的项目的"进程、结果和影响目标都是明确的、可评估的"。评估和评价是持续进行的并互补的，项目的原始设计在头脑中持续，项目的目标不仅仅是知识和技能的发展，还是"机构和所服务的社区的能力建设"（p.14）。

可持续性的领导力教育项目有来自其他机构的参与和支持，包括其他教师、职工和学生的参与和支持。那些直接参与和没有直接参与的管理者，都大力支持领导力教育项目。可持续性的领导力项目并不依赖于一个英雄，而依赖于一群忠诚的员工、教师、行政人员、学生和有着"丰富关系"的社区伙伴（Rue，1996，p.247）。

可持续性的项目也需要一个常变常新的战略计划作指导。战略计划创造了一个可持续性的结构,应用高等教育标准促进委员会、国际领导力协会和全美校园活动协会所列举出的核心原则和标准,它能非常迅速地回应社会需求,并与正在进行的评估的标准相一致。可持续性项目注重人的传承,如对学生、教师和职工的招募。它也有助于热情和忠诚的传承。可持续性项目必须立即处理、引导和解决冲突。严重的冲突会破坏项目的效果,对学生学习和教职工的忠诚度都有害。最后,项目必须与机构使命紧密联系在一起。当资源变得紧张时,无效的项目和与机构使命最不相关的项目最有可能被取消。

# 四、小结

正如其他文献所言,国家的高等教育预算变得很紧张,但同时又呼吁对政府进行问责(Casternell, 2007)。然而,困难时期比任何时候都需要领导力。卡斯奈尔(Casenell, 2007)认为,"平等的核心价值观、经济增长以及世界领导力都处在危险当中"(p. 248)。1999 年,齐默尔曼-奥斯特尔和伯克哈特写道:"领导者的需求将持续增加,因为他们是建立文化间的桥梁,也是有效地进行技术变革的领导者"(p. 68)。事情一直都是如此,领导力的研究一直强调领导力可以被学习。领导力教育项目为那些认为和未曾认为自己是潜在的领导者或积极公民的人获得自信、能力和灵感提供机会。如果世界需要繁荣,甚至想要在 21 世纪生存下去,这些特点都是必备的。已有很多证据表明必须建立机构内或机构间的伙伴关系来应对目前和未来的挑战(Castenell, 2007;Kezar 和 Lester, 2009;Owen, 2008)。当然,成立满足学习结果需求的领导力教育项目可以为此提供帮助。将领导力教育变为现实需要是一个变革过程,需要将机构类型、文化和领导力实践以及人口特征考虑在内,并消除阻碍项目发展的障碍。

 **补充资源**

要获得其他可以指导项目发展、有关国际标准和指导方针的资源,可以参见高等教育标准促进委员会(www. cas. edu)和美国领导力协会(www. ila-net. org/communities/LC/Guidelines, htm)网站。美国校园活动协会也有很多有用的资源,包括《大学生领导者竞争力指南》(Compe-tency Guide for College Student Leaders)(www. naca. org)和目前的《项目》(Programming)杂志,这一杂志发表了各种类型机构的、有关领导力教育的实践性文章。全美领导力项目数据库也有很多有用的资源(www. nclp. umd. edu)。

#  参考文献

Arminio, J. L., Carter, S., Jones, S. E., Kruger, K., Lucas, N., Washington, J.... Scott, A. (2000). Leadership experiences of students of color. *NASPA Journal*, *37*, 496—510.

Birnbaum, R. (1988). *How college work*. San Francisco, CA: Jossey-Bass.

Birnbaum, R. (2000). *Management fads in higher education: Where they come from, what they do, why they fail*. San Francisco, CA: Jossey-Bass.

Boatman, S. A. (1999). The leadership audit: A process to enhance the development of student leadership. *NASPA Journal*, *37*, 325—336.

Bucco, D. A., & Busch, J. A. (1996). Starting a service-learning program. In B. Jacoby (Ed.), *Service learning in higher education: Concepts and practices* (pp. 231—245). San Francisco, CA: Jossey-Bass.

Burkhardt, J. C., & Zimmerman-Oster, K. (1999). How does the richest, most widely educated nation prepare leaders for its future? *Proteus*, *16*(2), 9—12.

Carnegie Foundation. (2009). *Undergraduate instructional program description*. Retrieved from www. carnegiefoundation. org/classifications/index. asp? key + 786.

Castenell, L. A., Jr. (2007). Historically Black colleges and universities: An opportunity for leadership in the twenty-first century. In M. C. Brown II (Ed.), *Still not equal: Expanding educational opportunity in society* (pp. 245—258). New York, NY: Peter Lang.

Cohen, A. M., & Brawer, E B. (1996). *The American community college* (3rd ed.). San Francisco, CA: Jossey-Bass.

Collins, J. (2001). *Good to great: Why some companies make the leap and others don't*. New York, NY: Collins Business.

Council for the Advancement of Standards in Higher Education [CAS]. (2009). *CAS professional standards for higher education* (6th ed.). Washington, DC: Author.

Cross, B. (2006). Motivating community college students to serve on program boards. *Programming*, *38*(8), 50—53.

.Dugan, J. P. , & Komives, S. R. (2007). *Developing leadership capacity in college students*: *Findings from a national study*. A Report from the Multi-Institutional Study of Leadership. College Park, MD: National Clearinghouse for Leadership Programs.

Dugan, J. P. , & Owen, J. E. (2007). Practicing what we preach: An institutional approach to student leadership development. *Leadership Exchange*, 5(2),20—23.

Durden, W. (November, 2009). *The revolution is not over: Achieving the "Big Idea" in Education*. Speech presented at the Annual Conference of the Mediterranean Association of Independent Schools, Florence, Italy.

Enser, J. (2006, April). Simple ways to attract commuter students to programs. *Programming*, *38*(8), 46—49.

Fleming, J. (1984). *Blacks in college*. San Francisco, CA: Jossey-Bass.

Fullan, M. (2001). *Leading in a culture of change*. San Francisco,CA: Jossey-Bass.

Harper, S. R. , & Quaye, S. R. (2007). Student organizations as venues for Black identity expression and development among African American male student leaders. *Journal of College Student Development*, *48*, 127—144.

Hirt, J. B. (2006). *Where you work matters*. Lanham, MD. : University Press of America.

Hirt, J. B. , Amelink, C. T. , McFeeters, B. B. , & Strayhorn, T. L. (2008). A system of othermothering: Student affairs administrators' perceptions of relationships with students at historically Black colleges. *NASPA Journal*, *45*, 210—236.

International Leadership Association [ILA]. (2009). *Guiding questions: Guidelines for leadership education programs*. Retrieved from www. ila-net. org/communities/LC/Guidelines. htm.

Kezar, A. J. , & Lester, J. (2009). *Organizing higher education for collaboration: A guide for campus leaders*. San Francisco, CA: Jossey-Bass.

Komives, S. R. , & Dugan, J. P. (2010). Contemporary leadership theories. In R. A. Couto (Ed. ), *Political and civic leadership: A reference handbook* (pp. 111—120). Thousand Oaks, CA: Sage.

Kotter, J. P. (1996). *Leading change*. Boston, MA: Harvard Business School Press.

Lincoln University. (2009). *University mission statement*. Retrieved from www. lincoln. edu/president/stratplanmission. htm.

Lyons, N. M. (2005b). The challenge of establishing mentoring programs at two-year and community colleges. *Programming*, *37*(8), 44—48.

Lyons, N. M. (2005b). Recruitment and retention strategies: Keeping student involved on a community college campus. *Programming*, *37*(8), 56—58.

Massa, R. J., & Parker, A. S. (n.d.). *The Dickinson College story: Planning, action, and results*. Unpublished paper.

National Association for Campus Activities [NACA]. (2009, March). Competency guide for college student leaders. *Programming*, 21—25.

Nelson, T. F., Bridges, B. K., Morelon-Quainoo, C. L., Williams, J. M., & Holmes, M. S. (2007). African American and Hispanic student engagement at minority serving and predominately White institutions. *Journal of College Student Development*, *48*, 39—56.

Owen, J. E. (2008). *Towards an empirical typology of collegiate leadership development programs: Examining effects on student self-efficacy and leadership for social change (doctoral dissertation)*. Retrieved from Dissertations and Theses (ProQuest). (AAT 3324779)

Palmer, R., & Gasman, M. (2008). "It takes a village to raise a child": The role of social capital in promoting academic success for African American men at a Black college. *Journal of College Student Development*, *49*, 52—67.

Pascarella, E. T., & Terenzini, P. T. (2005). *How college affects students: A third decade of research*. San Francisco, CA: Jossey-Bass.

Preskill, S., & Brookfield, S. D. (2009). *Learning as a way of learning*. San Francisco, CA: Jossey-Bass.

Renn, K. A. (2007). LGBT student leaders and queer activists: Identities of lesbian, gay, bisexual, transgender, and queer identified college student leaders and activists. *Journal of College Student Development*, *48*, 311—328.

Renn, K. A., & Bilodeau, B. L. (2005). Leadership identity development among lesbian, gay, bisexual, and transgender student leaders. *NASPA Journal*, *42*, 342—367.

Rue, P. (1996). Administering successful service-learning programs. In B. Jacoby (Ed.), *Service-learning in higher education* (pp. 246—275). San Francisco, CA: Jossey-Bass.

Sanoff, A. P. (2006, June 2). Academic entrepreneurship at Dickinson College. *Chronicle of Higher Education*. Retrieved from http://chronicle.com/weekly/v52/i39/39b01501.htm.

Seifert, T. A., Drummond, J., & Pascarella, E. T. (2006). African-American students' experiences of good practices: A comparison of institutional type. *Journal of College Student Development*, *47*, 185—205.

Senge, P., Scharmer, C. O., Jaworski, J., & Flowers, B. S. (2008). *Presence: Human purpose and the field of the future*. New York, NY: Broadway Business.

Smith, E. D. (2003). The assessment of citizen leadership: College and beyond. *Concepts & Connection*, *11*(3), 1, 4—5.

Strange, C. C., & Banning, J. H. (2001). *Educating by design: Creating campus learning environments that work*. San Francisco, CA: Jossey-Bass.

Tomsho, L. A. (2005). Leadership 101: Developing a student leadership program on the community college campus. *Programming*, *37*(8), 39—43.

University of Maryland. (2006). *Mission and goals statement*. Retrieved from www. provost. umd. edu/Strategic_Planning/MissionAndGoals2006. pdf.

University of Portland. (2010). *About UP*: Mission. Retrieved from www. up. edu/about /default. aspx? cid = 8263&pid = 3168.

Whitt, E. J., Nesheim, B. E., Guentzel, M. J., Kellogg, A. H., McDonald, W. M., & Wells, C. A. (2008). "Principles of good practice" for academic and student affairs partnership programs. *Journal of College Student Development*, *49*,235—249.

Zimmerman-Oster, K., & Burkhardt, J. C. (1999). *Leadership in the making: Impact and insights from the leadership development programs in U. S. colleges and universities*. Battle Creek, MI: W. K. Kellogg Foundation.

# 第七章

# 领导力项目全纳设计

阿特·木尼和约翰·杜根

　　领导力项目的全纳设计（Inclusive Design）希望认可、联合和吸引被边缘化的大学生群体参与其中。这个项目设计对领导力项目的进一步发展至关重要，只有当领导力教育工作者们有意行动时，项目设计才会产生。亚历山大·艾斯丁和海伦·艾斯丁（Astin 和 Astin，2000）认为："学生将不知不觉地从有意、无意的教育经验中产生有关领导力的概念和想法"（p. vi）。这表明领导力项目如何设计以及领导力项目内容实质对塑造学生的领导力认知很重要。因此，领导力教育工作者们必须处理人员间的障碍，且不能参与其中。系统障碍问题会影响到整个学校，这些因素凑在一起也可能会无意地影响领导力的发展。对问题的关注与领导力项目内容同等重要。因此，学会探究困难的项目设计问题非常关键。例如，什么样的项目类型优先促进学生领导力的发展？它们反映了更多的传统、专业和成就导向的理论观点吗？领导力项目的传递和服务分离、边缘化或排挤了特殊学生吗？领导力教育工作者是怎样支持和拥护领导力发展中被边缘化的声音和想法的？

　　整合全纳设计需要检视权力、特权和可行性问题。然而，这些都是很棘手的问题，它们通常没有被考虑在领导力研究的范围内，或者与过去的某一个陌生理论相联系，而当代的领导力理论采用了可信赖性、相互性和社会责任性原则。这一推测反映了两个问题，它们经常干扰领导力教育工作者们批判性地评估项目和服务的能力。首先，过去"陌生的"理论其实并没有那么陌生，领导力理论的实践运用与管理和个人发展更直接联系在一起，成就导向与传统理论联系在一起，而不是与强调过程导向、团队发展和社会公正的当代理论联系在一起。其次，尽管人们普遍认为跨文化和多样性是学生事务与生俱来的价值观（El-Khaws，2003；Hurtado、

Milem、Clayton-Pedersen 和 Allen，1999），但是在高等教育中，跨文化和多样性通常被认为属于某个专职部门的职责，而不是每个人共同的责任，这降低了领导力教育工作者承担个人责任的程度，也限制了他们为跨文化能力做准备的程度。对一个希望参与全纳设计的领导力项目评估的人而言，跨文化能力是一种必备的素质。

因此，尽管社会正义作为一种关键的领导力理论要素（Astin 和 Astin，2000；Komives，Wagner 和同事，2009；Preskill 和 Brookfield，2009），但证据表明文化和环境在领导力发展过程中起着重要作用（Dugan 和 Komives，2007；Kezar，2009）。学生可以接受领导力项目设计和传递过程中的内隐信息（Astin 和 Astin，2000；Cress、Astin、Zimmerman-Oster 和 Burkhardt，2001）。教育工作者缺乏一种成熟的方法来评估项目和服务的全纳性。本章通过采纳普遍设计原则，对全纳领导力项目设计的各个方面进行探究，对领导力教育工作者怎样检视自身、怎样检视项目内容提出建议。在学生将领导力作为一种手段的前提下，打开塑造大学生领导力发展的内隐和外显的关键之门。

 **一、什么是全纳设计？**

就本章目的而言，全纳设计指的是有目的地创建项目和服务，这些项目和服务认可社会身份在塑造学生的认知、理解、参与以及大学里的学习方式方面的作用。例如，低收入家庭的学生在高等教育中的身份如何形成？低收入家庭的学生由于经济条件的限制，可能待在校园里的时间少，工作时间多。但是，假设他们没有时间，且对领导力的发展不感兴趣，这样的环境是否也创造了一种社会身份？不去挑战这种想法或检查系统的问题，就是我们的失败。

全纳设计的定义起源于建筑学领域中普遍设计的原则，后来被运用到了高等教育中作为支持特殊人群活动的一部分（Pliner 和 Johnson，2004）。这些原则进一步扩展到广泛的高等教育的教学实践中，并在概念上与社会公正和跨文化教育相联系（Hackman，2008；Pliner 和 Johnson，2004）。其核心是期望创造一种全纳的学习环境，它能满足各类大学生的复杂需求。普遍设计原则通过两种关键方式强化领导发展项目。首先，从专业术语的角度来讲，"普遍"设计认为只存在一种正确的项目设计的方法，或者存在一种创建项目的"适合所有人"的方法（Higbee 和 Barajas，2007），这种想法是很危险的。这些假设代表了全纳原则的对立面。其次，从个人观点看,很多普遍设计的文献资料强调结构设计特征的可行性(Hackman,2008;Pliner 和 Johnson,2004),却忽视了内隐的、具有象征意义的信息,这类信息在系统层面运作,是社会建构的结果。如果内隐信息并不比结构设计特征更重要的话,它们至少与结构设计特征一样可能塑造学生参与其中的意识,并充当实际参与的先行者。

##  二、什么是领导力发展背景下的全纳设计?

引用希格比(Higbee,2008)作品中的说法,他将普遍教学设计原则与学生发展项目和服务联系在一起。这里我们提供了七个原则,它们与大学生领导力发展项目中具体的全纳问题直接相关。

1. 创造温馨的场所:认可宽松的校园氛围,并在项目层次上努力创造受所有学生都欢迎的场所。考虑到"领导力"这一术语与消极的社会历史性(如压迫、权力使用和精英主义)相联系,它可能会疏远很多人,这也许意味着一种独特的挑战。

2. 丰富交流途径:拓展推广项目的方法,尽可能多招募各种领域的学生。包括区分推广资料,理解学生参与的多种原因,并思考项目中的交流怎样才能被接受。

3. 提供平等的成长机会:为校园中各类学生参与各种项目的可能性提供机会。需要询问学生可能会遇到什么障碍(如时间、地点、形式以及责任要求),限制了他们参与项目和服务的能力。

4. 内容多样化:承认领导力研究中内容多样化的存在,尝试让学生接触各种观点。强调多样化的领导力发展、全球思想、非西方哲学以及跨文化的思想和应用。

5. 提供自然的学习支持:承认社会身份在塑造学生领导力学习需求方面的作用。领导力项目的实施需要应对多种学习类型和教育需求,包括项目的定位和对特殊学生群体的服务。

6. 促进交流:以实证证据为基础,证明对学生领导力发展最大的影响来自于同龄人之间跨越差异性的交流。这包括将这一工作渗入课程或合作课程当中。此外,这表明领导力本质上是一个团队合作的过程,团队合作过程中技术的发展与个人发展同样重要。

7. 考虑内隐信息:探究人与人之间的阻碍和系统的阻碍,领导力项目的设计、传递以及内容方法塑造了领导力的认知,即使是对那些没有参与到正式项目和服务中的学生而言也是这样。从持续性评估中得出的证据将用来改变项目设计。

这些原则跨越了三个关键领域:个人因素、领导力项目内容的性质和领导力项目设计的过程。三个主要领域中的每一个原则都与评估项目的全纳性相关,表7.1提供了领导力教育工作者可能会问到的、与之相关的关键问题。

表7.1 领导力教育中的全纳设计原则和引导性问题

| 原则 | 个人因素 | 领导力项目内容的性质 | 领导力项目设计的过程 |
|---|---|---|---|
| 创造温馨空间 | 就谁应该参与和为项目服务而言,我应该提出什么样的内在的和外在的信息?<br>当学生表达不满或进行批评时,我应该开除他们吗? | "领导力"是以让很多学生参与其中的方式定义的吗?<br>项目内容可能通过什么方式传递有关学生贡献的价值的信息? | 谁参与到领导力项目中了?学生们将自己看成是促进者或出席者了吗?<br>我因允许其他人推动领导力项目的发展而感到舒适吗? |
| 交流路径多样化 | 我是领导力项目中最开始时的那种"表情"吗?如果是的话,那怎么影响学生的参与了?<br>我应该在多大程度上直接联系学生群体? | 创造性的内容里包括很多有关学生、职工和教师的吗?<br>分享了什么内容?它可能在多大程度上反映多样性的观点? | 项目营销最初交流参与性的社会利益了吗?<br>营销桥梁的系统障碍阻碍交流了吗? |
| 提供平等的成长机会 | 我的个人特权是怎样影响项目的结构设计的?<br>我应该提供何种程度的帮助,以让特殊学生可以参与到项目和服务中来? | 项目内容最开始是强调职位领导者的问题吗?<br>多大程度上意识到了高等教育的外部经验对塑造学生领导力学习的价值? | 项目经常在同时提供,这限制了人们的参与吗?<br>参与中有没有实际性的收费限制了参与的机会? |
| 内容多样化 | 我对非西方化的领导力方式有多少了解?<br>我对与领导力相关的消极的社会历史的含义了解到什么程度了? | 大部分领导力的内容意味着个人文化的设想吗?<br>在领导力过程中,内容是怎样说明权力的动态性和压迫性的? | 与多种观点相关的内容限制了单个会议或项目的大小吗?<br>多大程度上参与者或促进者对与多种观点相关的内容的传输是必要的? |

| 原则 | 个人因素 | 领导力项目内容的性质 | 领导力项目设计的过程 |
| --- | --- | --- | --- |
| 提供自然的学习支持 | 我认为的"一个模子适合所有人"的教育领导力模式到什么程度了，偏见可能告诉我们什么？<br>有没有我不了解的或参与项目很不适应的学生？ | 内容反映了特殊学生群体的独特需求了吗？<br>学生看到了自己社会身份的代表呈现在内容中了吗？ | 教育项目过度依赖具体教学，将偏见转移到特殊的学习风格上了吗？<br>学生有独特的机会参与到以社会身份为目标的领导力项目中吗？ |
| 促进交流 | 在设计和促进不同问题的对话时，我感觉如何？<br>我是怎样有目的地发展有关跨文化的技能以促进我工作的？ | 内容促进怎样从事冲突或差异问题的学习的？<br>内容中的差异性是怎样定义的？某个团体在与其他团体的关系中"正常化"了吗？ | 学生多大程度上参与到个体和群体的领导力发展中？<br>代表非主导性团体的学生对差异性的讨论是必要的吗？ |
| 考虑内隐的信息 | 我跨文化的能力是怎样设计学生参与领导力项目与服务的？<br>我的行动增强领导力的观念与可能边缘化了的权威结构间的联系了吗？ | 内容是完美的吗？转化为多样化的准则了吗？<br>语言被运用到项目中了吗？ | 未参与领导力项目的学生是怎样理解参与项目的学生的？有精英主义的理念吗？项目意味着领导力是只有挑选出来的少数人才具备的吗？ |

## 三、需要特别考虑的因素

领导力发展项目中全纳设计原则的运用需要进一步考虑一系列独特的因素。这些考虑与三个应用领域有关（个人因素、领导力项目内容的本质和领导力项目设计的过程）。它们代表了与领导力教育相关的关键问题，本章接下来将继续对这三个方面进行详细探究。

## （一）个人因素

在与多样性或正义相关的领域中变革时，人们犯的最普遍的一个错误是：未能意识到工作开始于家里。玛雅·安杰卢（Maya Angelou）很好地总结了这一点："你不行动，工作就不会开始"（引自 Brower 和 Balch，2005，p. 39）。这几个字凝练了一个复杂的理念：领导力教育工作者们必须在他们希望塑造全纳领导力项目之前，把自己历练为一个专业人士。为满足这一发展需求，需要考虑两方面的问题：跨文化能力和同盟发展。

跨文化能力（Multicultural competence）指的是"在与文化上和自己有差异的人一起工作时所需要的意识、知识和技能"（Pope、Reynolds 和 Mueller，2004，p. 13）。发展跨文化能力是一个终身的过程，它开始于你意识的觉醒。这一意识代表了理解和接受的最低水平，也具有欺骗性和复杂性，需要专业人士打破复杂的人际关系网，让我们保持平静，并增强家庭、朋友、学校、媒体以及其他事物间的联系。要打破僵局以意识到那些与自己文化不同的人的故事是很难的，它最早开始于人际关系建立（Johnson，2006；Pope 等，2004）。

洞察力产生于丰富的知识。但是，认为知识是学习唯一中心的观念是错误的。领导力教育工作者必须清楚在与其他人交往的关系中，自己是谁。社会身份承担着社会固定的、偏见的思维模式和行为，它们阻碍了全纳设计的发展（Bell、Love、Washington 和 Weinstein，2007）。在他人的帮助下，领导力教育工作者必须进行深刻的自我反思，并提出问题。例如，当我与和我有着不同文化的人交流时，我的设想是什么？我可能询问动机吗？我的非语言交流的反应是什么？由于 90% 的交流都是非语言的，我在与其他人的交流中怎样看、说、坐、走路以及生活，常常超出了我们曾经的想象（Bratanic，2007）。

继续发展和凝聚跨文化能力都是困难的，因为没有人教授成功驾驭它们的技巧。例如，作为男性，本章的作者学会了家长制的交流方式，但学习一系列新技能需要刻意的安排，这直接来自于女性和变性人的意识和知识。不幸的是，一系列的技能需要具备跨文化能力，但它们并不具备。随着多样性和正义的增加，这一状况也会发生改变。

朝着跨文化能力迈进的过程是非常困难的，但是它为我们真诚地学习他人的观点打开了一扇门。在思考领导力理论的背景时，技能需要反映出深刻的自我反思，这是很多当代理论的中心思想（如可信的领导力、社会责任领导力）。尽管这似乎是一个诗意的结果，但它会因为考虑不周全而失败。获得"意识、知识和技能"可能帮助我们在一个多样化的世界里航行，但是它们没有办法对阶层组织产生一点改变。在全纳领导力项目的设计中，我们不仅要改变人，还要改变体制。因此，同盟的发展是关键。

理解同盟的先决条件是明确特权团体和被压迫团体。那些拥有特权的人处于支配地位或处于团体的核心地位,他们制定了全社会都应遵守的规则。他们的社会属性成为每一个人所渴望的品质,因此它们传递着系统的和可持续的回报。这些回报只能通过牺牲他人来获得。那些被压迫的或处于团体外的人并不适合"规则"的定义,因此,造成了很多不合理的损失和消极的结果(Hardiman 和 Jackson,2007)。

同盟是统治团体中的成员,但同盟倡导正义,反对特权。例如,一个白人反对种族主义,或一个异性恋者致力于消除对同性恋或双性恋的歧视(Broido,2000;Munin,2008)。对我们所有高等教育领域中的人而言,我们的教育者身份给予了我们一种特权的社会身份。不论是学术地位还是学术权力,我们都是统治阶级中的一员,我们必须决定我们是要成立同盟,还是仅仅保持现有状态。

作为一个研究领域,同盟很大程度上是欠发展的。但是,有些框架为此发展进程提供了一些想法(Broido,2000;Edwards,2006;Munin,2008;Reason 和 Davis,2005)。跨文化能力的发展也类似,同盟致力于获得一些信息,这些信息形成了一个完整的特权和压迫图景。但是,只有当这些新信息在与他人分享而具有意义的时候,这个步骤才重要。共同体是非常重要的,因为一个同盟不可能单独存在。同时,同盟者们致力于发展一种真正的同理心,这种同理心能积极地理解他人的压迫和个人特权。它扩大了同盟者参与社会的能力,也是真诚领导力至关重要的一个方面。真诚领导力帮助个体理解人与人之间的相互依赖性。最后,同盟者按自己的信念行事。不管是为无家可归的人建立避难所而抗争,还是倡导为学习有障碍的人服务,同盟者都与那些拥有不劳而获的社会回报的社会体系相对立(Broido,2000;Munin,2008)。

全纳领导力项目由那些一直积极参与跨文化能力提升的同盟者所创造、促进和维持。这些个体开始日常性的思考自己工作背景下的七个全纳项目设计的原则。同盟者知道他们并没有所有的答案,并一直在寻求建议、想法和与他人的合作。

## ■ (二)领导力项目内容的本质

尽管全纳项目设计的过程以个人思考和探究为起点,但是也需要对领导力的历史非常了解。领导力的历史在塑造个人对现象的认知方面有很大影响。对很多人而言,"领导力"这一术语可能引申出对权力的滥用、职位身份或精英主义有关的消极解释。本小节探讨了对领导力发展项目和服务中全纳设计原则运用的独特思考，它以对术语的社会历史的运用和与领导力相关的、享有当代特权的人和事为基础。

正如本书第二章中描述的，领导力理论的发展是从工业模式到当代模式复杂进程的一种反映。工业模式关注权力、生产力、职位和管理，而当代模式强调个人发展、社会责任、过程导向和社会公平（Komives 和 Dugan，2010；Northouse，2010；Rost，1991）。尽管当代领导力理念更好地反映了一种道德关怀、互惠性和共同利益，但领导力只是一个饱含社会历史含义的名词。这一名词有一种继承性，它对一些人而言意味着不平等的对待、边缘化和不确定性。这些都与早期的理论相关（如伟人理论、特质理论）。早期理论追寻是谁和什么事物构成了领导力的定义，它将女性和有色人种排斥在话语权之外，或者完全忽视他们。执著地关注有地位的领导者和权威的早期理论同样造成了潜在的负面影响。如果领导力与职位相关，那些升到最受人尊敬的职位的人（如被选举的官员、职员和商业领导者）致力于限制个体的权利、压迫人民，很少展现其他社会身份，同时违背了种族原则，难怪"领导"和"领导力"两个术语会产生消极的意义。

想要进一步增强对领导力的认识可能需要了解当代理论构成的本质。一般而言，当代理论反映了一种新的领导力范式，并且与工业理论背道而驰。然而，大部分研究领导力的学者和研究者都不承认当代理论（如过程导向、合作、系统观点和共享责任）的关键特征已经存在于女性和有色人种的领导力方法中很久了。一方面不承认传统的权力和控制的工业价值，同时又误解了当代理论的泛起。实践全纳设计原则的项目直接通过教育内容和项目传授方法来解决这些问题。关键是要懂得当代理论的桥梁作用，它将那些可能认为"领导力"一词与自己很遥远的人联系在了一起。但是，只有直接强调领导力的社会历史性质，并且所招募的人员不同意领导力术语本质上是积极的时候，才可能搭建这些桥梁。

有关领导力项目内容的消极认识也会受到与领导力相关的人和事的影响。领导力教育工作者必须思考项目和服务可能被视为对精英的服务，或参与"抛光钻石"，或为选出来的群体和有限的学生群体服务。如果项目很大程度上依赖于参与者的自我选择，而不实践多样化交流途径的全纳设计原则和为学习提供正常的支持，那么这些认知就会偏离。

领导力在无数的场合产生，它贯穿于学生高等教育学习阶段的始终。但是，大学中只有一段关键经历和领导力发展相关,也是非常正常的。这些经历典型地反映了一个职位角色或重要的领导力办公室所支持的项目,既定规范以外的所有事物都被排除在外。这种动态与上述提到的权力或压迫非常相似。从某种方法上看,已经创造出一种特权阶级的领导力机会,它包括体育运动、自治团体、居民互助、学生社团、俱乐部和组织中所选举的职位角色。正式领导力项目有时候还包括学生参与项目,如新兴的领导力务虚会、领导力证书项目以及同龄教育者角色扮演。但是,领导力项目多大程度上会服务同样的学生?领导力发展以少数被选出来的学生为主导这一观念是否永恒?

领导力发展不应该是一个特权实体,因为学习的机会无疑存在于很多学生生活的场所。担任快餐店助理经理的学生积极参与他们的宗教组织,或与教师一起进行社区行动研究都是对领导力的学习。关键是领导力教育工作者们与学生一起行动,作为他们领导力学习发展的指导者和解释者。这些年,学生与管理者的事务表明,高等教育中大部分学生的学习都发生在课堂以外。这是事实,但是,在设计未来领导力机会的时候,专业人士必须超越这一理念,跨出第一步。领导力教育工作者需要接受这个事实,大部分学习都发生在课堂之外,很多学习也发生在高等教育之外。这并不意味着大学没有给学生学习和发展的地方,领导力项目必须放弃特权思想,因为这种特权思想将高等教育置于学生生活的中心,其他事物也都围绕着它转。相反,一个对学生发展过程起补充作用的领导力项目,更可能满足多样化的学生群体的需求。

## ■■ (三)领导力项目设计的过程

全纳领导力项目的转变要求我们有目的地重新设计项目方法。正如一句谚语所说:"如果你经常做你已经做过的事情,你也将得到你过去常常得到的东西。"本小节对项目和服务的预评估、学习结果的预设、项目推广、建构与传递以及事后评估的实际执行都进行了广泛的思考。

1. 预评估

学校怎样发展全纳领导力项目呢?第一步是承认我们对此没有答案。正如前面所提到的,如果我们成功了,那我们肯定曾经做过。然而,跟随弗莱雷(1970)谦卑的本性可以让我们从相信领导力教育工作者一定知道所有答案的压力中解脱出来。弗莱雷是一个教育家和理论家,他最有名的一本书叫《被压迫者教育学》(*Ped-*

*agogy of the Oppressed*）。书中他叙述了自己在世界各地演讲教育和政治的经历,每次都得到类似的反应。听众希望弗莱雷给予他们智慧,这与他的操作模式相违背。他反对掌权的教育工作者们知晓所有的知识或盯着所有的事务。相反,他认为教育工作者应与学生共同设计教育的或发展的方向（Freire,1970）。

在过去的十年里,学生与教育工作者们共同努力以彻底变革评估实践。根据其他学术性学科的启示,教育领域已经能理解评估的必要性。没有努力成长的痛苦,是不可能创建评估文化的。教育评估很早就被证明是值得投入的资源。这一领域为我们开展评估实践提供了稳定的基础。凯琳、华尔、安德赫尔和邓吉（Keeling、Wall、Underhile 和 Dungy,2008）写了一本书,名叫《评估再思考:学生成功的制度有效性》（Assessment Reconsidered:Institutional Effectiveness for Student Success）。这本书将哲学、策略、执行和方法描写得很好,并涉及非形成性评价和严格评估。关于领导力项目评价的更多内容在本书第八章中将会讲到,但是本章节中呈现的全纳设计的七项原则为思考预评估提供了一个重要的角度。需要注意以下三个方面:

● 了解你的环境。理解机构的类型至关重要。在机构中一个人既要进行顾全大局式的工作,也要按照自己的意愿工作。预评估应该成为一个机构和学生群体的自我功能,最重要的是,它应该打开学生领导力的洞察力之门。（创造温馨场所,思考内隐的信息）

● 分解数据。检测结果和进行评估是项目设计的关键。但是,当数据在整体上被检测的时候,那些没有代表性的学生群体的声音就被隐藏了起来。预评估应该允许教育工作者检测学生群体间的差异性,并允许项目修改特殊团体的需求。（提供自然的学习支持）

● 直接询问学生并理解他们的需求。项目设计经常成为一种复制其他机构"最佳实践"的过程,或成为一种制造学生需求的设想过程。直接询问学生有关领导力发展的经历和需求,直接向他们展示评估数据,以明确他们同意的程度和他们对实践含义的想法。最重要的是,与他们交谈。思考一下各类学生群体的参与度,与那些没有参与到项目中的学生积极互动,以了解他们对项目的理解和独特的学习需求。（提供自然的学习支持,思考内隐的信息）

2. 学习结果

明确学习结果与领导力项目和服务相一致是设计过程的一个重要组成部分,

这一点将在第八章进行深入探究。很多优良资源都发生在与大学经验相关的、关键的学习组织中(如全美高校联盟,2007;高等教育标准促进委员会,2009;全美学生事务管理工作者协会和美国高校学生事务工作人员协会,2004),这些都可以很容易适应领导力项目和服务的运用。但是,当从一个全纳设计的角度去检测学习结果的创新性的时候,会有很多独特的思考:

● 与全纳内容相关的结果。领导力学习结果应该认识到领导力理论中权力、特权和压迫的作用,同时领导力学习结果应提供接触多样性和非西方化观点的机会。(多样化的内容)

● 与同盟发展相关的结果。发展同盟技巧是一项复杂的任务,它将权力和阶层制度的认知理解融为一体,它是对工作深情投入的一种由衷的赞赏,也是引领复杂对话、认同有形的目标并达成最终目标的一种受人称赞的技巧。社会变革和社会责任领导力需要与同盟相关的技巧,这常常也是其他类型的教育项目考虑的重点。领导力的发展应该将这一结果作为工作的中心。(多样化的内容,促进交流)

3. 项目推广

与通常说法恰恰相反,你成立了,并不意味着他们就来了。这一说法对正式领导力项目中被边缘化的学生群体的参与率而言尤为正确。成立领导力项目已经是非常了不起的,但是它仍然需要努力接纳正在成长的、多样化的大学生群体。因此,应该将市场推广到标准化实践以外,并采用新的方法。可以考虑以下三个方面:

● 避免"一种模式适合所有人"的方法。领导力项目的推广不能假定学生参与的基本动机都是相同的。项目应该考虑学生可能参与其中的多样性因素,从而修改推广方式以适应该因素的变化。例如,成人学生可能对社会福利没什么兴趣,但他们很关心实践技能的获得。(交流方式多样化)

● 承认信任随着时间而建立。领导力项目和与其合作的教育工作者可能需要确定和重新设计有关领导力性质的社会历史认知,但是他们不应该认为学生会马上接受这些声明。建立信任需要时间,领导力教育工作者们必须为跨出第一步负起责任。(创造温馨的场所,交流方式多样化,思考内隐的信息)

● 运用可选择的模式。正如应该改变推广信息以满足最广泛的学生需求,推广模式也应该作出相应的改变。就可接近的机会而言,应该思考信息是怎样传递的,某种程度上讲它可能从未传递给某些学生群体。例如,如果印刷品推广是唯一方式的话,怎么可能让视觉受损的学生了解这一项目呢?类似的,如果电子传播是主要的方式,那些经济条件差的学生如果缺乏接触计算机的机会的话,他们又怎么会受到影响呢?(交流方式多样化,提供平等的成长机会,思考内隐的信息)

### 4. 建构和传递

全纳领导力项目的结构和传递必须运用批判主义教育学思想,将旧的理念与新的方法联系起来。这种框架认为,在这个由特权、压迫和阶层制度统治的世界里,全纳教育对"通过建构特殊的条件,教育工作者和学生可以批判性地思考知识是怎样产生和转化的"同样有效(Giroux,2002,p.233)。这是一项人道主义事业,它扩展了我们的知识,也是对学生经历的欣赏(Monchinski,2008)。批判主义教育学的运用再次依赖保罗·弗莱雷(1970)的哲学,它是约翰·杜威(1938)思想的延续。

杜威(1938)的教育观来源于他的信仰:学生必须被培养成为世界的民主公民。这要求学生必须学习过时的教育模式外的东西,过时的教育模式把学生隔离在学术高墙之外,仅仅让他们学习所谓的"经典"。这种教育只让一种思维永存,并只让一种学生成功。杜威理解这是一个日益复杂的世界,他推动教育朝着培养"学生感兴趣的经历和对这些经历的问题的(洞察力)"方向发展(Ehrlich,1997,p.226),学生的教育经历可以拓宽他们的视野,并帮助他们发展技能,以驾驭源自于成长中的问题。

弗莱雷(1970)的作品为这种教育框架增加了浓墨重彩的一笔。学生必须加入到一个平等的活动领域。这不仅意味着学生间的平等,而且学生与教师之间也是平等的关系。弗莱雷反对"银行式"的教育心态,因为这种观点认为学生进入学校仅仅是从教授那里填充信息而已。相反,弗莱雷认为就像一个终身学习者一样,所有人共同探索教育。这对全纳领导力项目的培养而言尤为正确。在新的征程中,我们的学生必须成为伙伴——对结果负有同等责任的伙伴,这对我们所有人都是有益的。

结合杜威(1938)与弗莱雷(1970)的教育理念,领导力项目和服务的建构后传递应该具有全纳设计原则的特征,具体如下:

● **参与困难的对话。**目前的领导力模式强调社会公正与社会责任的重要性。给学生介绍这些概念时,要求学生检查社会结构并参与审议对话。项目应该包含对话的类型以作为他们建构的一部分,并训练学生团体间重要的对话技能。(促进

交流）

- 功能上的可接近性。领导力项目在形式上应该为学生呈现各种参与学习的机会。提供的项目应该根据时间来进行。应该变化责任层次，以保证那些在校园外有重要责任的学生的参与机会。（为成长提供平等的机会）

- 平衡个人和团体发展。领导力项目应该关注个体和团体能力的建构。虽然个人发展很重要，但团体发展过程允许从一个更为广泛而系统的角度来审视个人差异。对领导力而言，这不仅支持了更多有关领导力的集体方法，而且还为更深入探究个体身份开辟道路，同时也在团体水平上受到影响。（促进交流）

5. 事后评估

再次强调，评估的过程在本书第八章中将详细讲到。这里为预评估而提出的全纳设计的建议，对领导力项目和服务的事后评估起着重要作用。其他思考如下：

- 评估结果的使用。领导力教育工作者们应该思考评估数据是怎样建构校园中领导力发展的认知的，还应该思考这些认知是怎样随着学生群体而变化的。这包括接受批评和询问有关建构的批判性问题。鼓励教育工作者们直接对学生传递结果，并参与到有关教育工作者对项目和服务意义的讨论中，包括传递那些可能不讨人喜欢的结果。（创造温馨的场所、思考内隐的信息）

- 关键的自我反省。评估经常被认为是一种外在的评价他人、项目和服务的过程。全纳设计原则说明了持续的自我评估和反思的必要性。应鼓励领导力教育工作者们参与到自我评估中，并鼓励他们思考项目和服务的评估是怎样反映他们所需要的个人发展和专业发展的。（思考内隐的信息）

 # 四、长期考虑因素

只有当日益增长的全纳领导力项目和服务工作可以被维持并长期存在的时候，它才是有意义的。每个学校都很困难，你所在社区的需要将随着时间的变化而变化。在某些年，一个项目可能只需要简单地热一下身，但是通常情况下它需要一个彻底的检视。为了反思怎样维持全纳领导力项目，有以下三种想法：

1. 交流是关键。学术环境中最难克服的障碍是从组织机构中解脱出来。这些结构以"分离和征服"哲学为基础，如果工作被分离为很多小部分，每一部分追寻独立的目标，那么最终就可以达成机构更大的目标。然而，这种方法未能意识到教育不能独立完成。在这种情况下,全纳领导力项目需要同行跨越机构以维持这一工作。创造一个改良这一问题的共同体是关键。正如本书第六章所提到的,任务驱动是一种良好的工具,它有助于正式领导力项目的设计和执行。在创造一种任务驱动的时候,需要分配时间以完成共享的目的。统一共同的语言、共享的目标和学习目的,会让我们更容易分担维持共同体的事业责任。共同体还为明确地表达和增强全纳性在项目设计中的关键作用提供了一个平台。此外,与他人共事,为重大发现提供机会,这些发现与个人进步、全纳设计原则运用时的差距有关,或与理解多样化的学生需求时的盲点有关。

2. 这是马拉松比赛,而不是短跑。创造一个全纳领导力项目需要时间。把自己从一种心态中分离出来——生活被分割为整齐的学期和季度。它需要一个专注的专业人才,甚至是一群专业人才,树立尊严,建立合作,培养人际关系。这种人际关系需要一个可行的和可持续的全纳项目。然后,当项目成立的时候,这一实体需要高度的预防性的维持。系统不会维持项目的成功,但是人可以。

3. "每个人都想改变世界,但是没有人想改变自己"(引自 Toliver, 2004, p. 60)。列夫·托尔斯泰(Leo Tolstoy)写下的这些文字好像是在提醒我们必须重新思考这一主题。如果我们不挑战自我,继续成长和发展的话,我们就不能维持全纳领导力项目。全纳领导力项目不仅受到学生欢迎,而且还帮助各种学生成功。当有一天我们醒来,想着我们"成功了",这一天我们可能是最危险的。这是一个棘手而麻烦的工作,永远也不会结束。如果我们正确地完工了,我们就会犯错,有时候甚至犯很大的错。这让人很紧张,但是我们不能期待完美。画家萨尔瓦多·达利(Salvador Dali)写道:"不要害怕完美——你永远也不会达到完美"(引自 Ross, 2003, p.22)。他认为完美是不可得的,因此我们没有必要尝试。这不是宿命论。其实,它意味着一种自由的思想,一个从不可获得的目标中解放出来的思想。

将全纳设计的原则整合到领导力发展工作中并不是一个选择题,而是一种民族义务。我们所教内容的性质的核心是对社会公平负责。因此,如果我们不但希望推动社会公平,并希望领导力从支持性的价值观变为现实,追求我们自身的发展是我们的责任,也成为我们项目、服务和机构的责任。

 **补充资源**

接下来将探索领导力发展的交叉点、全纳设计、跨文化能力、同盟发展以及这些教育实践的运用。这既不意味着要很详尽也不意味着会扩展,而是对这些领域开始了更深入的探究。

## 参考书目

Adams, M. J., Bell, L. A., & Griffin, P. (2007). *Teaching for diversity and social justice* (2nd ed.). New York, NY: Routledge.

Higbee, J. L., & Goff, E. (2008). *Pedagogy and student services for institutional transformation: Implementing universal design in higher education.* Minneapolis, MN: University of Minnesota Press.

Pliner, S. M., & Johnson, J. R. (2004). Historical, theoretical, and foundational principles of universal instructional design in higher education. *Equity & Excellence in Education, 37*, 105—113.

Pope, R. L., Reynolds, A. L., & Mueller, J. A. (2004). *Multicultural competence in student affairs.* San Francisco, CA: Jossey-Bass.

Preskill, S., & Brookfield, S. D. (2008). *Learning as a way of leading: Lessons from the struggle for social justice.* San Francisco, CA: Jossey-Bass.

Reason, R. D., Broido, E. M., Davis, T. L., & Evans, N. J. (2005). *Developing social justice allies.* New Directions for Student Services, no. 110. San Francisco, CA: Jossey-Bass.

## 组织机构

ACPA Institute on Social Justice Ally Development: www.myacpa.org/pd/isja/

Social Justice Training Institute: www.sjti.org/

The Program on Intergroup Relations at: www.igr.umich.edu/

 **参考文献**

Association of American Colleges and Universities [AAC&U]. (2007). *College learning for the new global century.* Washington, DC: Author.

Astin, A. W., & Astin, H. S. (2000). *Leadership reconsidered: Engaging higher education in social change.* Battle Creek, MI: W. K. Kellogg Foundation.

Bell, L. A., Love, B. J., Washington, S., & Weinstein, G. (2007). Knowing ourselves as social justice educators. In M. Adams, L. A. Bell, & P. Griffin (Eds.), *Teaching for diversity and social justice* (2nd ed. , pp. 381—393). New York, NY: Routledge.

Bratanić M. (2007). Nonverbal communication as a factor in linguistic and cultural miscommuni-cation. In A. Esposito, M. Branti, E. Keller, & M. Marinaro(Eds. ), *Fundamentals of verbal and nonverbal communication and the biometric issue* ( pp. 82—91). Fairfax, VA: IOS Press.

Broido, E. M. (2000). The development of social justice allies during college: A phenomenolog-ical investigation. *Journal of College Student Development*, *41*, 3—18.

Brower, R. E. , & Balch, B. V. (2005). *Transformational leadership and decision making in schools*. Thousand Oaks, CA: Corwin.

Council for the Advancement of Standards in Higher Education [CAS]. (2009). The role of leadership programs for students: *CAS standards contextual statement. CAS professional standards for higher education* (7th ed. ). Washington, DC: Author.

Cress, C. M. , Astin, H. S. , Zimmerman-Oster, K. , & Burkhardt, J. C. (2001). Develop-mental outcomes of college students' involvement in leadership activities. *Journal of College Student De-velopment*, *42*, 15—27.

Dewey, J. (1938). *Experience and education*. New York, NY: Simon & Schuster.

Dugan, J. P. , & Komives, S. R. (2007). *Developing leadership capacity in college students: Findings from a national study*. A Report from the Multi-Institutional Study of Leadership. College Park, MD: National Clearinghouse for Leadership Programs.

Edwards, K. E. (2006). Aspiring social justice ally identity development: A conceptual model. *NASPA Journal*, *43*, 39—60.

Ehrlich, T. (1997). Dewey versus Hutchins: The next round. In R. Orrill (Ed. ), *Education and democracy* (pp. 225—262). New York, NY: College Board.

EL-Khawas, E. (2003). The many dimensions of student diversity. In S. R. Komives, D. B. Woodard Jr. , & Associates (Eds. ), *Student services: A handbook for the profession* (4th ed. , pp. 45—62). San Francisco, CA: Jossey-Bass.

Freire, P. (1970). *Pedagogy of the oppressed*. New York, NY: Continuum

Giroux, H. A. (2002). Decentering the canon: Refiguring disciplinary and pedagogical bounda-ries. In L. R. Lattuca, J. G. Haworth, & C. F. Conrad (Eds. ), *College and university curriculum: Developing and cultivating programs of study that enhance student learning* (pp. 226—241). Bostan, MA: Pearson.

Hackman, H. W. (2008). Broadening the pathway to academic success: The critical intersec-tions of social justice education, critical multicultural education, and universal design principles. In J.

L. Higbee & E. Goff ( Eds. ) , *Pedagogy and student services for institutional transformation*: *Implementing universal design in higher education* ( pp. 25—48 ). Minneapolis, MN: University of Minnesota Press.

Hardiman, R. , & Jackson, B. ( 2007 ). Conceptual foundations for social justice education. In M. Adams, L. A. Bell, & P. Griffin ( Eds. ) , *Teaching for diversity and social justice* ( 2nd ed. , pp. 35—48 ). New York, NY: Routledge.

Higbee, J. L. ( 2008 ). Universal design principles for student development programs and services. In J. L. Higbee & E. Goff ( Eds. ) , *Pedagogy and student services for institutional transformation*: *Implementing universal design in higher education* ( pp. 195—203 ). Minneapolis, MN: University of Minnesota Press.

Higbee, J. L. , & Barajas, H. L. ( 2007 ). Building effective places for multicultural learning. *About Campus*, *12*(3 ), 16—22.

Hurtado, S. , Milem, J. F. , Clayton-Pedersen, A. R. , & Allen, W. R. ( 1999 ). *Enacting diverse learning environments*: *Improving the campus climate for racial/ethnic diversity in higher education*. ASHE-ERIC Higher Education Reports Series, 26(8 ). San Francisco, CA: Jossey-Bass.

Johnson, A. G. ( 2006 ). *Privilege, power, and difference* ( 2nd ed. ). Boston: McGraw Hill.

Keeling, R. P. , Wall, A. F. , Underhile, R. , & Dungy, G. J. ( 2008 ). *Assessment reconsidered*: *Institutional effectiveness for student success*. Washington, DC: International Center for Student Success and Institutional Accountability.

Kezar, A. ( Ed. ). ( 2009 ). *Rethinking leadership in a complex, multicultural, and global environment*. Sterling: Stylus.

Komives, S. R. , & Dugan, J. P. ( 2010 ). Contemporary leadership theories. In R. A. Couto ( Ed. ) , *Political and civic leadership*: *A reference handbook* ( pp. 111—120 ). Thousand Oaks, CA: Sage.

Komives, S. R. , Wagner, W. , & Associates. ( 2009 ). *Leadership for a better world*: *Understanding the social change model of leadership development*. San Francisco, CA: Jossey-Bass.

Monchinski, T. ( 2008 ). *Critical pedagogy and the everyday classroom*. New York, NY: Springer.

Munin, A. ( 2008 ). *Ally identity development of college students at a religiously affiliated institution* ( doctoral dissertation ). Retrieved from *Dissertations and Theses* ( *ProQuest* ). ( AAT 3340162 )

National Association of Student Personnel Administrators & American College Personnel Association. ( 2004 ). *Learning reconsidered*: *A campus-wide focus on the student experience*. Washington, DC:

Author.

Northouse, P. G. (2010). *Leadership: Theory and practice (5th ed. ). Thousand Oaks, CA: Sage.*

Pliner, S. M. , & Johnson, J. R. (2004). *Historical, theoretical, and foundational principles of universal instructional design in higher education. Equity & Excellence in Education, 37, 105—113.*

Pope, R. L. , Reynolds, A. L. , & Mueller, J. A. (2004). *Multicultural competence in student affairs. San Francisco, CA: Jossey-Bass.*

Preskill, S. , & Brookfield, S. D. (2008). *Learning as a way of leading: Lessons from the struggle for social justice. San Francisco, CA: Jossey-Bass.*

Reason, R. D. , & Davis, T. L. (2005). *Antecedents, precursors, and concurrent concepts in the development of social justice attitudes and actions. In R. D. Reason, E. M. Broido, T. L. Davis, & N. J. Evans (Eds. ), Developing social justice allies.* New Directions for Student Services, no. 110 (pp. 5—15). San Francisco, CA: Jossey-Bass.

Ross, M. E. (2003). *Salvador Dali and the surrealists: Their lives and ideas, 21 activities.* Chicago, IL: Chicago Review Press.

Rost, J. C. (1991). *Leadership for the twenty-first century. New York, NY: Praeger.*

Toliver, W. (2004). *The little giant encyclopedia of inspirational quotes.* New York, NY: Sterling.

第八章

# 领导力项目评价与评估

朱莉·欧文

在过去的十年中,关于学习结果、学习评价和项目评估的著作大量涌现。大多数领导力教育工作者已经认识到评价和评估是领导力项目设计和形成、促进学生学习、使项目获得校内外广泛支持的重要过程。"证明你的价值"是教育领域耳熟能详的格言。

即便有如上认识,对如何将多种不同的评价工具、评价模型、评价策略和评价方法整合成一个规模更大的评价体系仍然存有困惑。对于领导力教育工作者来说,由于大多数评价过程是基于可以清晰定义和测量的结构,而非像"领导力"这样的抽象概念,因此,评价和评估工作中的不确定性令人担忧。

本章以领导力教育工作者在进行领导力评价和评估时所面临的一些冲突或分歧为开端。接着探讨了领导力项目评估的目的,定义了关键的评估术语,描述了不同的评价层次和不同的评价方法,给出了领导力项目评估的工具和资源,列举出某机构的领导力测量方法作为学习案例。最后展望了未来领导力评估的发展趋势。

##  一、领导力评估中的问题与分歧

评估领导力的潜在结构并不是一件简单的事情。与领导力评估相关的争论包括:与领导力概念相关的技巧、态度和行为的确定;在不同时间和背景下学生的领导力内容学习和能力增长的衡量;在个人、团体和机构或系统等不同层次中,估量领导力的作用;利用文化敏感性方法进行评估;准确认识各种领导力元素在领导力综合评估方法和跨学科评估方法中的不同作用;在发展性方法和总结性方法中运用领导力数据。汉纳姆（Hannum）、马蒂诺（Martineau）、瑞伊耐尔特（Reinelt）（2007）认为领导力评估和评价的现状如下：

> 领导力发展、领导力评估以及其他相关领域自身和它们之间相互作用的复杂性产生了对跨边界学习和实践的需求。为了有效地跨越边界，我们必须使用共同的词汇并参与到共同问题的讨论中。为了正确地进行领导力评估——使用严密的、合乎道德、与文化相关的方式——我们需要探索领导力发展的评估方法及其原因。（p.559）

探索领导力评估的方法及其原因比合乎规范的实践更重要。本书第三章侧重于学生领导力发展的相关研究，并提供了与领导力界定、随时间变化的领导力学习测量以及跨层次分析等相关问题的详细描述。文化和情景敏感性方法也必须成为领导力测量和评估的一部分，需要在评估设计、评估工具和数据解释中予以考虑（参见第七章）。潜在价值和显性价值在使用任何评价工具和评估过程中都是一致的。领导力评价包括质疑这些价值能否通过文化、种族和情景经验得到转化。有必要调查证实和规范现有评价工具的人的样本。如果评价工具主要在由常规人群组成的样本中得到证实，那么将该结果推广到非常规人群时要非常小心。教育工作者们应当注意不要把关于结果和标准的讨论演变成狭隘的和有潜在危害的学习范式的尝试（Driscoll 和 Wood，2007）。

领导力评估中的另一个常见问题是如何确定不相关的求学经历对学生学习和发展的影响。特别是对于综合的和跨学科的群体领导力提升方法来说，解释任意一种影响因素的作用变得更加困难。虽然存在能了解单一环境因素部分效果的统计方法（Astin，1991），但领导力教育工作者仍然认为许多评估技术仅仅是约定俗成的。他们同意巴尔（Barr）和塔格（Tagg）（1995）所提出的"真正的教育是无法度量的"的观点（p.18）。德里斯科尔（Driscoll）和伍德（Wood）（2007）试图通过展示综合的和有意图的评估步骤是如何促进以强调经验模式、看法之间的联系以及综合思考为特点的深层学习来减少人们的顾虑。

领导力教育工作者同样也面临着权衡收集评估和评价数据所花费的时间、精力、资源与这些数据的潜在价值和效益之间的矛盾这一难题。数据的价值与它们的用途相关。洛夫（Love）和艾斯坦尼克（Estanek）（2004）鼓励教育工作者区分"为解释评估"和"为提高评估"，并区分"问题产生评估"和"发展导向评估"。这就意味着教育工作者们要清楚他们是在用发展的方法还是用总结的方法利用数据,前者是在学习的同时进行测量,后者是试图描述学习经验的最终结果。本书第五章简要介绍了评估领导力学习的发展方法,本书支持高等教育标准促进委员会提出的为提高而进行的领导力评估方法。

公共追随者应当具有讨论如何利用数据去评估学生学习、项目效果和资源申请的意识。厄普克拉夫特(Upcraft)和舒(Schuh)(1996)以谚语"不要做没人需要的研究"来指导对评估数据的利用和传播(p. 276)。领导力教育工作者必须在收集第一批数据之前就考虑他们进行领导力评价和评估的目的。

以上这些问题只是领导力教育工作者们在进行领导力评价和评估时所面临的诸多问题中的很少一部分(其余的领导力评估问题见罗施(Rosch)和施瓦兹(Schwartz)(2009),罗伯茨(Roberts,2007)通过以下建议概括了领导力评价和评估的现状:"领导力评估的出发点是要设计允许领导力教育工作者持续改进和提高项目的教学方法、流程和重点的评估。"(p. 159)

# 二、领导力评估

遍布高等教育领域的领导力评估活动已经影响到领导力项目和服务。波特曼(Boatman,2000)指出了领导力教育工作者将领导力评估融入领导力发展中的项目化原因和个体化原因。她强调领导力评估通过"识别领导力发展需求并证实满足这种需求的进展"来提高评估性能(p. 5)。也就是说,项目评估能够为领导力项目、领导干预、领导咨询的规划提供必要的反馈。波特曼进一步声称领导力评估能使学生产生"帮助理解和强化个体目标发展的能力和致力于未来成长经验"的自我意识(p. 6)。与之相似,基于以下原因,钱伯斯(Chambers,1994)强调了将评估运用到领导力项目中的重要性:

- 学生领导力专家必须对学生学习和发展方面的领导力尝试的结果进行考核和记录
- 强调责任和运用声音管理技术的领导力发展活动非常重要
- 许多人想要项目效果的证据以证明他们的支持是正确的
- 领导力项目效果的相关信息决定着这些领导力项目的未来发展(p. 226)

虽然人们在领导力评估对领导力项目至关重要这一问题上达成共识,但领导力教育工作者们仍然存在这样的忧虑：专门关注大学生领导能力发展的研究项目很少，为大学校园中领导力和公民教育所取得的成就提出评估策略的研究项目甚至更少（Cress，2000，p.227）。有许多类似于"跨院校领导力调研"的国家研究项目被设计用来解决上述的和其他一些领导力评估中的关键问题，这些问题包括指导领导力发展的理论和领导力实践之间的鸿沟、大学生领导力发展的需求不明确的现状、大学环境对领导力发展结果的影响尚不明确等（Dugan 和 Komives，2007）。

## 三、相关概念

就像一个清楚的领导力定义对于有意义的领导力评价至关重要一样，一种描述领导力评价和评估范围和多样性的共同语言也是非常重要的。这一节探讨了评估、评价和研究概念之间的共同点和独特性，也简单探讨了各种调查传统并试图区分定性方法、定量方法、混合方法和行为研究方法。（关于研究的更多具体信息详见第三章。）

### ■ （一）评估、研究与评价

评估、研究和评价在使用时可以相互替换，但又具有各自独特的含义。关于"评估"（assessment）的精确含义有许多不同的看法（Erwin，1996；Loe 和 Estanek，2004；Schuh 和 Upcraft，2001；Upcraft 和 Schuh，1996）。奥斯丁（Astin）将评估定义为"关注学生、员工和高等教育机构功能的信息收集"（p.2）。其他人则认为评估不应当仅仅局限在收集信息上，还应当分析和解释这些信息（Lenning，1988；Love 和 Estanek，2004）。本章是基于厄普克拉夫特（Upcraft）和舒（Schuh）对评估的定义："所有用来收集、分析并解释描述公共机构、部门、分部以及机构效用的证据的工作"（p.18）。

虽然"评估"和"研究"（research）经常被视作同义词，但是区分两者非常重要。厄普克拉夫特和舒将研究从评估中区分出来，将研究定义为"任何用来收集那些通过检验猜想来指导理论的证据工作"。欧文（Erwin，1991）区分了"评估"和"研究"的范围，指出评估用于单一的机构环境中，而研究应当包含学生事务和高等教育等更为广泛的内涵（p.231）。领导力教育工作者们应当认识到这些定义是不断变化的。当前，很多学者和研究人员使用评估语言来指代应用研究，反之亦然。表8.1

给出了一种区分"研究"和"评估"的模型。

**表 8.1  "评估"和"研究"之间的差别**

| | 评估 | 研究 |
|---|---|---|
| 目的 | 主要关注个人学习者层面、项目层面与机构层面 | 其内涵跨越了机构边界并包含未来理论发展 |
| 时间限制 | 可以是计划或常规流程，也可以是对突发事件的反应 | 正在进行的却无须纳入机构日程安排的调查 |
| 资源 | 机构内部资助并由机构员工执行 | 可以获得更多的外部基金资助，并可以由外部调查者执行 |
| 遵循的方法论约束和流程 | 在精确采样、工具验证和可靠性方面有较宽松的指标 | 严格遵循方法论准则，研究基于理论和概念框架 |
| 工具的角色 | 更多地依赖自身开发的工具或流程 | 研究工具和流程更多地依赖于心理测量精度 |
| 调查者的角色 | 调查研究者的角色更积极主动并经常带有政治色彩，并能基于特殊调查进行行为决策 | 研究者的角色仅仅是描述和解释数据，而无须进行行为改变（除非是采用行为研究方法） |

此外，区分"评估"和"评价"（evaluation）也非常重要。奥斯丁（1991）将"评价"定义为：有利于机构发展和个人提升的信息的效用。厄普克拉夫特和舒（1996）认同这一定义并将"评价"描述为"任何利用评估证据来改善公共机构的、部门的、分部的或机构的有效性的工作"（p.19）。与他们对"评估"的定义不同，"评价"中包含了应用要素。欧文（1996）也区分了"评估"和"评价"："评估是建立在学生导向基础上的，关注学生是否在他们的学习和发展中受益并作出改变；评价可能是学生导向的也可能是资源导向的。"（p.417）例如，评价包含评估教育实践，也涉及非教育机构功能和设施的质量（p.417）。在现代用法中，往往将学习效果评估简称为"评估"，而"评价"则为机构和项目评论作出了保留。洛夫和艾斯坦尼克（2004）认为在个人贡献中逐渐从"评价"转向使用"评估"，就像"很多人和机构将评价过程认为是一种惩罚和一种痛苦的停滞发展经历"（p.85）。

## ■ （二）探究与研究的传统

当设计一个领导力评估流程时，了解价值、假设和与不同调查方法相关的技术是十分重要的。每一个评估或评价过程都运用了特定的方法论，这些方法论通常被称作"策略、行为方案、使用特定的方法解释选项背后的真实意图，使用一定方法将选项和期望结果联系起来"(Crotty,1998,p.3)。表8.2 概述了定性方法、定量方法和行为方法的内在价值。同时,表中也给出了每种方法论所对应的不同方法的一些例子。方法通常被认为是在收集和分析与研究问题或假设相关的数据时采用的技术或步骤(Crotty,1998,p.3)。

表 8.2　研究方法比较

| | 定量方法 | 定性方法 | 行为和评价方法 |
|---|---|---|---|
| **本体论** | 存在能够通过观察和测试进行测量的普遍事实 | 存在多个由人们交流而自然产生的独立事实 | 由世界不公平的本质而产生的存在一定瑕疵的感知和传闻中的事实 |
| **认识论** | 客观主义、实证主义和经验主义 | 构成主义 | 主观主义、后现代主义 |
| **价值** | 价值中立 | 参与者的价值和观点 | 以行为或改变为目的 |
| **研究者的角色** | 客观、中立 | 解释者 | 参与者、解放者 |
| **评价准则** | 可靠性、一致性、真实性和概括性 | 可信性、流通性、可靠性、确定性 | 可信性、流通性、可靠性、确定性 |
| **方法** | 测试、考察、等级尺度、清单 | 面谈、焦点群体、观察、看推荐材料和日志、文档分析、查卷宗 | 面谈、焦点群体、观察、看推荐材料和日志、文档分析、查卷宗 |
| **领导力实例** | 对参加为期一年的新兴领导力项目的学生进行干预前后的调查,以测量他们与领导力社会责任感相关的行为发展 | 在卓越领导力项目中,学生被要求建立电子卷宗,这些卷宗中包含着他们在看到自己以前描述的在机构中的特殊领导能力时的反应 | 对在领导力和社区参与计划中的学生与同事和来自本地流浪人避难所中的顾客开展联合研究,设计和实施一种更有效的食物分发体系 |

来源:摘自琼斯(Jones)、托雷斯(Torrs)和艾米尼奥(Arminio)(2006)。

　　混合途径和多方法途径因提供了经验的广度和深度信息而日益流行。(Greene 和 Caracelli,1997;Tashakkorri 和 Tedlie,2003)。波特曼(Boatman,2000)声称:"当我们将能拓宽和深化信息收集途径的方法和提高结果可信性的方法结合起来时,领导力评估就会得到改进。"(p.8)欧文(1996)同意这一观点,并认为学生事务从业者往往结合了定性方法和定量方法两种途径(p.427)。波特曼给出了一个使用混合方法论途径的例子:"我们可能使用查看日志和观察录音模拟两种方法作为领导力课程的一部分,将上述结果与全校范围内的调查结果结合起来,为我们作出改进未来领导力课程的决策提供更多自信。"(p.8)领导力卷宗和手稿往往涉及混合的和多样的领导力评估方法。

# 四、评估方法

有很多模型描述了学院和大学进行评价与评估的过程（Driscoll 和 Wood，2007；Maki，2004；Schuh 和同事，2009；Upcraft 和 Schuh，1996）。领导力教育工作者需要将这些模型定制成一个符合他们独特校园文化和研究目标的模型。本节简要回顾了学习评估周期和执行有意义的领导力评估策略（Maki，2004；Zimmerman-Oster，2000）。

## ▨ （一）学习评估周期

梅基（Maki，2004）是最早承认没有一个适用于所有机构的普遍评价模型的学者之一。她建议："个人研究机构应该参与能使它们保持一定调查文化的评估实践活动。"她认为："评估是一个循环往复的过程——每一步推进往往依赖于探索、挖掘出对决定有重大影响的信息或依赖于建立能推动进程的新的交流程序。"（p.4）她提出一种环状评估模型，通过这个模型，教育工作者能够识别出期望的学习结果，研究机构通过对这些结果的系统处理以确定结果评估的方法和准则。收集证据阶段包括确定评估对象、建立评估计划、收集信息。证据解释阶段包括确定结果解释的责任人、确定结果如何反映实践并作出决定，同时确定结果共享的方式与范围。最重要的是，推荐的改变或革新的实施，能够反过来影响对未来结果的识别。梅基建议任何评估活动都需要遵循美国高等教育协会在 1992 年发布的"优秀学习评估实践原则"（Principles of Good Practice in Assessing Learning），该原则提供了一种合乎伦理道德的领导力评估和评价情景模式。教育工作者们可以将这些原则作为在校园中讨论领导力评估目的和意义的开端。图 8.1 中给出了梅基的学习评估周期模型。

## ▨ （二）领导力评估计划设计

正如本章一开始所提到的，在领导力评估和评价进程中，会呈现出它们自身独特的问题和挑战。正因为如此，齐默尔曼-奥斯特尔（2000）给出了设计领导力评估计划的十条有用策略：

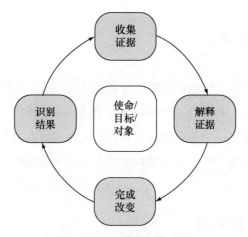

**图8.1 学习评估周期模型**

1. 将价值评价作为系统学习过程。不要让评估的恐惧让你跳过评价这一过程或者错过评估,应将评估视作一个不断发展的过程。

2. 组建顾问团或评估小组委员会。齐默尔曼-奥斯特尔指出评估过程是"包括参与者在内的所有参与到领导力项目中的每个人的责任"(p.10)。

3. 构建一个合理的模型。与评估计划相似,一个合理的模型是"一种能清楚表达每一个项目目标、活动、事件以及将用来完成这些项目目标的规划技术,也是一种评价与每个目标相关联的成果的特定方法"。

4. 开展标杆学习和实践。实践者应当在每一个机构实施评估之前控制或管理比较分析项目和评估计划。

5. 制订评估计划。正如之前所说,计划进程、期望的结果和参与者的责任感为成功铺平了道路。

6. 管理评估进程。确定对能反映评估的领导力评估过程和理论进行考核。

7. 进行深入的结果评估。界定可测量的领导力评估过程。

8. 使用定量评估技术。定量信息能够提供项目或服务的客观范围。

9. 使用定性评估技术。定性测量能够提供项目或服务的主观范围。

10. 利用评估结果提高项目质量。分析并使用评估结果经常被忽视,齐默尔曼-奥斯特尔建议为各种各样的项目施行者提供报告,用结果去鞭策项目进展和服务,并同时在内外两方面分享和提高结果。

按照这些步骤将会形成一个严密的、有明确目标的评价过程。厄普克拉夫特和舒(2000)认为:"如果评估研究被认真对待并严格执行,它肯定会得到许多学者的支持,最终影响政策和实践。"一旦确定了一个合适的计划,那么就能选择相应的评估方法和工具。

# 五、评估的层次:案例和资料来源

评估类型的确定与评估目标之间是互补的。相应的,领导力评估工具的选择非常棘手。本节简要概述了针对不同类型的领导力评估和评价以及对应的各种有用的评估工具。这些工具被按功能分成六种不同类型的评价,源自舒和她的同事们(2009)的论著,包括

1. 参与度评估(跟踪);

2. 领导力特征、类型和属性评估;

3. 领导力行为评估;

4. 领导力学习结果评估;

5. 团队和组织中的领导力评估;

6. 领导力项目效果评估(包括基准和使用国家标准、执行成本分析以及与国家标准数据作比对)。

以下给出了每一种评估功能常用的领导力评估工具和资源,更多信息参见网站。(注意:我们根据全美领导力项目数据库和领导力创新中心开发的关于领导力评估工具的一些资源,改写并更新领导力评估工具及概述)。我们选择了一些工具,是因为它们有希望用于大学生主修的或辅修的领导力课程、会议和项目中。本章给出了这些工具并不意味着我们赞同这些工具,而是这些原始信息可以作为探讨这些工具是否适合特定任务和目的的起点。)谨慎选择领导力评估工具是与管理行为和技巧相对应的另一个方面。包括语言在内的大部分评价工具是不分男女并与学生的经验相适应的。

除了上述的资源,本节还举例说明一个研究机构是如何实施一个综合的领导力评估计划,这个领导力评估计划作为一个由学生事务管理部门协调的更大项目的组成部分。在此对学生活动部门的副主管克里斯坦·贝利(Krista Bailey)、学生生活研究部门主管森蒂·奥斯特(Sandy Osters)博士所提供的咨询意见和材料分享表示感谢。德州农工大学(Texas A&M)学生生活研究项目的使命是:"通过为学

生事务管理部门和学生组织提供领导力评价和计划以促进学生的学习和发展。学校管理部门主动分享了学生及学生辅助课程经验的相关知识。"该研究项目远景目标是："成为尊重领导力评估和评价并利用评价结果指导决策、引导行为的大学的一部分。"（http://studentlifestudies. tamu. ecu/）隶属于学生活动系的得州农工大学的领导力和服务中心是下面例子的焦点。

## ■ （一）参与度评估

许多领导力领域的教育工作者致力于提供复杂的学生学习良策而忽视了追踪和使用简单的数据形式。例如,谁参与并使用了他们的项目、服务以及设施,谁没有与联盟建立统一战线。这种评估可能包括对诸如性别、年龄、民族、种族、学术等级、专业、习惯、恋爱和其他人口统计学变量等特性的跟踪。技术在跟踪方面十分有用,现在的很多领导力项目具有利用手持式个人数字工具或证件扫描器获取学生身份证信息的能力,随后进入学生信息系统研究学生的各种信息。

### 实战案例

得州农工大学追踪其所有的领导力发展项目与活动中的参与度和基本学生统计信息。例如,在 2010 年领导力演讲系列活动中的参与者信息就被认真收集。该系列活动的目的是提供更多的领导力信息和每个人如何用积极的方式影响他们的社区。该系列活动包括主题演讲、晚餐沙龙和一个欢迎会,还有一个由汤姆牌鞋的创始人布莱克·马科斯基(Blake Mycoskie)举办的商业公益活动,当有人买一双汤姆牌鞋子时,就向需要鞋子的贫穷儿童赠送一双鞋。参与者统计信息包括性别、种族、阶级、第一代人的身份、居住地、学历、学生群体、在学生群体中担任的职务和每周的工作时间。每类信息的统计结果、结论,以及项目需求的建议,均被写入报告中并发布在学生生活研究网站上(http://studentlifestudies. tamu. edu/results)。因此,与之相似的其他计划可以从这些项目信息中受益。另外,网站作为一个数据档案保存着项目历史、参与度以及结果等对未来项目规划有用的重要信息。

## ■ （二）学生需求或学生满意度评估

领导力教育工作者知道区分学生的需要和需求、理解成员和其他委托人的期望，以及引导组织实现其当前需求的重要性。然而，要确定领导力教育和发展项目的学生需求和满意度，许多教育工作者觉得有必要创建适合他们自己的评估或调查工具。通常，学生档案、兴趣和满意度信息被收集来作为跨机构的全国性领导力评估工作的一部分。与你的校园机构研究部门联系能够得到你的评估问题回答的有价值数据，从而节约宝贵的时间和资源。另一个通常的做法是将国家评估与几个评估问题集合起来以便组成综合的、可变的能够满足人们需要的有用评估。例如，建立测量范围、包容性、伦理道德以及将奖赏目标与"普遍领导力实践"相结合。常见的领导力工具和资源例子如下：

1. 大学生体验问卷（College Student Experience Questionnaire）

大学生体验问卷"测量学生体验的能力、校园环境意识以及反映重要教育目标的项目"。评估工具和大学生领导力经验调查问卷一起使用以"评估学生的期待满足度"。http://cseq.iub.edu/

2. 院校合作研究项目（Cooperative Institutional Research Program）

院校合作研究项目的年度奖学金调查"涵盖了学生许多特征：父母的收入与教育、种族以及其他人口统计信息、奖学金、中学的成绩、教育活动和职业生涯规划价值、态度、信仰和自我观念"。www.heri.ucla.edu/cripoverview.php

3. 全美学生参与度调查（National Survey of Student Engagement）

全美学生参与度调查主要研究"学生行为和与大学目标相关的机构"。不直接评估学生学习，但是研究结果会指向大学做得好的地方以及能够提升大学生能力的方面。http://nsse.iub.edu/

### 实战案例

美国得州农工大学每年都参与许多国家的数据收集项目，包括之前提到的院校合作研究项目，该项目收集大学新生数据并将之作为大学新生开学典礼的一部分。学生生活研究评估小组的成员回顾院校合作研究项目的研究结果，并将其中的有用信息制作成一页纸的主题摘要进行发布，使校园成员可以方便地获取并使用这些信息。2007 年收集的数据获得的院校合作研究样本报告包括学术经历、学术期望、人口统计特性、多样性、恋爱经历和任职情况。学生活动部门的成员能够快速方便地获取新生信息，并在设计和实施像钓鱼夏令营（fish camp）一样的新的领导力项目时使用这些信息，该项目的目的是"通过创造一种允许大学新生建立联系并分享该校精神的支持系统来欢迎大学新生加入校园大家庭"。

http://fishcamp.tamu.edu/

## ■ （三）评估领导力特质、形式和属性

领导力教育工作者需要区分那些被用来设计作为个人意识和发展的启发法与试图用来测量学习和行为的工具。本节出现的评估工具试图通过大量被设计用来阐述特殊性格和属性的类别将个人归类，这些工具通常与领导力评估相关。这些工具用于促进学生之间的理解和认同多样的领导力方式、方法、方向。他们既适用于个人和团队，也适用于领导力发展项目的设计，但是不能用来进行结果测量，因为它们描述理论上不会改变的特征或偏好。常见的工具和资源包括以下几种：

1. 学生情商领导力量表（Emotionally Intelligent Leadership for Students Inventory）

学生情商领导力量表是一种检测与情商领导力相关的 21 种能力的自我评估工具。这些能力具备三个特征：环境意识、自我意识和他人意识。

www.josseybass.com/WileyCDA/WileyTitle/productCd-0470615729.html

2. 迈尔斯·布里格斯性格分类指标

迈尔斯·布里格斯性格分类指标（MBTI）"使用很容易理解问题的回答将每一个组织成员作为 16 种基本个性类型的其中一个进行归类。通过帮助所有的成员学习他们自己的个性种类和其他人的种类，你可以增加对其他人的能力和挑战的理解和欣赏，并促进彼此的交流"。

www.cpp-db.com/

3. 个人简介系统（Personal Profile System，用于 DiSC 性格测试）

DiSC 性格测试通过四个主要方面帮助人们探究行为：控制力、影响力、坚定性、觉悟性。经典 DiSC 性格测试是一种能够帮助个人评定在某种形式下利用上述

每个方面达到什么程度的一种多级学习工具。这种学习工具提供一些帮助组织中成员发展的反馈：建立富有成效的小组、促进有效的管理人成长、培训强大的销售力、提升顾客服务力或减少失败和冲突。

www. onlinediscprofile. com/discclassic. html

4. 优势识别软件2.0版（StrengthsFinder 2.0）

在对人类优势识别器40年调查的基础上，盖洛普（Gallup）创造了包含34种最常见才能的专门用语，并建立了一种能够帮助人们发现和描述这些才能的克里夫顿优势识别（Clifton StrengthsFinder）评估。他们新的出版物《优势领导》（*Strengths-Based Leadership*）主要关注"成为一名更高效领导者的三个关键点：知道自己的优势并在其他优势上进行投资，鼓励团队成员正确利用自己的优势，理解并满足能够锻炼你领导力的四种基本需求"。

http://strengths. gallup. com

## 实战案例

得州农工大学的领导力教育工作者使用一种应用广泛的个人发展工具帮助学生获取一种对自己优势和才能的洞察力。除此之外，迈尔斯·布里格斯性格分类指标和优势识别系统以及领导力服务中心提供两次讨论会用于解释优势识别器的反馈结果。"利用你的优势进行领导"（Leading with Your Strengths）讨论会是一个面向那些希望通过进一步了解自己的天然优势从而成长为更高效的领导者的同学举办的长达四个小时的研讨班。参与者使用克里夫顿优势器学习他们自己最擅长的五个才能。对这些才能的了解让学生们学习如何更好地领导自己并为领导其他人做好准备。"优势探索"（StrengthsQuest）讨论会通过鉴定、开发和利用他们最擅长的五个优势促使参与者完成学术成就、生涯规划和个人成就。领导力领域的教育工作者每一学年都督促包括学生组织、学术班级和教职员工等各种类型和规模的团队直接和学生一起工作。在2006—2007年学术项目里，有超过1 500名学生参与了优势项目。

## ❖ （四）评估领导力行为

以下这些工具用于测量个人领导力实践的行为和结果,包括从多种理论维度测量学生的能力。从行为、环境和互惠的领导力理论等方面出发,这些测量工具可以推断出领导者往往是那些积极参与领导活动并获得成功的人士。常见的工具和资源包括:

1. 多因素领导力问卷(Multifactor Leadership Questionnaire)

伯恩斯(Burns)、贝斯(Bass)及贝斯和阿维里奥(Avolio)共同开发的多因素领导力问卷(MLQ)"测量包括从积极领导者到帮助追随者成为自己领导的领导者(互惠型领导者)在内的范围广泛的领导力类型。MLQ识别交易型领导者的特征并帮助个人发现如何用自己的眼睛观察并发现他们同谁一起工作"。

www.mindgarden.com/index.htm

2. 学生领导力实践量表(Student Leadership Practices Inventory)

学生领导力实践量表(SLPI)是由库泽斯(Kouzes)和波斯纳(Posner)联合开发,建立在《领导力挑战》(*Leadership Challenge*)(2003)基础上的一种资源,包括自我、观察者、学生手册和指导者的指导四个部分。与《领导力挑战》配套的项目、产品和服务的目标是"培养和释放每个人的领导力潜能"。每一项调查是一个以五种重要的领导力实践为基础、包含30个题目的量表:(1)方式模型;(2)鼓励一种共享的梦想;(3)挑战过程;(4)使别人行动起来;(5)鼓舞勇气。

www.studentlpi.com/

3. 社会责任领导力量表(Socially Responsible Leadership Scale)

社会责任领导力量表(SRLS)测量与领导力社会变革模式相联系(包括自我意识、一致性、责任、共同目的、合作、与市民的论辩、公民权和改变的领导力)的领导能力(高等教育研究中心,1996)。工具由一套具有法律效力的统计和由领导力领域的教育工作者设计的值得信任的量表组成。这些量表也组成了多种院校的领导力调研的核心(www.leadershipstudy.net),并且用于瓦贝西全国通识教育调查的领导力评估。(www.liberalarts.wabash.edu/)

SRLS通过全美领导力项目数据库和www.srsonline.org/网站上的学生研究中心可以获取。

得州农工大学的希腊人生活部(Greek Life)创建的目的是支持一个"提倡领导力发展、服务社会、学术优秀、深入领会农校精神以及例证得州农工大学校核心价值的优秀大学生联谊"(http://greeklife.tamu.edu/)。希腊人组织中的学生领导者将学生领导力实践量表作为希腊人领导力评估的一部分。使用清晰语言描述诸如"行为模式"的重要性等与有效的领导力相关的具体行为,使希腊人群体能够跨分会、跨背景交流。

## ■ (五)评估领导力学习结果

领导力教育工作者在提出参与领导力项目学习的益处之前,需要证实学习和发展确实正在发生。

即便成员很顺利地获得了项目,也必须考虑一件很重要的事情,那就是项目在多大程度上能够使成员的生活与众不同。简言之,他们要学习任何事情吗?他们成长了吗?他们以什么方式成长的(Schuh,2000,p.3)?

本书第三章提供了一个用来帮助教育工作者进行学习的定量评估的研究设计,包括测量超前的变革、团体内和跨团体比较以及建立在标准基础上的比较。接下来的例子主要关注采用定量方法测量领导力。

1. 领导力档案

档案(即收集、选择、反映关于学习和发展的信息)是一种评估学生学习结果的可靠的和综合的方式(Banta,2006)。罗伯茨(Roberts,2007)列举了一个使用电子档案进行学生领导力学习评估的例子。他叙述道:

> 为了实现利用档案进行学习和评估的功能,教职员工需要创建一个能通过大量的经验进行学习结果评估的档案,在此过程中,需要利用一些技术手段设计生成富有创造性和完备性的档案。学生需要在毕业季按照要求填写表格。最后,学生、教职员工通过档案回顾的方式对学生的进步进行慎重评估。(p.150)

教育工作者可以利用许多资源来使用电子档案,包括:

- Educause：www. educause. edu/Resources/Browse/eportfolios/17180
- The Inter/National Coalition for Electronic Portfolio Research：http：//ncepr. org/
- 开放性档案资源首创计划：www. osportfolio. org/

2. 用于大学生领导者的全国校园活动协会能力手册

用于评估学生领导力学习的全国校园活动联合会（NACA）能力手册由学生手册、指导者的指导和评估工具组成。评估学生领导者发展的水平需要识别能够表明学习和能力的理想表现特征。作为能力手册基础的待识别核心，能力包括：领导力发展、评估和评价、项目管理、有意义的人际关系、合作、社会责任、有效的沟通、跨文化能力、智力的成长和清晰的价值。对历史发展过程有影响的其他能力识别包括：加强自尊、真正的自我评价、健康的行为和令人满意的生活方式、互相依赖、精神意识、个人和教育目的、职业选择。

www. naca. org/Education

## 实战案例

学生领导者学习结果（SLLO）计划是基于艾弗斯（Evers）、拉什（Rush）和博罗（Berdrow）（1998）的书《能力基础》（*Bases of Competence*）的综合创新方法。SLLO为得州农工大学的所有师生提供了用于领导力评估和记录的普遍方法和工具，这些方法和工具可以帮助学生组织，项目或者活动的学生领导者评估和记录与学生领导力实践相关的领导力提升。项目得到了学生事务管理部门的赞助，有大量的从事学生工作的（指导大学新生学科问题等的）指导教授组织参与。从事学生工作的指导教授开展因材施教的学习，由学生界定多种学习目标，通过领导力经历获取特定的知识、技能或自我意识，实现一定的学习结果，并获得成就评估准则。将发展一套规则和对应的工具以帮助员工提高他们从事学生工作的学习能力。学生在他们经历结束进行结业面试并撰写反思。关于项目的其他信息参见网址 http：//sllo. tamu. edu。

## ■ （六）评估团队和组织中的领导力

这些领导力测量工具在团队或组织成员中同样适用。从关系和组织领导力理

论中可以得出,评估目的是测量团队的领导力进程、行为、方式和结果。常用的工具和资源包括:

1. L-BL 目标实现行为策略组织量表(L-BL Achieving Styles Organizational Inventory)

基于目标实现行为策略组织量表和让·李普曼-布卢门(Jean Lipman-Blumen)著作(1996;Lipman-Blumen 和 Lavitt,1999),这个工具"设计用来测量既非通过组织成员也非与其关系密切的人,而是通过任一组织获取的目标实现行为风格概况"。

www. achievingstyles. com/instruments/info. asp

2. 团队领导调查(Team Leader Survey)

在这项调查中,团队领导通过六项技能归纳了怎样正确地与团队成员沟通:沟通、思考、管理、影响、人际关系技能和管理改变。

www. hrdqstore. com/Team-Leader-Survey. html

3. 团队多因素领导力问卷(Team Multifactor Leadership Questionnaire)

作为多因素领导力问卷,团队多因素领导力问卷(MLQ-Team)利用同样的量表用以测量小组中的转换型和交易型领导力。

www. mlq. com. au/product_mlqteam. asp

## ▦ (七) 评估领导力项目有效性

除了评估学生和组织领导力的发展和结果之外,对校园领导力教育和发展项目进行系统和综合评估也非常重要。很少有评估工具提供合适的这方面功能。更多常见的评定项目等级的方式包括标杆学习,或者通过学校、同龄人机构或不利用国家统一采纳的标准,将一个项目与其他的项目进行对比;成本分析或确定每一个项目或服务工作中的每位学生的成本;比较学生结果与国家标准数据之间的差异。

1. 组织比较/标杆学习

领导力项目常规地执行诸如怎样将各种不同的标准与其他类似的领导力项目、同龄人机构或不利用国家统一采纳的标准进行比较的正式和非正式的调查。当谨慎执行标杆学习,而不是把在某一机构文化和环境中使用的所有实践转移到另一个独特环境或学生团体中时,它通常是有价值的信息和灵感的源头。诸如全美领导力项目数据库、领导力教育工作者协会(www. leadershipeducators.

org/)和国际领导力协会(www. ila-net. org/)这些全国性的和国际性的社团(www. nclp. umd. edu)都是进行标杆学习的有用资源。

2. 国家标准

国家标准提供了一套用于进行项目发展、评估和评价、自查、鉴定的普遍准则。但是,不同国家和区域的鉴定机构以及专业组织对这套标准有争议。高等教育标准促进委员会制定了领导力标准,与自我评估指南的标准相一致(www. cas. edu/)。

自我评估指南将高等教育标准促进委员会的学生领导力项目标准和指南转化成可以进行自我评估的样式。教育工作者们可以使用这一指南获取关于他们服务和项目的优点和不足的可靠观点,进而不断提高。以高等教育标准促进委员会所认可的用于高等教育质量控制的自我调节方法为基础,SAG 提供了一种参照国家实践标准评价项目和服务的工具。(CAS,2010)

3. 成本效用评估

由于国家和地区财政危机,领导力项目预算缩减,领导力教育工作者必须考虑他们有限的经费该如何使用。撇开政府财政责任不说,结合项目和服务对学生学习和发展影响来确定该项目和服务的成本对评估项目目标的效用非常重要。

4. 全国性的规范化数据

近年来,大学领导力及其发展的国际研究引人注目。这项研究的优点是提供了一个超越单一机构,允许学校直接在同龄人中进行领导力测量和比较的领导力评估工作环境。

5. 跨院校的领导力调研

跨院校的领导力调研(MSL)是每年在大学生中进行领导力发展的国际调查。它以促进领导力发展的特殊环境视角,探索高等教育在不断发展的领导能力中扮演的角色。这个调查工具理论上是建立在社会变革模型的基础上的。MSL 以国家范畴基础上的标杆学习数据和同类机构相关数据为基础,提供关于学生学习结果和高强度的学习经历的比较分析。各个院校也会收到研究结果中反映学生改变的相关数据,这些数据涵盖了学生从入学到进入高年级过程中的领导力发展成果和包括认知能力、身份特点和效能在内的与领导力相关的素质的发展成果。www. leadershipstudy. net/

6. 学生之音（StudentVoice）

学生之音提供了一种领导力评估工具,并提供了通过校园参与将他们的学生数据和潜在数据与国家的正常数据以及同龄人的比较数据进行比对的标杆学习机会。校园中学生之音的成员"可能参与设计许多话题的标杆学习研究,包括:校园活动、校园安全、事业和职业抱负、新同学的适应、娱乐和健康、心理健康与咨询,以及其他的许多话题。参与者最终撰写生成具有标准格式的研究报告。通过该报告,学校可以了解在哪些方面它们做得很好,在哪些方面改进提高,有哪些成功的领导力实践活动可以参考学习"。www.studentvoice.com

**实战案例**

得州农工大学学生活动部门都要进行项目回顾以评估完成使命与目标的程度。此外,部门每5—7年都会进行一次全面而深入的检查,包括自查细节和由学生、员工、教职员、女校友以及挑选的其他人等组成外部检查小组进行同龄人检查。全面而深入的检查一部分包括根据学生领导力项目的高等教育标准促进委员会标准和其他支持同龄人机构的标杆学习。此外,得州农工大学一年两次参与多机构领导力研究以便能够纵向追踪学生的领导力学习和发展。

# 六、小结

以上列举了许多在团体和组织中评估领导力过程和结果的工具,南希·斯奈德-尼波（Nancy Snyder-Nepo,1992）以下的警告希望能够引起大家的共鸣:

教育工作者找到一种他完全满意、近乎完美的能够满足所有目的的评估工具是非常不可能的。领导力评估工具与教科书或任何其他学习工具非常相似。每一种评估工具都有它的优点与局限性……领导力教育工作者会谨慎地选择工具、提供恰当的解释信息,当将之用于学生时,他们会设定个人工具情景、描述评估属性,并清晰界定它的局限性。(p.12)

一些人希望在本章找到通过不同途径和资源进行领导力评估、评价的答案。

正如洛夫(Love)和艾斯坦尼克(Estanek)(2004)所说,评估是"一种复杂的多维度过程,而不是一种简单的线性过程",他们还说道:"认识这些需要解放那些专家,而不是恐吓他们"(p.117)。然而,领导力评估是一种充满挑战的事业,如此多的影响因素会使值得研究的项目变得更加复杂。另外,领导力教育工作者面临如何在未来进行评估这样的挑战,这些挑战如下:

● 成本问题。细致地设计和测试评估工具很昂贵。进一步说,评估过程包括时间和资源成本。能通过有意义的方式使用结果,而确保大学资源的有效使用吗?

● 技术的使用。随着在线提供的评估应用的日益增多,由于技术来源和技术熟练等问题会影响评估结果,因此在进行评估时必须要考虑。

● 研究的时间选择和频率。明确评估的时间选择对于确保精确的评估结果和学生参与非常关键。多长时间需要继续进行和重复研究也是需要考虑的重要因素,以至于学生不会被过度采样、过度分析或在提供反馈结果和信息上出现重复。

● 道德考虑。保密性问题、知情同意、诚实、责任、公平报道和使用信息仅仅是执行领导力评估过程中的一些道德考虑(Upcraft 和 Schuh,1996)。不计其数的道德言论、职业道德准则和机构研究标准将指导参与者,以确保完成符合道德的评估过程。

● 报告结果。结果怎么发布、如何保密、根据评估结果作出的决定都是需要考虑的重要因素。

正如舒(Schuh)和厄普克拉夫特(Upcraft)所言:"评估可能被认为是一种高风险、高收益的活动。"(p.21)尽管如此,这项活动可以让人们了解评估的目的是什么、提高自己并促进领导力项目或组织的发展,更重要的是有益于学生的学习。

# 参考文献

American Association of Higher Education. (1992). *Principles of good practice for assessing student learning*. Sterling, VA: Stylus.

Astin, A. W. (1991). *Assessment for excellence*. New York, NY: Macmillan.

Banta, T. W. (2006). Reliving the history of large-scale assessment in higher education. *Assessment Update*, *18*(4), 3—5.

Barr, R. B., & Tagg, J. (1995). From teaching to learning: A new paradigm for undergraduate education. *Change*, *12* (6), 13—25.

Bass, B. M. (1985). *Leadership and performance beyond expectations*. New York, NY: Free Press.

Bass, B. M., & Avolio, B. J. (1990). The implications of transactional and transformational leadership for individual, team, and organizational development. *Research in Organizational Change and Development*, *4*,231—272.

Boatman, S. A. (2000). Assessment of leadership programs: Enhancing student leadership development. *Concepts & Connections*, *9*(1), 5—8.

Burns, J. M. (1978). *Leadership*. New York, NY: Harper & Row.

Chambers, T. (1994). Criteria to evaluate student leadership programs: What leadership educators consider important. *NASPA Journal*, *31*(3), 225—234.

Council for the Advancement of Standards in Higher Education [CAS]. (2009). *CAS standards for leadership programs*. Washington, DC: Author.

Council for the Advancement of Standards in Higher Education[CAS]. (2010). Retrieved from www. cas. edu/index. html.

Cress, C. M. (2000). Developing citizenship through assessment: A participatory model for guiding learning and leadership. In C. L. Outcalt, S. K. Faris, & K. N. McMahon (Eds.), *Developing non-hierarchical leadership on campus: Case studies and best practices in higher education* (pp. 225—237). Westport, CT: Greenwood.

Creswell, J. W. (1998). *Qualitative inquiry and research design*. Thousand Oaks, CA: Sage.

Creswell, J. W. (2003). *Research design*. Thousand Oaks, CA: Sage.

Crotty, M. C. (1998). *The foundations of social research*. Thousand Oaks, CA: Sage.

Driscoll A., & Wood, S. (2007). *Developing outcomes-based assessment for learner-centered education*. Sterling, VA: Stylus.

Dugan, J. P., & Komives, S. R. (2007). *Developing leadership capacity in college students: Findings from a national study*. A report from the Multi-Institutional Study of Leadership. College Park, MD: National Clearinghouse for Leadership Programs.

Erwin, T. D. (1996). Assessment, evaluation, and research. In S. R. Komives & D. B. Woodard Jr. (Eds.), *Student services: A handbook for the profession* (3rd ed., pp. 415—432). San Francisco, CA: Jossey-Bass.

Evers, F. T., Rush, J. C., & Berdrow, I. (1998). *The bases of competence*. San Francisco, CA: Jossey-Bass.

Gall, M. D. , Gall, J. P. , & Borg, W. R. (2003). *Educational research: An introduction* (7th ed. ). Boston, MA: Allyn & Bacon.

Greene, J. C. , & Caracelli, V. J. (Eds. ). (1997). *Advances in mixed-method evaluation: The challenges and benefits of integrating diverse paradigms.* New Directions for Evaluation, no. 74. San Francisco, CA: Jossey-Bass.

Hannum, K. M. , Martineau, J. W. , & Reinelt, C. (2007). Future directions for leadership development evaluation. In K. M. Hannum, J. W. Martineau, & C. Reinelt (Eds. ), *The handbook of leadership development evaluation* (pp. 559—574). San Francisco,CA: Jossey-Bass.

Higher Education Research Institute [HERI]. (1996). *A social change model of leadership development: Guidebook version III.* College Park, MD: National Clearinghouse for Leadership Programs.

Holzweiss, P. , & Roberts, D. (2010). *Leadership speaker series assessment report.* Texas A&M University Department of Student Life Studies Report. Retrieved from http: //studentlifestudies. tamu. edu/sites/studentlifestudies. tamu. edu/files/results/full/157-full. pdf.

Howell, M. C. , Crownover, B. L. , & Schneider, M. K. (1994). *Student organization development: Application and critique of assessment instruments.* Leadership Paper Series, no. 6. College Park, MD: National Clearinghouse for Leadership Programs.

Jones, S. R. , Torres, V. , & Arminio, J. (2006). *Negotiating the complexities of research in higher education.* New York, CA: Routledge.

Kouzes, J. M. , & Posner, B. Z. (2003). *The leadership challenge.* San Francisco, CA: Jossey-Bass.

Krathwohl, D. R. (1998). *Methods of educational and social science research* (2nd ed. ). Long Grove, IL: Waveland.

Lenning, O. T. (1988). Use of non-cognitive measures in assessment. In T. W. Banta (Ed. ), *Implementing outcomes assessment: Promises and perils.* San Francisco: Jossey-Bass.

Lipman-Blumen, J. (1996). *The connective edge: Leading in an interdependent world.* San Francisco, CA: Jossey-Bass.

Lipman-Blumen, J. , & Leavitt, H. J. (1999). *Hot groups: Seeding them, feeding them, and using them to ignite your organization.* New York, NY: Oxford University Press.

Love, P. G. , & Estanek, S. M. (2004). *Rethinking student affairs practice.* San Francisco, CA: Jossey-Bass.

Maki, P. (2004). *Assessing for learning.* Sterling, VA: Stylus.

Owen, J. E. (2001). *An assessment of leadership assessment.* Leadership Insights & Applications

Series, no. 11. College Park, MD: National Clearinghouse for Leadership Programs.

Page, J. D. ,& Owen,J. E. (2006). Assessment and evaluation of leadership programs. In S. R. Komives, J. P. Dugan, J. E. Owen, C. Slack,& W. Wagner (Eds.), *Handbook for student leadership programs*(pp. 171—182). College Park, MD: National Clearinghouse for Leadership Programs.

Roberts, D. C. (2007). *Deeper learning in leadership*. San Francisco, CA: Jossey-Bass.

Rosch, D. M. , & Schwartz, L. M. (2009). Potential issues and pitfalls in outcomes assessment in leadership education. *Journal of Leadership Education*, 8 (1), 177—194.

Schuh, J. H. , & Associates (2009). *Assessment methods for student affairs*. San Frandsco, CA: Jossey-Bass.

Schuh, J. H. , & Upcraft, M. L. (2000). Assessment politics. *About Campus*, 5(4), 14—21.

Schuh, J. H. , & Upcraft, M. L. (2001). *Assessment practice in student affairs:An applications manual*. San Francisco, CA: Jossey-Bass.

Schwartz, M. K. , Axtman, K. M. & Freeman, F. H. (1998). *Leadership resources: A guide to training and development tools* (7th ed.). Greensboro, NC: Center for Creative Leadership.

Snyder-Nepo, N. (1992). *Leadership assessments: A critique of common instruments*. Leadership Paper Series, no. 4. College Park, MD: National Clearinghouse for Leadership Programs.

Stringer, E. T. (2007). *Action research* (3rd ed.). Thousand Oaks, CA: Sage.

Tashakkorri, A. , & Teddlie, C. (Eds.). (2003). *Handbook of mixed methods in social and behavioral research*. Thousand Oaks, CA: Sage.

Upcraft, M. L. , & Schuh, J. H. (1996). *Assessment in student affairs: A guide for practitioners*. San Francisco, CA: Jossey-Bass.

Zimmerman-Oster, K. (2000). How can I tell if it's working? Ten strategies for evaluating leadership development programs in higher education. *Concepts & Connections*, 9(1),9—11.

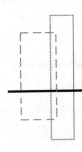

# 第九章

# 领导力项目资助

安琪·温亚德

克雷格·斯莱克

评论来自于查尔斯·杰克逊（Charles Jackson）基金的布鲁斯·杰克逊博士（Bruce Jackson）

有什么比计划一个完美适合学生和机构需求的领导力项目，结果发现资金匮乏阻止了项目实施更令人沮丧吗？由于总体预算收紧、经济波动和领导力项目发展需要，领导力教育工作者们不得不采用传统方式和创造性方式为他们的项目筹集资金。为了给他们的学生创造有价值的领导力教育机会，领导力教育工作者们面临一系列任务：寻求其他资源、针对潜在捐赠者富有说服力的营销方案和制定少花钱多办事的预算。

在寻求资助之前，了解领导力项目的使命、愿望、目标和优先资助对象非常关键。如果在寻找资助时没有清晰的使命，那么，像基金这样的优先资助资源会自己确定领导力项目的资助范围。领导力教育工作者的重心就会陷入寻找资助来源的困境中，而不是如何完成一个成功的领导力项目。

本章为从诸如捐赠者、基金会等外部资源以及学生服务费、学生参与费、校友会和机构发展办公室等国家资源寻找资助提供了深刻见解和建议。本章还包含一些为大学生领导力项目提供资金的基金负责人的评论。本章也概述了助学金建议的要素或可能对寻求外部资助有用的案例陈述。①

---

① 本章部分内容由梅甘·福布斯（Megan Forbes）撰写。

# 一、内部资助资源

为了获取潜在的领导力项目资助,没有谁比校园社区目光更长远的。许多领导力项目得到学术部门、拥有内部项目和通过学院或大学普通资助开展校园活动的多功能办公室(如住校生活)的资助。当然,其他资助资源也非常重要(Clark,1996)。

## (一)学生服务费

以往通常由学生自治管理组织或其他团体分配的学生服务费是领导力项目资金的一个重要来源。遗憾的是,仅仅有学生服务费,通常还不能满足所有校园团体对费用的要求。即便能全部提供资助,随着每年费用要求的增多,仅仅依赖作为财政基础的注册费用也是不可能的。然而,通过领导力项目创建一个学生组织,通过这个组织得到一些资助倒是一条途径。

## (二)有偿服务

通过项目组织,向参加的学生收取费用也为项目筹款提供了一种补给资源。付费实习的学生为从项目中学习、发展和成长进行投资。参加一个周末的静修会通常会象征性地收取一点费用(比如 10 美元)以帮助抵消花费并让参加的学生承担一些义务。费用的分摊通常附带一个声明:为了确保低收入家庭学生的参加,对于符合条件的学生,奖学金可以覆盖费用(参见本书第七章关于全纳领导力项目的更多问题)。出席的学生也能够获得资助,费用来源于资助办公室或组织。社团成员也为场地使用或服务缴纳费用,费用作为开展活动的收益随后被纳入领导力项目中。

## (三)募款

参加资助过程的学生,会获得一个在募款活动的资金中拥有直接股份的机会。如果项目的各种资金由学生募集,那么学生会在募款过程中进行更多的投资。最好的结果是学生参加项目后,能看到通过自己的努力筹集资金所获得的劳动成果。但至少募款的过程教给了他们领导力和项目实施技能。虽然通过募款很难资助整个项目,但可以发挥利用募款进行资金补给的作用。学生也可能卖掉校园体育活动的特许权或出让全校回收项目的部分收益继续支持项目的进行。

## ▨ (四) 再分配

仔细研究学校体系可能会为项目发起人或项目的重构提供一些想法,以支持领导力项目。与其他部门合作也为项目资金积累提供了一个巨大的通道。如果领导力成为许多校园活动或项目的组成部分,那么所有与领导力有关的活动和积累的资源将可资助领导力中心的成立。与领导力相关的课程,比如那些与朋辈指导或学生指导相关的项目都有可能得到学术部门的资助。也可以利用某些人在校园中的职业关系来探索进行合作的可能性。举个极端的例子,学校教务长或者副校长可以通过部门结构调整使学校资源向诸如领导力相关的新领域倾斜。

## ▨ (五) 校友或校友会

对于毕业之后仍然与学校联系的校友,领导力项目也很乐意为他们继续保持联系。那些觉得与学校或者领导力项目有联系的毕业生可能愿意为维持领导力项目作出自己的贡献。校友可能提供资金,为学生提供指导服务或者提供实物捐赠。将校友与现在学生的努力联合起来,有助于为项目的未来发展提供宝贵财富。校友可能资助奖学金、学生保险、联合资助一位演讲者或一次具体的领导力实践活动。与每一位校友或校友联盟建立联系是领导力项目可持续努力发展的动力源泉。通过向前学生领袖发送新闻信件,在校友日举办校友领袖招待会或者向校友提供免费或廉价的像贴纸或钥匙扣这样的小物品等方式联系校友,可以保持或者提高校友们对领导力项目的兴趣,并有助于校友认可他们为领导力项目的成功付出的努力。

## ▨ (六) 赞助

校园供应商是一种非常好的资助来源。他们的存在显示他们已经在投资社区,还有可能对资助你的项目感兴趣。但是,在接触这些供应商之前,一定要先和学校的发展办公室核实。供应商通常为了获得在校园出现的机会进行竞争;赞助者的目的已经在合同中表明,但其他校园部门为了资助可能也已经与供应商有所接触。一旦获得领导力发展部门的批准,项目可能进入像麦当劳一样的快餐店或像巴诺书店(Barnes and Noble)一样的图书供应商店中。由于供应商将赞助视为一种广告形式,因此,你需要准备一系列宣传供应商的方式,比如活动徽标、网站标识,或者宣传 T 恤等。

# 二、外部赞助资源

在开始接触外部赞助资源之前,得到学校多数学生事务高级管理者的支持非常必要。如果学生事务管理者已经同机构其他成员一起为募集资金而努力,那么领导力项目和寻求资助的一个简要说明可能就为教育工作者打开一扇他们原以为不存在的门。许多学生事务管理部门正在创建发展办公室为学生事务项目资助募集资金。因此,教育工作者应当为了可能的资助机会而尝试同他们的机构资本运作联系起来。机构的发展办公室人员从事资本运作可能会吸引对领导力项目感兴趣的资助者。

## （一）捐赠者提供资金的领导力项目

一些校园拥有由私人资助者建立并维持的领导力项目,这些私人资助者通常是学校的校友。里士满大学的杰普生领导力研究院(Jepson School of Leadership Studies)和迈阿密(俄亥俄州)大学的哈利·威尔克斯领导力中心(Harry T. Wilks Leadership Institute)就是私人资助而建立的大学领导力项目的例子(关于杰普生领导力研究院如何成立的说明,见 Klenke,1993)。像这样的捐赠者通常有一个特定的校园或项目资助对象。与领导力发展办公室或校友办公室联系就意味着开始将领导力项目与潜在的校友资助利益相联系。如果发现学校正在计划主要的资助活动,可以要求将领导力项目列入其中为其提供资助机会。为机构促进办公室设计一个案例说明(a case statement),简要描述项目和它的影响或成就,让机构发展办公室人员向潜在的捐助者"营销"这个案例。也许机构促进办公室有其自己喜欢案例说明的格式,否则的话,你可以使用示例 9.1 中提供的要素形成案例说明。

## 示例 9.1　案例说明范例

**学生使世界更美好：假期选修项目（Alternative Breaks Program）**

**回馈社区是我们这个时代迫切需要解决的问题**

假期选修项目（AB）通过在学生假期进行密集的、多天的国内和国际服务活动将领导力与社会服务融为一体。强有力的学习和服务经历使学生在社会和生活中都显得与众不同。假期选修项目每年都输送成百上千的学生参加服务学习活动，以帮助解决一些我们这个时代出现的有关社会的、政治的和环境的迫切问题，最近的活动包括：

- 流浪汉：亚特兰大
- 环境可持续发展：切萨皮克湾
- 社区发展：巴哈马群岛；哥斯达黎加和秘鲁首都利马
- 边界意识：埃尔帕索，得克萨斯州
- 健康关注：洛杉矶
- 贫穷/种族偏见/灾难救援：新奥尔良
- 艾滋病：纽约
- 美国土著人的洗礼活动：普尔，南达科他州
- 退伍军人问题：华盛顿

当设计和参与以上这些活动时，假期选修项目的学生可以在学术训练中申请他们学习什么并学习需要解决问题的根源性原因。许多假期选修项目的校友继续为非营利机构或社会领域发挥余热，寻找可以参与的有意义的社会工作的机会。这个项目的额外益处是出现了更多主动参与的学生。

如果你支持假期选修项目，你就要资助活动中每一个学生的花费（活动参与成本每人平均750美元）；因为全额资助参与学生的花费将很困难，所以假期选修项目未来可能要进行改变。

对假期选修项目经验报告的回应如下：

- 100%了解到了一些关于自己的新东西
- 98%学到了一些关于他们进行服务的新东西
- 98%说参与者更好地理解了关于他们团队关注的问题

- 94% 说他们打算更多地参与倡议

- 92% 说他们打算更多地参与社会服务

一个学生写道："我在马里兰大学得到的不仅仅是学术教育,而是一种作为成年人如何发展和在自己的一生中作为成年人如何管理自我的教育。当你回顾走过的人生时,你会说'是时候为自己活着了。'"

56 岁的前学生领袖布鲁斯·布朗(Bruce Brown)和他的夫人对假期选修项目作出了贡献。

学生事务部门的许多项目、服务和工作人员都得到了全国广泛认可,我们竭诚为学生提供一次知识殿堂中的世界级体验。我们迫切希望在全球化社会背景下为每一个学生提供获得必要技能的机会,并且为探索各种形式的领导力作出自己的贡献。我们相信学生一定会带着学会的必要技能毕业,不仅仅是在工作上取得成功,而且还要健康生活、均衡发展、积极参与到社会生活中。

**假期选修项目的优先考虑事项**

- 创建并资助假期选修项目奖学金

- 资助假期选修项目包括活动材料、基本需求和旅行的花费

- 通过演讲、思考和有意义的交谈培养学生对未来发展的关键思考、公民参与和领导力技能

- 与校友、基金会和其他的伙伴联系以促进项目发展,增加每个人的首创精神

我们号召那些值得合作的人——校友、学生、教职员工、合伙人和朋友——一起参与,贡献他们的知识、经历和金融资源,帮助我们提高学生生活以便他们更好地改变世界。

关于赠品或获取与这些重要活动中的任何一个相关的更多信息请优先关注:

学生事务部门(Division of Student Affairs)

外联部(Office of Development and External Relations)

知识殿堂(Knowledge University)

http://studentaffairsgiving. knowU. edu

## ■ (二) 基金会

私人和公共基金会每年赠予成百上千的资金给有价值的课题和项目。20世纪90年代中期,领导力项目资助在基金会中成为一个被广泛接受的概念(Allen,1996)。然而,从那时起领导力项目资助某种程度上开始陷入困境,这意味着领导力教育工作者不得不努力工作为他们的项目筹集资金。

### 1. 研究基金会

一些基金会想用它们的钱资助诸如公民参与、社区行动、教育产出、冒险性团体、青年授权和各种各样的社会公正等具体的领导力话题。在基金会的网站上可以获取关于基金会的概述、创建领导力类型的信息、许可样本、联系方式信息,以及基金的支持形式,如会议和专题研讨会、种子资金、项目发展、研究或后续支持等信息。

### 2. 网页搜索

要了解过去哪些组织已经获得过基金会拨款的细目表请登录 www. guidestar. org,可免费在线注册。然后在搜索引擎输入基金会的名字,遇到 IRS 形式 990(这是公共信息)请关注,就可以看到过去几年中基金会为不同团体资助了多少钱。一些990显示了资助接受者的名单及接受的金额。其他的清单显示了这些接受者获得资助的确切数额。如果研究机构找准了一个以前资助过领导力项目的基金会,可以确定的是,相同的基金会至少对了解另一个领导力项目感兴趣。

### 3. 联系之前的捐赠受让人

可以与之前的捐赠受让人联系以了解基金会资助了什么项目。比如,如果佐治亚大学从美国本田基金会得到了一笔资助,就可以联系该大学接受资助项目的执行主管,向主管解释你正在寻找资助的项目,并且询问他是否介意分享了解的任何信息,这些信息可能会对寻求美国本田基金会资助有所帮助。

### 4. 研究基金会中心

基金会中心(www. foundationcenter. org)是调查潜在资助资源行动中相当重要的第一站。中心提供关于拨款的基金会和慈善捐赠来源的目录,并提供寻求资助的教育和培训。在纽约、亚特兰大、克利夫兰、洛杉矶和华盛顿,基金会中心的图书馆和学习中心免费向公众开放。另外,也可以通过网站(http://fconline. fdncenter. org)获取上述信息,但信息的获取是要收费的。学生事务管理者没有必要购买基金会的订阅目录。相反,发展办公室或研究生院办公室可能有一个资助管理人员,他有权访问诸如慈善事业年鉴等可供查找的资料库(http://philanthropy. com),要求其为具体的资助提供建议或宣传。机构发展促进办公室通常会让人们订阅或进入他们的数据库以搜索可能的赠款。另一个资源就是基金会检索网(www. foundationsearch. com)。

5. 与基金会建立联系

任何一个项目得到资助的关键是建立与基金会的联系。先让一个人着手建立与个人捐助者的关系,然后通过这种关系慢慢接近基金会。领导力教育工作者们会发现一些基金会不欢迎电话联系或他们要求在线联系。这给关系的建立增加了困难,但是人们应当尝试尽可能利用他们自己的关系与基金会取得联系。

在找到和自己在领导力方面持相同观点的基金会时,就意味着自己和该基金建立起了联系。在没有拿起电话与基金会联系之前就发过去一份资助申请绝对不是一个好主意。一些基金会没有网站或电话号码,意味着其员工很少或不想被电话打扰。鉴于这样的情形,你无论如何都要发一份咨询或资助申请信函作为你的初次联系方式。但是,资助申请仅是该过程中的一步。许多基金会为了看你的项目是否符合其准则,非常欢迎初步的电话联系或邮件联系。

每一个基金会都有一个董事会负责人,他能够决定哪些项目得到支持。每年成百上千的计划书会让董事会难以应付,许多计划书符合基金会的准则但是没有得到资助,是因为基金会没有足够的可用资金提供给这些项目。那么项目如何能够得到资助?一旦基金会收到其要求的所有材料,资助管理人员就会浏览计划书,收集关于计划尽可能多的信息(一些是关于申请表的电话访问或现场参观),然后将计划提交董事会批准。你的计划书不应当是几页狭隘的预算数字。站在基金会项目工作人员的角度考虑一下,如果你是他,该告诉董事会为什么这个项目非常重要,为什么它值得资助。因此,在资助申请过程中最重要的便是建立与项目工作人员的联系。简单的电话联系和简短的电子邮件交换都可能很大程度上增加获得资助的机会。不要担心:项目工作人员不会审问打电话的人,他只会问一些申请人能够回答得出的关于项目的一些简单问题。比如,项目需要完成什么、时间如何安排、从基金会得到占总投资多少比例的资助、这些资助将用于哪些方面、惠及的人数是多少、此项目下一步的计划是什么。

要接近一个基金会,最好是找最可能接触到的人。因此,如果一个朋友认识基金会董事会中的某个人,计划书可以直接交给董事会成员,这就为计划得到资助增加了许多机会。董事会成员名单可以在基金会网站、基金会图书馆或类似供查询的资料库中找到。

在寻找对项目感兴趣的基金会时,首先要寻找对你所在的大学或社区作出过捐赠、拥有共同目标或理念并且曾经为相似的项目提供过资助的本地基金会。甚至可以寻求与那些曾对你们学校提供过资金的校友或其他人的家族基金会建立长期联系,将基金会曾经成功资助的计划集中起来进行研究,从中能够得到对项目申请资助有用的东西,利用它可以更好地定位项目。例如,如果项目是基于领导力的社会正义建立的,那么展现职位和个性方式的领导力基金会可能就不是最合适的资助资源。同样的,如果基金会有地域限制,在特定社区或州资助项目,在这个范围之外的人就不要浪费时间去申请资助了。当然,一些基金会会为并不是非常符合其准则的项目提供无条件资助。然而,除非与董事会成员关系密切,否则那些成功得到无条件资助的机会微乎其微。最好投入一些时间和精力建立与基金会项目资助的直接管理人员之间的联系。

6. 调查基金会和捐赠类型

大多数的基金会都有资助项目类别。它们可能有一些数额为 25 000—40 000 美元的小的资助项目,这些项目的资金由资助管理人员自行决定拨付。跨学校的大型研究项目可以获得高达数百万美元的资助。基金会也有针对新发明和新创造的捐赠项目。所有的计划书都要有详细的预算。大多数小的捐赠项目不需要付费给捐赠管理者。在申请者提交资助计划之前,每一个机构都有得到批准的非常具体的政策。因此,应当与正确的办公室联系以确定进程和批准结果。

包括罗林德和哈里·布拉德利基金会(Lynde and Harry Bradley Foundation)、威廉·T. 格兰特基金会(William T. Grant Foundation)、凯洛格基金会(Kellogg Foundation)、莉莉养老基金会(Lily Endowment)、麦克阿瑟基金会(MacArther Foundation)、莫特基金会(Mott Foundation)、洛克菲勒基金会(Rockefeller Foundation)、斯宾塞基金会(Spencer Foundation)、约翰·邓普顿学院基金会(John Templeton Foundation)、查尔斯·杰克逊基金会(C. Charles Jackson Foundation)在内的区域性和国家性的基金会都显示出它们对有机会资助高等教育领导力感兴趣。表 9.1 是对这些基金会的概述,包括可能的领导力兴趣、最新的捐赠样本和联系信息。可以研究每个基金会以确定你的项目是否符合它们的准则。

表 9.1　精选基金会综述

| 基金会 | 领导力兴趣 | 最近资助样本 |
|---|---|---|
| 罗林德和哈里·布拉德利（Lynde and Harry Bradley）基金会 www.bradleyfdn.org | 支持能提高公民权、个人责任感和强烈道德性的首创活动（主动行为） | 拨付 290 万美元给合伙人以推进社区价值观教育（PAVE） |
| 威廉·T.格兰特（William T. Grant）基金会 www.wtgrantfoundation.org | 给年轻人提供机会以满足他们潜能充分发挥的研究和活动提供资助 | 提供 49 716 美元给弗吉尼亚大学以支持青年女性领导者项目中导师关系和青年人成就的研究 |
| 查尔斯·杰克逊（Charles Jackson）基金会 brucehjackson@ gmail.com | 支持高等教育、高等院校、中小学以及非营利组织在领导力领域、性格、生活技能、韧性、积极心理以及提升年轻人和各种成年人的潜能的相关训练等 | 提供 5 000 美元给美国宾夕法尼亚州曼斯菲尔德大学登山者领导力项目中一个无学分的领导力发展证书项目 |
| 凯洛格（Kellogg）基金会 www.wkkf.org | 通过对话、领导力发展、协作和组织新模型解决公共问题的有影响和创新精神的合作伙伴 | 给新墨西哥大学 70 000 美元，与新墨西哥进行社区对话，作为主要公共媒介项目的新墨西哥公共广场的建设，为了脆弱儿童和他们的家庭，在健康、教育和经济安全方面促进积极变革 |
| 莉莉（Lily）养老基金会 www.lilyendowment.org | 支持社区发展、教育和宗教信仰；特别强调设置那些有益青年人和领导力发展的项目 | 资助莫尔豪斯学院 200 万美元，聚焦在建设、加强和提升教会和大学为将使命与伦理、领导力和精神一起引入到校园网讨论而做出的努力 |
| 麦克阿瑟（MacArther）基金会 www.macfound.org | 帮助团体和个人促进人类环境的不断改善；主要聚焦在国际争端和人类以及社区的发展上 | 资助大约 70 万美元在尼日利亚发展领导力培训项目，以培养健康从业者 |
| 莫特（Mott）基金会 www.mott.org | 评估发展的领导力要建立在人们的需求和价值之上，要激励非营利机构中其他人的志向与潜能 | 提供 25 万美元，派遣六个小组的医生、护士，并为海地的诊所和附属医院的运转提供必需的医疗供应，支持达特茅斯学院在海地的紧急救援 |

（续表）

| 基金会 | 领导力兴趣 | 最近资助样本 |
| --- | --- | --- |
| 洛克菲勒（Rockfeller）基金会<br>www.rockfound.org | 支持那些致力于解决保证教育质量的充足资金需求问题的研究和运用 | 提供 16.1 万美元给哥伦比亚大学国际学校和公共事务机构,用来举办第 13 届丁金（Dinkins）领导力和公共事务政策论坛,讨论北部地区城市的经济发展问题。 |
| 斯宾塞（Spencer）基金会<br>www.spencer.org | 提供帮助提高教育质量的倡议支持;大致的支持领域包括教育和社会机遇以及高等教育中的组织学习之间的关系。 | 资助斯坦福大学基金会进行关于美国年青人中市民身份和市民参与度之间关系的指导研究;主要关注那些认为自己没有一般美国人所具有的真实愿景的处于社会边缘的年青人群 |
| 约翰·邓普顿（John Templeton）基金会<br>www.tempieton.org | 支持在科学和宗教、精神、健康和个性教育领域的研究和项目操作 | 资助超过 200 万美元给宾夕法尼亚大学帮助建立积极心理中心,研究引领个人和社区度过有意义和充实人生的优点与美德 |

　　另外,还要考虑那些没有对领导力项目进行过明确资助的其他基金会或公司,它们也有可能对你的项目感兴趣。例如,如果项目能够表达它们的目标或梦想,那些以鼓励多样性、青年发展或技术等兴趣为目标的基金会可能会对项目进行资助。最近,在实践中,当团队的建立拥有各种各样的学生和妇女等时,资助开始关注并转向科技、技术、工程学和数字化(STEM)这些技能。为了选拔人,资助计划可能以一些向领导力结果推进的 STEM 项目为目标。即便领导力在本地商业机构的活动中不是一个重要的考虑因素,但是它们也可能对与校园保持合作关系感兴趣。

##  三、寻找外部资助

　　识别基金会、捐助者、校友和其他潜在资助资源是重要的开端。下一步是在部门或校园中与其他人一起工作,恰当地推销项目以获得潜在的资助资源。一些学校设有机构推进办公室或补助管理办公室,这些机构将一步步推进资助进程。其他学校则仅在识别了潜在资源之后让人们来咨询。人们必须把校园发展办公室或部门的核查作为一个过程。一些学校有非常具体的草案,包括对与潜在捐赠者或基金会进行联系的人进行限制。与那些办公室达成一致意见很关键。本章接下来就简述这一过程。

## ■■ （一）最初的联系

看到基金会或公司网站上关于申请进程的细节信息后，打电话联系开始建立关系，要求直接与项目工作人员或管理者联系。如果基金会很小，有可能直接与执行主管或拨款经理联系。先介绍自己，简要解释项目，并问一下他项目是否符合基金会的准则。如果他回答符合，那么就提交投标书。如果回答不符合，在没有给出明确原因的情况下，可以礼貌地问一下原因。这虽然非常大胆，但是很有可能引发关于项目细节的进一步讨论，让双方创造性地考虑项目怎样才能符合基金会的准则。例如，一些基金会非常清楚地掌握着那些从国家资助中获取补助的团体或组织的情况。如果项目有一部分不依靠国家的资助，当事人就会通过电话联系基金会并询问其能否只看这一部分的投标书。

最初的电话联系如此重要的另一个原因是它可能提供一些基金会网站不可能提供的信息。例如，假设某人已经发现了一个基金会，这个基金会每年召开三次董事会，但是没有提交报告的最后期限。如果知道提交投标书的最佳时间，那将是最大的收获。高级项目工作人员可能说提交投标书的最佳时间是九月份，因为基金会已经下拨了接下来三个月的补助金。因此，在九月份之前，申请人的任何要求都会得到基金会礼貌地信函告知：当前的资助已经分配完了。基金会可能非常喜欢这个项目并想资助它，但是这时已没有可用的资金。如果基金会每年仅资助一项，那么非常遗憾，申请人已经错过了提交的最佳时间而必须等待一整年才能再次申请。

一旦确定项目不符合基金会的准则，申请人会被要求提交带有交谈细节或整个计划的询问信。问问投标书应当什么时候交，并保持这些谈话的准确记录将来备查。

## ■■ （二）询问信

如果被要求提交询问信，第一段请以引用过去的谈话为开端，确保信函简洁，最好控制在一页，确保使用友好而非不礼貌的语言。第一段中通常包括请求资助的数额和完整的计划。信函应当提供项目的简要情况，包括简短的描述、资助将用于什么需求，以及项目为什么很重要等。信中用现在或将来时态，确保语言的亲近感。

## ▨ （三）投标书

记住投标书就是项目工作人员告诉董事会为什么这个项目需要资助的凭证。因此，努力做到项目的人性化，避免写得很抽象。确保投标书的简单和概括，不要使用太多的文字。大金额的投标书并不一定会得到多的资助。

通常，基金会董事反对冒险。董事会成员想知道需求是什么，帮助项目怎样满足这个需求。他们也想知道基金会资助到期之后，项目继续的长期计划，因为他们想形成持续的影响。解答基金会关于准则的任何问题。不要用非常光滑的纸张提交投标书。这非常浪费钱，许多基金会也这么认为。

一些基金会有具体的投标书格式要求或格式建议。使用建议的格式是一个好主意，因为这是董事会使用的浏览投标书的方式。然而，如果申请人觉得使用建议的格式不舒服，请注意董事会要求的具体信息，确保投标书包含这些内容。除非基金会直接联系申请人，否则以下条目必须写进投标书中：

● 附函。确保附函控制在一页，在第一段中引用过去的谈话。第一段中还包括资助请求。如果基金会曾经资助过这个项目，申请人正在请求另一个资助，请确保包括基金会过去的资助如何帮助了项目的进行。第二段简要说明投标书的主要内容。除非直接联系，不要以 DVD 或光盘的形式提交投标书。在一定程度上让资助者知道如果他们想要资助，这些项目都是可实现的。回答资助者提出的任何问题，如果基金会就在附近，请求私下见见他们。签署附函的应当是受托管理资助的人。

● 执行概要。执行概要应当是一页纸的摘要，包括第一段的资助请求、简短的表述项目执行的需要。用简洁的项目概要表达基金会提供资助的与众不同。概要应当准确地描述项目并说明项目为什么值得投资。当董事会成员仔细阅读上百份投标书时，许多投标书将依靠执行概要告诉董事会成员他们需要了解什么。如果董事会成员对项目感兴趣，他们将会阅读投标书更多的细节。所以，请确保执行概要清晰、简明，并且独立。

● 需求陈述。需求陈述应当包括统计与项目数据和信息，这些来源于最大程度支持项目花费的外部资源，最多不要超过两页。需求陈述还应当包括不超过两页的引用，以及满足读者需求、项目人性化的真实生活例子。如果基金会准则对投标书有 3—4 页的限制要求，那么请对需求陈述进行合理削减。在允许投标书有许多页的情况下，请确保投标书各部分的平衡，没有多余的空间，有固定一部分空间展示项目将会满足什么需求。

● 项目描述。项目描述详细说明了项目的具体细节。项目的目标是什么？谁什么时候管理它？对象是什么？怎样进行测评？怎样对项目进行评估？项目的参与影响是什么？项目怎样继续进行下去？所有问题必须在不超过三页纸中表达出来。记住区别最终目标和客观目的。客观目的是可以被测量的。

项目的阶段时间表非常有助于向资助者显示项目已经完成了多少。如已有时间表，就不要花费太多的时间在过去的那个时间表上。当描述谁将执行项目时，确保包含全职和兼职的员工以及他们承担的角色。如果有志愿者参与，要详述有多少并写明他们是如何被招募以及接受培训的，还有他们承担的角色以及他们服务了多长时间。如果雇用顾问进行评估或从事项目的其他方面，要写明他们的作用。如果任一外部团体被许可与项目一起合作，请将他们的同意信函放进投标书。这个不要作为三页中的其中一页，要放在投标书的末尾。

持续性对资助者来说非常重要，因为它不仅说明被投资的项目是一个长期的成功项目，还说明了其他资助者对他们的支持是负责的。基金会董事最不想做的事情是资助一个项目，项目运转了一两年，然后由于资金短缺而终止。

请求基金会的支持作为预算的一部分是一个好主意，如果项目小，比如只需10 000 美元，那么不要担心，可向基金会请求支持全部预算。一些基金会不介意成为项目的全额资助者。然而，它们也非常关注项目的持续性。如果将来得不到资金支持，那么就要寻求上述类型的基金资助，并在寻找其他基金之前准备好投标书。这可向资助者表明项目的设计者已经考虑到了项目未来的情形，项目不单一依靠资助者获得成功。

● 预算。项目预算不能超过一页，应当包括工作人员费用、非工作人员费用和管理费用信息。给出关于需要项目预算的细节，比如毕业生助教薪水、教育补给经费和设备费，但要注意简单明了。最近经济起伏不定，如果你的项目持续 2—3 年，要确保将几年的经费使用图表方式呈现在投标书中。一些基金会很反对"开销"这个词，因此不要使用它。可以用 O. T. P. S 代替，或"除了工作人员的劳务费"。这些费用包括交通费、毕业生的薪俸、参展费、音像材料费用、奖金和酬金、印刷费、营销和促销材料费、技术成本、场地租金、电话费、邮费、咨询费和差旅费。预算也应当显示接收资助的形式，如资金或礼物，以及资助将会覆盖的项目部分。与项目预算相关的校园发展办公室或部门保持紧密联系非常必要，因为它们有怎样制定预算的规定。

- 组织信息。如果投标书中要呈现组织建立时间、组织的使命、承担项目、员工或董事会成员等信息，这些内容必须控制在一页以内。这是项目可以宣传他们大学成就的地方。如果有太多而无法选择，请选择那些与领导力项目最密切的。组织信息还包括小册子、年度报告、剪报和给资助者的大图像照片。不过，由于基金会不会返还所提供的材料，因此请确保送去的剪报、照片和其他材料有一份复印件。

- 小结。这是为资助最后进行的呼吁。不要超过两页，反复重申需求，并说明怎样最利于满足需求。请一定强调与基金会的合伙关系。勇敢点，如果资助者能够提供三年的资助，那么就请求三年的资助。在呼吁中带些许的感情色彩会比较好，但一定要注意，承诺的项目一定要完成。

示例9.2给出了查尔斯·杰克逊基金会（C. Charles Jackson Foundation）提供的关于成功投标的书写建议，示例9.3给出了一份成功的基金投标书实例。

---

### 示例9.2　成功申请的一些建议：来自查尔斯·杰克逊基金会

**布鲁斯·杰克逊 博士**

查尔斯·杰克逊基金会认为领导力是所有发展能力的核心。我们从幼儿园到大学一直关注领导力、个性和生活技能的教育。通过获得资助从而拥有了解世界的基础是你的第一步。对于领导力，我们的咨询委员会拥有清晰的使命。通过个人的、人际的、组织的和社区的视角理解领导力。我们将这视为"起步"的过程，并认识到领导力可以通过教育系统学习和传授。了解查尔斯·杰克逊基金会的使命是引起主管并最终引起决策委员会注意的关键。接下来我们从基金会的视角给出一些建议，可能会对你寻求资助有帮助。

**建议一：做好功课**

每个基金会都有其核心使命。一些非常清晰，有些就相当模糊。你了解并知道这些基金会的使命非常重要。浏览它们的网站或者文献资料，注意出现的高频关键词和理念。领导力教育作为主要的价值很少被直接阐述，但它经常与内容广泛的教育焦点相联系。深层次地分析教育结果显示：所要求的核心技能和竞争力与主要的领导技能和竞争力相似。找出这些联系是你的工作。如

---

果你能够识别基金会的核心价值并将你的申请与之联系起来,那么你的申请将会得到应有的关注。

### 建议二:避免"剪刀加糨糊式"的语言

基金会主管或咨询董事会非常清楚的一点是寻求资助的组织多少会夸大一些。这通常会促使基金会在自己的网站或者宣传文献中采用精确的语言。对于主管和董事会来说,将项目投标书与基金会的主要兴趣联系起来也算是尽了点绵薄之力。当撰写你的投标书时,请尝试与基金会的核心价值与目的保持完全一致。使用不合理的逻辑对补助金申请者或组织没有任何好处。

### 建议三:寻求一次深入会见的机会

如果你成功得到基金会主管或董事会的接见(通过别人或电话),请确保你准备好了。确定你非常清楚你希望回答的问题清单以及让他们知道你需要多长时间。建议你不要占用他的时间超过15分钟,并遵守你的承诺。15分钟之内,你不仅要回答最重要的问题,还要在其他申请中突出出来。记住资助的给予就是一种关系交易是非常重要的。发展超越时间的关系是成功获得资助的核心。

### 建议四:精通准则、标准

很明显,大多数基金会会使用一个非常清晰的标准来评价所有的申请。找到并了解这些标准是前提。较大的资助团体像联邦机构都会将标准提前提供给你。然而,较小的基金会可能只会让很少的一部分人知道。因此,索取这些标准非常重要。当CCJ基金会评价资助申请时,主要关注以下10个问题:

(1) 资助是否与CCJ的使命与愿景有关?

(2) 资助申请是否有清晰的关注点和目的?

(3) 资助申请的撰写是否符合规定的格式?

(4) 项目是否有可预测的结果?

(5) 项目是否有自我持续性?

(6) 项目的潜在影响是什么?实际上有多少人通过这个项目受到影响?

(7) 需求的理解程度是什么?

(8) 项目是否有独特性或能够解决独特的问题或争议?

(9) 是否对明尼苏达州有益?如果没有,是否对国家有益?

（10）捐赠晚会上是否有至少10个其他的组织分享它们实现获得捐助的过程？

记住，每一个问题最高10分，每一项资助申请最高可以获得100分。了解这些规则，提供给补助金申请者所需要的所有信息，以帮助其撰写一份更有效的资助策划书。另外，试图避免使用在基金会宣传资料中找到的准确的语言或理念，这通常会事与愿违，因此建议你在申请过程中不用对此花费大量的时间，而要好好想想你的项目与基金会的核心价值有什么联系。

**建议五：遵守格式规范**

一些组织发现"漫无目的"或"通用的"方法是填写资助申请的一种策略。然而，这很少有效。由于每年都会收到大量的申请，基金会主管和董事会成员都在寻找办法拒绝资助。如果没有按照规定的格式做，就很容易被拒绝。对于基金会来说，遵守格式规范，表明你非常尊重由主管和咨询委员会设计的规则和进程。

**建议六：展示资助的双赢本质**

当基金会主要的关注点是帮助你和你的组织获得成功时，基金会也会为当初设立的目标感到骄傲。在你的申请里要特别关注如何展示基金会对补助金的投资不仅仅是支持项目本身，也是对基金会自身的核心价值和目的的支持。你能越多地展示自己的项目是如何与基金会的使命、愿景和价值相吻合，如何使基金会通过资助过程而变得为人熟知，你就为基金会本身增添了更多的价值。

**建议七：获得反馈并建立关系**

无论资助申请被接受还是遭到拒绝，你都能够在申请过程中有所收获。你的资助申请如果遭到拒绝，你可以向董事会中某位成员或基金会主管请求5分钟时间向其简要汇报项目情况。让他知道你正在努力撰写最有效的基金资助计划，他们的评价会帮助你在未来获得更多的成功。如果你的资助申请得到支持，找出原因是什么。发现你还有哪些地方可以做得更好，这将对你将来资助申请的撰写非常重要。万一请求没有得到允许，请把它作为你长远成功的一部分。

**建议八：如果第一次没成功，请再次尝试**

因为大部分基金会收到大量的资助申请，因此申请第一次提交不太可能得到支持。多次提交是为了得到委员会或主管的关注,也会增强彼此之间的关系。出于单纯的必要性,许多基金会通常会避免建立联系,但是富有激情和毅力的申请者,特别是能和某位董事会成员取得联系的申请者往往能够打破隔阂从而得到一些有意义的反馈。这通常借助有创造性的关系网和研究来实现。但是,请注意,需要在积极主动和运用系统之间保持一种良好的平衡,真诚地请求基金会给出一个简短的反馈说明,是你从错误中学习的最好方式之一。

**建议九:建立一个类似大脑的基金会模型:拥有一个适当的系统**

撰写资助申请是一个重复的数字游戏。你撰写的资助申请越多,你的胜算就越大。基金申请书中最重要的部分就是你自己的需求描述。你资助申请中的大部分内容通常与你提交给另一个资助机构的相似。因此,可以考虑制作一张包含 10 到 20 个最有可能给予你资助的基金会名单,这样的一个体系很容易通过标准的表格生成,它将帮助你缩小申请书提交的范围。当你考虑你的电子数据表时,请参照下面的标准:

(1)基金会为领导力发展提供特别的资助吗? 如果不提供,给教育提供资金吗?

(2)基金会为你所在的区域提供资助吗?

(3)基金会提供的资助标准是多少?

(4)基金会会主动提供资助吗? 换句话说,未受邀请的人可以申请资助吗?

(5)基金会多大? 它总的评判依据是什么? 每年资助多少钱?

设置一个合适的排序体系,你会认识到哪一个基金会最有可能先申请到,接下来第二个、第三个等等。

**建议十:关系的影响力**

在一些案例中,补助金受资助者会与一个或更多基金会成员发展有意义的长期关系。虽然这不是一项准则,但是肯定能够取得令人满意的结果。与一个基金会成员保持长期关系包括这些行为如现场座谈、针对项目进行深入交谈、参与项目本身等等。不要担心,可以请求他帮助以获取其他的资助资源。如果关系比较稳固,他熟悉其他基金会,请利用这种关系获得帮助。因为基金会成员经常参加地区和国际会议比如小型基金会协会,询问是否他了解有利于未来资助的关系。可能他会将说明或规则给你。

**小结**

资助申请书的撰写既是一种艺术又是一门科学。你不仅需要了解怎样在你的需要和基金会的价值之间寻找具体的联系,还要积累建立日益稳固关系的交际技巧。在基金会的价值与你的资助申请之间的建立清晰的联系,有意识地建立联系与收集反馈是进行长期资助活动的基础。

### 表9.3 资助申请实例

这是提交给约翰·查尔斯基金会的资助申请实例,包括三个项目:社会变革的系列演讲;假期选修项目和 M-PACT——社区服务组织领导力集会。M-PACT 集会是由查尔斯·杰克逊基金会建立的。

**马里兰大学社会变革项目**
**2009 年查尔斯·杰克逊基金会资助申请格式**

| | |
|---|---|
| 组织名称: | 马里兰大学;阿黛尔斯坦普学生会校园生活中心领导力和社区服务学习组织 |
| 联系人: | 克雷格·斯莱克,主管助理 |
| 地址: | 0110 Stamp Student Union College Park,MD 20741 |
| 电话: | ×××××××××  传真:×××××× |
| 电子邮件: | ×××××××× |

**投标书概要:**

马里兰大学社会变革项目资助范围将要扩大至与社会变革相关的领导力和社区服务性学习纲领性项目。尤其要注意的是,资助支持的方面包括:M-PACT 集会——马里兰大学拥有大约 50 个奉献于服务性学习的学生组织。其中有致力于筹款和一次性社区服务体验的学生组织,也有长期致力于社区参与和支持的学生组织。这次集会将把分散的组织集中在一起以探索共同感兴趣的问题,并培育其个人和团队的能力以参与强有力的社区服务性学习中。话题主要包括:"与社区机构建立强有力的合作关系""发展有洞察力的见解""社会变革和行动主义的意义",还有组织发展和社区需求培训,以及如何让一个学生组织发展繁荣的基础等。

1. 请认清你的申请本质。

马里兰大学社会变革项目资助能够支持我们的领导力和社区服务学习项目的扩张,这些项目与社会变革密切相关并有助于提升对社区内外复杂事件的理解。多种院校的领导力调研显示其与最低能力中的一个结合就是公民——这个项目的目标是增加学生社会变革的能力。特别要指出的是,基金会会支持新发明的发展:

**M-PACT 集会**

M-PACT 集会将为关注社区服务的学生组织领导者每年安排一天集会。集会的对象有:

- 提升社区关注服务的学生组织的领导者的领导力,帮助他们更好地完成目标

- 为社区关注服务的学生组织提供一个场所进行交流对话、网络工作,分享他们的成功和挑战

- 创建一种模式进行合作(减少繁冗、增加影响、拓宽学生参与的平台)

- 促进关于复杂的社区参与的深层次对话,鼓励辨别不同点和评估他们与社区关系的本质途径和方法

- 探索围绕一次具体运动或社会事件,关注集体作用的可能性

- 使学生领导者燃烧殆尽的社区运动激情重新燃烧起来

2. 请辨别你的项目、研究等等是否与查尔斯·杰克逊基金会的使命、前景和价值相符合。

最初的动力在于建立个人和团队的能力,追求个人、小组、组织和社区目标。M-PACT 集会寻找建立致力于变革的学生社群,在他们的组织和社区中帮助他们开发促进变革的必要能力。最近,学生领导者为举行全球化的网络研讨聚集起来,明确需要更多的结构性支持以提升他们的领导能力、为如何与社区构建有意义的服务性学习关系提供指导、为学生群体间的合作提供机会。

领导力和社区服务部门的使命是"通过革新性的学习和社区参与促进积极的社会变革"。项目的独特特征在于关注学生社会变革技巧和能力的发展,这直接与我们的使命联系起来。社区参与是尝试的核心。这种尝试可以作为校

园创造合作文化的催化剂和向其他组织传播信息的潜力。

4. 请公开所请求资助的数额：13 910 美元

5. 请描述打算资助的项目资金如何拨付和使用？（用一个完整的预算表格和项目情况来描述资助的使用情况）

| M-PACT 静修会（50 个学生） | | |
|---|---|---|
| 项目 | 每人花费 | 总共花费 |
| 房屋租金 | 15 美元 | 750 美元 |
| 餐费（中餐和晚餐） | 35 美元 | 1 750 美元 |
| 试听教学 | — | 50 美元 |
| 领导力工具包（自我评估工具和引导、打印资源） | 25 美元 | 1 250 美元 |
| 演讲者酬金 | — | 350 美元 |
| 旅游（校外租车） | 7 美元 | 350 美元 |
| 总计 | | 5 000 美元 |

**房屋租金——共 750 美元**

750 美元的费用包括校园内和校园外机构的房屋租借费。

**餐费——共 1 750 美元**

项目中 50 个参与者的中餐和晚餐花费。

**试听教学——共 50 美元**

租借试听教学设备花费。

**领导力工具包——共 1 250 美元**

为 50 个人购买领导力自我评价工具和打印现场资源的花费以及其他学生参与使用工具的花费。

**演讲者酬金——350 美元**

抵消演讲者花费和旅游费用的酬金。

**旅游——350 美元**

我们将使用我们为其他项目保留的校园工具，但是可能需要租借额外的工具用于校外场所的参观和天然气费用支付。

6. 你要求直接资助还是作为某个推荐项目的一部分

我们要求直接资助。我们希望这些资金可以支持我们的校园和社区的项目的最初发展。

7. 请描述你打算如何评估你的项目的影响或作用。请估计一下项目直接和间接影响的人数。

**M-PACT 静修会**

项目的影响包括三个方面:直接影响参与到集会活动中的学生领导者(50个学生),间接影响致力于社区服务的学生组织中的学生成员(超过500个),间接影响社区成员和学生即将开展工作的当地社区机构(至少100个社区机构)。集会对学生领导者的影响将通过前期和后期评估工具进行测量,并使用领导力和公民参与度两个尺度从取得的具体学习结果方面对集会活动的效果进行评价。学习结果通过以下几个方面进行评价:

- 践行社会责任,创造有效的变革(公民参与——行动)

- 领导力、参与和社区服务性学习知识的应用(知晓、获得、整合和申请——行动)

- 发展与其他人合作的自身素质(人际关系——成为)

- 通过致力于跨文化交流,履行社会责任,支持社会正义等方式提升自身对人道主义活动的重视程度(人道主义者——成为)

- 知道如何驾驭系统(实用技能——了解)

- 项目规划(实用技能——行动)

8. 确定谁是这个项目的领导者和报告者。

我们的领导力和社区服务性学习小组将为这些项目工作并作报告。专业的员工包括:Craig Slack——主管助理,阿黛尔·H. 斯坦普学生会(Adele H. Stamp Student Union)校园生活中心行政总监,领导力研究专业辅修生,教育督导学院,全美领导力项目数据库项目部

Daniel Ostick——领导力课程开发与学术合作活动的协调者

Ramsey Jabaji——联合课外领导力项目的协调者

Elizabeth Doerr——社区服务性学习系列项目:洗礼项目的协调者

Mei-Yen Hui——社区服务性学习系列项目:项目拓展、项目策划、项目宣传活动协调者

9. 请描述怎样标识查尔斯·杰克逊基金会。

包括带有查尔斯·杰克逊基金会标志的 M-PACT 静修会的所有打印材料。此外,LOGO 也会出现在 LCSL 的网站上。和我们的学生学习结果相关的任何会议项目(包括许多会议陈述)和报告也包含基金会的标识内容。

10. 请提供所有合适的税费或 501(c)(3)信息。

见附件。

11. 请提供你们近年的报告或有证明的财务陈述。

见附件。

12. 请提供任何其他"关键的"或"必要的"信息,这些信息能够帮助我们更好地了解你真正的需求(请确保信息的简洁)。

包含所有关键、必要的信息。

13. 请(通过名字)确认你将对其作成果和学习报告的最少 10 个组织。提供一个完整的清单。

**UMD 的全美领导力项目数据库——**

美国高校学生事务工作人员协会

全美高校学生事务管理工作者协会

国际领导力协会

马里兰大学校园协议

马里兰大学学生工作人员项目(广泛的校友网络)

领导力教育工作者协会

摆脱束缚——假期选修项目资源网站(Break Away—Alternative Break resource Web site)

领导力教育工作者机构——举办领导力教育工作者会议

大学国际联盟协会

## ■■ (四) 跟进

送出投标书的感觉就像将一个装有信息的瓶子扔进大海。最终能得到回应吗?这时候要使用与基金会的联系和已经建立起来的关系了。除非申请人收到电子邮件或信函确定投标书已经收到,几天后要与基金会联系,看看材料是否收到,并询问什么时候会看。除非基金会非常大，联系中要问问参与竞争的其他投标书有多少份。

如果收到投标书八周后仍然没有消息，请再打一个电话给项目工作人员问问是否需要提供其他材料。这是更新资助者信息的好时候。例如，假设一个人向 A 基金会提交投标书寻求 25 000 美元的资助和向 B 基金会寻求 10 000 美元的资助，在等基金会 A 作决定的时候，了解到基金会 B 已经同意资助请求并将提供 10 000 美元资助，这时应当写一封信给 A 基金会，让其知道信息的更新。或者如果基金会 B 拒绝投标书请求，那么也应当写一封信让基金会 A 知道这个信息。基金会很乐意了解最新的信息。

如果被基金会拒绝，千万不要丧失希望。很多情况下可以把"不"转变成"是"。怎么去做？利用之前建立的联系。与相关人员联系，以便弄清楚我们能做些什么以使结果变得不同或者什么时候我们能再次申请。一些基金会不会告知每一个投标书被拒绝的详情。然而，如果与项目的当事人或执行直接建立了联系，他可能会提供一两条有益的忠告，并告知如何在下一个期限前重新写投标书。除了了解到的东西，在交谈之后写一封信感谢他的体贴以引起他的注意。不要因被拒绝而放弃。许多有价值的投标一开始会因为基金会没有足够的资金而得不到资助。但是，如果这个有价值的投标书不断出现，基金会再次仔细看这个项目的机会就很大。一定要坚持！记住，基金会本就是提供资助的商业机构。它们希望去投资拥有富有激情且有能力的员工的优质项目。因此，要向它们显示你的员工能够做什么！

撰写资助投标书时需要考虑的其他建议：

- 声明对本项目提供资助的人或组织的方案是什么。找到声明对项目作出至关重要贡献的人或组织的方法。可能的方法包括用捐助者的名字为材料或项目命名，给予正式的荣誉，以及在宣传材料、报告和调查论文中提及他们的贡献。很重要的一点要记住，从资助提供方申请到的资金不能用来支付声明捐赠者所需的各种费用。

- 当编辑演示材料时，一定要采纳来自外行人的建议，确保对那些不熟悉相关领域的外行人来说，材料的描述方式依然清楚易懂。

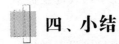

## 四、小结

虽然寻找资助似乎很艰难,但是请注意充足的资助有利于提高领导力项目的质量。在寻求资助和申请资助时应多向部门内或学校内同事寻求帮助。通过实践和参照指南,我们可以在与基金会建立联系和通过提交申请获得项目资助方面收获很多宝贵的经验。

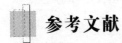

## 参考文献

Allen, K. E. (1996). Foundations, funding, and leadership programs: An interview with Larraine Matusk. *Concepts & Connections*, 5(1), 3—4, 14.

Clark, D. (1996). Creative funding of leadership programs. *Concepts & Connections*, 5(1), 5—7.

Klenke, K. (1993). Leadership education at the great divide: Crossing into the twenty-first century. *Journal of Leadership Studies*, 1(1), 112—127.

Markin, K. M. (2005, April 8). Words worth their weight in cash. *Chronicle of Higher Education*, p. C1.

Stern-LaRosa, C. M. (1996). Leadership training concepts and techniques: Raising money for leadership programs: We don't have to beat the truck. *Concepts & Connections*, 5(1), 7—8.

# 第三编

# 领导力项目的环境与内容

设计一样东西总是站在一个更广阔的环境里进行考虑,比如根据房间摆放桌椅、根据房屋设计房间、根据环境建造房屋、根据城市规划优化环境。

——埃利尔·萨里嫩

理论与学术是专业领导力项目的基础,它又反过来作为以领导力塑造为目标的设计原则被加以应用。因此,既要开发与培育合适的环境以满足项目目标,又要处理丰富多样的环境来促进领导力发展,这对确保项目成功是十分必要的。

领导力项目的范围从特定职务领导者的偶尔培训到综合模式都有,其中综合模式是专门根据学生参与者的发展需要设计的,既有学分课程,又有种类繁多的辅助课程来丰富学生的学习经历。每一所学校必须营造这样的学校环境来发展和培育学生的领导能力,这种环境的框架内容包括使命、目标、范围和结果,这些内容的独特性将会使每一个领导力项目具有鲜明的个性。

第三编呈现了一个多层次模式来探究综合领导力项目的核心纬度,指导领导力教育工作者设计正规课程和学术项目(比如辅修)过程中的实际应用,同时指导不同学生事务管理部门环境下的领导力开发等。总之,本编为领导力之所以能够被传授、被学习和被开发提供了多种多样的环境和方法支持。

# 第十章

# 学生领导力项目范式

佩奇·哈伯

领导力培养的结果日益成为美国高等院校关注的重点内容（Boatman，1999；高等教育标准促进委员会，2009）。同样，大学生领导力开发开始变成学生事务管理工作的焦点（Roberts，1997），领导力的学术研究也在大学校园里变得越来越重要（国际领导力协会，2009）。尽管学生领导力项目和课程在设计类型、时间长短和预期结果等方面存在差异，但它们在培养学生的领导能力和知识这一共同目标上却是一致的。

另外，当今社会愈来愈强调高等教育、学习与领导力的综合性（Huber 和Hutchings，2004；Western，2008；Wheatley，2006；Wilber，2000）。学生们必须能够通过课程和经验进行整合学习，随着时间的推移，最终能够在不同的情境下进行整合学习，而不是学得支离破碎（美国高校协会［AAC&U］，2004）。同时社会急需整合的对策和协作，从而齐心协力应对整个社会面临的领导力危机（Senge、Scharmer、Jaworski 和 Flowers，2004）。实际上，若没有整合的、适应的对策，任何反馈本质上都趋向于技术，而这些技术仅仅是一些狭隘的解决方法，而无法成功应对那些巨大的挑战（Heifetz，1994）。领导力教育工作者尽心尽力工作培养大学生的领导力以便为应对这一复杂世界做好准备，因此领导力项目应该使任何参与者都养成整合性学习的心智习惯。

本章的目标在于提供设计与实施校园领导力项目的模式与结构，介绍一种正规的领导力项目模式，列举很多现存项目的具体案例。本章并不是提出一种严谨的、通用的结构，也不是提供一个详尽的清单，而是仅仅呈现一些理念，这些理念反映了对领导力、学习、理论与实践的最新思考。

**一、学生领导力项目**

由于我们对什么是领导力这一概念有多重理解（见本书第二章），因此，至今人们对领导力项目由什么构成缺乏清晰的说法，结果大学校园里就出现了五花八门的新项目。这些项目从单一型、一次体验型到多层面型，种类繁多。其中一次体验型是指能够参与某一具体方面的领导经历，多面型是指需要工作一段时间，以更深入的方式培养学生的领导力。为了避免领导力教育工作者混淆不清，在此统一学术用语，对下列术语进行界定：

● **正规的领导力项目**：是指为了培养和提升学生的领导力技能、领导力知识与领导能力，通过把一系列领导力体验整合起来以提供学生一个完整的领导力体验而精心策划设计出来的集合体。

● **个体领导力体验**：是指一种精心策划设计的开发领导能力的领导力项目要素之一，比如课程或静修会，这种体验会与其他体验结合在一起形成正规领导力项目的多种维度，但是这种体验还可以作为独立的形式存在而不依赖于整个项目。

● **领导力活动**：是指个体领导力体验当中的一个具体的事件或者活动。这种活动如领导力总结概述、分派任务、讨论协商，都是精心策划与个体领导力体验和较大的正规领导力项目的领导能力开发目标相一致，因此，领导力活动是促进与提高学生学习的一种常用教学方法。

因此，正规领导力项目是由多种多样的个体领导力体验所组成，而个体领导力体验又是由各种各样的领导力活动所组成。每一个领导力活动、个体领导力体验以及正规领导力项目在设计和目标方面都应该是精心策划的。正如下面要讨论的，组成正规领导力项目的个体领导力体验（以及组成领导力体验的领导力活动）有意联结在一起，以便提供机会与指导使学生通过这些经验整合他们的学习，这一点非常重要。

尽管我们非常强调正规领导力项目的重要性，但我们也要认识到个体领导力体验的潜在优势。如果学生们不能参与一些大的正规领导力项目，但是能够参与个体领导力体验，他们依然可以受到一些熏陶和潜移默化的影响，这些都有利于学生的领导力开发。近期研究表明，那些哪怕只参与一次性领导力项目的学生在领导能力方面都高于那些从没参加过任何领导力培训的学生（Dugan 和 Komives，

2010；Haber 和 Komives，2009）。

## ▓ （一）综合的和整合的

在领导力教育的专业领域里，"综合领导力项目"（comprehensive leadership program）这一术语渐渐被用来划分领导力项目并且含有多种意思。有些人把它描述为一个四年期的项目，有的把它突出为面向全校学生开放的项目，还有的把它理解为集中使用各种各样不同学习策略的项目。"综合"这个术语被定义为："大范围的、充分涵盖或多参与"（Comprehensive，n. d）。一个项目的规模或者范围不可能是最好的评判标准，更重要的是项目元素的质量和关系，以及这些项目元素之间的相关性。一个近期领导力项目研究表明，一所学校里的领导力项目数量并不是影响总体领导能力的一个典型性因素（Owen，2008）。此外，如果依赖于校园规模、校园类型、校园文化以及可利用资源，一个大型的宏伟计划并不是那么可行。

因此，我们要努力超越当前领导力项目范畴或者规模的狭隘标准，重构项目目标，提供一种整合的学习体验来指导领导力项目的开发。高等教育界和领导力研究领域中尤其关注整合（Klein，2005；Lucas，2009），这一行动为重构项目目标提供了很大支持。术语"整合"（integrative）一词的意思是合并、把个体集合成一个整体（Integrative，n. d. ）。整合性学习需要培养人的沟通能力、反思能力并能够采取行动（Schneider，2003）。通过这种学习，学生们可以理解更深刻，意义建构更广，批判思维技能得以提高，全面发展得到保证，知识判断技能得以增强（Lucas，2009）。另外，整合性学习还有助于增强学生的社会责任感和公民参与，有助于培养学生的领导愿望，激发学生们创造积极变革的强大动机（Lucas，2009；Schneider，2003）。也可以说，这些正是领导力教育和高等教育机构追求的最重要的结果。

那么，整合性领导力项目到底什么样？整合性项目一般是把很多不同的经验、不同的内容领域和不同的机遇组合在一起来创设一个更加复杂的整体，并且这一整体能够有利于促进领导力学习。该项目能够融合校园内外、课堂内外、跨学科间的经验。项目的任何一个部分都可以看作是相互联系的而不是孤立存在的，因此，促进学生更深层次的学习与理解的正是这些相互联系的力量，而不是项目的规模和范围。（本书第五章提供了支持整合性体验的学生学习的详细信息。）

**（二）项目背景**

很多项目在环境和背景设置方面存在不同。部门项目就是指一个设在独立机构或者校园其他部门之中的项目。由个体领导力体验和领导力活动组合而成的正规领导力项目就是主要通过这种机构发展和协调起来的。跨校园项目就是指一个设在交叉功能机构或者校园范围内的项目。鉴于项目的监督,个体领导力体验和领导力活动来自于各种各样不同的部门和校园范围,也来自于不同的协作企业。不同部门和利益相关者的联合增加了经验和机遇的多样性和复杂性,同样也增加了额外的专业知识和不同观点,从而有助于创设一个更加完整的整体。另外,不同校园范围内机构之间更广泛的相互联合,能够兼顾各类学生,从而使学生更容易获得这些项目。

关于环境的另一个注意事项是与校园之外的社区之间的合作关系。社区连接(community-connected)项目充分使用社区里的资源与合作关系为学生创设更加彻底的整合性经验。把社区合作者纳入领导力项目当中来是一个成功的学生领导力项目被接纳的标志(CAS,2009)。有目的地提供这些机会能够帮助学生们把自己的所学与更广阔的社会结合起来,能够"把自己接受的教育转变成为新环境、新问题、新责任"(Schneider,2003,p.2)。

## 二、学生领导力项目范式

领导力项目范式的首要目标是在领导力项目中有助于促进学生参与者的整合性学习经验。该模式的一个最重要的基础是高等教育标准促进委员会(2009)的《学生领导力项目标准与指南》(*Standards and Guidelines for Student Leadership Programs*)。当我们审视该模式,用它来创设和划分领导力项目的时候,有几个要点需要铭记于心:

• 虽然一些项目参与者的经验具有整合性,但并不是所有的学生都是如此。正如本书第四、五章所概括的那样,信息的整合很大程度上是依靠于发展潜能与合适的学习设计相互作用的结果。一个项目应该有目的地提供经验和机会,帮助学生们获得更多的整合性经验,但并不能确保这一切一定能够发生。

• 即使学生领导力项目没有满足该模式的每一个组成部分,该项目也是有效的。

• 从该模式中无法提取一个理想的项目。不同的人群、需要、资源和结果需要采取不同类型的项目,该模式被设计成为指导正规领导力项目创设和评价标准。但它也被用于个体领导力体验的创设和评价。

正规领导力项目模式(见图10.1)包括三个纬度:

(1)学生:项目服务的对象

(2)结构:组成该项目的原理基础、资源和组成要素

(3)策略:学生们如何参与项目、学习和发展领导能力

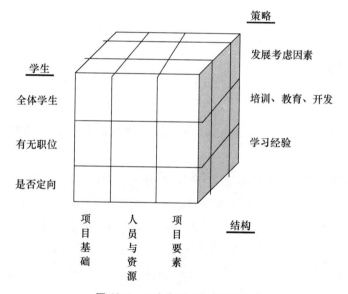

**图 10.1　正规领导力项目模式**

来源:Paige Haber。

在每一个纬度中,都有很多指导原则来指导项目开发。该模式就是被当作一个指南来审查校园里的项目和领导活动,从而为如何把这些项目变得更有意义和更具有整合性提供一些创意,同时该模式也被用作划分不同项目类型的工具。

当我们使用该模式设计和实施领导力项目的时候,需要思考的首要变量就是环境。优秀模范领导力项目都是有目的有意识地"被纳入特定的环境里"(Zimmerman-Oster 和 Burkhardt,1999,p.13)。当对项目计划和实施进行决策的时候,我们应该考虑校园类型、学生特征、校园文化以及学校环境等其他方面。一个项目在这所学校里能够成功,但到了具有不同学生或特征的其他学校里则未必能成功。针

对那些经常被忽视的、非传统的学生比如非寄宿生、成人学习者开展的项目还有一些注意事项将会在本章后面进行论述。尽管考虑校园文化和环境是十分关键的,但不墨守成规也非常重要,寻找机遇挑战现有的模式和实践规范是一个创新之路,也能够更好地促进领导力项目向前发展。

## (一) 学生

正规领导力项目模式中的学生纬度论述了项目的预期受众和可及性的相关水平。根据这些预期受众确认出哪些学生群体能够从这些不同的项目和活动计划中得到服务。学生纬度包括下列反映了相关可及性的分类:

职务的与非职务的:项目是否针对担任一定领导职务角色的学生(如学生会主席、队长、宿舍助理)。

定向的与非定向的:项目是否针对具有一定个性特征的学生(如一年级学生、女学生、希腊学生)。

开放的:项目面向所有学生,这种开放式项目既包括非职务的又包括非定向的。

这些不同项目分类具体呈现在图10.2的一个四象限模型中。象限1可以视为开放的项目,校园里的任何学生都可以参与和申请。象限2、3、4分别是为不同学生量身订制的,这些学生要么是担任正式职务的,要么是特定学生群体的一部分。

在很多情况下,开放的项目是令人满意的,也是可取的,因为该类型的项目考虑到最大范围的可获得性。但它不可能满足不同学生群体、不同学生角色的所有需要。象限2、3、4中的项目也非常有价值,正好满足了学生的特殊需要。例如,为学校里所有兄弟会和姐妹会的领导者进行单独培训或者开展领导力项目就是非常有用的事情,这些单独进行的培训或者项目与那些公开的领导力项目是不同的。同时,也有助于审查不同的校园领导力项目并甄别出这些项目可以适合纳入该框架中的哪一个象限。可能还有哪些象限或者学生群体需要我们更多地关注。

马里兰大学的领导力研究辅修专业(www. education. umd. edu/EDCP/leader-ship)包括很多领导力课程,这些课程满足了不同在校学生群体的需要。有些课程是面向所有在校学生开放的(象限1:非定向的、非职务的),如"学生领导力概论""团体组织中的学生领导力"。有些课程能够满足职务特殊需要,如"东方领导者

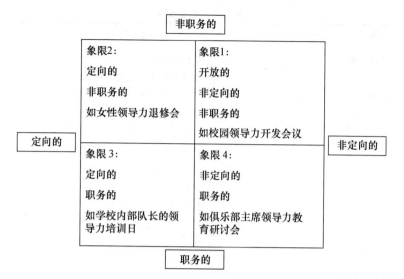

**图 10.2 学生纬度项目分类**

研讨会""希腊执行董事会领导力"(象限 3:定向的、职务的)。还有些课程涉及不同的目标群体,如拉丁裔领导力、GLBT\* 领导力、很多类似的领导者和运动(象限 2:定向的、非职务的)。象限 2 中被确定的课程面向全体在校学生开放,但是这些课程优势经过特别设计过,能够审查出特定目标群体中与领导力相关的具体问题。

## ◼◼ (二) 结构

正规领导力项目模式中的第二个纬度是结构纬度。该纬度包括项目基础、人员与资源、项目组成部分三个主要方面。这三方面的结构类型作为关键内容有助于领导力项目的有效开展,从而促进学生的学习(CAS,2009;Eich,2008;Owen,2008;Zimmerman-Oster 和 Burkhardt,1999)。该模式中,这一纬度的共同思路是**意向性**(intentionality)。有意向的项目结构与设计是模范领导力项目的关键组成部分(CAS,2009;Owen,2008;Zimmerman-Oster 和 Burkhardt,1999)。这三个方面进行分解如表 10.1 所示。

---

\* "GLBT"是一个英文首字母缩写词,是用来指称女同性恋者(Lesbians)、男同性恋者(Gays)、双性恋者(Bisexuals)与跨性别者(Transgender)的一个集合用语。

**表 10.1　结构分类**

| 类别 | 组成要素 |
|------|----------|
| 项目基础 | 使命/价值观<br>领导力研究、模式和理论<br>学习结果与评价 |
| 人员与资源 | 专业人员<br>参与项目实施的学生<br>其他相关人员（利益相关者）<br>财力资源 |
| 项目组成部分 | 义务<br>要求<br>路径与阶段<br>证书文凭 |

1. 项目基础

在创设有意向性的领导力项目中,优先确定项目基础是很重要的一个步骤（CAS,2009;Zimmerman-Oster 和 Burkhardt,1999）。一个牢固的项目基础可以作为指南来指导确定项目的其他组成部分和要素,其组成要素具体如下:

**（1）使命**　项目的使命陈述及其伴随的价值观是很重要的组成部分,并且有利于形成一个发展势头良好和成功的领导力项目（CAS,2009;Eich,2008;Owen,2008;Zimmerman-Oster 和 Burkhardt,1999）。该使命应该表述清晰、具体、容易理解、容易向别人描述。另外,项目使命应该与整个机构或者部门的使命相一致（CAS,2009;Roberts,1981;Roberts 和 Ullom,1990;Zimmerman-Oster 和 Burkhardt,1999）。在特定的机构环境下确定"领导力意味着什么"同样也可以作为一个很有价值的重要组成部分。例如,把领导力看作是能够学习的一件事情,或者确定领导力是一个过程。这些价值观不仅帮助指导项目,而且帮助人们理解领导力的真正内涵（CAS,2009;Zimmerman-Oster 和 Burkhardt,1999）。

里海（Lehigh）大学学生领导力开发办公室（www. lehigh. edu/ ~ insi/leadership/index. shtml）的使命陈述十分清晰,包括他们尽力为学生提供什么,帮助他们计划怎样来做,学生从这些项目中获得什么。这一使命也包含了每个学生都有潜能进行领导的价值观:

学生领导力开发办公室利用创新的、富含教育意义和经验的教学方法促进学生领导力发展。每一个个体都有领导潜能,我们尽力帮助所有学生通过批判性思维和有意义行动形成他们自己的领导概念。通过一系列综合的领导机会，培养学生的领导技能和相互依赖的工作能力，从而在全球化社区中成为有意义的贡献者、有远见的思考者、卓越非凡的领导者。

**（2）研究、模式和理论**　使用领导力研究、模式、理论加强了项目基础，可以帮助创设一些有根据的、与当代领导哲学理论相一致的有意向性的项目（CAS，2009；Zimmerman-Oster 和 Burkhardt，1999）。这些有意向性的项目不仅可以通过确定领导力研究、模式、理论与项目的使命及其价值观相一致来完成，而且可以通过把这些项目纳入课程内容来实现。对一个项目中的领导力研究、模式、理论进行有意识的整合不仅有助于该项目的有效性，而且有助于证实在校园里创设领导力项目是正确的，这一点是项目的可持续发展和取得成功的关键因素（Zimmerman-Oster 和 Burkhardt，1999）。（见本书第二章关于领导力理论的全面讨论。）

德保尔（DePaul）大学学生领导力协会（http://student-affairs.depaul.edu/sli）设有很多不同的领导力项目和举措，这些项目和举措都是以很多领导力模式为依据的。在学院使命和价值观的总体框架下，这些领导力项目整合了很多领导力模式，比如社会变革领导力模式、关系型领导力模式、服务型领导力模式和天主教（Vincentian）领导力模式（基于圣文生·德保的领导经历和传奇——圣文生·德保是遣使会的创立者，遣使会是一个宗教组织，其成员都是天主教徒，该组织创建和资助了德保尔大学），德保尔对社会责任领导力的界定。对这种不同的领导力模式和机构的历史底蕴进行整合有助于我们在更大机构环境下对领导力有一个更全面的理解。

**（3）学习结果与评价**　项目使命与领导力研究、模式、理论一起共同指导学生们从参与正规的领导力项目中应该得到什么收获，并勾画这些收获作为有意识学习的结果。这些学习结果一旦形成，就需要设计实施策略与这些学习结果密切配合。同时，这些学习结果应该界定清晰且具体，以便于能够衡量。另外，这些学习结果能够指导正规领导力项目的开发，同时又能够指导组成正规领导力项目的个体领导力体验的开发。

一旦项目到位，定期评估这些结果，不断评价这些项目和经验是至关重要的。（CAS，2009；Owen，2008）。确认、界定和评价这些学习结果对确保学生从这些有意识设计的项目中获得什么也是至关重要的，并且有助于项目的维持、继续发展和可持续发展。(更多信息请参考本书第五章的学生领导力学习和第八章的评价与评估。)

2. 人员与资源

人员和资源对很多成功的正规领导力项目的实施、改善以及可持续发展都很重要(CAS,2009),没有人员和资源的支持,很难将这些正规领导力项目制度化。

**(1) 人力资源** 这一可变因素包括专业人员和教师,他们都在自己的工作职责中对领导力项目作出正式承诺,这些承诺就是作为这些项目中的有关人员要帮助提供工作方向和可持续发展。认真负责并有经验的员工和教师是优秀典范领导力项目的重要因素之一(Zimmerman-Oster 和 Burkhardt,1999)。另外,这些员工应该以学生为中心,在自己的实践中指导优秀的领导力项目(Eich,2008)。

与上述这些正式角色相比,我们挖掘与项目有关的潜在人员同样很重要(CAS,2009)。如果能够提供机会让学生担任领导者、协调者、辅助者、像教师一样的角色的话,我们不仅可以提供额外的人力资源,而且可以提供有价值的体验式学习机会。另外,学生们从同伴交往中受益颇深,这种方式已被认为是衡量学生领导能力获得的一个重要预测指标(Astin,1997;Dugan 和 Komives,2010;Komives、Long-erbeam、Owen、Mainella 和 Osteen,2006)。全校范围内的或者更大社群中的项目有关人员也都能以担任某些支持角色有利于整个项目。这些支持角色如导师、顾问、研讨会主持人、客座教授、教练、实习主管等。

亚利桑那大学学生参与和领导力中心(http://union. arizona. edu/csil/leader-ship)包含许多领导力项目,这些项目涉及不同的学生群体、不同的需求、不同的结果。每一个项目都非常复杂,并且需要大量的时间、精力和资源。但该中心只有三个全职的工作人员,全体员工充分利用其他相关人员使这些项目得以顺利进行和开展。办公室其他员工担任各种各样的角色来支持这些项目,这些角色包括担任领导团体顾问、讲授课程、管理指导项目、主持研讨会等。全校范围内其他部门的员工也自愿担任任课老师、静修会顾问、案例研究比赛评委以及研讨会主持人。学生们也承担了各种角色,包括担任团队领导者和指导者、协调各种活动、提供行政支持、担任教学助理、服务领导力委员会(比如招聘委员会、进行项目规划和营销工作)。其中有的角色会稍微有一点津贴,有的角色可以获得学分,有的则纯粹是志愿者。在比较大的图森社区里,还有很多合作伙伴,包括运行合作领导力项目的当地社区学院,作为项目和实习地点、社区服务机构的很多组织。这一庞大网络的支持为项目的成功运行提供了基础,比如提高了对项目的认识、提供各种学生额外的教育切入点、拥有了机构与社区的支持、增强了学生的整合经验。

**（2）财力资源** 除了上述人力资源之外，财力资源也是实现优质可持续领导力项目的一个重要组成要素（CAS，2009；Smart、Ethingtou、Riggs 和 Thompson，2002）。研究表明机构的财政支持确保在教室内学习和通过学生服务进行的领导力开发为大学生领导力开发作出了积极的贡献（Smart 等，2002）。高等教育标准促进委员会标准详细描述了人力、财力和其他资源对领导力项目的重要性（CAS，2009）。由于整个大学财政资源继续变得匮乏，只有通过全校范围内的领导力方法的合作才能更好地使用现存的财力和人力资源。（更多详细信息请参考本书第九章领导力项目资助。）

3. 项目组成部分

项目组成部分作为正规领导力项目模式的结构纬度中的类别之一，包括参与项目必需的责任（commitment）、内容要求、途径与阶段、证书文凭。

**（1）责任** 正规领导力项目在要求学生参与的责任程度方面存在差异。这里所说的责任是指学生参与项目花费的时间和精力。在确定项目要素之前，进一步确认参与者必须履行的责任义务以及这些责任义务如何与目标人群特征相一致。

领导力项目可以在周末举行为期一周的静修会，这些项目课程的时间跨度可以是一学期、一学年甚至可以从新生入校开始一直延续到学生毕业。因此，学生有很多次机会进进出出这些领导力项目，或者也可以循规蹈矩地通过复杂顺序获得像证书一样的文凭证明。考虑到学生多种多样的兴趣爱好和责任义务，灵活的项目设计是优质领导力项目所应具备的要素之一（Eich，2008）。目标学生需要对领导力项目做到什么类型的责任义务？每一个项目需要多少时间才能实现预先设定好的学习结果和目标？回答这些问题将有助于确定项目范围。当今大学生面对很多相互冲突的需要优先考虑的事情，这一点将会大大影响到他们愿意并且能够投身参与领导力项目所花费的时间。记住，提供多样化的项目周期和实现方法来满足广大学生们的责任义务水平的需求是非常重要的，同时也要牢记项目周期和项目复杂性不一定等于学习。最近研究表明项目充分使用高效的学习策略的程度是教育获益的真正决定因素，同样表明这些可以在短时间和长时间的义务责任均可的项目环境下完成（Dugan 等，即将出版）。

**（2）要求** 正规领导力项目在对参与者的要求方面存有差异。项目可能需要一定数量的活动和具体项目，以便于参与者成为积极的项目成员或者完成这个项目。这些活动和项目是可选择的还是必须完成的？参与者必须经历哪些具体要求才能完成这个项目？那些仅仅注册的参与者、参与最少的参与者、超出要求的参与者三者之间有没有差异？在项目规划阶段对这些问题进行思考非常重要。另外，项目要求必须表达清晰，提前告知学生们，以便他们作出明智的选择。

**(3) 路径与阶段** 这一项目要素考虑到不同的学生体验。这些体验都是基于各种各样的标准，比如兴趣领域、背景、需求、项目体验、年级。路径是在较大项目当中比较专业化的途径，包含各种活动、各种项目和符合特定主题的其他要素的组合。这个路径如果以连续的方式进行，那么就可以被认为是学习共同体的形式。所谓学习共同体，就是集合一群学生参加共同的学习机会来帮助学生整合学习，获得更深刻理解的结构。这一学习共同体提供很多好处，包括"更高的学业成绩、更好的留存率、更满意的大学生活、思考与沟通质量的改善、更好地理解自我与他人、更优秀地弥合学术与社会之间差距的才能"（Lenning 和 Ebbers,1999,p.2）。

纽约州立大学杰纳苏分校的 GOLD 领导力项目（http://gold.geneseo.edu）提供各种各样的满足学生不同兴趣的证书。鼓励学生追求三个核心领导力路径，包括基本生活和领导技能、践行领导力、开发个人领导力模型。同时，该项目也提供五种不同的路径，包括志愿者和服务、多样性与文化智能、职业生涯与专业发展、信息时代的领导伦理、公民参与的高峰体验。

阶段是指一个项目当中的具体阶段或者等级。一般来说，参与者必须完成项目中的前一个阶段才能进行到下一阶段。阶段的划分有助于组织一个学生领导力项目，这个学生领导力项目是多层面的，并且参与者有着不同的班级排名、不同的经验水平、不同的过去领导力培训经历等，因此，分阶段的项目能够帮助学生获得从简单到复杂的领导力学习结果或者发展水平。此外，阶段还能够帮助学生更好地理解项目序列并按照这个正确方向开展领导力学习之旅。如果参与者投入大量的时间（如很多年）参与一个项目，分阶段能够增强参与者顺利通过项目的成就感。这些项目阶段可以按照学期、学年或者完成要求进行指定划分。

**(4) 证书文凭** 当学生参与领导力项目，确实获得很多技能和结果时，在正规领导力项目中应该颁发清晰明确的证书文凭。在领导力项目辅助课程中，通常是使用证书来承认和祝贺学生成功以及作为成功项目的标志（Zimmerman-Oster 和 Burkhardt,1999）。为参与者举行特殊的毕业仪式，或者通过学院授予毕业荣誉。因此，我们需要考虑学生的经验和成就怎样在整个项目的不同阶段得到认可，同时也要考虑参与者是否应该获得不同的证书文凭,这些证书基于完成某些特定组成部分、特殊义务或者其他条件等。

## （三）策略

正规领导力项目模式的第三个纬度是策略。策略包括学生们积极参与其中并作为正规领导力项目的一部分的那些具体的学习经验和活动。与该模式其他要素相互一致,有意识的规划、设计和实施是十分关键的,该模式的策略纬度通过下列三个层面来促进和鼓励正规领导力项目:最基础的第一个层面是学生发展的考虑因素,第二个层面是培训、教育和开发,第三个层面建立在前两个层面基础上来确定具体的学习经验。

1. 发展的考虑因素

与正规领导力项目的意图相一致,密切关注学生的发展需要是十分关键的事情。社会心理模式、认知发展和身份认同发展被认为能够确定学生操作的发展水平以及他们在这一发展水平上应该以何种方式获得支持和挑战。此外,学生发展需要的考虑因素能够影响项目的很多其他要素,比如识别项目不同阶段的学习结果及相关经验。项目发展的考虑因素同样也能指导反省活动。（本书第四章提供了学生发展理论的具体信息以及怎样与领导力发展相联系。）

2. 培训、教育与开发

考虑到学生的发展现状和发展需要,策略纬度的培训、教育与开发这一层面主要是审查学生在正规领导力项目中存有的经验类型。一个重要的区分方法就是领导力培训、领导力教育、领导力开发三者之间的差别,这通常被称为 TED 模式（Roberts 和 Ullom,1990）。这三者各自服务于不同的项目需要和学生需要:

● 培训:为提升技能和改进担任特定角色的个人成绩而设计的各种活动。

● 教育:为教育和开发处于具体职务之外的个人综合领导能力而设计的各种活动;包括那些广泛适用的领导力理论、领导力方法和领导力模式的教育。

● 开发:为解决学生在各种情境下的领导力复杂性、整合性和领导力熟练程度方面的成长而设计的各种活动。

由于上述不同的项目类型以及不同的预期受众,学习结果有可能会不同。

3. 学习经验

策略纬度中的最后一个层面包括学生参与整个正规领导力项目的各种经验。

这些学习经验以正规领导力项目模式的所有其他要素为基础：预期的学生受众、项目的基础和结构，以及其他策略水平。正规领导力项目经常由很多经过系统组织的个体领导力体验组成，很多成功的领导力项目也包括一系列广泛的学习机会（CAS，2009；Zimmerman-Oster 和 Burkhardt，1999）。虽然一些项目可能是纯粹的课程或者辅助课程，但很多项目是两者的紧密结合，既提供有学分的学术课程又提供课外辅助课程经验。囊括在课程和辅助课程这一比较广泛的分类中有很多额外的策略需要考虑，具体包括跨学科学习、体验学习、自我反思和朋辈领导。

**（1）课程要素**　课程要素是指一个领导力项目中的学术或者学分组成部分，比如有学分的学术课程。齐默尔曼－奥斯特（Zimmerman-Oster）和伯克哈特（Burkhardt）确定了课程组成部分作为优秀领导力项目的标志性特征，尽管我们认为没有学术或者学分，项目也可以是优秀的。课程的形式包括领导力课程概论、中级领导力课程和高级领导力课程。这些课程有的关注一些特殊主题，比如公民参与、服务或者军事领导力等，有的则关注一些特殊群体，比如非裔美国人（美国黑人）、女性、女同性恋者、男同性恋者、双性恋者和变性人的领导力问题。除了这些领导力课程之外，那些关注领导力学习结果并且有学分的实习课程也可以被列为课程要素。一些高校就开展了领导力辅修专业、领导力主修专业或者领导力证书项目。（本书第十一章涉及了领导力课程设计、领导力课程需要考虑的因素。）

**（2）辅助课程要素**　辅助课程要素经常由学生工作部门协调和提供。它是在传统课堂环境之外涉及领导力培训、教育与开发但没有学分的学习体验。高等教育标准促进委员会标准（2009）强调这些学习体验应该主动学习。这些体验的范围从研讨会、服务机会到高端项目、项目组合。这些辅助课程要素是学生领导力学习的关键组成部分（Zimmerman-Oster 和 Burkhardt，1999）。（本书第十二章提供了有关特殊辅助课程项目的更多内容。）

**（3）跨学科学习**　通常与 TED 模式中的教育部分有关（Roberts 和 Ullom，1990），跨学科学习需要培养不同学科与不同领域之间的关联，以便获得理解和参与的新方法（Klein，2005；Lucas，2009）。跨学科学习也是涵盖在整合性学习之下的一种学习类型（Klein，2005）。关于领导力的跨学科学习和整合性学习都被强调作为一个领导力项目的重要内容领域（CAS，2009）。跨学科学习与领导力研究密切相关，因为领导力是很多不同学科都研究的复杂概念，这些学科包括但不仅仅局限于政治科学、管理、历史、心理学、社会学、人类学、生物学、教育学、哲学与公共管理

（Sorenson,2007）。实际上,许多这样不同的学科都已经形成了各自的领导力分支学科。关于领导力研究的整合视角就可以利用这些不同的学科,创造更加完整的和多方面的理解。

**（4）体验学习**　在本书第五章对此已有详细论述。体验学习是参与一种经验,并把该经验联结到一种概念和想法,反思这种经验,最终生成意义和改变行为的学习策略（Kolb,1984）。掺入体验学习的机会是优秀领导力项目的标志性特征,也应该作为任何一个项目的关键内容。体验学习是一个强大而重要的学习策略,它有助于向学生提供真实体验,并且能够激励转换学生不同的生活方式,从而巩固学生的学习。另外,体验学习向学生提供那些倡导主动学习的领导力培训、教育和开发,本身也是非常具有吸引力的。

**（5）反思**　反思是帮助学生从他们的经验中生成意义的强大而重要的工具（Kolb,1984）。因此,反思也是成功的领导力项目中必不可少的组成部分（CAS,2009;Eich,2008）。反思可以与具体经验相结合或者包含在领导力项目中作为一个持续的活动。反思的过程可以帮助学生更好地理解概念或者更好地理解自己的经验,审视这些对他们个人意味着什么以及这一切如何影响他们,从而形成了更强的自我意识。反思可以在个体层面上进行（如撰写日志）,也可以与其他人一起进行（如举行大小型的团体讨论）。另外,激励和促进"行动中反思"是提升与时俱进的变革型领导力的最好实践（Torbert,2004）。如果没有反思和处理这些经验,学生不可能达到学习目标,或者仅仅依靠这些经验以及这些经验对个体的影响,甚至有可能对学生造成伤害。

**（6）朋辈领导**　朋辈领导是在朋辈团体中参与学习和践行领导力的一种策略。朋辈交往在大学生领导力开发过程中发挥着重要作用（Astin,1997;Dugan 和Komives,2010;Komives 等,2006;Pascarella 和 Terenzini,2005）。在领导力项目实施过程中利用学生在很多方面都有好处:参与者从他们的朋辈中学习领导力,朋辈领导者在项目实施中获得有价值的领导力经验,同时还具有拓展人脉的好处。对朋辈领导者进行充足的培训、持续的支持和能力开发应该包括在项目设计当中。（朋辈领导作为一种教学策略在本书第十三章中有论述。）

伊隆（Elon）大学的伊莎贝拉佳能领导伙伴项目（Isabella Cannon Leadership Fellows Program）（www. elon. edu/leadership）就是一个四阶段的项目,在项目的每一个阶段中充分使用上述的学习经验。例如,在该项目的阶段二,学生报名参加团体动力学和公民权利的领导力课程（课程、跨学科），参加伙伴论坛和其他课外活动（辅助课程），参加团体项目和静修会（体验学习），参加研讨班的反思活动和带有年终经验推广活动的小型团体项目（反思），担任朋辈领导者角色，与朋辈们一起参与小型团体工作（朋辈领导）。

俄勒冈州立大学领导力开发中心（http://oregonstate.edu/sli/center-leadership-development）使用下列问题指导其领导力项目开发：

- 项目为谁服务？（学生纬度）
- 项目基础是什么理论框架？（结构纬度）
- 与领导力相关的发展关注点是什么？（策略纬度）

教师们为那些具有不同领导力经验的学生设计不同的领导力体验项目，需要利用社会变革型领导力、服务型领导力、关系型领导力和变革型领导力的概念和理论基础，并且考虑到学生的发展以及学习领导力认同发展模式、体验学习、参与理论。这个项目的很多方面都需要全校其他职能部门和学院参与合作才能完成。该项目可以划分为三个主要层级（见表10.2）。

本章上一部分介绍了正规领导力项目模式以及组成这一模式的各个部分和要素。该模式的基础是对强调校园文化和学生群体个性的项目背景进行仔细考虑。一个高效的领导力项目将会成功地满足多样化的学生群体的各种需求。本章下一部分将介绍满足这些多样化学生群体而开发项目时需要考虑的问题和注意事项。

**表 10.2　俄勒冈州立大学领导力项目的三个层级**

| | 第一层：联系 | 第二层：挑战和贡献 | 第三层：反思与革新 |
|---|---|---|---|
| 学生人群 | 新兴领导者 | 积极参与者 | 优秀的学生领导者 |
| 目标 | 让学生与领导力理论和理念初步知识、领导机会、社会变革项目、社区等建立联系 | 支持学生通过教育、咨询和有意义的项目经验进行探究、发现和挑战 | 提供集中于知识整合的有意义的反思顶峰体验，为担任领导角色的学生提供导师制和教学经验 |
| 经验案例 | 未来领导者研讨会与社团组织建立联系 | 优势探索；服务型学习项目 | 一年期的体验课程；学生朋辈相互建设性指导 |

## 三、多样化学生群体的考虑因素

在当前大学生中，很多经常被忽视的学生群体占很大比例。领导力项目向全校所有学生开放并为他们提供机会,这一点非常重要,因此应该考虑多样化的学生群体的需要。当然,这些群体的需求是有重叠的(如成年学习者、社区学院学生、非寄宿学生),因此对其中一个类型的学生所考虑的问题和注意事项的分析也会有助于其他类型的学生。下面所述的就是满足这些学生群体的特殊案例。

## ■ (一) 成人学习者

自从 1980 年开始,在两年制和四年制的大学校园里,成人学习者的人数剧增(Kasworm,2003)。成人学习者经常被界定为年龄在 25 岁以上的学生,最近成人学习者的人数约占所有大学生比例的 40% 以上(Lumina Foundation,2010)。成人学习者相对于传统的老年大学学生更有不同的动机和优先考虑的事情,并且经常担负着工作和家庭的额外责任(Kasworm,2003)。由于成人学习者可以自由支配的时间受限制以及优先考虑的事情又很多,学生们需要领导力项目与他们的生活密切相关,为他们量身定做来满足需求。如时间、地点和传统学院结构等很难让成人学习者充分参与大学体验(Flint 和 Frey,2003)。多种准入方式的领导力项目以及多种选择的项目要求和义务能够适应成人学习者繁忙的时间安排表。此外,对成人学习者来说,短期的个体领导力体验比那些具有很多要求的长期项目更有现实意义。对已经有孩子的成人学习者来说,在开展领导力项目期间也给这些孩子安排一些活动,会使成年学生更喜欢获得这样的机会(Jacoby,1995)。成人学习者最优先考虑的主要事情之一就是职业准备(Kasworm,2003)。因此,重视职业相关的领导力技能和展示领导力发展的相关案例非常关键。如能帮助成人学习者看到领导力可以渗透到他们生活的很多方面(如在家长教师联合会、教会团体的社区参与,或者日常生活),会提高他们参与的积极性。

## ■ (二) 社区学院学生

社区学院为各种各样的学生服务。这些学生包括少数民族和种族的学生、学业成绩不好的学生、社会经济背景较差的学生、成人学习者、想提前上大学的高中生,以及更多"传统的"大学生(Martens、Lara、Cardova 和 Harris,1995)。此外,社区学院学生的教育和职业规划通常从选择自己感兴趣的课程到考入四年制大学中去。由于这些学生人口统计数据和教育目标的范围显著不同,因此确认哪些项目的目标针对哪些学生十分重要。选择课程以期获取技术专长的中年妈妈与计划两年后考入四年制大学的 18 岁学生是截然不同的目标受众。因此,领导力项目应该是丰富多样的、灵活的、具有多种准入方式。像成人学习者一样,社区学院学生也面临挑战,因为他们通常要花费大量的时间在实体校园。寻找实施项目的电子化方式,如虚拟社区,也许有助于覆盖更多的学生,这些学生在他们方便的时候可以随时参与虚拟社区(Martens 等,1995)。

皮马(Pima)社区学院开设了一个三级领导力项目,又被称为皮马领导力协会(http://ualmain. orgsync. com/org/bluechip/pli)。这个项目非常灵活,允许学生采用不同的方式完成项目要求,如参加静修会或选修课程。多次在不同的校区里举办研习班,可以适合学生不同的时间安排,使学生更容易获得参加的机会。该项目也受益于开设有学分的课程,这使得学生比参加一般的课外活动积极性高。此外,该项目与亚利桑那大学的领导力项目密切合作,可以帮助学生顺利过渡到亚利桑那大学提供的正规领导力项目。

## ❖❖ (三)非寄宿学生

非寄宿学生、成人学习者和社区学院学生在人员上有所重叠,并且有很多共同的特征,有同样的考虑因素和注意事项。非寄宿学生就是那些在学校内没有住处的学生(Jacoby,1995)。提供多次领导力项目需要考虑非寄宿学生参加项目的便利性。另外,想方设法把领导力培养整合在有学分的课程里或者实习当中能够更好地提高非寄宿生的兴趣,使他们更积极地参加这些项目(Jacoby,1995)。由于学生的时间限制,领导力教育工作者强调不同领导力项目机会中参与的重要性和好处非常重要,这样也许比住在校园里的学生都要重要(Dugan、Garland、Jacoby 和 Gasiorski,2008)。此外,想办法帮助学生把领导力与他们个人的生活各方面联系起来(如家庭和研习班)有助于学生的学习与整合(Dugan 等,2008)。最后,利用各种各样的方式向非寄宿生营销领导力项目可以帮助学生意识到各种机会。营销应该更强调与参与正规领导力项目有关的好处和利益,而不仅仅是社会整合。

丹佛大都会州立学院是拥有很多成人学习者的四年制的非寄宿学校。他们的领导力项目(www. mscd. edu/studentactivities/leadership/)设计成为开放的、容易获得的项目,这与学院提倡可及性和机会的使命相符合。该校很多学生不能自然而然地把自己看作领导者,并且也没有获得领导职务的角色,更没有被认为具有领导潜能。领导力教育工作者发现与全校的教职工合作是有帮助的,他们可以让教职工们提名学生们来参加领导力项目。全校教师们大力宣传该项目,把它作为教室里和其他领域中的有价值的机会。教师们举行一天会议,迅速与这些学生见面,通常对学生来说,投入一天时间进行领导力的专业学习要比一系列持续的活动和连续几天的体验要容易得多。另一个与教职工合作的成功策略就是邀请他们参与课堂作为嘉宾发言或者举行研讨班。随着最近开展领导力研究副修专业和有学分的领导力课程,越来越多的学生有机会参加到领导力教育和开发中来。

## ■■ (四)研究生和专业学生

按照惯例来讲,研究生和专业学生不是学生事务项目和服务的焦点。然而,最近服务这一群体的重点和焦点日益提上日程(Hiscock 和 Harris Perin,2010)。由于研究生日益关注学术和学校之外的额外生活责任,他们很少与学术项目之外的工作人员和部门打交道(Hiscock 和 Harris Perin,2010)。与不同学术部门的人保持联系,并寻求办法通过部门把信息传递给学生,比如通过专题通信服务(因特网上的邮件自动分发系统),就有可能让学生及时了解正规的领导力项目。

像成人学习者一样,研究生经常关心职业准备。为研究生量身定做领导力项目强调特殊领域和职业中的领导力将会大大提高他们的兴趣。吸引研究生的另一个方法就是与部门合作实行学徒制和实习制,从而把领导力培训或教育与课堂教学为主的实习部分融合在一起。

## ■■ (五)国际留学生

国际留学生代表了一个多样化的团体,该团体具有不同的文化背景、不同的上大学的理由,并对当地文化有了接触和体验(El-Khawas,2003)。国际留学生一般就读四年制的大学,其中一半被录取为本科生,一半被录取为研究生(El-Khawas,2003)。文化冲突和适应问题是国际留学生在大学校园内外面对的最严峻的挑战(Zhai,2002)。除了适应当地文化之外,国际留学生对如何理解西方的领导力还存在一定的挑战。因此,认识到领导力由于文化不同理解也不同十分重要(House,Hanges,Javidan,Dorman 和 Gupta,2004)。按照美国文化方式理解和践行领导力对来自不同背景的学生来说是不舒服的或者没有什么意义。另外,语言障碍也有可能阻碍理解。考虑寻找途径了解国际留学生如何理解领导力并鼓励他们使用一些新方法来思考领导力,这些新方法要融合自己的想法而不是代替自己的想法。当我们的世界和领导力理念日益全球化时,针对领导力的不同视角也必然增加价值这一因素。

关于西方领导力模式如何适应于在美国学习的国际留学生或者如何适应于很多在其他国家开展教育的西方大学还有很多有待研究。卡内基梅隆大学卡塔尔分校(CMU-Q)(www.qater.cmu.edu/160/leadership-resources)是卡塔尔基金会的教育城的一部分,位于阿拉伯湾。该校有各类学生,主要来自阿拉伯湾地区。卡内基梅隆大学卡塔尔分校的学生开发人员已经创设了领导力项目,包括为大一学生和转校学生举办的领导力开发研讨会,以及为大二学生举办的后续提升项目。这些项目关注西方的社会变革型领导力和真诚领导。教职工们发现强调个人行动和非领导中心的变革具有很大的挑战,这些是社会变革模式强调的,然而教职工们仍需要考虑权威以及相应地有关年龄、经验、职务、班级等卡塔尔文化。教职工已经成功发现适应领导模式和课程的方法。特别是强调公民的重要性,强调不论他们的社会地位如何而为社会作出的积极贡献。卡内基梅隆大学卡塔尔分校考虑到学生的其他文化特征,如家庭的重要性。很多当地学生与他们的家族生活在一起,即使他们大学毕业以后还是继续与他们的家族住在一起。此外,很多学生从来没有工作过,也从来没有到卡塔尔之外的地方旅游过,并且他们不会开车。这些对"个人自主性"产生了不同的理解。因此,考虑到学生带着他们自己的文化特征进行生活服务和工作是卡内基梅隆大学卡塔尔分校实施西方模式的一个很重要的策略,这一策略也同样适用于在美国求学的国际留学生。

## ▨ (六) 转校学生

四年制大学校园里的转校学生人数不断增加,越来越多的社区学院学生有目的有计划地转到四年制大学里(Berger 和 Malaney,2003)。转校学生是一个经常被忽视的群体,经常会错过最初的校园社会化与获得校园信息和资源的机会。此外,转校学生还面临转变冲突,影响他们的社会交往和学习成绩(Berger 和 Malaney,2003)。于是,寻求方法伸出双手帮助这些转校学生,让他们参加项目,分享信息,不仅有助于他们的领导力开发而且有助于他们与校园之间的关系融合。领导力项目的多种准入方式对整合转校学生具有很大作用。如果学校有一个四年期的领导力项目,有没有方法让一个大三转校学生参加这个项目? 或者有没有其他机会让他们从项目中受益? 此外,还要考虑项目的招生一般是在秋季和春季。如果社区学院和大学之间有一个沟通反馈渠道,建立领导力教育工作者与社区学院之间的联系将会有利于转校学生,帮助他们从转校一开始就积极参与领导力项目。

# 四、小结

本章论述了有意识地设计和实施促进整合学习的正规领导力项目的必要性。正规领导力项目模式提供了很多指导原则和项目组成部分,以及服务不同学生需要考虑的特殊注意事项。使用这个模式作为指南有助于项目开发和项目持续创新评估。最重要的是,要关注于有意识地提供更深刻更整合的领导力学习的机会。

开发和协调领导力项目是一个持续不断的过程。重要的是时刻洞察校园变化和不断变化的学生需求,追踪领导力研究、模式和理论的新进展,知晓校园内或更大社区中的新机会。最后,尽管规划和设计项目很重要,而愿意听取和信奉"不确定性"也是必要的,因为项目进展并不总是按照计划那样运行(Clamppitt 和 DeKoch,2001)。采用质疑、灵活性、创造和革新的立场不仅可以改进项目,而且可以塑造我们努力在学生中开发的领导力模式。

# 参考文献

Association of American College & Universities (AAC&U). (2002). *Greater expectations:A new vision for learning as a nation goes to college.* Washington, DC:Author.

Astin, A. W. (1997). *What matters in college:Four critical years revisited.* San Francisco, CA: Jossey-Bass.

Berger. J. B. ,& Malaney,G. D. (2003). Assessing the transition of transfer students from community colleges to a university. *NASPA Journal*, 40,1—23.

Boatman,S. A. (1999). The leadership audit:A process to enhance the development of student leadership. *NASPA Journal*,37,325—336.

Clampitt,P. G. ,& DeKoch,R. J. (2001). *Embracing uncertainty:The essence of leadership.* Armonk,NY:M. E. Sharpe.

Council for the Advancement of Standards in Higher Education [CAS]. (2009). *CAS standards for leadership programs.* Washington,DC:Author.

Dugan, J. P. , Bohle, C. ,Gebhardt, M. , Hofert, M. , Wilk, E. , & Cooney, M. (in press).

Influences of leadership program participation on students' capacities for socially responsible leadership. *Journal of Student Affairs Research and Practice.*

Dugan, J. P. , Garland, J. L. , Jacoby, B. , & Gasiorski, A. (2008). Understanding commuter student self-efficacy for leadership: A within-group analysis. *NASPA Journal, 45*, 282—310.

Dugan, J. P. , & Komives, S. R. (2010). Influences on college students' capacity for socially responsible leadership. *Journal of College Student Development, 51*(5), 525—549.

Eich, D. (2008). A grounded theory of high-quality leadership programs: Perspectives from student leadership development programs in higher education. *Journal of Leadership and Organizational Studies, 15*, 176—187.

EL-Khawas. E. (2003). The many dimensions of student diverstiy. In S. R. Komives& D. B. Woodard( Eds. ), *Student services: A handbook for the profession* (pp. 45—62). San Francisco, CA: Jossey-Bass.

Flint, T. A. , & Frey, R. (2003). Alternative programming for adults. In D. Kilgore & P. J. Rice (Eds. ), *Meeting the special needs of adult students* (pp. 69—79). San Francisco, CA: Jossey-Bass.

Haber, P. (2010). Progressive leadership: Models and perspective for effective leadership. In K. A. Agard( Ed. ), *Leadership in nonprofit organizations* (Vol. 1, pp. 312—320). Thousand Oaks, CA: Sage.

Haber, P. , & Komives, S. R. (2009). Predicting the individual values of the social change model of leadership development: The role of college students' leadership and involvement experiences. *Journal of Leadership Education, 7*(3), 123—156.

Heifetz, R. A. (1994). *Leadership without easy answers.* Cambridge, MA: Harvard University Press.

Hiscock, J. , & Harris Perin, K. (2010). *Leadership insights and applications series: Graduate and professional student leadership.* College Park, MD: National Clearinghouse for Leadership Programs.

House, R. J. , Hanges, P. J. , Javidan, M. , Dorman, P. W. , & Gupta, V. (2004). *Culture, leadership, and organizations: The GLOBE study of 62 societies.* Thousand Oaks, CA: Sage.

Huber, M. T. , & Hutchings, P. (2004). *Integrative learning: Mapping the terrain.* Washington, DC: Carnegie Foundation for the Advancement of Teaching and Association of American College &Universities.

Interntional Leadership Association [ ILA ]. (2009). *Directory of leadership programs.* Retrieved from www. ila-net. org/Resource/Links/LPD/index. htm.

Jacoby, B. (1995). Broadening leadership opportunities for commuter students. *Concepts & connections, 3*(2), 1—4.

Kasworm, C. E. (2003). Setting the stage: Adults in higher education. In D. Kilgore & P. J. Rice (Eds.), *Meeting the special needs of adult students* (pp. 3—10). San Francisco, CA: Jossey-Bass.

Klein, J. T. (2005). Integrative learning and interdisciplinary studies. *Peer Review. 7*(4), 8—10.

Kolb. D. A. (1984). *Experiential learning*. Englewood Cliffs, NJ: Prentice-Hall.

Komives, S. R., Longerbeam, S. D., Owen, J. E., Mainella, F., & Osteen, L. (2006). A leadership identity development model: Application from a grounded theory. *Journal of College Student Development, 47*, 401—418.

Lenning, O. T., & Ebbers, L. H. (1999). The powerful potential of learning communities: Improving education for the future. ASHE-ERIC Higher Education Report (Vol. 26, no. 6). Washington, DC: George Washington University Graduate School of Education and Human Development.

Lucas, N. (2009). The influence of integrative and interdisciplinary learning. In B. Jacoby (Ed.), *Civic engagement in higher education* (pp. 99—116). San Francisco, CA: Jossey-Bass.

Lumina Foundation. (2010). *Adult learners*. Indianapolis, IN: Author.

Martens, K., Lara, E., Cardova, J., & Harris, H. (1995). Community college students: Ever changing, ever new. In S. R. Helfgot & M. McGann Culp (Eds.), *Promoting student success in the community college* (pp. 5—16). San Francisco, CA: Jossey-Bass.

Owen, J. F. (2008). *Towards an empirical typology of collegiate leadership development programs: Examining effects on student self-efficacy and leadership for social change* (doctoral dissertation). Retrieved from *Dissertations and Theses* (ProQuest). (AAT 3324779)

Pascarella, E. T., & Terenzini, P. T. (2005). *How college affects students: A third decade of research. San Francisco, CA*: Jossey-Bass.

Roberts, D. C. (1981). Introduction. In D. C. Roberts (Ed.), *Student leadership programs in higher education* (pp. 3—6). Carbondale, IL: American College Personnel Association.

Roberts, D. C. (1977). The changing look of leadership programs. *Concepts & Connections, 5*(2), 1—14.

Roberts, D. C., & Ullom, C. (1990). *Student leadership program model*. College Park, MD: National Clearinghouse for Leadership Programs.

Schneider, C. G. (2003). Liberal education and integrative learning. *Issues in Integrative Studies, 21*, 1—8.

Senge, P. M., Scharmer, C. O., Jaworski, J., & Flowers, B. S. (2004). *Presence: Human purpose and the field of the future*. New York, NY: Society for Organization learning.

Smart, J. C., Ethington, C. A., Riggs, R. O., & Thompson, M. D. (2002). Influences of institutional expenditure patterns on the development of students' leadership competencies. *Research in Higher Education*, *43*, 115—132.

Sorenson, G. A. (2007). An intellectual history of leadership: The role of James MacGregor Burns. In R. Couto (Ed.), *Reflections on Leadership* (pp. 19—30). Lanham, MD: University Press of America.

Torbert, B. (2004). *Action inquiry: The secret of timely and transforming leadership*. San Francisco, CA: Berrett-Koehler.

Western, S. (2008). *Leadership: A critical text*. London, UK: Sage.

Wheatley, M. J. (2006). *Leadership and the new science: Discovering order in a chaotic world* (3rd ed.). San Francisco, CA: Berrett-Koehler.

Wilber, K. (2000). *A theory of everything*. Boston, MA: Shambhala.

Zhai, L. (2002). *Studying international students: Adjustment issues and social support*. (ERIC Document Reproduction Service No. ED474481). Retrieved from ERIC (Educational Resources Information Center) database.

Zimmerman-Oster, K., & Burkhardt, J. C. (1999). Leadership in the making: Impact and insights from leadership development programs in U. S. colleges and Universities. *Battle Creek, MI: W. K. Kellgogg Foundation*.

# 第十一章

# 学生领导力项目的课程

费利西娅·曼努埃拉

马莉娜·马丁内斯·洛夫

有的高等教育机构设有成功的领导力项目辅助课程,但又意识到通过学院专门开设具有学分的领导力课程可以让更多的学生前来学习。有的基于校董的战略规划布局决定启动领导力项目课程。还有的已经开设了一些交叉学科的领导力课程,并且教职工认为创办领导力辅修专业比较容易。尽管一个大学或学院已经有理由开始开发领导力课程项目,但作为负责此项工作的教职工仍有许多决定要作,在管理课程项目过程中可以参考指导纲要获得帮助。

本章是为专门负责开发独立的大学生领导力课程、领导力辅修专业、领导力主修专业的领导力教育工作者而设计的。想修订和更新现有课程和项目的领导力教育工作者也会在本章发现可取之处。本章旨在简化相关课程和项目的创办过程,但很多因素仍依赖于举办机构的个体特征。

在这一章里,首先展现给领导力教育工作者的是一些确定实施何种项目以及实施课程计划时需要考虑的问题,其次介绍涉及课程和项目设计的各种组成要素,包括学习与发展结果、课程与项目内容、教学大纲确立、课程与项目批准流程。另外,也涉及选拔和培训课程指导教师以及实施评估的话题。同时,还提供了有关基础学科课程、辅修专业、主修专业的案例。

##  一、确定课程类型与所属学科

因为学分制领导力课程的授课方法并非一种,所以在开发领导力项目课程过程中的第一步就是要弄清楚学院感兴趣的课程类型。其关注点是在实施基础性的领导力课程、为目标群体或专业学科整合一个或多个领导力课程,还是提议开设领导力辅修专业或主修专业。建议由领导力教育工作者去完成环境审查以考察校园中与领导力课程有关的科目哪些已经在授课了,其目的不仅仅是帮助防止精力的重复浪费,也有助于确立方向。而确立课程关注点之后需要作的决定是在哪里开设这些独立课程、辅修专业或者主修专业。有些机构作这样的决定很容易,因为当专门为学生启动这一项目时,某一学科领域的教职工是受院系部门支持的。然而,如果是学生事务部门的相关教职工开展这一项目或者意图是让该课程或项目实现跨学科,就难以作出这样的决定。事实上,关键在于学生事务部门的领导力教育工作者要与在此学科相关的领域甘愿带头的几个或多个教职工通力合作。以下是确定项目计划所属学科时需考虑的几个问题:

- 该项目是一个单学科领导力项目、多学科项目还是跨学科间的领导力项目?
- 是否有某些专业院系、学院或培训单位(如继续教育、公共政策等)明确对此类计划表示支持,或拥有有领导力课程教学资历背景的教职工和资源? 如果不是,你如何获得此类的支持?
- 确立和实施这一领导力课程项目时,学生事务部门起到了什么作用?

当有关课程项目的类型和潜在的所属学科等问题解决了,并且有明确的教职工作为主要发起人,领导力教育工作者才能进入课程与/或项目设计过程。本章接下来的部分提供了一些在课程项目开发过程中要问的问题以及要考虑的建议标准。为此,本章使用的许多案例的关注点都在基础性领导力课程上。

## 二、课程设计

一般设计课程的人一开始会很自然地列出他们计划涵盖的主题清单,然后针对每个主题开出一些讲座或活动。这种"学科中心"的课程设计路径之所以受欢迎在于它是一个相当快捷简易的过程(Fink,2003)。但是,领导力教育工作者会采用一种以"学习中心"的方法来设计更富创见和系统化的课程。援引《创造卓越学习体验》(*Creating Significant Learning Experiences*)一书作者芬克(Fink,2003)的话说,这种方法过程是一种"整合式课程设计",他还提出在初始设计阶段,设计过程有四个关键组成部分:环境因素、学习目标、反馈与评价、教学活动(p. 62)。领导力教育工作者需要确保在这些关键地方所作的决定是互相联系的。确定课程话题或主题、指导策略、课程结构、评分方法、大纲内容以及课程评价工具是在课程设计的第二、三阶段要作的决定(参见本书第五章,回顾学习结果在课程设计中的关键意义)。

## ▨ (一) 影响课程设计的因素

在急于做课程设计所需的决定方案前,教育工作者需要识别可能影响到建立准确的学习目标、评估方法及学习互动的因素。这些因素包括课程类型、课程背景(即水平、学生人数、授课以及时间安排)、教学关注点、受众和学生的类型特征。

1. 课程类型

获知在授的领导力课程类型有助于简化设置学习目标。面对领导力这么宽泛的主题,领导力教育工作者应当认识到靠一门课很难充分涉及这一复杂领域,因此他们需要清楚领导力的一些特别关注点。领导力课程类型包括领导力概论、领导力情境、领导力伦理、全球领导力、领导力与多样性、团队动力(本书第十五章提供许多此类主题的资源,能帮助决定课程类型)。

2. 课程背景

有关课程背景需要考虑几个方面的问题。首先要确立课程的学习级别,它是一门只覆盖基础或概览性内容的初级课程,还是高等、专业化的高级课程。这会影响到课程的授课人数。初级课程没有授课人数限制,会吸引到更多的学生,而高级专业课程的上课人数相对较少。该门课的参与人数会特别影响到有关评估评价方法和教学模式。另外,授课级别也决定着所需的工作量,高级课程一般需要更多的课时工作量以及更多的课堂材料。这一先决条件也应当考虑。

其他如授课、课程时间安排、课程背景问题也是要考虑的重要影响因素。课程是通过教室现场、网络在线,还是远程电视的方式授课,还是三者的组合?网络在线方式是否合适?如果在传统教室环境中授课,多久一次以及每次持续多长时间合适?学分计多少?课程的授课频次和课堂时长在很大程度上影响着许多与课程设计有关的决定。

3. 课程受众与学生特征

该课程是面向"目标人群"(比如女性、商科专业的)、"开放人群"(比如本科生)还是"职务受众"(如住宿咨询员、朋辈教育者)？领导力教育工作者很有必要完全理解所面向的学生的独有特征与需求。弗吉尼亚里士满大学杰普生领导力学院所开设的领导力原理与基础课程提供的目标、评估和主题与其他具有不同使命和学生规模的院校机构所提供的是完全不同的。

### 4.教学关注点

现行的课程模式一般关注于领导力技能与锻炼、领导力理论与模式、个体与组织领导力发展或者是三者的组合。实践表明一门课程通常是两个或更多方面的组合(Brungardt、Greenleaf、Brungardt 和 Arsensdorf, 2006)(更多这方面的信息参见本书第十三章"有效教学法")。单独的基于技术的课程最好可以用作不计学分的辅修课来增加课程申请获批的可能性。

## ▨ (二) 开发学习结果

建议设计课程的第一步是开发学习结果(Fink, 2003)。课程设计者或者教师们希望学生通过这门课了解、感受或者去做些什么。课程的学习结果应当在做任何有关课程内容之前进行开发,因为学习结果是该门课程评价方法、学习活动以及主题内容的前提基础。高等教育标准促进委员会(2009)为学生领导力项目列出了一个学习和拓展区域,并且每一区域都有详细基准用作开发课程学习目标时的指导纲领。这些区域包括:

(1) 相关知识的获取、整合、构建与应用;

(2) 认知复杂性;

(3) 内省发展;

(4) 人际关系能力;

(5) 博爱主义和公民参与;

(6) 实践能力。(CAS,2009,p.368)

国际领导力协会(2009)也提供了一些构建课程学习目标与成效预期的指导标准。正如本书第五章中所述,学习结果必须是界定清晰、具体和可测量的。在基础领导力课程设计中经常见到的错误是教育工作者们在一门课中设定了太多不能实现的预期结果。因此,识别先决条件因素有助于避免此类问题发生,对于确保所设目标适应课程背景至关重要。

## ■■ （三）评价学习结果与确定学习活动

在课程学习预期结果设定好之后，领导力教育工作者们可以开始深入探究课程的内容环节。根据芬克（2003）所说，下一步是通过合适的评价和反馈方法来评估学生是否能实现相应的学习目标。尽管教育工作者们可以选择先开发教学和学习活动，但首先确立评估方法将有助于设立教与学活动，使学生在评估中取得好的成绩（Fink，2003）。虽然在某门课程的期末通常更多地采用测验、考试以及期末论文等常见评价程序来进行评估，但使用非正式的和不计分的反馈式评估工具如课堂评价方法对于收集学生的学习信息是有益的（Angelo 和 Cross，1993）。有一种常用的方法叫"一分钟测试卷（the minute paper）"，可以在每节课结束时迅速发现学生已经学到的以及未学到的。（有关评估与评价的更多信息参见本章末以及本书第八章。）

下一步是确定课程中教师和学生需要做什么以确保高效学习。为了达到本课程目标，各类学习和教学活动有哪些？（有关学习活动和教学工具的建议请参见本书第五章和第十三章。）

## ■■ （四）汇总课程主题

确立一些有关课程设计过程中最重要的决定后，教育工作者已经准备好了开发精心设计的、发展性的课程框架了。辨别一些关键主题然后按照合适的顺序组织放置。为了有助于组织课程主题，可以将它们以单元或主题的形式进行编排。鼓励领导力教育工作者参考高等教育标准促进委员会"学生领导力项目标准（2009）"和国际领导力协会课程指导原则（2009）来辅助确定课程的核心内容。参考本书第十五章以及其他有类似教育机构制定标准的课程。有很多选择来构建领导力理论，但我们鼓励工作者将课程项目计划建立在与院系和机构方领导力基本原理相一致的理论基础上。

创建课程结构也包括以课程核心话题为次序，适当整合所选评估方法和学习活动。当浏览过整个课程设计确保所有的组成部分都已经被充分整合进来，一些潜在重要问题也被考虑到了，下一步就是设立教学大纲了。

## ▓ （五）创设教学大纲

　　每所大学的课程教学大纲的内容都是不同的。关键是领导力教育工作者要遵循院系方的标准和规则以便所有的具体细节能被涉及。推荐教学大纲上涵盖确切评分标准、有效期、课程任务和论文的特定描述,但是有关课程任务和论文的更多细节描述可以提供一个个案例,在课程教导员的网页上或者在线课程管理系统上提供电子版。

## 建议大纲条目

- 课程名称及信息:课程编号、课程名称、授课教师、学分、学期与学年、会议地点、时间和日期、主办机构

- 授课教师联系信息:姓名、办公室电话、电子邮箱、办公地址、办公时间、家庭或个人方便联系时间及联系方式,以及在如果是教学助手或助理没有固定办公时间情况下注明最好的联系方法

- 同行联系:课程讨论邮件的地址或课程管理系统的 IP 地址

- 课程描述:课程综览,对应同学们在课程目录中能查阅获取的在线或印刷版课程描述

- 课程目标与学习结果:对全勤学生可望达到的关键学习目标进行生动、可衡量的文字表述和强调说明

- 要求及推荐读物:读物作品列表;限定什么是必需的、什么是推荐的,附上书籍的 ISBN 号;注明每次授课是否要带到课堂上去

- 论文及上交列表:可以附在读物列表中,或者表明它们后期是否要上交的或者能在电子载体上获得(如黑板报);关于资源是否能找到,注明它们所在位置或者提供说明(如图书馆藏的有限获取)

- 课程期望:课堂出勤纪律、缺课以及对技术上的期望(特定需要的软件、定期检查电子邮箱以及课堂上技术应用的其他期望)

- 后期论文与作业的要求:随字母顺序递减的等级评分,因技术失败无法上交作业相关的问题或理由的纪律政策除外

- 尊重课堂纪律的规定:打手机、吃东西、长时间离开课堂、迟到早退、课堂上玩笔记本电脑都是不允许的
- 课堂气氛的说明:专业、尊重以及观点多元化
- 荣誉准则与学术品德:抄袭以及预防办法
- 对于有残疾学生住宿的说明
- 宗教仪式的说明
- 恶劣天气规定:需要做些什么、校园热线电话、指导员邮箱
- 作业与学习评价:出勤率、学分计分细则、评分级别、每份作业分值或比率、是否作业都有指导细则、上交日期、学分价值
- 考试:考试缺席的规定、必要联系方式、缺席事由证明的规定条款
- 课程表:每周、日授课的细目表,每次授课规定上交的作业与涉及的读物
- 评分记录:学生如何收到作业和评分、通知其进程

## ▓ (六) 课程申请过程

课程申请过程,如设立教学大纲一样,取决于主办机构和主办院系的具体要求。通常这些机构会提供关于提交一份待批和纳入学科计划新课程所要求的文书格式的样板提纲。可能的话回顾最近一份成功的课程提案。为了有助于领导力教育工作者首次提交一门新课程,本章将详细说明一门新课成功提交申请和获批通过所需要的细节。需要注意的是,这些细节是因学校不同而不同的。

### 课程申请流程要素

- 部门/院系/学科:课程的"所属"学科
- 发起人姓名及联系信息:在课程审批过程中的学科牵头人
- 课程授予的学期、时间
- 课程名称、编号及学时
- 预修课程:在选这门课之前需要完成的课程
- 课程描述:依主办机构文化而有所变化

- 被选入学科的理论逻辑：如何在已建立的课程中定位该课程，作为主修专业或者辅修专业的一门选修课程还是一门新课程？对其他课程或项目的意义是什么？获取其他潜在受影响课程的支持

- 关键学习结果与评估方法：局部和总结性的评估活动

- 课程材料和选修读物

- 评分：课程将如何计分

- 每周课时承诺：课程的每周时间表

- 授课形式：课程授予的方式，如讲课、研讨及在线学习

- 开课间隔：每学期、每年还是隔年一次

- 要求的新资源：由教职员工超负荷授课还是需要招聘一名教学助手？对于其他资源，如图书馆藏、学术检索途径进行评论

- 任课教师资历：什么样的领域、理论背景、学位可以胜任讲授这门课？

- 目录描述与成绩单名称：有别于系统描述，因为这可能用网上或印刷版的简写格式。另外，也包括一些交叉列表。

### 有效课程申请技巧

向学科中增添一门课程通常是一个富有政治性的过程。领导力教育工作者们不但要能自己清楚地知晓表达该门课程的重要性，也得能说服其他教职成员、决策者们、主修/辅修专业及院系、潜在反对者，使其了解它的重要性以及如何能让他们得益。使这门课程建立在理论的基础上以及界定可衡量的学习结果是必需的，但与这一过程同样重要和关键的是与其他教职工同事建立同盟。提出申请的牵头人应当与主办院系内外的教职成员进行广泛的沟通，以确保课程学习结果、对任课教师的期望要求以及教材的深度至少是与院系的准则相符的。另一点强化提交的窍门是让新课程充分建立在成熟的领导力理论与模型上。如前述提及的，教职工可能对建立在领导力实践（如技巧、培训）上的新课程有意见分歧。最后，如果该门新课程的预算持续减少，表明它是成本可控或划算的，将增添它的吸引力。用不需要额外补贴的教职工辅导员，确保课程填补了一项空白，并且认为它是一门必需的选修课或者公共课，或让这门新课程也能被其他院系部门开设，将会在获批过程中发挥积极作用。

示例 11.1 和 11.2 中展示的是科罗拉多州立大学和北卡罗来纳州立大学的课程申请范例：

---

**示例 11.1**

---

## 科罗拉多州立大学新课程申请

**Puoblo：US 160——领导力介绍**

- 三学分,在晚上,一周一次

- 在人文与社会科学系举办

- 针对已经被精英领导力项目录取的一年级学生,并且是领导力辅修专业四门必修课程中的第一门

**涉及的基本主题**

界定领导力、领导力的属性与重要性、通往领导力的理论途径(个性、情景的和职能的)、变革型领导力、权力与领导力、领导力与影响力、团队领导力、组织领导力、领导力与多样性、道德领导力与追随、领导力开发。

**课程作业**

- 当前事件与问题:要求每日浏览新闻评论提要与文章以讨论本地、本州、国家及全球性的问题

- 测验考试:每周就必读材料进行的测验;期中、期末考试

- 团队服务计划:学生要在团队当中计划与实施一项社区与校园服务活动

- "反思性日志":要求完成至少 20 条

- "当日领导":每位班级成员负责在一堂课开始时提出一个思想观点或者一份练习以对领导(力)和/或个人发展提供视野

**教材/阅读材料**

Hackman, M. Z. , & Johnson, C. E. (2004). *Leadership：A communication perspective*(4th ed. ). Long Grove, IL：Waveland Press.

---

# 北卡罗来纳州立大学的新课程申请

**EAC 301——领导力概论**

- 三学分,一周两次课
- 在成人教育学院和高等教育系举办
- 该课程面向全体学生开放
- 库泽斯和波斯纳的领导力五项修炼作为学习框架

**涵盖的主题:**

- 主题1:领导力理论、模式与哲学(领导力与领导力理论研究;当今领导力理论)
- 主题2:以身作则(价值与声音;模型角色与信誉)
- 主题3:共启愿景(展望未来并赢得他人的支持;情感智能;团队、团体以及组织发展)
- 主题4:挑战现状(道德与诚信;能力、影响与训练)
- 主题5:使众人行动(沟通与合作;多样性与权益)
- 主题6:总结一切并发挥作用(领导力与每个人都相关;个人愿景与使命)

**课程作业**

- 日记:学生要在这学期上交四份日记,并使用自己所在的小组对每一个主题作分析
- 领导力简介文章:学生采访一个社区、公众、企业或者政治领域的领导,并撰写一篇该领导风格的文章,分析什么使得他们与众不同
- 领导力传统服务—学习小组项目:学生在一个小组里工作来开发一种有关领导力理论、模型与哲学的教学视频工具,在结束时写反馈感想文章,分析探讨他们的小组经验
- 评估:测验、期中和期末考试

**教科书与阅读材料**

Kouzes, J. M., & Posner, B. Z. (2008). *The student leadership challenge*. San Francisco, CA : Jossey-Bass.

Komives, S. R. , Lucas, N. , & McMahon, T. R. (2007). *Exploring leadership for college students that want to make a diffrence*(2nd ed. ). San Francisco, CA：Jossey-Bass.

表 11.1 列出的教科书适用于不同水平和类型的课程,有助于实现预定的学习结果。虽然并未穷尽,但这个表格在指导概论性基础领导力课程或领导力理论课程方面特别有用。艾希(2003)提供了用于讲授领导力课程的教科书使用的详细信息。

表 11.1　常见课程教材与应用

| 作者、年份 | 用于单独教材 | 结合其他资料最好 | 用于引导性课程 | 指导手册或其他可用工具 |
|---|---|---|---|---|
| 《重塑组织》(*Reframing Organizations*), Bolman 和 Deal (2008) | | √ | | |
| 《领导力体验》(*The Leadership Experience*), Daft(2008) | √ | | √ | √ |
| 《领导力》(*Leadership*), Hughes、Ginnett 和 Curphy(2005) | | √ | √ | √ |
| 《领导力探究》(*Exploring Leadership*), Komives、Lucas 和 McMahon(2006) | √ | | √ | √ |
| 《领导力使世界更美好》(*Leadership for a Better world*), Komives、Wagner 和 Associates (2009) | √ | | √ | √ |
| 《领导力挑战》(*The Leadership Challenge*), Kouzes 和 Posner (2008) | | √ | √ | √ |
| 《领导力》(*Leadership*), Lussier 和 Achua (2009) | √ | | √ | √ |
| 《一个大学生领导者的一天》(*A Day in the Life of a College Student Leader*), Marshall 和 Hornack (2008) | | √ | √ | |
| 《领导力》(*Leadership*), Northouse(2009) | √ | | | √ |
| 《领导导论》(*Introduction to Leadership*), Northouse(2008) | √ | | √ | √ |
| 《21世纪的领导力》(*Leadership for the Twenty-first Century*), Rost(1991) | √ | | √ | |
| 《情商领导力》(*Emotionally Intelligent Leadership*), Shankman 和 Allen(2008) | | √ | √ | √ |
| 《领导者同伴》(*The Leader's Companion*), Wren(1995) | √ | | | |

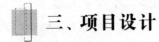

# 三、项目设计

当开发一个领导力项目时(如辅修专业、主修专业或证书类项目),教育工作者要广泛涉及领导力课程的基本要素。这一环节要处理的项目设计方面包括项目使命、内容以及提案过程。高等教育标准促进委员会(2009)和国际领导力协会(2009)提供了一些专门的开发学生领导力项目的指导纲领。

## ▨ (一) 项目使命

一个学术领导力项目应当清晰地表达它的使命、目的、存在理由,以及指导性原则和价值。课程项目应当清晰地陈述学习结果或对所有该项目毕业生的预期核心技能。另外,该项目的使命和原则应当与主办学院和更大主办机构的理念和核心价值相一致(CAS,2009)。学科关注(单一学科方法、多学科方法、跨学科方法)也可以架构项目使命和原则。为了真正实现跨学科方法促进领导力教育,学院应该对领导力集中关注。领导力语言应该贯穿于本科生的所有课程和实践中,而不是仅仅局限于领导力课程。示例11.3提供了项目使命陈述的案例。

---

**示例 11.3**

### Fort Hays 州立大学领导力研究学系的使命陈述

使命:教育和培养公民,领导我们的组织、团体、州、国家以及其他

举办主题:创造改变、协作、团结和共同目标

学习目标:a) 理解领导力(认知领域);b) 领导力胜任能力(行为领域);c) 领导力承诺与义务(情感领域)

毕业生特征:博学、合作、诚信、公民责任和追求社会正义、有效问题解决者、创造性和多元视角、批判性思考者、风险和求变意识、有效沟通者

---

## ▨ （二）项目内容

一旦项目使命确立,领导力教育工作者会深受鼓舞去用以下问题指导课程设计过程:

- 辅修/主修/证书类课程分别由多少学时组成? 主办机构的要求是什么? 布兰哥特(Brungardt)等(2006)发现在 15 个项目中,学时分布变化比较大,一门主修专业学分变化从 30 到 71 不等。

- 该项目的举办地在哪里? 所有的课程由主办院系授课还是来自不同院系和学科?

- 该项目的学生修读的核心课程是什么? 选修的课程是什么? 学生是否有多种选择?

- 学科的额外要求如果有的话,是什么? (如服务时间或其他形式的体验学习、辅助课程或课外体验、顶峰体验)

- 对于领导力辅修/主修专业感兴趣的学生是不是应该有选择或应用流程? 流程是什么? 这样做会增加可靠性,但会不会对领导力教育的开放性理念构成威胁?

- 领导力教育工作者从已有课程中设立学科计划时,如何避免过剩冗余的问题? 对当前的教学大纲应当进行经常性的评价和再评价。课程之间必须呈现出相辅相依的状态。

- 实施此种项目时必需的资源是什么? 比如资金、人力、空间等。

- 除了主修专业之外,是不是对学生开放一门辅修课? 或者说它是不是能作为目标领导力辅修课,比如商业领导力或政治领导力?

- 专业是作为独立专业还是双学位专业? 尽管独立专业有很多益处,但双学位专业能较好地培养学生成为在他们自己感兴趣领域里的有效领导者,传达领导力能辅佐任何学科领域或职业道路的观点。

- 学科计划的理论聚焦和学习结果是什么?

- 项目的校园和社区的支持伙伴是谁? 学生活动和学术事务的协作不能仅仅意味着能使从事学生事务的教职工指导领导力项目。开发领导力项目过程中,学生事务工作的贡献能促进学术课程。

- 当有的辅修/主修项目提供的课程选项在领导力教育工作者所在的领域或

院系范围之外时,如何保持内容上的一致性? 当任课教师和大纲发生变化时,领导力教育工作者必须通过这道难关,但是该怎么通过?

- 如果设立辅修或主修专业得不到支持,是不是应当更多支持证书项目? 如果是这样,是不是应当来自主办机构的辅助课程?

相比单个课程课时的限制,领导力教育工作者能更加有意识和发展性地来设计和排列辅修和主修专业的课程。高等教育标准促进委员会(2009)建议领导力项目提供一系列采取发展模式的课程,首先关注个体,然后是团体组织,再到更广社会背景下的领导力。你可以采用多种框架来确定课程模式的构造。例如,有的学校可以采用领导力认同发展模式(见本书第四章)(Komives、Longerbeam、Owen、Mainella 和 Osteen,2006)来指导它的主修和辅修领导力专业。这种发展性模式能有助于建立课程内容与学生的阶段性特质发展水平相匹配的项目。无论是用什么样的框架模式来开发课程,项目的内容需要与项目宗旨、使命、目标愿景相一致,需要考虑到具体主办方的多种背景因素。

## ▩ (三) 项目申请流程

项目申请的流程可能反映出虽然它与课程申请有着类似的要素,但它能从更深入的视角体现组成所有课程的具体辅修、主修或证书项目。至于课程申请,每个机构都有专门指导,要包含什么内容和采取什么步骤完成流程的规则。为项目建立同盟和寻求外部支援,对于申请新的学科计划要比申请开设独立课程更为重要和关键。课程委员会由来自不同学科和部门的教职工和行政管理人员组成,负责决定是否批准一个针对大多数机构的项目。这里展示的是经常要求作为项目申请流程的部分片段。申请的详细版本参见附录 11.1。

**项目申请的常见内容**

- 项目的正式全称(辅修专业、主修专业、证书项目)
- 发起主办院系或综合项目
- 水平:本科生或研究生
- 欲引入该项目的时间:年、学期

- 简要综述和基本说明

- 主要的教育目标和使命

- 课程要求：核心与选修课程、标题、学时、描述

- 必修课程、选修课程

- 资格要求，包括特别要求或限制：对谁开放？主要学习领域？年级？特定的 GPA？

- 协调人姓名和联系信息

- 很可能牵涉到院系的磋商会议的总结和院系的回复（如支持信通常是有用的）

- 对于跨学科的辅修专业，清晰地表述出交互性主题

**项目申请中要考虑的其他事项**

- 学生兴趣、学生需要的证据：调查结果或评估来支持

- 预计的招生规模：项目的全职参与者

- 人员需求：现存全职的、新入全职的、新入兼职的

- 估算第一学年该项目将产生的新成本，如行政管理、教职员、职员支持、供给、出行、图书、设备

- 产值资源

- 申请项目的定期评估

在预算变得紧缩的今天，教育工作者申请新的项目时必须考虑如何使新计划经济有效和避免依赖于成本高的因素，如额外的指导员、资源和设备。教育工作者会发现学科中增加一门新的辅修课相比于通过一门独立课程任务更加巨大。而向学院递交一个全新的专业将更加具有挑战性。申请成功的关键在于有教职工的倡议以及学术界的拥护。

示例 11.4 和 11.5 是由一门领导力辅修和主修课程压缩的项目内容的例子。更多关于项目内容的资源和辅修主修课程列表，请访问国际领导力协会网站（http://ila-net.org/）和全美领导力项目数据库项目网站（http://nclp.umd.edu）。

示例 11.4

## 和平学院(Peace College)领导力辅修专业的项目内容

需要完成 18 个学时。

辅修对所有学生开放,目前不适用于选拔流程。

**核心课程(14 学分)**

LEA 101:领导力基础原理(3 学分)

LEA 102:领导力基础原理周末实验室(1 学分)

LEA 200:自我与团体(1 学分)

LEA 201:领导情境(3 学分)

LEA 301:团体过程与活力(3 学分)

LEA 302:团体过程与活力实验室(1 学分)

LEA 402:高级顶峰体验与指导研讨班(2 学分)

**选修课(3 学分)**

辅修科必须是下面 LEA 选修课中的一门:

LEA 310:领导力与社会变革

LEA 311:政治领导力

LEA 316:道德与领导力

LEA 312:团体组织中的领导力

LEA 313:权利与认可的女性领导

**聚焦课程(2 学分)**

聚焦课是一门 1 学分课程,关注于与领导力相关的一个具体课题。选这一领导力辅修专业的学生要完成两门聚焦课。授课采取不同形式,包括周末研讨班、双周课。这些授课主题的一部分包括:灵性与领导力、领导力与压力、领导力与危机、创造力与领导力、情商领导力和糟糕领导力。

## 玛丽埃塔学院（Marietta College）国际领导力研究专业

规划一需要完成 56 个学时，规划二需要完成 44 个学时。

在 Bernard P. McDonough 领导力与商业中心举办

**必修课程**

LEAD 101：领导力基础原理或 LEAD 111：美国领导力基本原理

LEAD 103：组织领导力

LEAD 201：领导力理论与模式

LEAD 203：全球领导力或 LEAD 112：全球背景下的领导力

LEAD 403：全球领导力高级研讨班

**其他要求**

两门领导力实习课程（LEAD 140 和 LEAD 240）

一门领导力指派选修课

四门人文艺术课程

五门外国语课程（只限规划一）

三门区域研究课程（亚洲、欧洲或拉丁美洲）

国际实际经验课（实习、社区服务或留学）

# 四、课程指导

　　某些情况下，课程设计者也可以是课程指导教师，但在大多数情况下，课程创立者被赋予的任务是招聘、雇用或寻求其他人员来讲课。当选拔合格的课程指导教师时，有许多因素要考虑。理解主办院系机构（如工会）的期望及鉴定机构对于合格指导教师的相关要求是很重要的。很多学校要求有相关教学经验、易于实施的经验、适当的学位或所学课程。通常要考虑一个候选人的过往教学评价得分以及任何反馈，还有候选人的教育理念以及与项目目标的价值观是否一致。如果候选人曾修过课程设计与指导的课程，将视为适合。有些机构允许正攻读硕士学位的研究生来指导,其他一些教育机构则要求已获硕士或博士学位。还有些希望除了具有研究生学位之外还应有相关教学经验。通常指导教师一职的候选人会被要求说明他是从何处获得相关知识和专业技能的。考虑到一门课程的多个部分和环节配有不同的指导教师,把关检查要到位,以确保课程每一部分的初衷、结果和内容。可以通过指导教师培训、连续大纲审阅和重复检查来实现这一目标。

尽管有一个需考虑因素列表可以用来选拔课程指导教师,但领导力教育工作者们必须要在所在教育机构和院系的准则基础上作决定。

## 选拔课程指导教师时需考虑的因素

- 选拔标准:取得学位、研究领域、有无相关教学经验
- 选拔过程:面试、教学样本展示、院系主席或评选委员会作决定
- 要求材料:简历、求职信、教育理念、课程样品、学生评价、同行审议
- 培训:新指导教师的培训提升、交流院系政策
- 监督与支持:直接报告、下属、院系主席、绩效评估
- 一致性:多个指导教师对同一门课用一个大纲模板
- 报酬:教职工在当前课程量下可以加课或者加班取得报酬;指导教师津贴依学位和经验增加;教学助理可以获得课程学分或助教奖学金;同辈教育工作者会收到一些补贴,获得课程学分或者无任何报偿的志愿者
- 补给和配备:需要额外的资源

有些学校为本科生提供了同辈教育工作者机会来让教职工或学生事务工作成员共同辅助领导力课堂。同辈教育工作者模式通常用于一年级课程,在这个课程中学生事务和学术事务在课程方面通力协作,而课程主要关注于领导力技能/培训。指派朋辈教育工作者对于已读过课程材料以及那些选领导力主修和辅修专业的同学们来说,会是一个发展机会。而判断某个学生是否已达到了一个作为指导教师和行为榜样的合适发展水平,是领导力教育工作者的又一个任务。

## 五、评估

领导力教育工作者必须为领导力课程学习结果建立评估计划。除了课程和项目结果评估,领导力教育工作者们必须用形成性评价和总结性评价的方式探讨衡量学生对预期学习结果的完成程度。结果评估计划通常也包括在项目申请中。要区分开学生学习结果和项目结果,前者是指学生能够表达整合课程内容的领导力理念,后者是指两年内院系将把辅修专业人数提高 10%。高等教育标准促进委员会(2009)主张对项目评估采取定性和定量的方法,课程和项目评估要经常化。学生学习和课程项目计划的效应评估工具案例包括有组合、预先、后期调查、考试、案例研究、面试、指导教师评阅、日志。项目评估中的关键方法基准和使用最佳实践应当整合进入项目设计流程的各个方面。

评估能够确保领导力教育课程的可信度和责任性。如高尔特兹恩(Goertzen,2009)所呼吁的那样,领导力教育工作者"应当参与这一过程并介入最佳实践的相互对话"(p.159)。他激励领导力教育工作者们担起评估的重任,称"我们仍然不能够有效地介入许多对话和协作机会,特别是在我们的学术性领导力项目评估方面"(p.159)。(更多的领导力项目评估评价信息,详见本书第八章。)

## 六、小结

设计针对大学生的领导力发展课程项目,牵涉到构建有意义的和教学驱动的学术体验,以及必要的机构购买而实施项目这一复杂的任务。这一切的核心是充分理解如何组织构建领导力课程、主修专业、辅修专业或者证书项目并且坚持与机构体系一起努力起航。

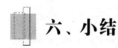

## 参考文献

Angelo,T. A.,& Cross,K. P. (1993). *Classroom assessment techinques:A handbook for college teachers*(2nd,ed.). San Francsico, CA:Jossey-Bass.

Bolman,L. G.,& Deal,T. E. (2008). *Reframing organizations:Artistry,choice,and leadership*(4th ed. ). San Francsico, CA: Jossey-Bass.

Brungardt, C. , Greenleaf, J. , Brungardt, C. , & Arsensdorf, J. ( 2006 ). Majoring in leadership: A review of undergraduate leadership degree programs. *Journal of Leadership Education*, *5*( 1 ) , 4—25.

Council for the Advancement of Standards in Higher Education[CAS]. ( 2009 ). *CAS professional standards for higher education*( 7th ed. ). Washington, DC: Author.

Daft, R. L. ( 2008 ). *The leadership experience*( 4th ed. ). Mason, OH: Thomson South-Western.

Eich, D. ( 2003 ). *Leadership courses: Developing foundational undergraduate leadership courses.* leadership Insights & Applications, no. 17. College Park, MD: National Clearinghouse for Leadership Programs.

Fink, L. D. ( 2003 ). *Creating significant learning experiences: An integrated approach to designing college courses.* San Francisco, CA: Jossey-Bass.

Goertzen, B. J. ( 2009 ). Assessment in academic based leadership education programs. *Journal of Leadership Education*, *8*( 1 ) , 148—162.

Hartwick Classics. ( 2010 ). *The leadership case system.* Retrieved from www. hartwickinstitute. org/.

Hughes, R. L. , Ginnett, R. C. , & Curphy, R. C. ( 2005 ). *Leadership: Enhancing the lessons of experience*( 5th ed. ). Boston, MA: McGraw-Hill.

Interntional Leadership Association[ILA]. ( 2009 ). *Guiding questions: Guidelines for leadership education programs.* Retrieved from www. ila-net. org/Comumunities/LC/Guidelines. htm.

Komives, S. R. , Longerbeam, S. , Owen, J. O. Mainella, F. C. , & Osteen, L. ( 2006 ). A leadership identity development model: Application from a grounded theory. *Journal of College Student Development*, *47*, 401—418.

Komives, S. R. , Lucas, N. , & McMahon, T. R. ( 2006 ). *Exploring leadership: For college students who want to make a difference*( 2nd, ed. ). San Francisco, CA: Jossey-Bass.

Komives, S. R. , Wagner, M. , & Associates. ( 2009 ). *Leadership for a better world: Undertanding the social change model of leadership development.* San Francisco, CA: Jossey-Bass.

Kouzes, J. M. , & Posner, B. Z. ( 2008 ). *The leadership challenge*( 4th ed. ). San Francisco, CA: Jossey-Bass.

Lussier, R. N. , & Achua, C. F. ( 2009 ). *Leadership: Theory, application, and skill development*( 4th ed. ). Mason, OH: Thomson South-Western.

Marshall, S. M. & Hornak, A. M. ( 2008 ). *A day in the life of a college student leader: Case studies for undergraduate leaders* . Sterling, VA: Stylus.

Meixner, C. (2005). *Rollins college course proposal sample.* Unpublished manuscript.

Northouse, P. G. (2008). *Introduction to leadership：Concepts and practie.* Thousand Oaks, CA：Sage.

Northouse, P. G. (2009). *Leadership：Theory and Practice* (5th, ed.). Thousand Oaks, CA：Sage.

Rost, J. C. (1991). *Leadership for the twenty-first century.* Westport, CT：Praeger.

Shankman, M. L., & Allen, S. J. (2008). *Emotionally intelligent leadership：A guide for college students.* San Francisco, CA：Jossey-Bass.

Wren, J. T. (1995). *The leader's companion：Insights on leadership through the ages.* New York, NY：Free Press.

# 附录 11.1

##  洛林斯(Rollins)学院课程申请

梅克斯内尔(Meixner, 2005)提供了洛林斯学院一门课程的申请内容，摘录如下：

**2004—2005 年新课程申请格式**

部门：学生参与和领导力办公室

指导教师：Cara Meixner

目录标题：INTXXX：领导力基础原理

正式文本标题(最多 30 空格，包括空格和标点符号在内)：领导力基础原理

AAC 备注：目前，INT260(领导力基础原理)是在秋季学期授课，两个学分。INT255(领导力概论)具有类似的内容，一个学分或无学分。本申请的目的是：(a)提高 INT260 课程的学分；(b)有说服力地划清两门课程。

课程学分：(勾选) 1 2 3 <u>4</u> 5 6 学时

每周总接触分钟数：最多 240 分钟

级别(检查所有合适的级别)：<u>x</u>FR <u>x</u>SO <u>x</u>JR <u>x</u>SR

要求课程号码：200 LEVEL

如有的话，预修课程：

**目录详述**

2002 年和 2003 年：从理论和实践角度介绍领导力和社会变革的学习。探索

个体、小组活力和团体组建的领导力。通过阅读、案例学习、回忆和小组讨论,学生将领导力作为一个内容丰富,广泛联系的个体、组织和系统,创造社会变革的过程来审视。

**2004 年秋季建议**

通过跨学科视角和理论学习调研领导力和社会变革。通过 Winter Park 社区的案例学习、小组讨论和回忆练习让学生置身于一个内容丰富、充满活力和基于改变的领导力过程。通过服务性学习,使学生有机会将课堂材料内容运用到社区发展和市民的思想观念中去。

- 用于评价学生在这一课程各环节中的表现的方法和工具是什么(指导性阅读作业、家庭作业、测验、考试、期末、口头讲解、论文)?
- 每周反思论文和笔记
- 要求读物
- 参与和出勤
- 小组课题和讲解
- 案例学习(Winter Park 市民的伙伴关系)
- 服务学习
- 本课程要求每周多少小时的课外工作时间?指派哪种课外活动?

学生每周有 1—2 小时的时间用在学习服务的课题上。另外,有 6—7 小时用来进行相关的阅读、小组课题和反思论文。

- 洛林斯其他的教职工将来是否要讲授这门课? ___ Yes  ✗ No

如果有,是哪位?

- 本课程是否会被考虑进主修专业? ___ Yes  ✗ No

如果是,是哪一类?

a. 作为一门核心课程 ___ Yes  ✗ No

b. 作为一门选修课程  ✗ Yes ___ No

- 本课程是否会被考虑进辅修专业? ___ Yes  ✗ No

如果是,是哪一类?

a. 作为一门核心课程___ Yes  ✗ No

b. 作为一门选修课程  ✗ Yes ___ No

- 如果有的话,本课程取代已有的哪门课? INT260

- 本课程是否与其他在授课程有重叠? ___ Yes _×_ No
如果有的话,是哪一门?

- 本课程的授课频次? ___ 每学期 _×_ 每年一次 ___ 每隔一年

- 如果是一门跨学科或院系交叉的课程,其他院系咨询的是什么?

咨询了系主任和学生事务处有关领导力概论(255)和领导力基础原理(260)课程的初步发展。INT255 已经连续在三个学期授课。INT260 已经进行了两个秋季学期授课。课程最后一天收集的定性反馈证明该课程具有学术活力和总体上的成功。应委员会要求,反馈已经递交评审。

- 本课程的目标是什么?

领导力基础原理这门课程是设计来激发、教育和使学生置身于领导过程,作为基于理论和研究的一种实践。INT255 领导力概论课关注个体在领导过程中角色的关键评价,而 INT260 专注于领导力在本地、区域、国家、全球范围中充当的作用,采取的是跨学科理论视角(如规范理论、意外理论、公仆领导、多元/社会变革模式)。另外,在目前与文化和经济发展主任 Chip Weston 达成的探讨沟通中,扩充课程能与 Winter Park 市形成伙伴关系。

- 通过本课,学生将:
  - 概念化和分析工业和后工业时期的领导力理论
  - 探索与小组活力、团体和社会变革相关的领导力
  - 探讨、学习和比较非西方领导力模型和领导力理论
  - 关键性地评价和思考团体在领导过程中的作用
  - 用学习服务作为工具来理解、解释和运用理论
  - 通过模拟模仿、案例分析、写作和小组工作来运用和实践领导力理论

- 你将用什么方法来评价本课程的有效性? 课程的有效性可以通过量化与质性评价进行评估,包括但不局限于:问卷调查、反思报告、小组展示

- 本课程是否符合通识教育要求? ___ Yes _×_ No
如果是的话,属于哪一种(些)?

| I. 技能 | 认知 | 情感 |
|---|---|---|
| F 外语 | C 其他文化的知识 | A 表达艺术 |
| Q 定量方法 | D 西方社会文化的发展 | L 文学 |
| R 写作强化 | N 实验课程 | |
| V 决策与评价 | O 自然世界—无实验室的有机科学 | |
| T 课程间沟通 | P 自然世界—无实验室的物理科学 | |
| | S 当代社会知识 | |

- 描述本课程如何符合学院目录中所述的基本教育要求。注:这一信息也必须在大纲中明确说明。

以下问题,如果合适的话,应当也逐一解决以使学科课程中加进本课程的理由正当,并且跟院系部门的目标设置保持一致。

1. 基于常规,院系部门提供多少选修课的授课?

目前,学生参与和领导力办公室提供以下学分制课程:

- 秋季学期

INT260:领导力基础原理

- 学期间歇

INT255B:领导力概论

- 春季学期

INT395B:Winter Park 市团体奖学金项目(城市领导力)

2. 本课程与院系提供的其他选修课有何联系?

请参见问题 3

3. 本课程如何反映本学科的发展或变化?

**个体、机构和团体的领导力项目结果**

由于领导力具有跨学科、无形的属性,从人文至商业学科的学者们提出了许多不同的定义和理论。最近,领导力已由职务的、领导者为中心的现象转向关系型的、转换的过程,其中领导者和追随者拥有共同的目标并对彼此有互惠的影响(Bass,1985)。在高等院校背景下,转变的范例已伴有本科生领导力项目的急剧增长。

的确,学生领导力发展在高等教育中扮演了关键角色。通常来讲,高等教育机构只不过含蓄地对待领导力培训、教育和发展观念——它们的理念是"学生通过一些偶然的情况能容易地加入到领导力"(Roberts,1997,p.1,3)。美国在面临无数的社会、技术、人口和经济的转变(Astin 等,1996),但这个国家的反应能力和繁荣昌盛将依赖于社会不同阶层的人展现的领导力素质(Zimmerman-Oster 和 Burkhardt,1999,p.1)。随着公共和私有部门日益全球化,学生必须为在各种能力中发挥领导技能做好准备。

Kellogg 基金会援引了许多与领导力发展/教育项目计划相关的预期成效,下面列出一些(Zimmerman-Oster 和 Burkhardt,1999):

| 个体成效 | 机构成效 | 社会成效 |
| --- | --- | --- |
| 更多服务奉献 | 提高机构协作和联网 | 强化与机构的交流联系 |
| 提高沟通技巧 | 提高对机构的外部支援 | 改善社会参与 |
| 更高的个人和社会责任感 | 提高与社会的联系 | 提高政治参与 |
| 更强的城市、社会和政治效能感 | 加强与道德群体的沟通联系 | 新的非营利组织的诞生 |
| 提高自尊 | 课程的提高 | 改善经济 |
| 提高问题解决能力 | 提高在社会中的形象 | |
| 城市/社会/政治活动的增多 | 项目制度化可能性的增加 | |
| 激发行动的增强感 | 跨学科活动发生的提高 | |
| 求变渴望的增强 | 校园活动的增多 | |

### 项目发展

与高等教育标准促进委员会(2009)相一致,高校领导力项目应当是精心的、一贯的、基于理论的、多元的和响应个体需要的。如此,项目应当包括三个方面——它们都应当是促进认知、情感和行为成效的:(a)构建能力的机会;(b)培训、教育和发展的活动;(c)多样的教学。具体如下:

能力——一个卓越的项目将有助于学生获取有关自我、他人、机构环境、局部/全球社区的知识。该项目必须提高学生在个人发展(如协作、冲突管理、授权)和领导力基础(如历史视角、道德实践)方面的能力。

培训、教育和发展活动——一个卓越的项目将提供包括领导力培训、教育和发展在内的活动。

● 培训——设计提高个体效能的活动(如学生雇员的技能构建)

- 教育——设计一些部分来强化学生对于具体领导力理论、概念和模型的知识和理解（如道德领导力课程和研讨班）

- 发展——一些活动被设计用来提供授权环境，使学生通过一段时间达到领导力复杂性、整合性和熟练度的成熟水准（如朋辈辅导）

此外，高等教育标准促进委员会请求院校和大学让更大范围的教师、学生和职员来推行项目计划，识辨领导力的不同背景（p. 114）。通过领导力教育和发展（LEAD），学生参与和领导力办公室提供了一批辅助课程的研讨班、计划和静修会，旨在应对高等教育标准促进委员会标准中所列举的目标。通过学生事务提供的辅助课程增加了学分制领导力课程的机会。

当美国在面临无数的社会、技术、人口和经济的转变时，我们强大的能力将依赖于我们国家领导者的品质。为了准备成为一个全球社会中负责任的公民，我们的同学必须能够在一个充满变化、混乱和不确定性的世界里发挥作用。最近研究显示，今天的学生被录取进大学时就有一种乐意培养协作、转变的领导准则的"倾向性"。因此，高等教育与学习机构要为学生提供发展、磨砺、发动和提升领导力的途径。领导力课程为高校学生提供了一种论坛，他们可以在小组讨论的背景下来分析领导力和社会变革、进行辩证性的思考和个体反思。除了学习领导力的学术理论基础，学生将会形成：高度认识自我、他人和社区；理解共担责任过程；深度理解领导力教育认知、情感和行为维度。

4. 本课程与主办院系的专业化方面是如何联系的？

学生参与和发展办公室的主任 Cara Meixner，作为一名研究者、教职工成员和指导教师对领导力教育作出了贡献。2004 年，她获得了美国高校学生事务工作人员协会的 Annuit Coeptis 奖，表彰她在领导力研究上的杰出贡献。她发表了数篇有关社会负责型领导力的文章和书评，还有关于性别活力和社会变革的。除了为领袖塑造协会（Leadershape Institute）提供教学服务，Cara 已经做了许多的讲解、研讨以及关于领导力教育的主题活动。她目前任职于洛林斯学院，负责一个综合性的领导力项目。Cara 目前在攻读她的领导力和变革方向的博士学位。

5. 你希望选多少主修专业、辅修专业和非专业活动开设这门课程？

- 请添加任何其他有助于进一步阐明学科中增设本课程必要性的相关信息。

签名（要求）：

_____

（主办院系教职成员）（日期）

主办院系(主席)(日期)

_____

(跨学科院系主席)(日期)

_____

(跨学科院系主席)(日期)

_____

(AAC新课程小组委员会主席)(日期)

_____

(院长)(日期)

 **参考文献**

Bass,B. M. (1985). *Learning performance beyond expectations*. New York,NY:Academic Press.

Council for the Advancement of Standards in Higher Education[CAS]. (2009). *CAS professional standards for higher education*(7th ed. ). Washington,DC:Author.

Roberts,D. C. (1977). The changing look of leadership programs. *Concepts & Connections*,5(2), 3—4,11—14.

Zimmerman-Oster,K. ,& Burkhardt,J. C. (1999). *Leadership in the making:Impact and insights from leadership development programs in U. S. colleges and Universities*. Battle Creek,MI:W. K. Kellogg Foundation.

# 第十二章

# 学生领导力项目的辅助课程

珍·斯米斯特

领导力项目辅助课程（Cocurricular Leadership Programs）存在多种形式,如会议、研讨会或者逐步发展的综合模式,参加者通过该综合模式获得领导力证书或其他相关证书。这些形式可以根据每个学校的需求与资源以及学生人数而定。项目可以针对不同的群体进行设计,比如学生组织的领袖、大一新生、女性、有色人种学生、某专业学科的学生或者辅助专业的学生。本章为领导力项目辅助课程提供了基础,描述了领导力是如何通过不同的学生事务展现出来的,并对多个校园收集来的项目案例作了总结。这些仅仅是指导方针,以便让每个领导力教育工作者在各自工作岗位上结合具体实践和政策来思考这个问题时有所参照。

##  一、辅助课程项目的基础

艾斯丁（Astin,1999）认为学生参与是"学生对学术经历投入的体力和心理能量"（p.518）。因为学生的课外经历应当认为是其接受教育经历的一部分,所以本章一直采用"辅助课程（cocurricular）"这个词。库（Kuh,2009）主张学生参与增加了他们达到教育目标和参与有趣经历的可能性,同时发展了他们在各自领域成功毕业所必需的技巧和能力。因此,领导力教育项目有意识地把辅助课程层面、学术层面、社会层面以及组织结构层面等有机结合起来,鼓励学生强化对知识、意义以及自身的理解。

# 二、与学生事务及学术事务协作的辅助课程

学生利用自己的宝贵时间参加辅助课程活动,比如学生组织、社区服务、运动或者实习,但他们常常忽略了"每项活动几乎都给他们提供了锻炼领导力技能的机会"(Astin 和 Astin,2000,p.18)。本节中就探讨了以下几类与领导力教育互相协作的举措:学术事务、运动休闲、校园活动、社区参与、文化社会认同项目、就业与职业准备、国际教育与海外留学以及美国后备军官训练项目(ROTC 项目)。

## (一)学术事务(Academic Affairs)

综合性领导力项目应当包括学生参加的各种学术类辅助课程项目。不论是参与学术兴趣组织、基础学科组织、生活学习项目、荣誉团体,还是担任教学和指导角色,学生参与的辅助课程都是以学术学科领域为基础的。学生参加荣誉项目有助于提高其记忆力,同时加强了师生之间的关系(Astin,1999)。领导力教育项目应该有意识地建立一些促进学术氛围的领导力活动。

众所周知,指导不仅能够帮助领导力发展,而且它本身就是一种领导力技能(Dugan 和 Komives,2010;Jabaji、Slife、Komives 和 Dugan,2008;Komives、Owen、Longerbeam、Mainella 和 Osteen,2005;Zachary,2006)。许多学术部门让它们自己专业的本科生进行教学和指导工作,如在他们自己攻读的课程中做助教。一般学院和个别项目可能也设立了朋辈辅导、朋辈指导或朋辈顾问项目(peer mentoring,peer tutoring or peer advisor programs)。

## (二)竞技与休闲娱乐(Athletics and Recreation)

许多学生会选择参加丰富多样的大学体育活动,比如校际体育活动、俱乐部、校内活动或者文娱性体育活动。目前全美范围内有 40 多万学生参加了全美大学体育协会(NCAA)运动(全美大学体育协会,2009)。同时,有更多的学生参加俱乐部或者校内体育运动(Dugan 和 Komives,2007)。

1. 校园休闲娱乐项目(Campus Recreation Programs)

全美校园休闲运动协会(the National Intramural-Recreational Sports Association)

为校园休闲运动项目和学生训练提供了资源。校园休闲运动中心雇用学生做前台工作人员、健身指导和私人教练。把领导力结果融入校园休闲运动和员工训练，可以使学生更好地把就业和个人发展结合起来。户外休闲运动（如冒险挑战课程、绳索课程以及其他户外休闲运动）促进了参与者与协调员的领导力发展（Paisley、Furman、Sibthorp 和 Gookin，2008；Sibthorp、Paisley 和 Gookin，2007）。户外休闲运动项目也可以让在读学生担任项目协调员。多种院校的领导力调研（MSL）在 2006 年收集数据，当问及学生参与的组织类型时，40% 的学生都表示他们参与了校园体育运动，参加这一组织的人数最多（Dugan 和 Komives，2007）。校园运动项目可以把领导力技能发展纳入他们的官员培训项目之中。

2. 校际竞技与俱乐部运动（Intercollegiate Athletics and Club Sports）

很多文献资料表明领导力发展通过参与校际竞技与俱乐部活动完成，主要表现在队长们展示出来的训练效果或领导力表现上（Dupuis、Bloom 和 Loughead，2006；Holmes、McNeil、Adorna 和 Procaccino，2008；Loughead、Hardy 和 Eys，2006）。学生运动员常被视为校园社区里的榜样和领导。全美大学体育协会 CHAMPS/ 生活技能项目（www. ncaa. org/champslifeskills）为参加的机构提供资源与资料，这些机构为学生运动员在学术、运动、个人发展、职业发展和社区服务方面都给予支持。大学可以通过让学生运动员参与诸如校园会议、研讨会、证书项目等领导力发展项目进一步促进领导力发展进程。领导力教育工作者可以帮助教练、俱乐部运动顾问及学生运动员识别他们的领导潜能、领导实践及领导力技巧，这些也可以用在他们的校园体育活动之外。

## ■■ （三）校园活动（Campus Activities）

作为校园活动的领导力辅助课程项目把领导力教育融入学生参与之中，帮助学生获得将来走上工作岗位所必需的领导力技能，鼓励他们成为同辈的榜样。全美校园活动协会（NACA）拥有大量的学生领导力素质项目（student leadership competencies program）。

1. 兄弟会和姐妹会（Fraternities and Sororities）

兄弟会和姐妹会生活中的领导力发展项目将分列在几个章节提及，内容涉及校园或国际的兄弟会和姐妹会生活系统和组织（Dugan，2008；Harms、Woods、Roberts、Bureau 和 Green，2006；Strayhorn 和 Colvin，2006）。有意识地将领导力发展成果融合在兄弟会和姐妹会的方法包括:针对新成员的新兴领导者项目、专门针对兄弟会和姐妹会学生的系列研讨会或证书项目、参与全国的领导力会议和机构组织人员的静修会。另外,全美(国际)兄弟会和姐妹会组织联盟经常为各分会提供丰富的资源,如国际(国家)联络、基金资助、与其他学校分会联系的机会以及与校友会的联系。

2. 宿舍生活(Residence Life)

当开发宿舍生活中的领导力培养结果时,宿舍助理经常是被考虑的对象,他们接受领导力教育的机会也比其他职位的领袖多(Hallenbeck、Dickman 和 Fuqua,2004)。学生可以参与住宿管理机构(如学生宿舍委员会、学生宿舍协会或学生宿舍间际协会)的工作,协助大厅项目的安全措施得到国家组织会员的认可。一幢学生宿舍可以赞助一个领导力研讨会,或宿舍委员会的学生也可以参加领导力的会议。学生宿舍社区可以作为领导力项目开展的场所,强化公民参与与公民权的概念。

## ■ (四) 学生组织(Student Organizations)

领导力项目的很多举措可以针对职务领袖、有志于将来做领袖的学生或者普通学生组织成员。许多学校要求学生组织参加研讨会以保留他们注册时的组织状态。本章中将要讲到的辅助课程证书项目将会集中阐释学生组织的作用。

## ■ (五) 社区参与(Community Engagement)

越来越多的学生参与到社区服务,并且通过参加学术课程或者辅助课程获得了服务学习体验和经历。杜根和库米维斯(2007)发现全国范围内有53%的大学生参与了各种形式的社区服务。除了学校资助的项目,许多学生还根据自身或专业兴趣参加了当地的社区组织。学生们通过参加社区活动了解社会问题和社区需要,增强了意识,并决心继续投身到社区服务中去。

社区服务学习项目为促进学生领导力发展提供了强有力的经验(Dugan 和 Komives,2010;Eyler 和 Giles,1999;Vogelgesang 和 Astin,2000)。一些学校提供由学生经营的社区服务组织,在这些社区服务组织中,学生们自己在部门工作人员的支持下组织协调整个项目的后勤工作。春假休闲项目(Alternative Spring Break Program)是社区服务学习的一个特殊类型,由于学生需要做现场领导者及在服务中的榜样,使该项目大大提升了领导力机会。

## ▨ (六) 文化与社会认同项目(Cultural and Social Identity Programs)

齐默尔曼-奥斯特尔和伯克哈特(Zimmerman-Oster and Burkhardt,1999)认识到关注日益增强的跨文化意识、跨文化理解和跨文化接受是成功领导力项目的普遍实践和做法。此外,研究发现学生们在面对和应对差异时的反应是他们在社会责任领导力收效中最有力的预测指标之一(Dugan 和 Komives,2010)。(请参照本书第十四章了解更多关于文化和社会认同的信息。)

1. 对话项目

团体间对话项目为学生提供机会去探讨冲突问题、改善团体间关系及在校园里创造全纳社区(Nagda 和 Gurin,2007;Sorensen、Nagda、Gurin 和 Maxwell,2009)。来自两个或两个以上社会认同团体的学生可能结合学术课程或辅助课程项目进行协商讨论。协调员一定要认识到差异的存在,了解团体发展的特点,尽量为学生们参与这样一个有难度的对话创造舒适的环境。这些项目可以让学生们理解不同团体间的关系,学习沟通技巧,辨别价值和信念,以及批判反思自己与他人之间的互动。

2. 残障援助项目(Disability Support Programs)

残障援助项目为残疾学生提供住宿、倡议和支持的服务,同时也为领导力教育工作者提供信息和资源,以确保这些学生能够通过各种方式接触到该项目(Gordon、Lewandowski、Murphy 和 Dempsey,2002;Vogel、Leyser、Wyland 和 Brulle,1999)。领导力教育工作者应当咨询相关部门,了解可以为学生提供哪些支持;就怎么设计项目促进全体学生的学习,怎么样加强领导力项目对差异和包容的投入征询建议(请见本书第七章关于领导力项目全纳设计的内容)。例如,如果一个有听力障碍的学生想参加关于领导力的研讨会,应该是学校的残障援助项目来提供一个手语翻译,还是应当是研讨会赞助部门的责任? 因此,了解机构的程序和资源能够为领导力教育工作者开发全纳项目做好准备。华盛顿大学的教职工之家(Faculty Room)提供了一系列关于全纳项目设计的资源,网址如下:www.washington.edu/doit/Faculty/。

3. 多元文化事务与学生中心（Multicultural Affairs and Student Centers）

多元文化事务部门常作为学生事务部门的一部分，负责协调帮助学生与不同人群开展工作，提供直接支持，以及帮助有色学生和其他边缘化社区。当一些领导力项目与多元文化事务部门及学生中心合作开展规划的时候，许多现有的领导力项目将多元文化论和价值多样化融入项目的各方面。

## ■■■ （七）就业与职业准备（Employment and Professional Preparation）

学生实习是最常见的大学生课外经历，大部分本科生现在都从事着兼职工作（Kuh，2009；Pascarella 和 Terenzini，2005）。应当在整个大学学习过程中更加关注目标明确的实习经历（Kuh，2009；Perozzi，2009）。刘易斯和孔特雷拉斯（Lewis and Contreras，2009）研究发现，如果能够完成以下四个方面，学生的雇佣经历将最能促进他们的发展：正式或非正式的培训、反馈、解决问题和实验，以及反思。如果通过就业培养开发学生的领导力，雇主应该针对学生的工作确定一个清晰的学习成果（Lewis 和 Contreras，2009）。领导力发展和就业可以通过与学校的主要雇主合作而有目的地联系起来，如食品服务、图书馆、宿舍楼、学习辅助服务（比如付费的朋辈教师服务）及交通服务。应当有目的地将学生就业与学习联系在一起，芝加哥罗耀拉大学在这方面做得比较好，值得借鉴。实验教育中心（http：//luc. edu/experiential/sep_landing_page. shtml）负责开发以学员为中心的在职训练方法，培训主管，鼓励学生参加实践，获得与领导力和职业相关的终身可迁移的技能。另外一个有目的的学生实习实例是美国北达科他纪念联盟大学（www. union. und. nodak. edu/team/learningOutcomes0910. htm），在那里学生实习经历和学习结果融合在一起，有许多与领导力联系起来。教学法上，联盟行政主管采取了独特的方式，强调对每一位学生员工的经历进行反思的作用，不管那些学生在复印中心工作还是负责房屋管理。为营造一个喜欢反思的环境，行政主管们邀请每位主管——从管理人到高级雇员——参加专门设计的研讨会，这一研讨会旨在帮助单位和员工从工作满意到培养学习成果过渡。这些经检验证明行之有效的举措引发了校园内人们对学生实习好处与成功的讨论。

## ▨ （八）国际教育与海外留学（International Education and Study Abroad）

国际教育与海外留学项目为学生提供了开发跨文化意识、获得实际经验的机会，从而进一步培养了全球公民意识（Lewin，2009）。领导力教育工作者对文化浸透的经历与海外领导力教育的机会非常热衷（Osland，2008）。例如，全球领导力和公民发展研究所（www.globalleaders.info/）以国际为背景提供了诸如学术课程、海外留学、文化熏陶、领导力教育和服务体验等项目来丰富课程与辅助课程活动。

## ▨ （九）ROTC 项目（ROTC Programs）

后备军官训练团项目（ROTC）为打算毕业后到美国军队服役的学生提供了课程与辅助课程相结合的经历。学生一到毕业时，就可以作为现役军官到空军、陆军或海军就职。通过 ROTC 项目，学生获得了工作经历，开发了宝贵的领导力技能，为军队服役和毕业后的生活打下了基础。ROTC 项目的课程围绕着个人、团体以及社区等能力水平来设计相匹配的领导力辅助课程项目。

# ▨ 三、项目设计的注意事项

设计领导力教育的辅助课程项目时，领导力教育工作者需要考虑到许多项目要素与支持结构。首先要组成一个策划团队，包括关键利益相关人员、潜在合作部门的代表，同时还要考察任何可以得到的评估和估价结果（Eich，2005）。设计一个领导力辅助课程项目需要考虑的因素如下：机构类型、学生人数、项目目标、学习结果、目标群体、项目内容、招聘与保留、机构支持以及评估与估价。（参见本书第六章和第十章。）

认可学生的成就是个很有效的方法，能够提高学生的动机和认可度，协助招聘未来的项目参与者。可以考虑给参加者颁发结业证书。无论是为某个特定项目举行的表彰典礼，还是校园内学生领袖的嘉许典礼，都是认可学生工作成绩的好方法。以下是一些关注领导力的荣誉团体，包括：蓝钥匙荣誉协会（Blue Key Honor Society）（www.bluekey.org/）、"奥米龙—德尔塔—卡帕"协会（Omicron Delta Kappa（www.odk.org/）、学位帽协会（Mortar Board）（www.mortarboard.org/）、全美高校学者协会(the National Society of Collegiate Scholars)(www. nscs. org/),以及全美领导力与成功者协会(the National Society of Leadership and Success)(www. soci-etyleadership. org/)。

# 四、项目形式

本节将以现有的项目为案例讲述领导力辅助课程项目的具体形式。更多关于领导力辅助课程项目的信息可以参考本章末的其他资源部分。当我们设计领导力项目辅助课程时,领导力教育工作者应当考虑到本书第十章列出的项目设计要素,以及现有研究(第三章)、学生发展(第四章)和学生学习(第五章)的证据。此外,应当鼓励教育工作者认识到领导力项目辅助课程的相对有效性更多取决于高效学习策略的运用而非学习的具体方式(如静修会、演讲、户外探险项目。Dugan 等,即将出版)。为学生提供内容丰富、责任要求各异、形式多样的领导力项目固然重要,但教育工作者还应把他们的大部分精力都集中在开发有效的领导力教育方法上。

## (一) 一次性项目(One-Time Programs)

一次性或者短期项目经常独立于校园的其他领导力项目而开展。短期项目包括校园领导力会议、静修会、工作坊和讲座。识别和营销具体的领导力学习结果能够帮助学生了解怎样通过一件事情促进他们的领导力发展。许多项目包含朋辈领导和朋辈指导,学生们把它们作为项目参与者学到的知识应用到计划或促进项目方面。最好是一个短期项目能和一个更加复杂与广泛的项目形成互补(Eich,2005)。

1. 会议(Conferences)

校园领导力会议可以采取一天项目的形式,一般围绕一个领导力中心议题展开。会议可以对全体学生开放或选择一部分学生领袖参加。另外,一些会议为特殊学生群体解决领导力发展需要问题,比如有色人种学生、妇女、一年级新生,或者同性恋者/双性恋者/变性人员(LGBT)学生。伊利诺伊大学香槟分校(www. illi-noisleadership. uiuc. edu/default. asp)的伊利诺伊领导力项目赞助了五种类型的领导力会议,时间跨度从一天到三天不等。

一些学校把外部和国家计划纳入学校会议或项目之中,会议向其他院校的学生开放,或资助学生参加全国性会议。例如,2006 年领袖塑造协会(www. leader-shape. org)除了组织全国会议,还为学生组织了 57 场学校会议。同时,也可能为来自于其他院校的学生开展领导力会议,如全国高校领导力会议(http://arizonalead-ership. orgsync. com/org/nclc)就在亚利桑那大学召开。

2. 静修会(Retreats)

静修会是短期领导力发展的另一个实例,通过为学生个人和专业成长提供舒适随意的环境而对学生有很大影响力(Eich,2005)。静修会在有特定目标群体学生中(如特定组织官员、学生职员、参与特殊项目的学生)比较常见,然而一些机构也组织向全体学生开放领导力静修会。艾希(2005)表示真正的挑战在于如何把项目短期经历与继续学习相结合,如何将所学知识转化应用到日常生活中。

爱荷华大学开展了我的爱荷华周末静修会(MY IOWA)(http://imu. uiowa. edu/myiowa/),仅限 50 名学生参加,注重提高学生意识,对校园多样性和领导力的理解。学生可以借此机会与学校管理人员接触,参加领导力研讨会及参与朋辈谈话。领导力提升与发展静修会(the Leadership Enrichment and Development Retreat, LEAD)由南卡罗来纳大学的领导力项目办公室(www. sa. sc. edu/leaders/)资助,为学校前 50 名学生领袖提供机会与其他学校领导互动,也为他们下一学年的领导工作做准备。参加者从申请人中选拔。

3. 工作坊(Workshops)

一次性工作坊倾向于关注领导力教育和培训相关的实际技能(Robert 和 Ul-lom,1989)。他们根据学生安排可以灵活选择,可以是为学生提供的咨询机会,或为学生团体准备的演讲,也有可能包括项目结束时的认可。这种类型的项目对社区大学或乘车上班族等非传统意义上的学生更有效,因为这些学生可能参与了其他非课程的活动(如就业、承担家族责任或参与社区活动)。

在印第安纳大学与普渡大学印第安纳波利斯联合分校(Indiana University Pur-due University Indianapolis),学生组织领导力发展(Student Organization Leadership Development,SOLD)系列项目(http://life. iupui. edu/ccl/leadership/)针对学生组织围绕诸如项目计划、提供资金和团体发展开设了工作坊。许多组织在参加多个学生组织领导力发展工作坊时获得了认可。

领导力工作坊包括以下潜在话题:冲突管理、决策制定、伦理领导、社区组织、辅导技巧、公众演讲、招聘与保留、危机管理、领导转型及时间管理。有创意的标题能够吸引学生的注意,引起他们参加工作坊的兴趣。且不管观众如何,开发与评估工作坊的学习结果非常重要。

除了工作坊,学校可能也会提供关于各种领导力技能的信息资源列表,介绍相似的基本领导力技能。北卡罗来纳州立大学的学生领导力、道德及公共服务中心(The Center for Student Leadership, Ethics, and Public Service at North Carolina State University, www.ncsu.edu/csleps/)围绕着诸如沟通技巧、团体管理、领导力风格和动机等话题提供了丰富多样的电子领导力资源。

4. 讲座(Lectures)

一些大学会举行关于领导力话题或学生参与的其他领域或与当前事件相关的讲座。演讲者可以来自校内或者校外,这取决于讲座开展的目的和形式。校园演讲(Campus Speak)、高绩效培训(High Impact Training)和乔斯滕斯演讲团(Jostens Speakers Bureau)为如何邀请外部演讲者提供了信息和资源。

戴维森学院举办的钱德西(Chidsey)领导力系列讲座(www3.davidson.edu/cms/x22563.xml)为学生提供机会与校友和其他领导互动,这些校友和领导都在社区有一定的影响力。莫尔豪斯学院举办的可口可乐公司领导力系列讲座(www.morehouse.edu/centers/leadershipcenter/cocacolalectures.html)邀请到现任的领导与专家分享他们的领导力经验与见解。

## ▨ (二) 连续项目(Sequential Programs)

连续项目的时间跨度可以持续一个学期、一年或多年。部分项目需要学员从一开始就参与,而另一些项目学员可以中间参与。项目结束时通过举行嘉许典礼、发放奖学金、提供辅助课程成绩单或领导力证书来证明学员参与了项目培训。

1. 系列工作坊和项目 (Workshop and Program Series)

与单个工作坊类似,系列工作坊和项目通过举行一系列的项目培养开发领导力。这些系列可能针对具体技能的开发,也可能是关于目前某个特殊事件或领导力话题的谈话。工作坊的顺序可以预先确定,也可以让学生自己选择。如果学生参加了一定数量的工作坊,也可以考虑对他们采取激励措施。

北卡罗来纳大学威明顿分校(the University of North Carolina Wilmington)的UNCW领导力项目(www.uncw.edu/leadershipuncw)每学期都要举办多于25个不同话题的工作坊。学生可以选择参加任何感兴趣的工作坊,也可以选择在几个不同的关注领域里努力获得认可证书。这一项目可以作为多个单位共同合作的范例,其资源来自于校园活动、校园娱乐、兄弟会和姐妹会以及宿舍生活。

佛罗里达州立大学的 Noles 领导力读书俱乐部(Noles Leadership Book Club)(http://thecenter. fsu. edu/students. html)把感兴趣的学生和教职员工集中起来讨论领导力话题,并把书上的理论应用于目前的领导力实践当中。参与人员每学期都要读完一本书,分享读后感以及他们在整个学期的三次谈话过程中学习到的经验教训。

2. 新兴领导者项目(Emerging Leaders Programs)

新兴领导者项目在辅助学生向大学生活过渡和社会化的同时帮助学生开发领导力(Peraza,2004)。这些项目主要针对一年级新生,也可能包括二年级学生或转校生。朋辈领导可谓是一项有价值的资源,往届成员经常担任朋辈导师。

美国里海大学 PRIDE 项目(Personal Responsibility in Determining Excellence)(www. lehigh. edu/ ~ insi/leadership/leadership_lehigh. shtml)针对一年级学生运动员,通过发现他们的个人价值、开发核心领导力技巧以及了解大学的支持资源,帮助他们完成向学校和校际运动会的过渡。宾夕法尼亚州立大学 LET 项目(Leaders Emerging Today Program)(www. sa. psu. edu/usa/studentactivities/leadership/programs. shtml)为期八周,针对一年级学生开发他们的领导力潜能,了解学校资源以帮助他们在个人和学术上取得成功。南加州大学的新兴领导者项目(Emerging Leader Program)(http://sait. usc. edu/ca/usclead/index. html)为一年级新生、二年级学生和第一年转校生提供机会参与工作坊、社区服务和周末静修会,以开发他们的领导力潜能和具体的领导技能。

3. 领导力辅助课程证书项目(Cocurricular Leadership Certificate Programs)

领导力证书项目是正式认可学生参与辅助课程领导力项目的途径之一。尤其在系列项目中,领导力证书可以激励学生参与完成整个项目。这增加了项目平台内容的丰富及复杂性,以满足学生的进一步发展。大部分证书项目都需要学生参与完成一系列的工作坊或项目。这些项目也可能需要完成其他任务,比如社区服务、反思日志、作品集或者报告陈述。辅助课程成绩单为学生的经历提供了正式的记录。

加利福尼亚州立大学富尔顿分校的 EMBRACE(Educating Myself for Better Racial Awareness and Cultural Enrichment)项目(www. fullerton. edu/deanofstudents/

mlc/)为学生开设了多样性和多元文化的培训,项目结束时会给学生颁发领导力证书。培训结束时,学生可以申请在多元文化领导力中心实习担任 EMBRACE 讲座主持人。

纽约州立大学(SUNY)杰纳苏分校通过杰纳苏领导力发展机会项目(Geneseo Opportunities for Leadership Development Program, GOLD)(http://gold. geneseo. edu/)为学生提供七种领导力证书,获得这些证书需要完成八场工作坊和日志反思。领导力证书关注于诸如生活技巧、如何贯彻领导力和发展个人领导模式等话题。

在科罗拉多州立大学开展的领头羊参与积极领导力证书项目(Rams Engaging in Active Leadership Certificate Program, REAL)(www. slice. colostate. edu/real-experience. aspx),学生们可以参与工作坊、社区服务及反思。同时,学生可积极参与个人领导力开发、领导技能应用、兴趣领域、领导力发展及社区参与等课程,在完成所有等级的学习后,学生将获得相关证书。

4. 全球领导力项目(Global Leadership Programs)

目前人们的注意力日益集中到全球化背景下的领导力发展上,大学和领导力教育项目也都鼓励学生批判性地思考他们接受的学校教育是如何帮助他们成为全球公民的。项目的开展也可能结合国际教育、海外留学、学术科目、服务或实习机会。

美国马里兰大学开展的塞维蔡斯(Chervy Chase)领导力实习项目(Chevy Chase Leadership Internship Program, CCLIP)(www. stamp. umd. edu/leadership)通过学术课程、实习经历和国际沉浸体验来加强学生的领导力及职业发展。学生们在当地和全球社区服务时可以把课堂上学到的领导力理论付诸实践。通过国际学习和发展建立理解项目(Building Understanding Through International Learning and Development, BUILD),由塔夫斯大学全球领导力学院(www. tuftsgloballeadership. org/)实施,是一个学生领导的教育和沉浸项目,关注发展中国家农村社区中的人、社会和经济发展的可持续性问题。

5. 多年计划项目(Multi-Year Programs)

多年计划项目需要长期关注学生的校园经历,经常是群组项目。组织者需要考虑大规模项目如何获得资助(如项目预算、参与人员费用、学校其他部门赞助或外部资助)。许多多年综合项目都由课程与辅助课程组成。

美国昆尼皮亚克大学（www. quinnipiac. edu/x379. xml）资助了一个三层结构的领导力发展项目。新兴领导者项目帮助一年级新生适应大学生活、认识自我、学习领导力基础。合作领导者计划强调团队发展与领导力。在公民领导力项目中，学生学习服务型领导和公民参与，并对参与新兴领导者项目的学生开办工作坊。

里海利哈伊领导力项目（www. lehigh. edu/～insi/leadership/leadership_lehigh. shtml）是里海大学开设的为期四年的综合性领导力项目，从学生入校后提供四个阶段的领导力发展课程。所有阶段的课程都包括技能开发、体验式学习、工作坊反思、领导力组合创建、社区服务以及绳索课程经验。

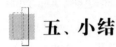

# 五、小结

本章介绍了大量有关辅助课程领导力项目的信息。如何将领导力发展要达到的目的融入项目当中以加强所有学生的领导力，这些方案都起到了重要的作用。本章中提到的许多方面和项目形式都适用于现有的或者将要开发的辅助课程领导力教育项目。

 补充资源

以下资源列表中列出的是国家协会与项目的网址，将为辅助领导力开发项目的创建和实施提供有用的信息。

**国家协会与项目（National Associations and Programs）**

国际大学生教育工作者学生参与委员会（ACPA：College Student Educators International，Commission for Student Involvement）

领导力教育工作者协会 www. myacpa. org/comm/student/index. htm

（Association of Leadership Educators）

www. leadershipeducators. org/

创新领导力中心（Center for Creative Leadership）

www. ccl. org

国际领导力协会领导力教育工作者兴趣小组（International Leadership Association，Leadership Education Member Interest Group） www. ila-net. org/Communities/MIGs/Education. htm

领袖塑造公司(LeaderShape, Inc. )

www. leadershape. org

全国校园活动协会(National Association for Campus Activities)

www. naca. org

全国学生事务管理工作者协会学生领导力项目知识社区(National Association for Student Personnel Administrators, Knowledge Community on Student Leadership Programs)

www. naspa. org/kc/kcslp/default. cfm

全美领导力项目数据库(National Clearinghouse for Leadership Programs)

www. nclp. umd. edu

全美校园休闲运动协会(National Intramural-Recreational Sports Association)

www. nirsa. org

**项目开发资源(Program Development Resources)**

Citizen Leadership Development Center. (1996). *Citizens of change program: Application guidebook for the social change model of leadership development.* , Depere,WI: St. Norbert College.

Eich, D. (2005). *Developing a quality leadership retreat or conference: Intensive learning for personal and group development.* Leadership Insights and Application, no. 20,College Park, MD: National Clearinghouse for Leadership Programs.

 参考文献

Astin, A. (1999). Student involvement: A developmental theory for higher education. *Journal of College Student Development*, *40*, 518—529.

Astin, A. W. ,& Astin, H. S. (2000). *Leadership reconsidered: Engaging higher education in social change.* Battle Creek, MI: W. K. Kellogg Foundation.

Dugan, J. P. (2008). Exploring relationships between fraternity and sorority membership and socially responsible leadership. *Oracle: The Research Journal of the Association of Fraternity Advisors*, *3* (2), 16—25.

Dugan, J. P. , Bohle, C. ,Gebhardt, M. , Hofert, M. , Wilk, E. , & Cooney, M. (in press). Influences of leadership program participation on students' capacities for socially responsible leadership. *Journal of Student Affairs Research and Practice.*

Dugan, J. P. ,& Komives,S. R. (2007). *Developing leadership capacity in college students: Find-*

*ings from a national study.* A Report from the Multi-Institutional Study of Leadership. College Park, MD: National Clearinghouse for Leadership Programs.

Dugan, J. P. ,& Komives, S. R. (2010). Influences on college students' capacity for socially responsible leadership. *Journal of College Student Development,51*(5),525—549.

Dupuis, M. ,Bloom,G. A & loughead,T. M. (2006). Team captains' perception of athlete leadership. *Journal of Sport Behavior,29,60—78.*

Eich, D. (2005). *Developing a quality leadership retreat or conference: Intensive learning for personal and group development.* Leadership Insights & Application, no. 20. College Park, MD: National Clearinghouse for Leadership Programs.

Eyler,J. ,& Giles, D. E. ,Jr. (1999). *Where's the learning in service-learning?* San Francisco, CA: Jossey-Bass.

Gordon, M. ,Lewandowski, L. ,Murphy, K. ,& Dempsey, K. (2002). ADA-based accommodations in higher education: A survey of clinicians about documentation requirements and diagnostic standards. *Journal of Learning Disabilities,35,357—363.* DOI:10. 1177/00222194020350040601

Hallenbeck, D. A. ,Dickman, M. M. ,&Fuqua, D. R. (2004). Dimensions of leadership and motivation in relation to residential setting. *Journal of College and University Student Housing,32,23—31.*

Harms, P. D. ,Woods, D. ,Roberts, B. ,Bureau, D. ,& Green, A. M. (2006). Perceptions of leadership in undergraduate fraternal organizations. *Oracle: The Research Journal of the Association of Fraternity Advisors,2,81—94.*

Holmes, R. M. , McNeil, M. , Adorna, P. , & Procaccino, J. K. (2008). Collegiate student atheletes's preferences and perceptions regarding peer relationships. *Journal of Sport Behavior,31,* 338—351.

Jabaji,R. ,Slife,N. ,Komives,S. R. ,& Dugan,J. P. (2008). Mentoring relationships matter in developing student leadership. *Concepts & Connections,15*(4),7—8.

Komives, S. R. , Owen, J. E. , Longerbeam, S. , Mainella, F. C. , & Osteen, L. (2005). Developing a leadership identity: A grounded theory. *Journal of College Student Development, 46,* 593—611. DOI:10. 1353/csd. 2005. 0061

Kuh, G. D. (2009). What student affairs professionals need to know about student engagement. *Journal of College Student Development,50*(6),683—706. DOI:10. 1353/csd. 0. 0099

Lewin, R. (Ed. ). (2009). *The handbook for practice and research in study abroad: Higher Education and the quest for Global citizenship,* New York, NY: Routledge.

Lewis,J. S. & Contreras, S. Jr. (2009). Student learning outcomes: Empirical research as the bridge between theory and practice. In B. Perozzi ( Ed. ), *Enhancing student learning through college employment* ( *pp.* 45—66 ). Bloomington, IN: Association of College Unions International.

Loughead, T. M., Hardy, J., & Eys, M. A. ( 2006 ). The nature of athlete leadership. *Journal of Sport Behavior*, *29* ( 2 ), 142—158.

Nagda, B. A., & Gurin, P. ( 2007 ). Intergroup dialogue: A critical-dialogic approach to learning about difference, inequality, and social justice. In M. Kaplan & A. T. Miller( Eds. ), *Special issue: Scholarship of multicultural teaching and learning.* New Directions for Teaching and Learning, no. 111 ( pp. 35—45 ). San Francisco, CA: Jossey-Bass. DOI: 10. 1002/tl. 284

National Collegiate Athletic Association [ NCAA ]. ( 2009 ). *1981—82—2007—08 Sports Sponsorship and participation Rates Report.* Indianapolis, IN: National Collegiate Athletic Association. Retrieved from www. ncaapublications. com/Uploads/PDF/ParticipationRates2009c2f40573—60aa – 4a08—874d—1aff4192c5e4. pdf.

Osland. J. ( 2008 ). Overview of the global leadership literature. In M. E. Mendenhall, J. S. Osland, A. Bird, G. R. Oddou, & M. L. Maznevski( Eds. ), *Global leadership: Research, practice and development* ( pp. 34—63 ). New York, NY: Routledge.

Paisley, K., Furman, N., Sibthorp, J., & Gookin, J. ( 2008 ). Student learning in outdoor education: A case study from the national outdoor leadership school. *Journal of Experiential Education*, *30*, 201—222.

Pascarella, E. T., & Terenzini, P. T. ( 2005 ). *How college affects students: A third decade of research.* San Francisco, CA: Jossey-Bass.

Peraza, M. ( 2004 ). *First-year students and leadership.* Leadership Insights & applications, no. 19. College Park, MD: National Clearinghouse for Leadership Programs.

Perozzi, B. ( Ed. ) ( 2009 ). *Enhancing student learning through college employment.* Bloomington, IN: Association of College Unions International.

Roberts, D., Ullom, C. ( 1989 ). Student leadership program model. *NASPA Journal*, *27*, 67—74.

Sibthorp, J., Paisley, K., & Gookin, J. ( 2007 ). Exploring participant development through adventure-based programming: A model from the national outdoor leadership school. *Leisure Sciences*, *29*, 1—18. DOI: 10. 1080/01490400600851346

Sorensen, N., Nagda, B. A., Gurin, P., & Maxwell, K. E. ( 2009 ). Taking a "hands on" approach to diversity in higher education: A critical-dialogic model for effective intergroup interaction. *Analysis of Social Issues and Public Policy*, *9*, 3—35. DOI: 10. 1111/j. 1530—2415. 2009. 01193. x

Strayhorn, T, L, & Colvin, A. J. ( 2006 ). Assessing student learning and development in fraternity and sorority affairs. *Oracle*: *The Research Journal of the Association of Fraternity Advisors*, 2 ( 2 ), 95—107.

Vogel, S. A. , Leyser, Y. , Wyland, S. , & Brulle, A. ( 1999 ). Students with learning disabilities in higher education: Faculty attitude and practices. *Learning Disabilities & Practice*, *14*, 173—186.

Vogelgesang, L. J. , & Astin, A. W. ( 2000 ). Comparing the effects of community service and service-learning. *Michigan Journal of Community Service Learning*, *7*, 25—34.

Wilson, W. L. ( 2006 ). *ROTC and leadership development*. NCLP Insights & Applications Monograph, on. 22. College Park, MD: National Clearinghouse for Leadership Programs.

Zachary, L. ( 2006 ). Learning by design: Facilitating leadership development Through mentoring. *Concepts & connections*, *14*(3), 5—6.

Zimmerman-Oster, K. , & Burkhardt, J. C. ( 1999 ). *Leadership in the making*: *Impact and insights from leadership development programs in U. S. colleges and universities*. Battle Creek, MI: W. K. Kellogg Foundation.

# 第四编

# 领导力项目执行

实际经验与教育过程之间存在着密切且必要的相关性。

——约翰·杜威(1938)

告诉我,我会忘记;演示给我看,我可能会记得;让我参与,我会理解。

——谚语

项目执行包括各种教学实践和教学策略,这些实践和策略用于发展领导力以及从认知的角度解读领导力所包括的各种内容。项目执行是指项目设计的执行。

领导能力和领导效能是在学生与他人一起积极参与团队和各类组织的活动中得以发展的。教育工作者玛西亚·巴克斯特·马格拉丹(1998;Baxter Magolda 和 King,2004)鼓励广大教育工作者采用学习伙伴模式,她从自己研究中得出结论,认为如果学生置身于一个个人情境中被确认为是一个知情者,而且该学生与其他学习者(包括教师)相互建构知识,则会产生最有效率的学习。主动学习和体验式教育是培养领导力的主要教学法(Kolb,1981)。对一个学生的个人情境而言,就导致了对学生的多重社会身份认同的需要。

第四编概述了大量高绩效的领导力学习和培养的有效教学法。同时,本编还探究了包含多重社会身份的各类资源,这些社会身份对于塑造学习、发展以及领导力打造体验有着重要影响。本编结尾论述了那些应当被视作领导力项目具体内容的前沿话题。领导力教育工作者必须不断识别各类必要主题以满足具体项目要旨和内容,并且使得领导力发展与不断变化的社会需求密切相关,作出积极回应。

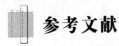

## 参考文献

Baxter Magolda, M. B. (1998). Developing self-authorship in young adult life. *Journal of College Student Development*, *39*, 143—155.

Baxter Magolda, M. B. , & King, P. M. (Eds.). (2004). *Learning partnerships: Theory and models of practice to educate for self-authorship.* Sterling, VA: Stylus Press.

Kolb, D. A. (1981). Learning styles and disciplinary differences. In A. W. Chickering & Associates (Eds.), *The modern American college: Responding to the new realities of diverse students and a changing society* (pp. 232—255). San Francisco, CA: Jossey-Bass.

# 第十三章

# 学生领导力项目中的有效教学法

卡拉·梅克斯内尔

戴夫·罗施

乔纳(Jonah)是一所中等规模大学的学生事务教育工作者。作为该大学近期发起的"公民参与"生活——学习社区的地区联络员,乔纳与凯亚(Kaia)共同教授"领导力研究概况"这门课程。凯亚是一名资深的社会学教员。乔纳和凯亚各自有着丰富的辅导和教学经验,可是谁都没有与他人共同教授过一门有学分的领导力课程。为了准备该学期的教学,他们俩整理学习所得设计出课程纲要。依据教学法来实现这些目标,事实证明令人气馁,凯亚习惯讲座式的学习,而乔纳大部分的辅助经验注重团队式学习和小组学习。那么,乔纳和凯亚如何着手构建各类教学法为学生的学习、成长和发展提供强有力的工具呢?

本章为领导力教育工作者介绍领导力教学的艺术和科学,重点关注教育工作者怎样才能给他们的教学对象即学生们培养一个强大的积极的学习环境。本章探究了一套有效教学法,领导力教育工作者可以借助这些教学法在正式的课堂教学内外完成领导力实践全部活动,激励学生为自己的学习负责,激发理解领导力的新方法,转变领导力主修课程和辅修课程的学习积极性。本章首先概述了教学法,强调什么是教学法以及教学法在哪些方面胜过日常教学策略。本章接着探究与领导力发展相关的教学实际应用:体验学习、基于团队的学习、朋辈教育、社会文化对话、服务学习、导师制与顾问制以及深思实践。在所有这些实际应用中,领导力教育工作者除了要知道如何应用这些教学法之外,还要找到这些教学法在各类高校里活生生的例子。

**一、教学法：源起与演变**

　　什么是教学法？作为教学的艺术和科学，"教学法（pedagoy）"这个词语从词源上看是来自希腊术语"paidagogeo"，意思是"带领孩子"。强调"带领他人"（leading the others），使我们对于教学法的界定就不仅仅限定为辅助策略或以教师为中心的教学方法。尽管该术语在教职工和学术管理者的词汇中屡见不鲜，但是该词语却很少为学生事务教育工作者公开使用。然而，学生事务教育工作者已经为基于当今大学生发展需求的当代教学法的演变铺平了多条道路。当代学界的有效教学法，特别是领导力发展领域的有效教学法，在学术事务和学生事务两方面，使伟大的传统教育家与具有企业家创新精神的教育工作者得以结合。奇克林（Chickering, 2006）对此演变作了如下评论：

　　　　在过去的 10 至 15 年中，我们也看到了各种教学策略的应用明显增多了。有许多方法鼓励更加主动地学习，如集体学习和基于问题的学习。我们帮助学生成立学习小组……我们更加有意识地关注言辞技巧……在各类学术项目中，学生与教师的合作研究愈发常见。独立研究和学习契约有时唾手可得。我们不再像普洛克路斯忒斯（Procrustes，希腊神话中阿蒂卡巨人，羁留旅客，缚之床榻，体长者截其肢，体短者拔之使与其床齐长。——译者注）式教学，将普遍时长为 50 分钟的教学满堂灌，就像这位神话中主人将客人取长补短硬配其床。（p.10）

　　回顾历史，我们可以对有效教学法的发展追溯到伟大教学家的著作，他们有约翰·杜威（John Dewey）、保罗·弗莱雷（Paulo Freire）、威廉姆·佩里（William Perry）、让·皮亚杰（Jean Piaget）、本杰明·布罗姆（Benjamin Bloom）等许多人。有许多著作整部文本都是献给他们的；有许多论文、章节和网站向他们留给后人的宝贵财富表示敬意。本杰明·布罗姆的著作（Bloom Englehard FursHill 和 Krathwohl, 1956）就是个例证，他的布罗姆分类学框定了学生智力发展与本书提出的当代教学法的功用之间的关系。布罗姆（1956）根据教育心理学家们提出的纲要，基于认知的（了解）、心理活动的（行动）和情感的（感觉）交叉领域，对学习者的智力行为层次进行了分类。从布罗姆的第一个层次即知识开始，然后历经理解、应用、分析、整合,再到评价,每个层次都较前一个更加复杂,甚至是建立在前一个层次之上。后三个层次被视为较高级别的技能,因而与较高层次的课程和体验更加频繁地联系在一起。安德森和克莱斯万(Anderson 和 Krathwohl,2001)后来对此分类加以提炼,如表 13.1 所概述的,与其分类在一起的还有一些其他层次的应用实例以及领导力课程中可能会提出的问题或布置的作业。该分类法有助于教育工作者考虑并设计与学生成长性功能密切相关的教学法。例如,以讲座为基础的材料,尽管对于较低层次而言是完整的,但是对于学生的评价与创造性功能的发展来说或许没有多少用处。

**表 13.1 安德森和克莱斯万开发的分类法**

| 级别 | 功能 | 描述 | 领导力作业 实例/样本 |
|------|------|------|------|
| 较低级别 | 记忆 | 从记忆中回忆或追忆知识 | 描述或界定公务员领导力 |
| | 理解 | 从各种功能或活动中获得意义 | 概括公务员领导力的基本原则 |
| | 应用 | 开展一项活动或功能 | 讨论并界定公务员领导力的原则如何应用到非营利的管理中 |
| | 分析 | 将资料或概念分解成组成成分;理解联系与区别 | 区分公务员领导力在非营利组织中的过去和当前应用 |
| | 评价 | 根据标准进行评论和审核 | 对公务员领导力原则在三个非营利组织中应用程度进行评价和评论 |
| 较高级别 | 创造 | 将各元素联结成一个功能体;重组与生成 | 对于领先的非营利组织如何得益于公务员领导力及其他模式或理论创建自己的理论,用一个独特的方式代表该理论 |

来源:节选自安德森和克莱斯万(Anderson & Krathwohl,2001),pp.67—68.

## ■ (一) 远不止是教学策略

马扎诺(Marzano,2007)认为有效教学法包括三个关键内容:有效教育策略的使用、教育者对于有效管理技术的使用以及有效的班级或项目设计策略的使用。对于学生发展中诸多(如认知、心理活动、情感的、社会身份的)明确关系的理解、班级或项目的有意图的学习结果,以及有效的教学策略,这些对于领导力教育工作者而言都是缺一不可的整体(详情可见本书第四章)。实际上,教育者对自身有效教学法的培养包括对学生发展的认识、与课程或项目相对应的学习结果的形成,以及对于各类多层面教学策略的应用。因此,教师或辅导员要是想把任何教学法行之有效地应用于学生的教学中,必须要牢记以上这几点。教学必须要有目的性。请看下列教学方案的设计:

> 开学几周后,乔纳与凯亚发现自己青睐于借助多媒体元素的讲座式学习,他们的课程"领导力基本原理"(LX200)吸引了大量优秀的大二和大三学生选修,这些学生同时也参与"活到老学到老"的社区活动。虽然学生们认为他们老师的教学风格是师生互动、活力四射的,但是乔纳和凯亚并不确信他们的学生能够完全整合所学知识。学生们虽然能够理解课堂内外所探讨的概念,但是在对复杂理论进行比较、分析和评价时存在一定的困难。经过大量反思之后,这两位教师意识到他们以讲座为主的教学还达不到预期的教学效果。他们重估了这门课程,重估了当前学生的发展程度以及重估了已取得的学习成果,最终决定在课堂教学中引入大量案例研究方案和集体学习的机会。

> 迪娜(Deena)是乔纳与凯亚的同事,已经获准开发领导力的中级和高级课程,而领导力基本原理将作为领导力的基础课。在开发各门课的学习结果时,她发现了与布罗姆(Bloom)较高级别功能之间的联系。中级课程的整个学期都要开设服务学习项目,为了社会变革而提高学生对于领导力的界定和分析。她为高级课程考虑了好几种教学法,其中之一是整个学期都要开设小组学习项目,这样学生团队可以从中与当地非营利机构进行合作。

要是教师知道什么可激发学生学习和参与,教学法也是有效的。相应的,教师能够调整和利用自己的以及学生的风格、结构和策略。与领导力教育工作者的工作天生相关的一个概念来自心理学家米哈里·西森米哈里(Mihaly Csikszentmihalyi,1990,2003),他将此概念称作"忘我"(flow),一种深层次的愉快的享受感觉。"忘我",是我们感觉最充实、最满足和最能干的境况、行为、体验或处境。例如,有人可以感到一个完全的禅宗之念或者与其工作相关的职责合而为一的整体意识。另外一些人则可以在冲照片、看电影或与朋友打高尔夫时体验到忘我。不管怎样,当人们处在忘我境界时,举手之劳却可以带来极大享受,不同个体如此唤起的情感是惊人的相似(Csikszentmihalyi,1990,2003)。

身处忘我之状态,感受如何?如此体验与有效教学法是怎样相关联的?最重要的是,领导力教育工作者如何能够利用忘我去最大化地利用教学或辅导的体验?

西森米哈里(2003)及其同事采访了 10,000 个不同的人之后发现,忘我可以由八个相互关联的条件予以最佳描述,见表13.2。鼓励领导力教育工作者回忆他们在作为学习者、教师或辅导员时体验到忘我的例子。虽然似乎不大可能强求课堂上具有忘我的所有条件,但是忘我的状态是每个领导力教育工作者都能够辅导给学生的。事实上,有效教学法是教育者给予别人忘我机会的渠道。因此,教学法最好可以看作既是艺术又是科学,是"物质"和"直觉"的强大融合。

表 13.2　忘我条件与教学

| 条件 | 说明 | 教学反思 |
| --- | --- | --- |
| (1) 目标明确 | 个体知道自己必须完成的任务,但是真正的快乐来自过程而不是结果 | 关注课堂教学的学生学习过程而不是分数。学生们喜欢旅途而不是目的 |
| (2) 反馈直接 | 虽然反馈可能来自同龄人或同事,但是活动或境遇本身能提供感知和直觉意识 | 您给学生提供反馈,但是真正价值最终来自他们自身的内心控制焦点以及他们给予自身客观反馈的能力 |
| (3) 机遇与能力的平衡 | "当挑战与技能二者都是高水平且相匹配时"忘我才会产生(Csikszentmihaly,2003,p.44)。如果任务超出我们的能力之外,我们可能感到焦虑。如果太容易,我们会觉得乏味、厌烦 | 每位学生都有与其挑战和技能水平相对应的不同门槛;教师是提供"不同复杂程度的挑战"(p.44)。随着学生们体验到忘我,他们会激励自我去体验更高程度的复杂性 |
| (4) 注意力深入 | 一旦获得培育上述条件的机遇,个体本身与活动之间区分日渐减少,个体觉得体验仿佛是其必不可少的组成部分 | 不是给您的学生布置多重任务或"繁忙的工作",而是找到一些创造性的方法允许学生密切关注与其原则和核心价值观高度一致的话题和积极性 |
| (5) 当下最重要 | 处在忘我的状态,"现有的任务要求全心全意地关注,(因此)那些在日常生活中让人如此烦恼的焦虑和问题在心智之中就不会有机会立足"(p.49)。当下就是上天赐予的礼物 | 为学生找到通往个体或团队项目中发挥独特激情、兴趣以及价值观的渠道。指派一些任务,无论是完成任务的过程中还是完成任务的结果中允许存在这种独特性 |
| (6) 控制不成问题 | 个体感到能够控制自己的表现而未必是周围的环境或现场。首先,个体有责任感 | 看重以学习者为中心的教学,它允许学生共同创建课程选项。该课程是他们学习的主要途径,学生有更多发言权、更多受到启发以及更多参与机会 |

（续表）

| 条件 | 说明 | 教学反思 |
|---|---|---|
| （7）时间意识发生改变 | 个体是在数量上而不是在质量上体验时间。对某些人来说，时光飞逝。对另外一些来说，时光却是在膨胀 | 设想一节课（如 50 分钟一节）时间能够让学生忘掉自己的爱好或不分心。该教学法是有效的。学生能够掌控自己的学习 |
| （8）自我的消失 | 个体忘记"自己的社会身份，如姓名、头衔以及身份证号码等所承载的责任，暂时忘掉自我意识、个人梦想、恐惧与欲望"（p.55） | 为所有学生创设公平游戏场所，允许他们给课堂设定包容性的基调。不断重新考虑差别产生的期望值。在竞争中培养合作 |

来源：节选自西森米哈里（Csikszentmihalyi，2003）。

对于教学法应用的理解更加关键的是诸如语境、场合、人员统计数据、人格、学历程度、学习风格以及学生发展等介质。可是，许多课程和教学法没有把这些介质变量当回事。难怪，学生们在大部分学业上一直表现欠佳（Bok，2006）；而且由于"几乎所有公众对于当代大学生必须了解什么，以及能够做什么都是闭口不谈"（全美高校联盟，2007，p.7），所以很少有毕业生或将来的社会领导者准备好可以应对风云变幻且无法预测的 21 世纪的现实。简单地说，"毕业生将必须思维开阔、有跨文化意识、懂科学、擅长技术、有可靠的德行，而且充分准备好迎接未来持续的跨学科学习"（全美高校联盟，2007，p.15）。变革的呼吁可激起共鸣。本章所阐述的那些有效教学法反映了当代社会现实环境中学生的学习需求。

许多全国范围内的运动，包括全美学生参与研究（National Study of Student Engagement，NSSE）协会的 DEEP 项目（Documenting Effective Educational Practice，Kuh Kinzie Schuh 和 Whitt，2005）以及全美高校联盟（2007）的通识教育和美国承诺（Liberal Education and American's Promise，LEAP）的首创计划，都已经给教育工作者提供了一些基于经验的教学方法上的借鉴。教育工作者很有必要记住，正是这些运动促使了人们对于有效教学法的思考、发展和评估。既然领导力教育工作者们努力选择合适的教学法用于学生发展和特定学科的学习结果，那么他们也必须与当代高等教育的实践目标保持一致。

全美学生参与研究协会的 DEEP 项目调研了二十所高校的内部措施，以期获悉这些高校为了培养学生的成功采取了什么举措（Chickering，2006；Kuh 等，2005）。研究人员根据以下六大条件对所调研的高校进行衡量，发现没有哪条途径或方案可以确保成功：（1）人生使命；（2）高度关注学生学习；（3）为丰富学习生活而营造的氛围;(4)通往学生成功的道路规划;(5)进步的精神特质;(6)共享的平等与成功的责任心（Chickering,2006;Kuh 等,2005）。

戚克林(Chickering,2006)对这些主题进一步论述时,强调了解学生们想要学习什么、怎样才能学得更好以及学生们已经知道和能够做什么的普遍重要意义。这些主张十分吻合教育者能够在课堂内外采取的策略,以便帮助学生更快走向成功。

我们来考虑以下情景及实践:

领导力教育工作者迪娜(Deena)在开学前几天通过在线课程管理系统下载了她的学生的电子邮箱地址。借助课前调查形式,她要求学生们简短回答下列问题:

(1)你想在本课程上学到什么东西或者解决什么问题?

(2)你怎样才能学得最好?(回想过去你最喜欢的课程并且能够记得或整合或应用所学知识。什么可以帮助你学习?)

(3)描述一下你对领导力的一知半解。(思考一下课堂内外的体验。)

(4)在你思考自身领导力才能时,你认为你最擅长什么?

迪娜仔细阅读了学生们的回答,并针对学生们的回答为第一堂课设计了一个练习,筹划该课程如何培育成功以及如何培育一个旨在改善的精神气质。

此外,值得认真考虑的是美国高校联盟的《全球新世纪的大学学习》(*College Learning for the New Global Century*,2007)杂志及其发起的持续十年之久的 LEAP 项目。七大优秀原则是全美高校联盟众多研究成果和原则中的代表(参见表 13.3),这些原则是领导力教育的核心内容并且依赖有效教学法。然而,报告表明那些课程在很大程度上继续是高等教育的边缘学科,尽管它们是创新课程并且最能影响学生的学习和意义解读(全美高校联盟,2007)。

**表 13.3　领导力课程应用的优秀 LEAP 原则**

| 优秀原则 | 意义 | 领导力导论课的相关话题 |
|---|---|---|
| 目标高远且各方面都优秀 | 主要学习成果,包括人类文化与物理世界和自然界的知识、知识技能和实践技能、个人与社会责任、综合性学识,这些是与中小学、大学工作和生活有关的整个教育体验的框架 | 想方设法在给学生分配的任务中包含每一个主要学习结果。例如,将领导力学习与文化、环境主义、公民责任联系起来 |

（续表）

| 优秀原则 | 意义 | 领导力导论课的相关话题 |
|---|---|---|
| 给学生一个指南针 | 关注每个学生有关实现主要学习成果的学习计划并且评估其进程 | 让学生根据其预期的学习计划帮助完善教学法和教学内容。想办法结合学生的学术兴趣使班级"个性化"。对于那些学习兴趣不明确的学生,应用大量跨学科例子或许可以激发他们在某一领域的学习兴趣 |
| 教授询问与创新的艺术 | 使所有学生专注于分析问题、探究问题、解决问题以及学会与人沟通 | 通过整合个人的和基于团队的活动、开始和结束提问以及解决问题的诸多方式(如在线学习)等来锻炼学生的左右大脑能力 |
| 承担重大问题 | 教授课程以及意义深远的当代及长存的议题,如科学与社会、文化与价值观、全球独立性、变化多端的经济、人类尊严和自由 | 教会学生学习重大问题时,学习经验需植根于学生个人和群体价值观的探索。鼓励学生学会欣赏甚至坚持与所感兴趣的话题相矛盾的观点 |
| 将知识与选择和行动联系起来 | 帮助学生培养公民精神并且学会解决现实世界中的有关问题 | 请当地商业领袖和非营利组织管理者提供一些现实世界中领导力窘境的例子。请学生在课堂内外解决这些困境 |
| 培养公民性学习、跨文化学习以及道德性学习 | 强调每个学习领域中的个人责任与社会责任 | 价值观很重要。确保每节领导力课都联系某一价值观,围绕个人的、组织的和跨文化的价值观开展课堂教学 |
| 评估学生应用所学知识解决复杂问题的能力 | 应用评估手段深化所学且建立一个有着共同目标并不断完善的文化氛围 | 考虑使用朋辈以及/或者全方位的评估手段,让学生实际操练相互评估和评价 |

## ■ (二) 教育者——学生动力

在进行教学法的实践应用之前,我们必须考虑以及反思自我作为变革工具的作用。基根(Kegan,1994)发现存在一个有趣的悖论,他认为学生的思维习惯是在学习体验中培养出来的,而思维习惯造就了"作为公民的个人",此人能够成为社区一员且可为社区作出贡献。基根认为,教育者最终应该着力将自身置身事外,帮助学生为他们自己以及为彼此工作。因此,领导力教育工作者必须不断反思,着重强调集体性学习、与学生们打成一片,并且努力将学习环境打造成学习型的而不是教学型的。除了自身工作外,教育者还应该努力让学生们知晓他们为一个健全的学习社区分享、培育、奉献个体的责任感。成功并不在于学生们是否会记得教师的姓名或者学生们所青睐的教学风格，而是在于学生们最终获得的自我认同以及应用所学课程的知识去解决现实世界中的问题、关注的话题以及费解的难题（Baxter Magolda 和 King，2004；Kegan，1994）。然而，我们只有在促进和采取那些最有利于学生们的需求、发展和兴趣的教学法之后才能实现上述目标。本章接下来将揭示和描述一系列在学习环境里证明起作用的有效教学法。

## 二、教学法实践应用及维度

本节陈述在各种语境中对于领导力教育工作者可能有用的几个有效教学法例子。每种教学法都被详述，包括此教学法当前在许多高校的领导力教育语境中是如何得以应用的实践例子。虽然同时综述了关于教学法有效性的相关研究，但是该研究的主体部分还是在领导力教育语境之外开展的（参见本书第三章，该章整合了大学生领导力发展的有关研究）。必须指出，掌握每种教学技术的资源是十分丰富的。这些为每个教学法提供了概览，并且包括了从何处可以学到更多有关每个教学法及其应用的更深层理解的信息。所有领域卓有成效的教育工作者都十分清楚，只有在学生的学习方式、学习偏好与目标人群头脑中想的成果相适应时，这些教学法的应用才是有意义的。

这种与领导力教育相关的有效技术的观点包括下列教学法：

- 体验学习
- 基于团队的学习
- 朋辈教育
- 社会文化讨论
- 服务学习
- 导师制与顾问制
- 沉思实践

尽管不是与教学法直接相关，本章结尾将简要论述特定课堂教育的两个方面，即教学技术的应用和团队教学的概念，它们常常影响所探究的教学法的成功应用。这两个议题都是领导力教育领域中相关的，因为技术在课堂里是无处不在的，而领导力课程经常是由教师团队教授的，该团队在学术事务、学生事务和社区之间架起了桥梁，填补了空缺。此外，本章结尾还增加了一个补充资源，列举了其他著作，按主题加以排列,领导力教育工作者可能发现此举很有用。

## ▨ (一)体验学习(Experiential Learning)

对于领导力教育工作者而言,概述有效而强大的教学手段,首先当属领导力教育的一个常见方法,即通过实践和经验来学习。"体验学习"是一个总括性术语,用以描述好几个不同却又重叠的技术,如动觉学习、实践与实习、冒险教育以及主动性学习。有关这些技术的界限和区别进行的讨论对于任何在该领域寻求专业知识的人来说都是相关的。然而,每个技术中的共同点是要求学习者有所作为——无论是在课堂,还是在领导力项目中,还是在领导力短训班上。将学生视作知识的被动接受者的传统概念在此遭到摒弃,因为此处的每个教学法都要求学习者积极主动地将所学知识应用于具体事务中。

体验学习这个概念是基于把学习看作一个完整过程这种观点,该过程包括学生测试其知识以及将知识应用于其环境(Kolb,1983),只有在那时学生才会将自己的所学知识加以内化。此外,最有效的边做边学的环境要求学生既要在智力上投入又要在情感上投入(Magarrell 和 Laney,2003)。领导力教育工作者如果告诉学生诚信、团队合作和正直是有效领导力的基本元素,很可能会遇到大量赞许的目光,意在表达"嗯,当然了"。将同样这些学生放置在领导力成功需要诚信、团队合作和正直的环境里,往往对于他们学习有效领导力起到真正的催化剂的作用。

教育者和机构在他们领导力课程中应用有效体验学习技术,其例不胜枚举。无数领导力课堂和项目应用团队建设的实践活动不是仅仅作为建立关系的活动,而是作为理论应用的实验室。例如,在对有关等级森严环境中有效交际技术的教学之前,教育者可能首先将学生置入群体活动中。在那里,学生必须有效沟通去解决一个时限环境中的问题,其中只有少部分参与者获得指令。在此情境下,学生们在实施行动的过程中,会非常不愿意被动地接受那些公开信息的必要性。这些信息是作为组织效率的应用工具,而没有能够反映出实践中此类行动的复杂性。相反,他们将会回顾曾经犯过的错误,并因此更好地理解将此知识应用到自身实践中。

许多机构也给学生学分或要求学生去参加暑假或寒假的短期实习,认为通过这类机会获得的实际体验可以帮助学生有效地应用课堂所学知识去解决现实世界环境中的真正问题。同时,美国某些高校有一项新兴的要求,即要求学生有到国外留学的经历,要求学生在另外一个国家里学习或完成实习。这些经历将学生放置在一个不熟悉的环境里,这样他们对于领导力的认识可以得到检测和重构。此外,许多高校现在给学生开设了冒险教育项目,包括为新生开设的一日漂流基础课、到荒野求生的顶级课程。这些体验都是"人类户外求生的力量"(Hattie Marsh,Neill和 Richards, 1997, p. 44),这就要求离开常规环境的那些参与者个体具备一定的知识、判断力以及行动力,往往带有不干涉的、训练有素的向导。学生们通过这些活动学会了主动性、团队合作且对自己的优势和弱点有了更清楚的认识。例如,普利茅斯州立大学(Plymouth State University)给学生开设了有组织的体验课,如绳索课、攀岩课、定向越野赛跑以及其他户外活动(www. plymouth. edu/outdoor-center/index. html)。几乎所有这些活动对于学生个体、学生组织或学术课堂的组成部分都是开放的,他们旨在通过这类技术实践培养领导技能。

另外,有效体验教学法能够融合更多的技术,使学生可以主动地理论联系实际。例如,许多高校学生在校外代理机构充当顾问。学生们充当此角色的优秀例证开始于凯琳修斯学院(www. canisius. edu/cscpl)。在该学院,作为商学院的一部分,学生们能够申请参加名为"学生顾问合伙人身份"(Student Consulting Partnerships)项目。校园内外的组织都是这些学生的"顾客",学生们没有报酬,但是可获得教职员工的资助与合作。顾问身份包含的主题有战略规划、运行以及人力资源管理。这些顾问身份允许学生们直接应用理论知识解决现实世界的实际问题。

这些例子都是将学生置入主动决策的地位,这对于他们的成功意义深远,也许这就是边做边学领导力教学法的关键所在。然而,此类例子只是反映了有效实践的一小部分。

## ▓ (二) 基于团队的学习(Team-Based Learning)

本书其他章节将领导力界定为个体在团体中工作以便影响变革和实现目标的影响力过程。因此,基于团队的学习(TBL)经常是学习领导力技能和知识的最佳教学法之一。基于团队的学习不是简单把学生置于群体中,而是让群体共同解决问题的技术。尽管这类活动给学生提供机会去练习解决问题、锻炼交际能力以及解决冲突,但在其他技能中,基于团队的学习教学法的应用要求教师围绕一个理念来设计课程,即学生们如果置身于高效协同合作的团队氛围中将会学得更好(Michaelsen,Knight 和 Fink,2002)。团队能够不断地,并且一直会将每个个体的独特技能应用到解决那些与课程学习目标相关的实践问题中(Fink,2004;Michaelsen 等,2002)。正是通过创造这些独立的学习团体,学生们不仅能掌握概念,而且同时学会如何在智力活动语境之外应用这些概念(全美高校联盟,2007)。

基于团队学习的应用要求教师弄懂群体(如有相同特点的任何人)与团体(如有着互补技能的一小群人,致力于实现共同目的,完成一组任务并且彼此相互负责。Katzenbach 和 Smith,1993)之间的区别。因此,使用基于团队学习的领导力教育工作者并非只是将学生置入群体中去完成任务,以及在课堂上陈述其作业完成情况,这样做的话可能会导致某些学生由于比团队中其他成员更在意成功的结果而承担了大量的工作。相反,他们将学生分成这些小组是为了一段时期内的体验或课堂教学,并且要求学生们共同完成作业。例如,在伊利诺伊大学的高级"团队领导力"(Leadership in Teams,www. illinoisleadership. illinois. edu/academics/leadership. asp)课堂上,学生团队不仅要共同完成整个学期的作业,而且还要共同撰写期中论文以及突击测验和期终考试。许多学生在特别困难的第一次随堂突击考试不及格之后意识到,如果每个团队成员专攻该门课程的某一特定部分,整个团队互补,那么人人都会受益。

然而,诸如此类的相互依赖以及相互补充要求多层面的技能,而学生们可能具有或可能不具有这些技能。因此,应用基于团队学习的教育者为了达到良好的效果也要有时间在课堂上培养小组凝聚力以及建立在该类环境中获得成功所必需的组织。在使用基于团队学习方法与学生合作时,基于团队学习研究者们认为基于团队学习课程包括下列五大内容:

1. 建立团队合作。确保所有团队成员投身于团队中,彼此认识,了解就目标和行为而言各自充当什么角色、各自为团队奉献多少时间、各自为团队担当的个人责任以及如何解决责任制的问题。

2. 澄清团队目的和目标。每个团队成员所希望的团队预期目标是什么样子?每个团队成员的学习风格如何得以融合?

3. 鼓励团队讨论。团队成员如何确保每个人都是以自己独特的方式参与团队任务?确保团队如何处理整个团队内部以及个体之间的冲突以达成一致意见。

4. 给予且接收反馈。在开展主要工作之前,让团队有机会提早去开展这些行为。

5. 创建有效会议组织。给团队有机会去讨论他们的会议应该怎样开以及怎样确保这些会议是有成效的。

基于团队的学习可能是以过程为主导的领导力技能的一个有效教学手段。给新团队提供合理充足的时间,让其建立自己的目标体系和行为方式。此外,创建成功应用基于团队学习所必需的基础工作。

## ▨ (三) 朋辈教育(Peer Education)

在艾斯丁(Astin,1993)出版《大学里什么重要?》(*What Matters in College?*)之前,许多教育者甚至凭直觉认为朋辈群体在高等教育中对学生经常起着最重要的作用。此外,许多校园已经出现大量的各类朋辈教育项目,人们通常相信如果学生们去帮助他们的同龄人,他们的同龄人和他们本人都会进步(Ender 和 Newton,2000)。大多数传统的朋辈教育的领域包括学生作为住楼顾问或住楼辅导员,现在许多学生则充当同龄人的顾问与就业顾问、助教、有组织的项目中的朋辈领导者以及学生群体的培训师和顾问。然而,这样松散的角色混合体,是与正面影响同龄人这个共同目标联系在一起的,要求对之加以分析以便理解该混合体用作一个教学手段去教授领导力(Adelman,2002)。

朋辈教育不同于教授或学生事务教育工作者所提供的教育。专业性教育涉及教学、培训、解释以及协商,可是朋辈教育主要在于辅导教学、指导、辅导、起模范带头作用以及鼓励等活动(Ender 和 Newton,2000),并且认为一个活动在哪儿结束另一个活动在哪儿开始,对于有效应用该颇有影响力的教学法是很重要的。因此,培训那些预期的朋辈教育者对于朋辈教育的成功实践是最重要的。

安德和牛顿(Ender 和 Newton ,2000)为构建朋辈教育项目提供了有效的指导。他们认为朋辈教育者在担当其角色之前应该拥有一些技能,包括:

• 理解他们同龄人的典型发展水平,特别是关于激发成长所必需的挑战与支持之间的平衡

• 假设一定会遇到大量个体有差异的学生,有能力实践基本程度上的跨文化能力

• 一定程度上的人际沟通技能,包括有能力对同龄人表达同情、尊敬和安慰

• 有帮助同龄人解决问题的知识而不是仅提供答案

• 群体组织过程意识培养,应包括辅助其建立合理的行为规范、团队凝聚力以及内在协调性。

- 体验领导一个团队,包括组织能力、援助能力以及代表能力
- 有能力起到模范带头作用并且能够帮助学生在学业上取得成功,包括时间管理、学习、阅读、记笔记以及备考等方面的能力
- 知晓校园资源以及如何正确查阅
- 理解道德观念以及如何以身作则践行正直

朋辈教育的例子可见于学生事务办公室里专职教育者的有效应用中。例如,有好几所大学在其职业与咨询中心都使用了朋辈教育者。这些学生先从专职员工处接受培训,然后给他们的同龄人展示自己所学到的培训内容,如在宿舍楼里、在男/女大学生联谊会上、在学术课堂中或者在对公众开放的场合等,展示办公室提供的基本服务以及如何获得该服务。使用学生同龄人往往可以打破某些学生可能存在的一些心理障碍,从而让他们更加舒心地提问题或充当介绍人。

如同本章描述的其他技术,朋辈教育不是领导力教育工作者可以简单塞进课堂或课程项目中的东西,只有在恰当建构课程并且当朋辈教育者得以恰当支持并扮演合适角色时,朋辈教育的应用才能取得最佳效果。

## ■ (四) 社会文化讨论(Socialculture Discussion)

与人分享自己对于重大议题的看法,同时倾听他人的观点的能力是一个强有力的领导力技能。有效的领导力通常要求细致入微地深刻看待情景、要求能够弄懂相竞争的优先权,以及要求有能力在这些各不相同的观点之间找到联系之处(Roper,2009)。参加此类正式的或非正式的基于议题的讨论,学生们可以相聚一堂讨论各种不同主题(如种族主义、阶级主义、政治态度),或者来自各种背景的学生们聚集起来讨论与其自身有关的话题,这些讨论给学生们提供了这样的技能(DeAngelis,2009)。此外,在此类环境中的体验已经证明是关于领导力发展的经验研究中领导力结果的最重要的一个预测参考元素(Dugan 和 Komives,2010)。许多高校当前开设了有学分的或没有学分的小组之间对话的体验课,其中,各学生团体聚拢一块分享共同的阅读体验,并且参加由受过训的辅导老师组织的围绕共同主题开展的讨论。在这些团体中,最初的团队建设的练习活动往往固定地转向为围绕社会化、权力和压迫等议题而展开的深层次的讨论,这些议题已经进行了几周或者一个学期(DeAngelis,2009)。为了加强对话,学生们可以使用称作"热点话题"的技术,他们在索引卡片上匿名写下自己对于共同主题的思考,这些思考往往

很敏感或者会引起争议,因此,参与者们在讨论时或许需要支持,他们在索引卡片上写下的思考要大声朗读出来并且要小组讨论,但无须辨出作者。

例如,西拉克斯大学开设了有学分的与没有学分的社会文化对话课堂,围绕一些专门主题如种族、性别、社会经济阶级以及性取向等展开讨论(http://intergroup-dialogue. syr. edu/)。这两类体验课都包括每次会议前完成阅读任务,并且都是由与课堂主题相关的一个占据主要社会身份的一个成员,以及一个占据次要社会身份的某个人共同开展讨论。非学分的课程已经被几个校园学生组织包括舍监候选人用作必修课,并且充当学生专职角色的岗前培训课,这些专职角色要求学生们担当起他们同龄人的顾问或咨询专家。诸如观点的采纳、主动的聆听以及当众演讲等实践活动能够帮助巩固集体性领导技能的发展。

许多高校在构建其班级花名册时有意挑选各类学生参加这些有组织的对话,但是学生的多样性对于领导力技能的成长并不是必需的(Dessel 和 Rogge,2008)。研究表明,同质性学生与异质性学生具有相类似的转化式学习经验,只要讨论的主题具有情感意义以及明确的重要性,并且是由卓有成效的辅导老师开展的(Dessel 和 Rogge,2008;Schoem 和 Hurtado,2001)。在此情景中,佛罗里达州立大学的领导力与公民教育中心组织了"勒尔领导力读书俱乐部",一群教师、员工和学生每学期相聚多次,讨论共同的领导力读物(http://thecenter. fsu. edu/students. html)。该俱乐部对所有人开放,只要有空间。尽管各类参与者都来讨论是件好事,但这对于该项目的成功并非是必需的。

## ■ (五) 社区服务学习(Community Service-Learning)

除了应用社会文化讨论,学生们参与组织良好的服务学习的机遇是领导力发展的一个非常重要的预测参考因素(Cress, Astin, Zimmerman-Oster 和 Burkhardt,2001;Dugan,2006;Dugan 和 Komives,2010;KezarMoriarty,2000;Thompson,2006)。服务学习的好处来自于学生们通过参加有组织的服务并有意识地反思所学到的东西,该有组织的服务是在外部社区开展的,且满足外部社区成员需要的服务(Eyler 和 Giles,1999)。服务学习教学法的几个主要益处是给学生们提供了机会从直接体验中学习、将学术的基于理论的学习联系到实践应用中、参与解决社会问题、锻炼公民技能(Eyler 和 Giles,1999),以及锻炼领导能力所需的所有重要技能。

服务学习并非只是在校外开展服务。有效服务学习教育者必须平衡学生的学习与社区的需求。领导力教育工作者坚持"勿伤害"的原则,应该寻求与校外的个体和群体创建真正的合伙人身份(Jacoby 和同事,2009),并且着力理解教育者及其学生们对于他们所从事的工作可能产生的影响,哪怕在学生们已经完成了他们的必修课甚至毕业之后。尽管有无数方法去构建有效服务项目,但已有研究表明人们对于导致成功结果的一些因素达成了一致看法(Eyler 和 Giles,1999)。爱勒和贾尔斯(Eyler 和 Giles,1999)认为服务项目必须优先考虑下列因素:

● 布局的质量。比任何其他因素都重要的是,学生的知识是随着与所履行的服务将学生置身于富有创造力的环境中,且满足社区范围内真正需求的程度而增长的。

● 学生学习的应用。所履行的服务工作与学生们的兴趣及其学术追求、职业追求或个人追求有何联系?联系越多,学习就越有成效而且对其发展的影响也越大。

● 反思。有效项目一直给学生们提供机遇去"退而深思"他们的反应以及他们的工作对于他们自己以及该社区的影响力。

无数高校无论是在学术课程里还是在课堂之外的体验活动中都提供了高质量的服务学习机会。韦恩州立大学(Wayne State University)开设的著名的社区合作伙伴学术课程就是一个例证(http://wayne.edu/),其中,注册为公共关系交际课程的学生们,与内陆城市底特律非营利机构进行合作,为记者报道提供新闻线索、协调各项事务以及收集媒体的关注度,这些直接需求在这些机构中十分明确。在学术课堂与校外社区合伙人之间的类似合作,为学生们与他们事先可能一无所知的组织之间建立了可靠的联系,并且使得学生们能够将自己在课堂所学到的知识应用到实践中去,并产生积极的影响。

辅助课程的服务学习倡议的一个优秀例子就是科罗拉多州立大学的"假期选修"项目(www.slice.colostate.edu/alternative-breaks.aspx),每年大约有 200 个学生参与此项目。该项目是广泛深入体验美国内外不同文化、不同环境以及不同社会经济社区的活动,它包括冬季假期、春季假期、夏季假期甚至学年中周末休息日的外出旅行,它处理的问题有饥荒、艾滋病/人类免疫缺陷病毒、无家可归现象、环境保护、妇女问题以及经济可持续性。这些倡议,结合了社会企业精神、领导力、商业管理以及服务学习的各个方面,是很有意义的而且是所描述的项目中新兴的混合体。

与服务学习密切相关的一个新兴的教学手段是行动研究。行动研究特征多样,安德森和赫尔(Anderson 和 Herr,2005)的定义在社会科学中被广为接受:"行动研究是由内部人或与内部人一起对于组织或社区的调查,但是却从不对该内部人进行调查"(p. 3)。教育工作者可以将行动研究追溯到两位学者科特·卢因(Kurt Lewin)和约翰·科利尔(John Collier)的独立研究成果(Bentz 和 Shapiro,1998)。卢因(1946)将行动研究视作社会变革的媒介,它包含了周而复始地发现问题、制订方案、采取行动以及进行评价(Argyris、Putnam 和 McLain Smith,1985)。科利尔(1945)是个践行者,他认为行动研究的意义旨在对于问题和议题采取相关的讲究实效的解决之道。虽然早期行动研究意在改变组织行为和个人行为,但是行动研究的领域已经发展扩大到包括自我决定、授权以及参与解决问题等(Bentz 和 Shapiro,1998)。

与绝大多数行动研究模式密切相关的是和社区一起、在社区附近以及为了社区而改变体制的这个基本意图。卢因声称行动研究必须任何时候都要挑战现有的思维和行动的准则、打破现状,以及为"日常生活中的社会行动"作出贡献(Argyris等,1985,p. 9)。尽管行动研究的步骤可能各不相同,但是我们可以预见的结果是规划、行动、观察、反思以及评价是至关重要的、循环往复的。行动研究是高层次或者顶级领导力倡议的有效教学法,对于那些有领导力理论背景并且在各种社区环境里工作过的学生而言更是如此。

总之,服务学习作为一种教学手段已经越发成为推动领导力知识和技能发展的一个有效途径。

## ■ (六)导师制与顾问制

导师制的定义是"两个(或以上)个体之间互惠的及合作的学习关系,他们为了帮助被指导者成功实现明确的且彼此界定的学习目标而分享彼此的责任与诚信"(Zachary,2005,p. 3)。建立这种关系可以看作是帮助学生发展领导技能的一个有效教学手段。然而,顾问制被认为比导师制更加注重细节,其特征是提供更详尽的意见(Linkous,2006)。从本章的目的上来讲这两种教学方法我们认为是可以互换的。

一个导师制项目,特别是在应用于更多理论驱动以及更多知识驱动的体验时,可以看作是学生们能够通过自身体验来实习并创造意义的一个重要手段,学生们的体验来自与经验更丰富的同事一起共同指导的经历（Zachary，2006）。对于开创一个导师制项目感兴趣的领导力教育工作者，在着手工作之前应该思考如何做到以下几点（Zachary，2006）：

- **准备就绪**。该项目的预期学习结果是什么？如何招募、培训和支持指导者去实现这些预期学习结果？

- **多重机会**。如何建立指导的文化氛围？在项目的总体学习结果和课程中何处嵌入指导关系？

- **支持**。学生们如何准备好体验？如何监督指导者和被指导者之间的期望？如何应用适时的方法解决新出现的问题？

导师制和顾问制项目在风格和结构上丰富多样。两者都可以通过非正式的或者正式的结构得以应用。非正式结构中未必给学生们分配具体的指导者或者要求与其分配的导师参与某一特定方式。事实表明，非正式结构更加有效力，但是很难协调和管理。然而，正式结构中指导是结对子的，且参与组织过程中，正式结构允许更多的人参与其中因而更容易组织起来（Collins-Shapiro，2006）。结构的选择取决于对领导力教育者而言存在的资源和组织需求。

例如，在贝尔蒙特大学里，学生们在全校范围内的荣誉生项目中是与"荣誉生导师"一对一结对子的，荣誉生导师是学生们自选感兴趣领域中当地的专业人员或教职员工（www.belmont.edu/honors/）。该荣誉生项目是贝尔蒙特大学的四年体验活动，因而荣誉生导师与学生之间的关系可以随着时间流逝而得到极大发展。师生对子不仅可以经常讨论学生的学术体验和职业目标，而且还讨论在获得大学学位后如何在职业生涯以及个人人生中取得成功。这些谈话往往会让学生对自己的领导力倍感自信，更加明白自身长处和短处，以及更好地认识到如何与他人进行成功的合作。与该荣誉生项目的结果相似，但是在结构上却有显著差别的是，伊利诺伊大学在全校范围里开设了名为"印刻"（Imprint）的领导力项目（www.illinoisleadership.illinois.edu/getinvolved/imprint.asp），其中邀请了大学校友作为学生参与者的小组辅导者。该项目的核心学习目标就是帮助学生们成功地度过即将到来的由大学到研究生院或者到毕业后就业这段过渡时期。讨论的主题不仅包括如何在自己选择的职业上取得成功，而且还包括如何取得个人的辉煌。

本节到目前为止主要论述了学生作为被指导者的项目，其中，学生是与担任指导者的经验丰富的同仁、教授或专业服务人士一起合作的。然而，朋辈指导项目也是给那些担任指导者角色的学生们培养领导技能的一条有效途径。许多高校开设朋辈指导者项目，更高年级的学生给新生指导如何在学业上以及在社会上取得成功。与前文描述的朋辈教育的教学法相似，这些项目赋予学生以"专家"的角色，他们在与其他学生交流建议、专业知识和想法时，担当一定的责任，并且有责任为指导与被指导的双方学生的领导力发展作出贡献（Komives、Owen、Longerbeam、Mainella 和 Osteen，2005）。

## ▨ （七）沉思实践

沉思实践是高等教育的一个新兴教学法，该教学手段对于帮助学生培养领导力技能、培养自我意识和谦恭以及在瞬息万变难以预料的世界里和平共处有着巨大的潜能。综合全面的学习是沉思实践的精髓，它让学生有机会利用自己的心智、身躯和精神去成长、改变以及发展。对有些人而言，沉思的工作表现在冥想之中，对于另一些人而言，它包含了与一群信得过的朋辈人私下的、客观的反思。将沉思实践看作重要的领导力教学法是由韦尔斯利学院（Wellesley College）的前任校长狄安娜·查普曼·沃尔什（Diana Chapman Walsh）在一定语境中研究得出的：

> 我们怎么样才能帮助这些新生代大学生发现生活中的超验意义……这些学生深受奇观和名人怪诞世界的影响，以及深受物欲横流、自我放纵的文化影响。我们应如何构建本科生的大学体验？如果当今校园存在道德危机，那么我们中的许多人都会担心，来自技术、流行文化、市场以及消费的压力，正将我们推离传统舒适之源于曾经的奋斗目标，并使我们与通识教育的初衷/组织观背道而驰。

沉思实践作为一种教学方法的另一个好处就是它与庄严的领导力主题作品之间存在着内在关联，这一点在当代领导力项目和课堂上未被充分利用。例如，《道德经》提供了哲人的智慧，让学生们将东方世界哲理与现实世界实践联系在一起（Heider，2005）。例如，该部著作中变易、循环以及相互依存的概念为教师创造了"肥沃的土壤"，并将警觉、冥想以及反省练习整合到教室里。当代领导力文本，其中包括波尔曼（Bolman）和迪尔（Deal）（2001）的《用心领导》（*Leading with Soul*），敦促教育者"想方设法使用诸如戏剧、诗歌、音乐以及艺术等表达性或'灵魂性'的媒介"（p.205）去创建充满灵性的、深思性的课堂教学。

正在进行的一个沉思实践的例子就是上述两位作者之一曾经教授名为"领导力艺术中的禅宗"（Zen in the Art of Leadership）这门领导力课程。虽然该课程关注关系领导力与当代社会变革，但是学生们在认识、理解以及综合那些历史语境的指引下为集体性实践作出贡献。例如，为了最好地理解禅宗佛教的原理及其与领导力的联系，学生们练习如何冥想与专注。学生们在学习《道德经》时通过写日志和小组反省练习将阴阳原则应用于自己的生活之中。不仅这些深思教学方法丰富了教室里的关系，而且学生们对于生涩概念的理解也是令人震惊的。

领导力实践就是诸如领导者必须将许多潜在分离的技能组合，如将解决问题和人际沟通的技能融合进自己的行动中。波尔曼和迪尔（2001）主张："我们在如何看待领导力这个问题上需要进行一次革命……绝大多数管理和领导力发展项目忽视了或贬损了精神的意义。他们迫切需要各种精神形式的灌输"（p.174）。将沉思实践包括在学习环境中的一个重大益处就是：它在反省和静思的结构体系中，常常让学生们更加有意识地将这些不相干的技能组合、整合进实践活动中。正如同我们讨论过的很多教学法，沉思实践对于培养领导者的好处也是双重的。学生们不仅参与深层次反省更多地了解自己以及如何与现实打交道，而且他们也培养了技能，且将此过程日后应用于他们的生活中。如果学生们打算毕业后继续发展自我，这一点很关键。

##  三、从教学法到实践

本节虽然从技术上看不是讲教学方法论，但是它包括了对学生的领导力教学上的另外两大议题：技术在领导力教室中富有成效的应用与团队教学中的优秀实践。领导力教育工作者应该知道这两个议题。技术作为一个教学资源，现在在大多数大学校园里普遍存在，对于技术的使用及误用都在本节中加以综述。此外，由于领导力教育的跨学科本性，许多领导力课堂和项目都是由学术事务和学生事务共同促成的。本章结尾简短地概述了这些领域中集体性促进的实践活动。

### ▓ （一）技术

奇克林和埃尔曼（Chichering 和 Ehrmann，2009）改编了奇克林和加姆森（Chichering 和 Gamson，1987）的"本科教育优秀实习的七大原则"，作为将技术用作教育影响力的杠杆。总的来说,他们认为使用技术作为工具应该是互动的,即既在将学生聚集在一起时互动,又在使领导力教育工作者更接近学生时互动,同时应该以问题为导向。该技术是与现有的学习结果以及现实世界中的议题相关的,而且该技术的建构应当以鼓励学生使用该技术的方式进行。技术使用得好可以让繁忙的学生们利用自己的时间查阅材料,这样他们可以在不同时间参与其中。此外,技术能够更积极有效地促使学生将领导力发展的基本素质纳入考虑范围,从而创造自身价值,并且可以从导师和同龄人那里获得及时的反馈。相反,不应该将技术用作使教学法看似有效的外包装,或者用作真正的教师或用作学生参与的教学法替代品。

在领导力教育工作者建构教学方法工具用于他们的项目和教室中时,有三个与技术相关的问题是他们应该了解的(Cooper,2009):

1. 技术应用是否会给体验增加一些如果没有技术就不可能或更加困难的一些东西?

2. 繁忙的学生将会被激励去学习和使用技术吗?

3. 技术怎样才能在教室里或项目中得以创造性地应用?

## ▉ (二)团队教学

在高等教育中,特别是在跨学科学习的场合中,一个越来越引起人们注意的惯常做法,就是团队教学,它包括辅助课程的强化。与许多学科不同,领导力的多学科和跨学科的内在基础为合作辅助强化提供了许多机会。本节概述团队教学、为领导力教育工作者消除疑虑并提出建议,而那些领导力教育者正打算与校内资源(如任课教师、学生事务工作者)及校外资源(如社区伙伴)建立合作关系。

广义上看,团队教学是发生在两个或两个以上教师之间为了同一群学生而共同培养、执行以及评估学习(Goetz,2000)。团队教学通常包括两个普通惯例中的一个:(1)两个或以上教师在同一环境里同时教授相同的学生,或者(2)教师共同合作但是可能(a)不是教授相同的学生,以及/或者(b)不是在同一时间上课。马洛尼(Maroney,1995)以及鲁滨孙和沙贝尔(Robinso 和 Schaible,1995)识别了六种类型的团队教学,它们分散在第一个普通惯例范畴中(Goetz,2000):

1. 传统团队教学。两个教师都出现在教室里,共同分享内容和教学法。例如,一个教师辅助讨论,而另一个合作教师在白板上展示内容,反之亦然。这两个教师都是同等重要的，双方都要为该课程承担责任。

2. 合作式教学。合作式教学是对团队教学这个概念的扩展，强调小组学习技术（如团队合作、学生引导讨论、朋辈教育）。教师们对该课程共同承担责任。

3. 互补式/支持式教学。两位教师中的一位"占主导"辅助或教学，另一位担当下属任务（如小组讨论、后续行动）。通常，第二位教师是研究生助教或教学助教。

4. 平行教学。班级分为两组，每个教师负责一组学生，但是教学材料是相同的。这种教学模式一般并行于且补充其他类型的团队教学。

5. 有区别地分班教学。教师们将班级按照学生们的发展或认知的需求及能力分成不同的小组。

6. 监督式教学。一位教师主要负责且领导辅助和教学活动，其合作伙伴充当监督人，一般在教室里巡视并且解答学生的个别问题和疑虑。

就团队教学的第二个惯例范畴（即教师是否可以不必教授相同的学生或在同一时间教学）而言，有几个另外的模式可以适用（Goetz，2000）：教师可以面谈分享想法，但是作为独立的个体分别教学；团队可分享共同的资源（如文本、多媒体、案例研究、教学计划），但是仍然独立教学；教师可以共享同一组学生，但是各自对次分小组负责；其中一个教师承担所有的教学责任；或者教师们共同制订教学计划，但是各自给学生教授自己专业领域的知识。

经验丰富的合作教师比弗斯和狄特克（Beavers 和 DeTurck，2000）认为，成功的合作伙伴有好几个基本要素，没有这些要素的体验好比是场灾难。首先，两位教师必须表现出数理逻辑上和学术上的灵活性。其次，比弗斯和狄特克强烈主张，一个真正的团队教学关系包含彼此互惠的支持，而这一点只有在一个教师分发教学材料时，另一个教师必须到场才能实现。同时，两位教师必须既要表现出信任又要表现出冒险精神。

帕尔默（Palmer，2006）拓展了这些要素，引用了乔舒亚·兰迪（Joshua Landy）教授和兰尼尔·安德森（Lanier Anderson）教授在斯坦福大学谈话中指出的团队教学的十大戒律。经验富足的合作教师兰迪和兰尼尔（引自 Palmer，2006）作了如下笔记：

1. 与自己的合作教师计划每件事情。

2. 听合作教师讲课。

3. 借鉴伙伴的言论并将之整合进自己的言论中。

4. 与自己的合作教师示范辩论。

5. 准备随时效力,即便是在自己的伙伴主导辅助进程时也是如此。

6. 使用统一的评分标准。

7. 计划且定期参与他人的会谈。

8. 彼此提问。

9. 给学生充足的发言和参与的机会,而且最关键的是,

10. 愿意面对意想不到之事。

其实,团队教学如果成功地应用于领导力课堂教学,能够借助多层面的合作和配合促进提升教师和学生双方的体验。上述两位作者建议两位合作教师在开始上课之前应该建立真诚坦率的关系。除了讨论各自的专业知识,很有必要强调各自的强项、弱项、价值观、偏见以及癖好。知己知彼将会缓和日后的紧张关系或者避免意外事情的发生。

# 四、小结

任何有效教学法都应该被设计成既能满足项目和课堂的需求,又能满足参与其中学生的需求。因为两者内部存在无限变量,所以执行有效教学法既是一门艺术,又是一门科学。本章的一个关键点在于领导力教育工作者作为学习者本身的作用。如果没有创建一个教育者本身也是其中积极参与者的学习者的社区,那么就没有哪个教学手段能够长期有效。因此,成功的领导力教育工作者应该不断愿意适应和学习此领域中的新技术,因为体验是教学中一个强有力的手段。

### 补充资源

**体验学习**

Kolb, D. A. (1983). *Experiential learning: Experience as the source of learning and development.* Upper Saddle River, NJ: Prentice Hall.

Warren, K., Mitten, D., & Loeffler, T. A. (2008). *Theory and practice of experiential educa-*

*tion*. Boulder, CO: Association of Experiential Education.

### 基于团队的学习

Michaelsen, L. K., Knight, A. B., & Fink, L. D. (2000). *Team-based learning: A transformative use of small groups*. Westport, CT: Greenwood.

Johnson, D. W., & Johnson, F. P. (2008). *Joining together: Group theory and group skills* (10th ed.). Boston, MA: Allyn & Bacon.

### 朋辈教育

Ender, S. C., & Newton, F. B. (2000). *Students helping students: A guide for peer educators on college campuses*. San Francisco, CA: Jossey-Bass.

Williams, L. B. (in press). *Emerging practices in peer education*. San Francisco, CA: Jossey-Bass.

### 社会文化讨论

Nash, R. J., DeMethra LaSha, B., & Chickering, A. W. (2008). *How to talk about hot topics on campus: From polarization to moral conversation*. San Francisco, CA: Jossey-Bass.

Schoem, D., & Hurtado, S. (2001). *Intergroup dialogue: Deliberative democracy in school, college, community, and workplace*. Ann Arbor, MI: University of Michigan Press.

### 社区服务学习

Eyler, J., & Giles, Jr., D. W. (1999). *Where's the learning in service-learning?* San Francisco, CA: Jossey-Bass.

Jacoby, B., & Associates. (2009). *Civic engagement in higher education: Concepts and practices*. San Francisco, CA: Jossey-Bass.

Greenwood, D. J., & Levin, M. (2007). *Introduction to action research: Social research for social change* (2nd ed.). Thousand Oaks, CA: Sage.

Stringer, E. T. (2007). *Action research* (3rd ed.). Thousand Oaks, CA: Sage.

### 导师制与顾问制

Zachary, L. J. (2005). *Creating a mentoring culture: The organization's guide*. San Francisco, CA: Jossey-Bass.

Zachary, L. J. (2006). Learning by design: Facilitating leadership development through mentoring. *Concepts & Connections*, *14*(3), 5—6.

### 沉思实践

Heider, J. (2005). *The Tao of leadership: Lao Tzu's Tao Te Ching adapted for a new age*. Atlanta, GA: Humanics New Age.

Eisler, R., & Miller, M. (Eds.). (2004). *Educating for a culture of peace.* Portsmouth, NH: Heinemann.

Bolman, L. G., & Deal, T. E. (2001). *Leading with soul: An uncommon journey of spirit.* San Francisco, CA: Jossey-Bass.

Awbrey, S. M., Dana, D., Miller, V. W., Robinson, P., Ryan, M. M., & Scott, D. K. (Eds.), *Integrative learning and action: A call to wholeness.* New York, NY: Peter Lang.

# 参考文献

Adelman, A. L. (2002). *Peer leadership.* Leadership Insights & Applications, no. 12. College Park, MD: National Clearinghouse for Leadership Programs.

Anderson, G., & Herr, K. (2005). *The action research dissertation: A guide for students and faculty.* Thousand Oaks, CA: Sage.

Anderson, L. W, & Krathwohl, D. R. (Eds.). (2001). *A taxonomy for learning, teaching, and assessing: A revision of Bloom's taxonomy of educational objectives.* Boston, MA: Allyn & Bacon.

Argyris, C., Putnam, R. & McLain Smith, D. (1985). *Action science.* San Francisco, CA: Jossey-Bass.

Association of American Colleges & Universities [AAC&U]. (2007). *College learning for the new global century.* Washington, DC: Author.

Astin, A. W. (1993). *What matters in college?* San Francisco, CA: Jossey-Bass.

Baxter Magolda, M. B., & King, P. M. (Eds.). (2004). *Learning partnerships: Theory and models of practice to educate for self-authorship.* Sterling, VA: Stylus Press.

Beavers, H., & DeTurck, D. (2000, April 26). Shall we dance ? Team teaching and the harmony of collaboration. *Almanac, 46*(30). Retrieved from www. upenn. edu/almanac/v46/n30/tatBeavers-DeTurck. html.

Bentz, V. M., & Shapiro, J. J. (1998). *Mindful inquiry in social research.* Thousand Oaks, CA: Sage.

Bloom, B., Englehard, M., Furst, E., Hill, W., & Krathwohl, D. (1956). *Taxonomy of educational objectives: The classification of educational goal.* New York, NY: Longmans, Green.

Bok, D. (2006). *Our underachieving colleges: A candid look at how much students learn and why they should be learning more.* Princeton, NJ: Princeton University Press.

Bolman, L. G., & Deal, T. E. (2001). *Leading with soul: An uncommon journey of spirit.* San

Francisco, CA: Jossey-Bass.

Chapman Walsh, D. (2006). *Trustworthy leadership: Can we be the leaders we need our students to become?* Kalamazoo, MI: Fetzer Institute.

Chickering, A. W. (2006). Every student can learn. *About Campus,11*(2), 9—15.

Chickering, A. W., & Ehrmann, S. C. (2009). Implementing the seven principles: Technology as lever. Retrieved from http://polaris. edu/ ~ cschwebe/gsmt800/7principles. htm.

Chickering, A. W., & Gamson, Z. F. (1987, March). Seven principles for good practice in undergraduate education. *AAHE Bulletin,3*—7.

Collier, J. (1945). United States Indian Administration as a laboratory of ethnic relations. *Social Research,12*,275—286.

Collins-Shapiro, C. (2006). *Mentoring and leadership development.* Leadership Insights and Applications, no. 21. College Park, MD: National Clearinghouse for leadership Programs.

Cooper, G. (2009). Structuring technology into your class. Retrieved from http:// tep. uoregon. edu/technology/index. html.

Cress, C. M., Astin, H. S., Zimmerman-Oster, K., & Burkhardt, J. C. (2001). Developmental outcomes of college students' involvement in leadership activities. *Journal of College Student Development, 42,* 15—27.

Csikszentmihalyi, M. (1990). *Flow: The psychology of optimal experience.* New York, NY: Harper & Row.

Csikszentmihalyi, M. (2003). *Good business: Leadership, flow and the making of meaning.* New York, NY: Harper & Row.

DeAngelis, T. (2009). Changing the way we see each other. *Monitor on Psychology, 40*(3). Retrieved from www. apa. org/monitor/2009/03/diverse. html.

Dessel, A., & Rogge, M. E. (2008). Evaluation of intergroup dialogue: A review of the empirical literature. *Conflict Resolution Quarterly, 26,* 199—238.

Dugan, J. P. (2006). Involvement and leadership: A descriptive analysis of socially responsible leadership. *Journal of College Student Development, 47,* 335—343.

Dugan, J. P., & Komives, S. R. (2010). Influences on college students' capacity for socially responsible leadership. *Journal of College Student Development, 51*(5), 525—549.

Ender, S. C., & Newton, F. B. (2000). *Students helping students: A guide for peer educators on college campuses.* San Francisco, CA: Jossey-Bass.

Eyler, J., & Giles, Jr., D. W. (1999). *Where's the learning in service-learning?* San Francisco: Jossey-Bass.

Fink, L. D. (2004). Beyond small groups: Harnessing the extraordinary power of learning teams. In L. K. Michaelsen, A. B. Knight, & L. D. Fink (Eds.), *Team-based learning: A transformative use of small groups* (pp. 3—26). Sterling, VA: Stylus.

Goetz, K. (2000). Perspectives on team-teaching. *Egallery, 1*(4). Retrieved from www. ucalgary. ca/~egallery/goetz. html.

Hattie, J., Marsh, H. W., Neill, J. T., & Richards, G. E. (1997). Adventure education and Outward Bound: Out-of-class experiences that make a lasting difference. *Review of Educational Research, 67*(1), 43—87.

Heider, J. (2005). *The Tao of leadership: Lao Tzu's Tao te Ching adapted for a new age.* Atlanta, GA: Humanics New Age.

Jacoby, B., & Associates. (2009). *Civic engagement in higher education: Concepts and Practices.* San Francisco, CA: Jossey-Bass.

Johnson, D. W., & Johnson, F. P. (2008). *Joining together: Group theory and group skills* (10th ed.). Boston, MA: Allyn & Bacon.

Katzenbach, J. R., & Smith, D. K. (1993). The discipline of teams. *Harvard Business Review, 71*(2), 111—120.

Kegan, R. (1994). *In over our heads: The mental demands of modern life.* Cambridge, MA: Harvard University Press.

Kezar, A., & Moriarty, D. (2000). Expanding our understanding of student leadership development: A study exploring gender and ethic development. *Journal of College Student Development, 41*, 55—69.

Kolb, D. A. (1983). *Experiential learning: Experience as the source of learning and development.* Upper Saddle River, NJ: Prentice Hall.

Komives, S. R., Owen, J. E., Longerbeam, S., Mainella, F. C., & Osteen, L. (2005). Developing a leadership identity: A grounded theory. *Journal of College Student Development, 46*, 593—611.

Kuh, G. D. (2005). *What campus leaders can do.* Occasional Paper no. 1. Washington, DC: Office of Education Research and Improvement. (ERIC Document Reproduction Service No. ED506527)

Kuh, G. D., Kinzie, J., Schuh, J. H., & Whitt, E. J. (2005). *Student success in college: Creating conditions that matter.* San Francisco, CA: Jossey-Bass.

Lewin, K. (1946). Action research and minority problems. *Journal of Social Issues*, 2, 34—36.

Linkous, K. (2006). First-year advising challenges. In N. W. Dunkel & C. L. Spencer (Eds.), *Advice for advisers* (3rd ed., pp. 1—10). Columbus, OH: Association of College and University Housing Officers-International.

Magarrell, R., & Laney, K. (2003). Experiential education: Vehicles of pedagogy for impacting student leadership. *Concepts & Connections*, 11(2), 1—5.

Maroney, S. (1995). Some notes on team teaching. *Sharon Maroney's Home Page*. Retrieved from www. wiu. edu/ users/mfsam1/TramTchg. html.

Marzano, R. J. (2007). *The art and science of teaching: A comprehensive framework for effective instruction.* Alexandria, VA: Association for Supervision and Curriculum Development.

Michaelsen, L. K., Knight, A. B., & Fink, L. D. (2002). *Team-based learning: A transformative use of small groups.* Westport, CT: Greenwood.

Palmer, B. (2006). Professors preach ten commandments of team teaching. *Tomorrow's Professor Blog*. Retrieved from http:// tomprofblog. mit. edu/2006.

Robinson, B., & Schaible, R. (1995). Collaborative teaching: Reaping the benefits. *College Teaching*, 43(2), 57—60.

Roper, L. D. (2009). Using meaningful dialogue to advance one's leadership capacity. *Concepts & Connections*, 16(1), 1—3.

Schoem, D., & Hurtado, S. (2001). *Intergroup dialogue: Deliberative democracy in school, college, community, and workplace.* Ann Arbor, MI: University of Michigan Press.

Thompson, M. D. (2006). Student leadership process development: An assessment of contributing college resources. *Journal of College Student Development*, 47, 343—350.

Zachary, L. J. (2005). *Creating a mentoring culture: The organization's guide.* San Francisco, CA: Jossey-Bass.

Zachary, L. J. (2006). Learning by design: Facilitating leadership development through mentoring. *Concepts & Connections*, 14(3), 5—6.

# 第十四章

# 学生领导力发展的文化与社会认同

丹尼尔·T. 奥斯蒂克
弗农·A. 沃尔

当今世界问题复杂多变,在全球化、多样化背景下,致力于领导力研究的个人和团体一定要学会在此背景下运作领导力。要想对这个多层面的全球环境产生正面影响,我们需要采取与众不同的方法来提升领导力。"为谁领导""去领导谁"以及"为何领导"这些问题在复杂多变的社会中凸显。对于领导力教育、培训及其发展的"一劳永逸"做法正在淘汰,取而代之的则是将领导力理解为一个社会建构过程,领导力的发展与评估是依靠环境背景、团队成员以及多元交叉的个人身份而实现的。

探究领导力和文化既是发现之旅又是实践之旅,是与对自我的认识、对他人的理解,以及对自己与他人的关系及协助的理解密切相关的。在正式领导力项目中考量文化与社会身份,应当是锻炼如何赋予各种经验以多样性,如何为所有学生创造接纳空间,如何给在场的(以及那些不在场的)每个人以发言权,以及如何从多角度认识领导力。从社会角度研究领导力就是对于"不同组织机构的需求、目标、任务以及问题",采取和开展"深入的研究",这对于在复杂的不断变化的世界里培养领导力至关重要(Mumford, Zaccaro, Harding, Jacobs 和 Fleishman, 2000, p. 19)。本章将在文化和社会身份的语境中概述领导力,分享有关特定人口的研究及资料,描述有关为了特定人口的项目开发中的重要因素,并且进一步提供更多的资源。

我们鼓励读者在解读本章资料时训练其严谨性。毫无疑问,我们迫切需要这些资料作为加强领导力教育的一种方式,去探求学生这类群体的独特需求。尽管我们认识到社会身份对于领导力具有重要影响作用,但该主题的学术成就依然相当薄弱。文献的缺乏使人们更容易自己推断出结论,或从群体成员共性出发草率提炼出个体特征,或者很容易假定特殊身份的主要特征。这些倾向中的每一个都会削弱社会公正与领导力之间的融合,并且对于领导力教育传播造成的危害远远超过带来的好处。因此,本章提供了有价值的资料并对现有知识作出了演绎推理,但是最好能够与本书第七章及第四章一起研读,或者可以视作后两章的语境,第七章探索了领导力教育的总体设计原则,而第四章探索了学生发展理论。这几章的内容可概括为两大方面,其一是总结出一个设计"包容性领导力干预"时所必需的批判性视角;其二是提供了一个有关"学生群体如何能从此类干预中获得体验和收获"的重要思考。

#  一、本主题概览

试图在正式领导力项目中将文化与社会问题融合在一起的领导力教育工作者,首先要做的就是提高对于多样性是什么以及多样性不是什么的认识。史密斯及其同事(Smith and Associates, 1997)对该话题作出了简要阐释:

> 校园多样性包括校园社区以及构成该社区的个体的各种差异。它包括重要的及相交叉的人类身份特性,如种族、种族特点、国籍、宗教、性别、性取向、阶级、年龄以及能力。这些特性并不决定或预见任何个人的价值观、定位、选择或反应。但是,它们就其本身而言与社会经验模式、社会化模式以及亲情关系模式密切相关。它们影响人们对于世界的理解方式和阐释方式。(p.7)

这表明多样性远不仅仅只是一个人的多重身份的简单构成。相反,多样性是对个体如何体验世界的注解。上段引文同时强调我们需要避免基于社会身份区分个体,同时认识到这类身份只是为我们理解个体如何可以体验世界提供了一个框架而已。

在高等教育中,有关社会身份的会话已经由多样性(如构成和数量)理念演变为多文化主义(如语境与文化)和社会正义(如权力和公正)。绝大多数当代方式都凸显社会正义的重要性,认为它既是一个过程,也是一个目标(Bell,2007)。那么,将社会正义融入教育,意在增加

> 所有团体全方位平等地参与社会,相互调整,各取所需。社会正义包括能

够想象出来的在该社会里一切资源的平等分配,全体成员在物质上和心理上都安全放心……该社会里个体既是自我决定的(能够发展其全部能力)又是相互依靠的(能够民主地与人交往)。(Bell,2007,p. 1)

将这些应用于一个正式领导力项目而导致的各种差异可能如下:

- 多样性:统计参加研讨会的有色学生人数或者招募更多女性申请领导岗位。

- 多文化主义:作为年度领导力静修会的一个会谈主题,增添多样性或者请学生们讨论他们的家庭传统如何影响了他们对于领导力的理解。

- 社会正义:将领导力静修会重新界定为处理校园里的社会问题以及满足社区规定需求的一种方式,或者请学生们思考,他们在一个更加公正的校园社区发展中能扮演什么样的角色。

那些反映多样性、多元文化主义以及社会正义的方式都是教育实践中所必需的,因而独特领导力项目都必须关注这几个方面。要做到这一点,需要明白社会身份是如何建构的。阿贝斯、琼斯和麦克尤恩(Abes、Jones 和 McEwen,2007)在重新界定身份多维度模式时将身份描述为在交叉身份维度中(如性取向、性别、种族、文化、阶级、宗教)自我的核心意识(如个人属性、个人性格以及个人身份)。交叉身份表明,没有哪个身份维度可以被孤立地理解,它们必须在通过与其他维度的关系中加以认识,必须通过它们与家庭背景、社会文化条件以及人生规划的时机和语境里的显著特征得以认识。个人身份的建构是"对他人认知的管理和自我意识协调之间的动态过程"(Jones,2009,p. 298)。一个混血儿学生、一个残疾穆斯林人或者一个白人兄弟会成员的经历不能简单地通过一个添加身份探究过程加以解释。这类经历必须通过多重身份、多样个人体验以及变化多端的社会约束等诸多方面的复杂交织加以认识。这个模式在扩大到将个体自我身份的发展看作领导者(Hogg,2001;Komives、Longerbeam、Mainella、Osteen 和 Owen,2006;Komives、Owen、Longerbeam、Mainella 和 Osteen,2005;Ruderman 和 Ernst,2004)之后,或许要提供另一个角度去认识身份维度中的相互作用。

## 二、领导力发展中易受文化因素影响的培养环境

大量学者已经研究了积极影响领导力发展的与校园环境相互联系的各个要素

(详情可见本书第三章),但鲜有学者通过这些研究从社会正义的角度考量传统上被边缘化的学生们的特殊需求。巴隆(Balon,2003)辨别了能够特别影响亚太地区美国大学生领导力发展的几大环境要素。他的研究框架连同探究学生分组人群中更加广泛实用性的例子都节选在表 14.1 中。

表 14.1　影响有色学生领导力发展的环境因素

| 环境因素 | 领导力例子 |
| --- | --- |
| 来自机构办公室(如多文化中心、校园项目、宿舍生活、领导力教育办公室)看得见的支持以及主流行政领导岗位的代表 | 该项目鼓励有色学生申请重要的校园职务(宿舍楼管助理、学生会、迎新领导)。项目目标明确是应对社会正义的宗旨 |
| 坚决设立以团队为核心的联络官、职位以及/或者院系,以满足该团体特殊的学术、社会以及领导力的发展 | 针对服务特定人群的校园部门包括各种活动中的领导力发展。例如,校园里"黑人文化中心"管理社会积极主义的研讨会 |
| 用以全方位处理团队需求的学生组织网络 | 领导力项目为各组织提供类似会员制的机会以到达并建立同盟。例如,领导力的教职员工帮助学生宗教组织聚会商讨校园里的宗教包容性 |
| 代表该团队的导师、教职员工、有经验的研究生以及社区成员构成的顾问网络 | 领导力项目发展赞助的教职工和导师网络。来自不同团队的导师可在领导力会议上演讲 |
| 学生、导师、教职工以及机构参加当地团队、地区团队以及国家团队的相关会议和协会 | 领导力项目资助学生参加有关身份和领导力的会议。被会议采纳的有关领导力和多样性的报告,将获得额外的资助 |
| 加入基于社区的以团队为焦点的组织,有助于丰富领导力经验,使学生与社区环境关系融洽,鼓励学生毕业后发展领导力 | 领导力项目邀请那些关注社会正义的社区组织在会议上发言。领导力项目合伙人联合"就业服务中心"举办吸引各类人才的招聘会(达到雇员与潜在雇主的目的) |
| 在校园推广特定团队的新生见面会、文化庆祝活动以及毕业典礼 | 各种不同背景的学生在年终宴会上见证并庆祝自身的历史、文化及成就。社会正义的成就作为仅次于更多的传统领导力奖项(或作为其中一部分)加以表彰 |

来源:摘自巴隆(Balon,2003)。版权© 2003 全美领导力项目数据库。经许可重印。

　　前文所描述的环境要素说明,必须将多样性、多文化方式以及基于社会正义的方式融入领导力教育中。它们也涉及提高认知校园氛围中传统上被边缘化的人群的条件,以及有助于响应多样学识需求的教育语境的条件。

# 三、在学生人群中培养积极的领导力经验

毫无疑问,领导力教育工作者们必须直接促成一种校园环境,响应各类学生群体的文化因素和独特需求。然而,同时也必须关注特别培训学生对此作出自己的贡献。那些意欲应对社会正义问题的领导力主动性,必须要求在教职员工与学生中培养跨文化意识。这种至关重要的技术,对于无论是在国内文化还是在国际文化中有效地从事领导力行业来说都是必备的。胡珀斯(Hoopes,1979)开发了一个不同文化之间的学习过程模式,该模式详细论述了个体如何成长为有能力理解差异且在差异中交往。表14.2 提供了该模式直接适用于大学生的领导力发展。

也有许多手段可用于培训场景,评估不同文化之间以及/或者跨文化能力。它们包括"跨文化发展量表"(Intercultural Developmental Inventory,IDI。详情可登录www. idiinventory. com。Hammer,2009)。跨文化发展量表是一份有 50 道题目的问卷,用于评估个人或团队对于文化差异的定位,并且提供了个人或团队面对的一些关键问题。这些定位存在于从单一文化心态过渡到跨文化心态的一个连续过程当中,往往要先经历(对他文化的)否定、极化/防御/逆转以及贬低,才会过渡到最终的接受与适应。适应,是根据文化语境以及文化原创方式来改变认知和行为的技巧(Hammer,2009)。"跨文化有效性量表"(Intercultural Effectiveness Scale,详情登录 http://kozaigroup. com/inventories/the-intercultural-effectiveness-scale/),在三个层面对人进行考量:不断学习能力(自我意识和探究)、人际交往能力(全球化思维和关系利益),以及耐力(积极关心他人和情感恢复力)。其他几个全球领导能力测评及手段,在评估文化差异、跨文化适应性或者全球领导能力方面可能很有用,它们包括"跨文化适应量表"(Cross-Cultural Adaptability Inventory)、"多元文化人格调查问卷"(Multicultural Personality Questionnaires)、"跨文化预备检查"(Intercultural Readiness Check)、"'五大'人格特征量表"(Big Five Personality Inventories)、"全球能力量表"(Global Competencies Inventory )、"全球执行领导力量表"(Global Executive Leadership Inventroy)等(Bird,2008)。(也可参见本书第十五章有关全球领导力的资料。)

表 14.2　胡珀斯(Hoopes)适用于领导力发展的不同文化之间的学习模式

| | 定义 | 领导力适用性 |
| --- | --- | --- |
| 种族优越感 | 我们仅依赖我们自身的文化范式，摒弃任何与此世界观不符的任何信息 | 仅从我们自身文化框架中看待领导力。去做领导只有一种方法，那就是由你的背景所决定 |
| 觉悟 | 此时我们开始明白存在着不同于我们自身文化的范式 | 我们承认不同领导有不同方式，尽管只有我们自己的领导方式才是有价值的 |
| 理解 | 现在我们开始理解这些新的范式，以及他人持有该范式的理由。我们可能还不赞同，但是我们在认知上能够理解 | 我们认识到不同领导方式的各种原因，并且理解其存在的理由 |
| 接纳/尊重 | 我们能够明白他人持有的这些新范式的存在价值，即便该范式与我们的不同。这就是"活着也让别人活着"的方式 | 我们能够认识到不同领导力风格对别人都有意义，但是还不能认识到它们可能对我们也有价值 |
| 欣赏/评价 | 我们开始明白这些其他范式对每个人都有价值——这些世界观即便对我们来说也是很宝贵的 | 我们能够认识到其他领导力方式的价值对于我们的意义，而且也扩大了我们对于如何领导的认识 |
| 有选择的采用 | 此时，我们试图将别人的文化与世界观部分地吸收进我们的范式，将它们融入我们的认识和方式中 | 我们认识到其他领导风格的价值和传统能够给我们的领导提供一些有用的东西，并且能够给我们的领导风格融入一些新的技巧和方式 |
| 多文化主义 | 我们的生活对于许多新认知和新世界观是开放的。我们能够有效地与不同人交往并且能够将各种不同的认知融入我们不断发展的范式中 | 我们的领导风格扩大到包括大量的响应及承认他人各种不同需求的风格和方式 |

来源：摘自胡珀斯(Hoopes,1979)。

# 四、大学生人群

　　本章概述了与各类大学生人群相关的现有知识，探究社会身份是与更多的资源(如书籍、文章、协会)相配对的，并且是从现有的职业实践中挑选一些例子。我们再次鼓励读者将这些资料视作项目设计与实施的起点，而不是这些项目的终点。

 ## (一) 有色学生与领导力

　　那些试图解决社会正义问题的领导力项目，同时作为各类学生组成的服务社团,必须检验如何为他们校园里的有色学生定义领导力。然而,教育工作者要小心,并非所有的有色学生都会以相同的方式体验校园生活氛围。此外,正如第三章所提到的,教育必须区分那些与种族团体成员相关的需求,以及与那些种族身份相关的需求。换言之,不能只是因为一个学生看起来像是某特定种族团体的,就一定意味着该特定身份是他的显著身份。

阿米尼奥等人(Arminio 等,2000)对于有色学生在领导力方面的体验和理解做过现象学研究。他们的研究主要解决了那些种族团体成员的问题并且划分了几大主题:

- 领导者标记。绝大多数人不会自我标榜领导者,许多人对"领导者"这个词语不屑一顾,认为它是压迫别人的群体。另外一部分人则认为他们的领导作用只是"被扯进来"或者他们的目的与团体授权相关,与个人的领导力无关。

- 个人代价。许多学生认为代价(如隐私减少、双重关系)是与领导力相关的。

- 行为榜样。许多参与者认为行为榜样作用重大,但是也表示自己很难成为行为榜样。

- 在同种族团队、白人为主的团队、多种族团队中的参与程度。同化与文化自豪的压力大小不同,取决于参与团队的种类。种族主义与面子工程更多地常见于白人为主的团队,然而,与此同时,学生们认为这类团队能够提供更广泛的领导力体验,而同种族团队提供的只是发展与文化的需求。

- 团队定位。大部分学生认为完善团队是他们的主要目标,对于集体和社区有很强的责任心。

尽管这些主题不适合于每一个有色学生,但是考虑到那些参加正式领导力项目的学生们的独特需求和体验,这些主题的确提供了某些应用语境。领导力教育工作者必须探究:学生身份培养与领导力参与程度的关系,有色学生如何识别且担当行为榜样,以及领导力项目如何才能解决人们关心的社会正义问题并且吸引更广泛的学生参与其中。在领导者身份培养的研究中(Komives 等,2006;Komives 等,2005),研究者们探究了各种不同的培养方面,自我对于他人、团队因素以及个人因素的认识等如何共同推进了个体领导力身份的培养。这些培养成分,有助于整合进一步在语境中研究如何基于学生身份设定的这些问题。这些结果也让我们停下来去考虑,有色学生在多大程度上可以将正式领导力项目视作进一步使那些压抑性的标准永久化。怀疑意图必须得到承认并作直接处理,这样做最好是在领导力内容乃建立于社会正义基础之上。领导力教育工作者也必须考虑,他们对于什么构成领导力的假定,如何可能造成他们忽略已经发生在有色社区的领导力教育的有力例子。

### 重要读物

Arminio, J. L., Carter, S., Jones, S. E., Kruger, K., Lucas, N., Washington, J., Scott, A. (2000). Leadership experiences of students of color. *NASPA Journal*, *37*, 496—510.

Bordas, J. (2007). *Salsa, soul, and spirit: Leadership for a multicultural age.* *San Francisco, CA*: Berrett-Koehler.

Dugan, J. P., Komives, S. R., & Segar, T. C. (2008). College student capacity for socially responsible leadership: Understanding norms and influences of race, gender, and sexual orientation. *NASPA Journal*, *45*, 475—500.

### 重要组织

美国学生联合会有色学生校园多元性计划(United States Student Association's Student of Color Campus Diversity Project)

www. usstudents. org/our-work/soccdp

### 实践例子

拉斯维加斯内华达大学有色学生领导力讨论会(Student of Color Leadership Symposium, University of Nevada Las Vegas)

http://getinvolved. unlv. edu/leadership/programs. html

华盛顿州社区院校有色学生领导力会议(Students of Color Leadership Conference, Washington State Community Colleges)

www. nsccstudentleadership. org/multicultural/socc

## ▓ (二)非裔美国学生领导力

对于非裔美国学生领导力教育,可以从两大体系着手:将非裔美国学生包括在内的普通领导力项目,以及旨在针对非裔美国学生或过去是非裔美国组织的专门项目。将非裔美国学生融入普通领导力项目时应该认识到,种族团体成员和种族身份特征二者都可改变领导力发展的可预见性因素(Dugan、Kodama 和 Gebhardt,即将出版;Kezar 和 Moriarty,2000)。因此,设计和传播领导力干预应该反映多种学习者的需求,同时保证专门给非裔美国学生提供特别体验。

许多非裔美国学生选择通过以非裔美国成员为主的学生团体去培养他们的领导力技能(Sutton 和 Terrell,1997)。基于身份的组织,在为校园倡导和培养领导力提供平台的同时,对于塑造非裔美国学生的身份能够起到关键作用(Harper 和 Quaye,2007)。特别是黑人学生联谊会给许多非裔美国学生提供了重要的领导力机会,领导力教育工作者应该针对这类人群提供服务和项目。萨顿和特雷尔(Sutton 和 Terrell,1997)赞同阿米尼奥等人(Arminio 等,2000)的主张,为校园里培养黑人男性领导力提出好几个建议,这些建议可延伸到有助于理解无论是男性还是女性的非裔美国学生的经验:

- 组织机构应该包括和承认黑人学生组织聚焦社区的诸多活动。"为谁领导、为何领导"这个问题特别与非裔美国学生相关,他们可以联系到旨在社会变革和集体行动的黑人领导力历史。

- 应该鼓励不同团体之间的合作,促进多样领导风格,顾问应该为不同团体的领导者提供互动的机会。来自不同人群的保持联络的领导者,除了为所有人提升领导力,还要致力于为所有人建立联系,促进沟通和相互理解。

- 组织机构必须给黑人组织发起的活动和项目提供资助。

- 校园应该提供针对黑人学生联谊会人群的领导力培训。经常参加之后才想到,黑人学生联谊会人群对许多非裔美国学生来说是一个重要的打造领导力的机会。

这些建议为更好服务于非裔美国学生的领导力发展需求提供了一个起点。

---

**重要读物**

Johnson White, B., & Hollingsworth, K. (2005). Developing professionals of color: Going beyond the traditional leadership skill set. *Journal of Leadership Education*, 4(1), 90—101.

Kimbrough, W. M., & Hutcheson, P. A. (1998). The impact of membership in

Black Greek-letter organizations on Black students' involvement in collegiate activities and their development of leadership skills. *Journal of Negro Education*, *67*(2), 96—105.

Sutton, E. M., & Terrell, M. C. (1997). Identifying and developing leadership opportunities for African American men. In M. J. Cuyjet (Ed.), *African American college men*. New Directions for Student Services, no. 80 (pp. 55—64). San Francisco, CA: Jossey-Bass.

### 重要组织

全国非裔美国学生领导力大会(National African American Student Leadership Conference)

www. naaslc. org/

黑人领导力论坛(Black Leadership Forum)

www. blackleadershipforum. org

### 实践例子

纽约市哥伦比亚大学兄弟会计划(The Brotherhood Project,Columbia College in the city of New York)

www. studentaffairs. columbia. edu/multicultural/leadership/brotherhood. php

莫尔豪斯学院领导力中心(The Leadership Center,Morehouse College)

www. morehouse. edu/centers/leadershipcenter/index. html

---

## ◼ (三) 亚太裔美国学生领导力

亚裔美国学生人口在美国高等教育以及全美国范围内是增长最快的一类群体 (Hune,2002)。虽然像亚裔美国人、亚太地区美国人(APA)以及亚太地区岛民等总括性词语整体上都是用来描述这类群体,但要知道这些概括性标签包括57个以上群体(Hune,2002)。这些亚太地区种族特点差异巨大,包括家庭文化、语言差异和熟练程度、地理位置、家庭特征、收入和贫困以及职业特征等方面代际差异巨大 (Hune,2002 ;Liang,Lee 和 Ting,2002)。对所有亚裔美国学生需求什么的臆断,可能导致学生个体更加被边缘化。教育工作者要审慎考虑亚太地区美国人这个包罗万象的标签下各种不同民族社区的独特需求。

关于亚太地区美国大学生的有限研究,是从整体上对这一群体加以考察的,研究表明他们最没有可能自认为是领导者,也不认为他们种族群体中有别人是领导者。经典研究同时表明,他们的社会责任领导力要远远低于其他种族的同龄人(Balon,2005;Dugan,Komives 和 Segar,2007)。有学者认为,结合领导力如何在某一特定研究中界定为文化价值观这个语境,去解读诸如此类的研究成果很重要,它关系到与所应用的领导力方式是否可能一致(Liang 等,2002;Liu 和 Sedlacek,1999;Yammarino 和 Jung, 1998)。同样重要的是,在与亚太地区学生共事时要区分领导效力和领导能力。一项研究发现,对领导力效能验证后,根据一项社会责任领导力评判标准,亚太地区大学生不再呈现在种族群体中普遍低分的现象。事实上,就某些指标来看他们的得分遥遥领先。应该特别关注正式领导力项目如何专门针对增强亚太地区学生的领导效力,使其融入现有知识和技能。巴隆(Balon,2003)在扶持亚太地区学生领导力培养时发现了成功且有效的领导力项目的八大特征:

1. 培养泛亚太民族身份的机会;

2. 探索亚太种族身份发展问题的自我学习空间;

3. 营造学习者和教师作用建构出的学习气氛;

4. 增强传统的(如武断推论)和非传统的(如言语肯定)领导风格和偏好的教师/培训教学法;

5. 鼓励团队发展和团队建构的体验性活动;

6. 要求并使用共同语言讨论当代亚太地区主题的辅助对话;

7. 在研讨会、退修会以及班级作业中个人反省练习活动;

8. 在当前机构/当地环境内强调社会变革(经"全美领导力项目数据库"允许转载在此)。

---

### 重要读物

Balón, D. G. (2005, April 26). Asian Pacific American college student on leadership: Culturally marginalized from the leader role? *Netresults*. Retrieved from www. naspa. org/pubs/mags/nr/default. cfm.

Liang, C. T. H., Lee, S., & Ting, M. P. (2002). Developing Asian American leaders. In M. K. McEwen, C. M. Kodama, A. N. Alvarez, S. Lee & C. T. H. Liang (Eds.), *Working with Asian American college student*. New Directions for Student Services, no. 97 (pp. 81—89). San Francisco, CA: Jossey-Bass.

### 重要组织

亚太美国女性领导力研究院(Asian Pacific American Women's Leadership Institute)

www. apawli. org/

中西部亚太美国学生联合会(Midwest Asian American Student Union)

www. maasu. org

亚太美国领导力大会(Conference on Asian American Leadership)

www. capal. org

### 实践例子

弗吉尼亚大学亚太美国领导力培训研究院(APA Leadership Training Institute, University of Virginia)

www. virginia. edu/deanofstudents/apa/APA% 20Leadership% 20&% 20Mentoring. html

南加州大学种族、阶级与领导力教育重大问题(Critical Issues in Race, Class, and Leadership Education, University of Southern California)

http://sait. usc. edu/apass/pages/involvement/leadership_development. html

## ▨ (四) 拉丁美洲学生领导力

如同亚太地区美国人一样,用来描述拉丁美洲人的这一包罗万象的术语无法完全表示出各种不同民族的大量多样性。西班牙裔和拉丁美洲裔是用于指称这类人群广泛意义上的术语,但是最经常使用的主要是墨西哥裔美国体验,墨西哥裔是美国最大的拉丁美洲人/群体(Torres,2004)。虽然大多数拉丁美洲人可能都受到西班牙殖民的影响,但是他们在移民美国的历史以及经济和教育成就方面却大不相同(Torres,2004)。当今,大约有七千万美国人要么是移民要么是移民的后代(Suarez-Orozco 和 Suarez-Orozco,2009)。

卫拉番多和欧蒂斯(Villalpando 和 Ortiz,2004)提出了一些可能应用于领导力项目的理论基础和实践的纲领性建议。有关主题如下:

- 种族和身份(如性别、语言、世代地位、阶级、性取向)的交叉点造成复杂的身份。领导力教育工作者应该了解拉美裔人的历史。然而,更重要的是,应该理解在具体校园里这群人的复杂身份。

- 家庭的重要性可能对于参与程度起着重要的作用。这就可能要求重新考虑项目的时间安排,包括案例研究中的家庭问题,以及重新思考在主动性方面指导的作用。

- 无视肤色、客观现实、精英社会、种族中立以及机会均等这些传统主张常常充作烟幕,使人们忽视就平等而言恰恰存在的真正差异。在美国,种族主义往往是就黑人和白人而言的,那些领导力教育工作者必须意识到在拉美裔人群方面也存在种族主义和压迫。

- 在拉美裔群体或社区中,追求社会正义是一项基本义务,经验知识对于其发展和学习至关重要。参与社区服务学习以及在导师、教职工和学生中建立联系的机会,可能为这类人群提供了领导力和社会正义之间极其紧密的联系。

领导力项目必须承认这类人群的复杂性、身份的交叉性以及社区的历史故事,而且应该致力于创造机会,关注体验学习、知识和社会正义问题。将领导力视作解决社会正义问题的一种方式,这一根本性转变可能产生一个相应的机会,让更多的拉美学生参与其中。

---

## 重要读物

Montelongo, R. (2003). *Latino/a undergraduate involvement with college student organizations and its effects on specific student outcomes at two, large, predominantly White, mid-western universities* (Report No. ED 477 440). Washington, DC: Office of Education Research and Improvement. (ERIC Document Reproduction Service No. HE035944)

Vasquez, M., & Comas-Díaz, L. (2007). Feminist leadership among Latinas. In J. L. Chin, B. Lott, J. K. Rice, & J. Sanchez-Hucles (Eds.), *Women and leadership: Transforming visions and diverse voices* (pp. 264—280). Malden, MA: Blackwell.

**重要组织**

美国西班牙裔领导力研究所(The United States Hispanic Leadership Institute)

www. ushli. org/events/index. php

**实践例子**

得克萨斯大学奥斯汀分校拉美领导力退修会与研究所(Latino Leadership Retreat and Institute, University of Texas at Austin)

www. utlatinos. com/LLC/

佐治亚州立大学拉美外联与领导力(Latino Outreach and Leadership, Georgia State University)

www. gsu. edu/success/latino_outreach. html

## ■ (五)美国印第安人领导力

虽然美国印第安人接受高等教育的很少,但这类人群有特定需求,应该既要在部落院校又要在更加广泛的高等院校里关注他们的需求。杰克逊、史密斯和希尔(Jackson、Smith 和 Hill,2003)发现了大学里与美洲印第安人特性呈正相关及负相关的一些要素:

● 表层主题。家庭支持、已建立的社会支持、导师/教职工的热情、大学体验与可能职业的接触、独立与果断的发展,以及对精神资源的依赖,这些都是反映印第安人特性的指标。

● 深层主题。处理种族主义,沿着非直线道路学习直至毕业(上多个学校、教育中断)以及矛盾的文化压力(既要学习成绩好的压力又要维持他们部落社区身份的压力)等,这些都是许多印第安学生的基本主题。

美国有五百多个印第安部落。每个部落的历史、文化和语言各不相同,我们不能想当然认为,一个印第安学生的经验将会与他人的经验相似。部落受压迫的历史也是各有差异,同化与落部固化的程度也变化不一。各院校与各州府经常检讨迫害美洲印第安人的历史,这对于当前大学生的体验会产生认知和影响的作用(Fox、Lowe 和 McClellan,2005)。有些主题是在综述美洲印第安人体验与领导力的文献时出现的(Agahe Portman 和 Garrett,2005;美国印第安人政策中心,1997;Warner 和 Grint,2006),包括:

- 核心焦点在于服务社区的重要性,这与个人成就相对立。个体不追求领导力。领导者因对社区的贡献而凸显,人们承认并推举那些被认为最有能力的人担当领导者。
- 精神是美洲印第安人生活的关键要素,他们认为领导力具有精神意义。
- 领导力是由长辈对于未来一代代领导者的栽培而形成的。
- 美国印第安人领导者是以身作则来领导的,而不是依靠权威或命令来领导,职位性领导力不如说服性领导力让人尊重,领导权力在于人而不是职位。
- 作决策耗时较多,部落首领遇到要阐明某事时,是通过相互询问达成理解和一致协议的。
- 美国印第安人解决社会冲突的方法是基于"复位"这个概念,旨在恢复令人尊敬的人际关系和社会关系。

集体主义、合作、激情与勇气这些框架涵盖了美国印第安人的世界观(Agahe Portman 和 Garrett,2005)。因此,关于传宗接代、由多数人领导、决策与共识以及服务社区应该是与美国印第安大学学生共事时,设计领导力培养项目纲要的中心内容。此外,精神要素对于该人群很重要,但在大多数领导力项目中往往被忘得一干二净,而且即便注意到了这一点,也都是从西方视野加以对待的(Warner 和 Grint,2006)。领导力教育工作者应该探究事情为何如此,如何整合出一个更加全面的视角。

---

### 重要读物

Agahe Portman, T. A., & Garrett, M. T. (2005). Beloved women: Nuturing the sacred fire of leadership from an American Indian perspectives. *Journal of Counseling & Development*, *83*, 284—291.

Kidwell, C., S., Willis, D. J., Jones-Saumty, D., & Bigfoot, D. S. (2007). Feminist leadership among American Indian women. In J. L. Chin, B. Lott, J. K. Rice, & J. Sanchez-Hucles (Eds.), *Women and leadership: Transforming visions and diverse voices* (pp. 314—329). Malden, MA: Blackwell.

Warner, L. S., & Grint, K. (2006). American Indian ways of leading and knowing. *Leadership*, 2, 225—244.

### 重要组织

美国印第安人政策中心(American Indian Policy Center)

www. airpi. org

原住民族问题与资源(Indigenous Peoples Issues and Resources)

www. indigenouspeoplesissues. com

### 实践例子

宾夕法尼亚州立大学美国印第安人领导力项目(American Indian Leadership Program, Pennsylvania State University)

www. ed. psu. edu/educ/eps/ailp/ailp-overview

## ▨ (六) 多种族学生与领导力

臆断校园学生人口将会造成误导。各高等院校在录取表格及其他文件上,可能不允许学生标明多种族范畴。从外观上对现身于领导力项目的学生加以识别这一非正式做法,对于理解学生需求可能不会提供多少有用的信息。美国 2000 年人口普查首次允许个人填报两个或以上的种族,有 680 万人做了如此填报(Jones 和 Smith,2001)。多种族学生常常游走在"介乎两者之间的间隙"(Ozaki 和 Johnston, 2008),一方面,他们生于多种族家庭,拥有"多种族"身份,另一方面,想探究这一点对于他们与家庭、其他学生以及校园服务之间的关系究竟意味着什么。来自多种族背景的学生,可能在那些没有承认多重且交叉社会身份复杂性的项目上,感觉被边缘化了。同样的,那些针对特定种族群体的基于身份的领导力项目,如果在某方面没有承认多种族任一层面,将会造成更多混乱而不是益处。

欧扎克和约翰斯通(Ozaki 和 Johnston,2008)就与多种族学生及其组织合作提出了一些建议,其中许多建议对于发展领导力项目很有用。这些建议包括:

- 评估您自己的种族身份以及对于多种族身份的偏见
- 理解您的身份如何为学生所认识
- 培养对于多种族学生体验之资源的意识
- 帮助学生熟悉校园潜在的种族政策

虽然这些建议对于校园其他学生人群可能也是正确的,但是它们对于多种族学生格外有意义,他们经常被隔离,而难以察觉。校园必须考虑物理空间、社会空间和心理空间如何为这类人群服务。另外,必须进一步研究多种族学生如何投身于领导力过程,以及身份发展和领导力发展是怎样相交叉的。

### 重要读物

Ozaki, C. C., & Johnston, M. (2008). The space in between: Issues for multiracial student organizations and advising. In K. A. Renn & P. Shang (Eds.), *New directions for student services* (Vol. 123, pp. 53—61). San Francisco, CA: Jossey-Bass.

### 重要组织

MAVIN 基金会领导力发展倡议(The MAVIN Foundation's Leadership Development Initiative)

www. mavinfoundation. org/

校园觉醒与法规倡议(Campus Awareness + Compliance Initiative)

www. mixituponcampus. org/

### 实践例子

马里兰大学双种族、多种族以及多民族学生参与活动(Biracial, Multiracial, and Multiethnic Student Involvement, University of Maryland)

www. thestamp. umd. edu/diversity/mixed/

伊利诺伊大学多文化社会民主中心(Center on Democracy in a Multicultural Society, University of Illinois)

www. cdms. illinois. edu

## ▓ (七) 同性恋、双性恋以及变性(LGBT)学生的领导力

很少有人研究男/女同性恋、双性恋以及变性(LGBT)大学生的领导经验或态度(Bieschke、Eberz 和 Wilson,2000;Dugan 等,2008;Dugan 和 Yurman,即将出版)。桑洛(Sanlo,2002)概述了与领导力相关的男女同性恋、双性恋以及变性人(LGBT)

的问题,但是也建议"LGBT 学生不应该被错误地贬谪为 LGBT 组织,事实上将 LG-BT 学生同化入主流的非 LGBT 学生组织是常规之举,尽管许多 LGBT 学生仍然封闭在自我圈子里"(p.143)。她提出,许多 LGBT 学生正在与多种发展问题与身份抗争,"同样可能的是,随着他们的种族、民族和性身份的交叉,他们必须决定找个地方去打发课外时光或与他人一起上课的时光"(p.141)。虽然领导力技能能够在各种不同学生组织中得以培养,但是 LGBT 学生"或许要么选择不去参加这些组织以免被拒绝或骚扰,要么发现由于人们憎恶或歧视同性恋而不给他们参与的机会"(Scott,1991,p.120)。LGBT 问题以及领导力不能仅仅聚焦于 LGBT 学生组织和我们认为能够找到这些学生的地方。LGBT 学生可以参加学生会管理联合会、黑人学生联合会或女生联谊会,同时领导力教育工作者必须解决这些组织中 LGBT 的问题和领导力。

波特(Porter,1998)概述了 LGBT 问题和领导力发展。他借助诸如转变领导力、社会变革模式以及市民领导理论等理论框架将领导力与 LGBT 问题联系起来,这些理论框架每一个都是关注变革的。波特指出:"随着 LGBT 学生在领导力发展经验上走到一起,他们无疑将会开始关注变革:机构的变革、学生组织的变革以及/或者他们当地社区或较大社会的变革"(p.310)。虽然波特的看法可能是正确的,但是他的这一观点主要还是与那些从事 LGBT 相关问题的 LGBT 学生有联系,可是事情并非总是如此。结合桑洛(2002)和波特(1998)二者观点中的因素或许对于理解 LGBT 领导力有帮助。更重要的是,要承认 LGBT 学生在所有大学都可能有,同时要给 LGBT 学生提供必要的时间和关心,他们关注与其社区最相关的一些问题。

LGBT 学生组织面临的障碍包括缺乏共同目的、个人目标与团体目标之间的区分,以及交际与信任方面的挑战(Outcalt,1998)。当团体成员参加会议可能冒着被骚扰或同性恋身份公开的风险时,该团体领导者们很有必要倍加小心地处理好交际和保密事宜。桑洛(2002)提出,学生事务从业者在规划 LGBT 领导力培训时得考虑校园或团队的规模、LGBT 学生由于校园氛围及学校所在地而被孤立的程度,以及用更多领导力的付出对 LGBT 学生的包容程度。这些问题中的每一个都会影响学生在锻炼领导力技能时是否感到安全和舒心。LGBT 小团体,在被校园文化和其他学生领导者孤立后,将会发现更加难以给他们的成员提供丰富的富有意义的领导力机遇。与其他校园团体和活动联系密切的 LGBT 团体可以更好地为学生提供一些将会加强其领导力发展的机遇。

雷恩和比洛多（Renn 和 Bilodeau，2005）使用领导力认同发展模式作为指南，通过采访 LGBT 学生并对这些数据加以分析，以便"识别那些支持作为学生领袖的参与者的成长经验"（p. 342）。他们发现"参与针对 LGBT 身份的领导力以及激进主义促进了领导力身份的发展"（p. 360），并且发现有证据表明在这些被采访的学生中包括了领导力认同发展模式的所有阶段。雷恩（2007）研究了 LGBT 学生在校园内外（既聚焦 LGBT 又聚焦非 LGBT 的）活动中的参与程度和领导力以及与性取向或性别相关的身份，由此发现"领导力的提高导致了 LGBT 身份更加公开，以及性别/性取向和领导力身份的融合"（p，311）。雷恩将 LGBT 学生领导力身份概括为三大类：LGBT 领导者、LGBT 激进分子以及男同性恋激进分子。角色和身份的相互作用在理解学生个体对于领导力认知时证明很有用。

最后，重要的是，必须承认变性学生在与他们的男女同性恋和双性恋的同龄人交往中往往打成一片，尽管他们分别代表了两种不同的身份领域（如性别与性取向）。研究表明，这两类人群有许多共同点，但是在领导能力方面也存在着重大差别，这一点值得我们注意（Dugan、Kusel 和 Simounet，即将出版）。此外，提醒领导力教育工作者，有关 LGBT 学生的大量文献主要反映的是同性恋和双性恋（LGB）学生。这些文献在实践中应用时应该谨慎，变性学生可能只是名义上被包括在内，这些研究成果是否可以转而应用于变性学生有待商榷。

---

### 重要读物

Dugan, J. P., Kusel, M., & Simounet, D. (in press). Transgender undergraduates: An exploratory study of perceptions, experiences, and outcomes. *Journal of College Student Development*.

Fassinger, R. E., Shullman, S. L., & Stevenson, M. R. (2010). Towards an affirmative lesbian, gay, bisexual, and transgender leadership paradigm. *American Psychologist*, *65*, 201—215.

Renn, K. A. (2007). LGBT student leaders and queer activists: Identities of lesbian, gay, bisexual, transgender, and queer identified college student leaders and activists. *Journal of College Student Development*, *48*, 311—330.

**重要组织**

校园荣光（Campus Pride）

www. campuspride. org/

全国 LGBT 平等大会（National Conference on LGBT Equality）

www. creatingchange. org

**实践例子**

纽约大学男同性恋领导力退修会（Queer Leadership Retreat, New York University）

www. nyu. edu/life/student-life/diversity-at-nyu/lesbian-ay-bisexual-and-transgender-student-services/gettingg-involved/queer-leadership-retreat. html

宾夕法尼亚大学 LGBTA 领导力退修会（LGBTA Leadership Retreat, Pennsylvania State University）

www. sa. psu. edu/lgbt/leadretinfo. shtml

## ▨ （八）性别与领导力

当今美国大学生主要是女性,可是她们之中位居领导岗位的人却很少。女性的发言权不应当受到压制而应当充分地参与到领导力的规划中,这一点乃当务之急。虽然有些校园已经开展了一些针对女性的领导力项目,但重要的是要检查整个领导力规划如何支持涉及女性的发展。只要女性被视作"特殊人口",那么传统的领导力项目可能继续优先为男性参与者着想。"走迷宫"是一个非常恰当的隐喻,用来描述女性在领导力方面的体验,她们要付出更多,更加谨慎行事以便克服重重障碍。相比较而言,男性所走的路径就要平直得多（Eagly 和 Carli,2007）。

文献中出现的大量主题,将女性领导风格或体验与男性的区别开来。这些主题包括女性更加关注人际关系为主的风格而不是任务主导型的风格,以及参与性决策而不是直接的或独断的风格（Eagly 和 Johannesen-Schmidt,2001）。女性更加倾向于关系式的、集体式的以及民主式的领导力风格,与当代领导力理论相一致。（本书第三章详细分析了有关大学男生和女生在其领导力发展上如何不同的研究。）对性别和领导力研究的更多理解,对于如何设计和传播正式领导力项目起着重要作用。它包括如下几点：

- 将大学生定位为男生的朋辈教育者及在岗领袖,男生能够在女生那里学到处理关系的方法
- 为女生设计注重领导效力的领导力干预、体验与领导能力并重,以及
- 为女生逐渐融合机遇去探究性、性别、种族及其他共享身份的交叉内容

## 重要读物

Chin, J. L., Lott, B., Rice, J. K., & Sanchez-Hucles, J. (Eds.). (2007). *Women and Leadership: Transforming visions and diverse voices*. Malden, MA: Blackwell.

Dugan, J. P. (2006). Explorations using the social change model: Leadership development among college men and women. *Journal of College Student Development*, 47, 217—225.

Eagly, A. H., & Carli, L. L. (2007). *Through the labyrinth: The truth about how women become leaders*. Boston, MA: Harvard Business School Press.

## 重要组织

促进女性领导力协会(Advancing Women in Leadership Journal)

www. adwancingwomen. com/awl

全美女大学生领导者大会(National Conference for College Women Student Leaders)

www. aauw. org/nccwsl

## 实践例子

佛罗里达大学女性领导力委员会(Women's Leadership Council at the University of Florida)

www. leadshipandservice. ufl. edu/studentorgs/wlc/

罗格斯大学女性领导力研究院(Institute for Women's Leadership, Rutgers University)

http://iwl. rutgers. edu/

## ▓ （九）残疾学生

除了法律要求给残疾学生提供合适的宿舍外,包容的价值观要求领导力项目必须积极招募残疾学生参与其中。真正的包容意味着全体教职工应该"视残疾为学生整体多样性的一部分,并把为残疾学生提供宿舍看作是欢迎另一个史上未被充分代表的群体来到校园"（Johnson,2000,p.43）。领导力教育工作者必须认识到残疾有多种形式,从更加显性的（如身体残障、畸形、盲人）到更加隐性的（如学习障碍、健康损伤、精神障碍）,以及必须认识到各种不同项目怎样才能让这些群体中的每个人都可参与进来。有关残障问题的领导力发展的研究文献,即使最乐观地看也是凤毛麟角。然而,约翰逊（Johnson,2000）概括出鼓励参加一系列校园项目的激励策略,包括:

- 提供往返活动场地的交通
- 预先考虑并安排细心的陪伴者或讲解员而不是对诉求作简单的回复
- 积极主动,包括在所有活动推广材料上注明残障通道信息
- 活动组委会有残疾人成员
- 知晓美国残障法案提出的残疾人的权利和责任,以及
- 完成需要评估以辨别参与这些项目的主要阻碍

### 重要读物

Banks, M. E., & Mona, L. R. (2003). Leadership and collaboration among women with disabilities. In J. L. Chin, B. Lott, J. K. Rice, & J. Sanchez-Hucles (Eds.), *Women and Leadership: Transforming visions and diverse voices* (pp. 330—340). Malden, MA: Blackwell.

Fincher, J. (2008). *Leadership self-efficacy for college students with a learning disability*. Unpublished master's thesis. Retrieved from www. lib. umd. edu/drum/handle/1903/8210.

Hall, L. M., & Belch, H. A. (2000). Setting the context: Reconsidering the principles of full participation and meaningful access for student with disabilities. In H. A. Belch (Ed.), *New directions for student services* (Vol. 91, pp. 5—17). San Francisco,

CA：Jossey-Bass.

### 重要组织

全国残疾组织（National Organization on Disability）

www. nod. org

美国残疾人协会（American Association of People with Disabilities）

www. aapd-dc. org

全美青年人领导力与残疾联合会（The National Consortium on Leadership and Disability for Youth）

www. ncld-youth. info/Resources-final. htm

### 实践例子

科罗拉多大学发现您的能力学生组织（Discover Your Abilities Student Organization，University of Colorado）

www. colorado. edu/disabilityservices/go. cgi？select = discover. html

## ▨ （十）领导力与灵性/宗教

许多学生与人建立关系和践行领导力是基于自己宗教信仰的原则。不论他们的信仰传统和宗教派别有何不同或是否信奉更高权威，有关目的、价值观、重要事务以及意义产生这些问题却是探究领导力和自我的中心内容（Bolman 和 Deal，2001；Gehrke，2008；Palmer，1994；Sanders、Hopkins 和 Geroy，2003）。学生来到校园有各不相同的宗教背景，他们对于领导力的理解是基于他们在教堂、清真寺或犹太教堂里所学到的东西。"精神上成熟的领导者承认内心生活与外部世界是相互依存的"（Rogers，2005，p. 1），并且对于是什么与做什么的行为同等关注。"灵性"意味着"宗教信仰、神秘体验、反省与沉思、与敬畏与奇观的偶遇、对意义与目的的寻求、与他者合而为一的感觉、极限与超然的自然与事物"（Dalton，2005，p. 6）。正如同本书第十五章也指出的，这些概念十分吻合当代领导力理论、自我发现的理想、与他人的关系以及为了更大的善的共同目的。道尔顿（Dalton，2005）指出，个体灵性好几个方面能够提高他们的领导力有效性：

- 在领导者用本真方式与内心信仰、价值观交流感到舒心时信任得以培育

● 愿意表露自己脆弱的一面以及愿意敞开自己精神生活可建立更深层和更真诚的关系

● 显示目标与精神信仰的一致可促进对正直的认知

这些因素为设计和交付领导力项目时整合灵性和领导力提供了一个强有力的逻辑依据。然而,我们要鼓励领导力教育工作者审慎对待灵性,因为灵性这个术语根据个人社会身份以及对该术语的个人建构能够引发各种不同反应。关键是要设定清晰的界定参数以及要清楚地确认项目的中心内容(如宗教、个人授权;意义产生)。

## 重要读物

Fry, L. W. (2009). Spiritual leadership as a model for student inner development. *Journal of Leadership Studies*, *3*(3), 79—82.

Gehrke, S. J. (2008). Leadership through meaning-making: An empirical exploration of Spirituality and leadership in college students. *Journal of College Student Development*, *49*, 351—359.

Sanders, J. E. III, Hopkins, W. E., & Geroy, G. D. (2003). From transactional to transcendental: Towards an integrated theory of leadership. *Journal of Leadership and Organizational Studies*, *9*(4), 21—31.

Van Eck, D. (2003). *Leadership 101: An interactive leadership development guide for students*. Grand Rapids, MI: Zondervan.

## 重要组织

德育教育数据库与《大学和学生个性》期刊(Character Clearinghouse and the Journal of College and Character)

www. collegevalues. org

瑞吉特大学《美德与领导力》期刊(Journal of Virtues and Leadership, Regent University)

www. regent. edu/acad/global/publications/jvl/

高等教育的灵性(Spirituality in Higher Education)

www. sprituality. ucla. edu

**实践例子**

拜乐大学基督信徒领导力研究中心（Baylor University Christian Leadership Institute）

www. baylor. edu/christianleadership/index. php? id = 13540

大学生领导力实习项目（希勒尔）（Collegiate Leadership Internship Program, Hillel）

www. hillel. org/careers/fellowships/chip/default

伯克利加州大学和平与服务课程（Peace and Service Course, University of California, Berkeley）

www. spirituality. ucla. edu/docs/newsletters/5/Berkeley_Final. pdf

玛丽安学院灵性与领导力中心（Center for Spirituality and Leadership, Marian College）

www. spirtualityandleadership. com/

# 五、小结

本章探究的大学生各类人群本可以是不计其数的。限于篇幅不可能对所有这些人群加以深入探究，但是希望本章呈现的这些典范在正式领导力项目发展过程中能够激发人们对于所有不同人群的融合以及文化和社会身份问题的重视、思考和讨论。如果领导力教育工作者希望能践行这些当代领导力理论的价值观，教育干预除了代表那些可能不在场的各种声音和群体之外，必须为我们校园社区中各类人群服务。大学综合性领导力发展项目必须解决为了特定人群的领导力、关于特定人群的领导力和包括特定人群的领导力等问题，而且必须十分重视文化竞争力、跨文化交流和多样性认识。

# 参考文献

Abes, E. A., Jones, S. R., & McEwen, M. (2007). Reconceptualizing the model of multiple

Dimensions of identity: The role of meaning making capacity in the construction of multiple identities. *Journal of College Student Development*, 48, 1—22.

Agahe Portman, T. A., & Garrent, M. T. (2005). Beloved women: Nuturing the sacred fire of leadership from an American Indian perspective. *Journal of Counseling & Development*, 83, 284—291.

American Indian Policy Center. (1997). *Traditional American Indian Leadership: A comparison with U. S. Governance*. Retrieved from www. airpi. org/research/tradlead. html.

Arminio, J. L., Carter, S., Jones, S. E., Kruger, K., Lucas, N., Washington, J., Scott, A. (2000). Leadership experiences of students of color. *NASPA Journal*, 37, 496—510.

Balón, D. G. (2003). *Asian Pacific American leadership development*. Leadership Insights & Applications, no. 14. College Park, MD: National Clearinghouse for Leadership Programs.

Balón, D. G. (2005, April 26). Asian Pacific American college students on leadership: Culturally marginalized from the leader role? *Netresults*. Retrieved from www. naspa. org/pubs/mags/nr/default.

Bell, L. A. (2007). Theoretical foundations for social justice education. In M. Adams, L. A. Bell, & P. Griffin (Eds.), *Teaching for diversity and social justice* (2nd ed., pp. 1—44). New York, NY: Routledge.

Bennis, W. (2007). The challenges of leadership in the modern world. *American Psychologist*, 62, 2—5.

Bieschke, K. J., Eberz, A. B., & Wilson, D. (2000). Empirical investigations of the gay, lesbian, and bisexual college student. In V. A. Wall & N. J. Evans (Eds.), *Toward acceptance: Sexual orientation issues on campus* (pp. 29—58). Lanham, MD: University Press of America.

Bird, A. (2000). Assessing global leadership competencies. In M. E. Mendenhall, J. S. Osland, A. Bird, G. R. Oddou, & M. L. Maznevski (Eds.), *Global leadership: Research, practice, and development* (pp. 64—80). New York, NY: Routledge.

Bolman, L. G., & Deal, T. E. (2001). *Leading with soul: An uncommon journal of spirit*. San Francisco, CA: Jossey-Bass.

Dalton, J. (2005). Learning by design: The spiritual dimension of leadership. *Concepts & Connections*, 13(2), 6—8.

Dugan, J. P (2006). Explorations using the social change model: Leadership development among college men and women. *Journal of College Student Development*, 47, 217—225.

Dugan, J. P., Kodama, C., & Gebhardt, M. (in progress). *Differentiating influences of racial group membership and collective racial esteem on college student leadership development*. Unpublished paper.

Dugan, J. P. , & Komives, S. R. (2010). Influences on college students' capacity for socially responsible leadership. *Journal of College Student development*, *51*(5), 525—549.

Dugan, J. P. , & Komives, S. R. , & Segar, T. C. (2008). College student capacity for socially responsible leadership: Understanding norms and influences of race, gender, and sexual orientation. *NASPA Journal*, *45*, 475—500.

Dugan, J. P. , Kusel, M. , & Simounet, D. (in press). Transgender undergraduates: An exploratory study of perceptions, experiences, and outcomes. *Journal of College Student development*.

Dugan, J. P. , & Yurman, L. (in press). Commonalities and differences among lesbian, gay, and bisexual college students: Considerations for research and practice. *Journal of College Student Development*.

Eagly, A. H. , & Carli, L. L. (2007). *Through the labyrinth: The truth about how women become leaders*. Cambridge, MA: Harvard Business School Press.

Eagly, A. H. , & Johannesen-Schmidt, M. C. (2001). The leadership styles of women and men. *Journal of Social Issues*, *57*, 781—797.

Fox, M. J. T. , Lowe, S. C. , & McClellan, G. S. (Eds.). (2005). *Serving Native American students* (Vol. 109). San Francisco, CA: Jossey-Bass.

Gehrke, S. J. (2008). Leadership through meaning-making: An empirical exploration of spirituality and leadership in college students. *Journal of College Student Development*, *49*, 351—359.

Hammer, M. R. (2009). The intercultural development inventory: An approach for assessing and building intercultural competence. In M. A. Moodian (Ed.), *Contemporary leadership and intercultural competence: Exploring the cross-cultural dynamics within organizations* (pp. 203—217). Thousand Oaks, CA: Sage.

Harper, S. R. , & Quaye, S. J. (2007). Student organizations as venues for Black identity expression and development among African American male student leaders. *Journal of College Student Development*, *48*, 127—144.

Hogg, M. A. (2001). A social identity theory of leadership: *Personality and Social Psychology Review*, *5*, 184—200.

Hoopes, D. S. (1979). Intercultural communication concepts and the psychology of intercultural experiences. In M. D. Pusch (Ed.), *Multicultural education: A cross-cultural training approach* (pp. 10—38). Chicago, IL: Intercultural Press.

Hune, S. (2002). Demographics and diversity of Asian American college students. In M. McEwen, C. M. Kodama, A. N. Alvarez, S. Lee, & C. T. H. Liang (Eds.), *Working with Asian A-merican students* (pp. 11—20). San Francisco, CA: Jossey-Bass.

Jackson, A. P., Smith, S. A., & Hill, C. L. (2003). Academic persistence among Native A-merican college students. *Journal of College Student Development*, *44*, 548—565.

Johnson, D. (2000). Enhancing out-of-class opportunities for students with disabilities. In H. A. Belch(Ed.), *Serving students with disabilities* (pp. 41—54). San Francisco, CA: Jossey-Bass.

Jones, N. A., & Smith, A. S. (2001). The two or more races population: 2000. *U. S. Census Bureau*, *2001*. Washington, DC: U. S. Census Bureau.

Jones, S. R. (2009). Constructing identities at the intersections: An authethnographic explora-tion of multiple dimensions of identity. *Journal of College Student Development*, *50*, 287—304.

Kezar, A., & Moriarty, D. (2000). Expanding our understanding of student leadership develop-ment: A study exploring gender and ethnic identity. *Journal of College Student Development*, *41*, 55—69.

Komives, S. R., Longerbeam, S. D., Mainella, F. M., Osteen, L., & Owen, J. E. (2006). A Leadership identity development model: Applications from a grounded theory. *Journal of College Student Development*, *47*, 401—418.

Komives, S. R., Owen, J., Longerbeam, S., Mainella, F. C., & Osteen, L. (2005). Develop-ment a leadership identity: A grounded theory. *Journal of College Student Development*, *46*, 593—611.

Liang, C. T. H., Lee, S., & Ting, M. P. (2002). Developing Asian American leaders. In M. McEwen, C. M. Kodama, A. N. Alvarez, S. Lee, & C. T. H. Liang(Eds.), *Working with Asi-an American college students* (pp. 81 89). San Francisco, CA: Jossey-Bass.

Liu, W. M., & Sedlacek, W. E. (1999). Differences in leadership and cocurricular perception among entering male and female Asian Pacific American college students. *Journal of Freshman Year Experience*, *11*(2), 93—114.

Mumford, M. D., Zaccaro, S. J., Harding, F. D., Jacobs, T. O., & Fleishman, E. A. (2000). Leadership skills for a changing world: Solving complex social problems. *Leadership Quarter-ly*, *11*, 11—35.

Ortiz, A. M. (2004). Promoting the success of Latino students: A call to action. In A. M. Or-tiz (Ed.), *Addressing the unique needs of Latino American students* (pp. 89—97). San Francisco, CA: Jossey-Bass.

Outcalt, C. (1998). The life cycle of campus LGBT organizations: Finding ways to sustain involvement and effectiveness. In R. L. Sanlo (Ed.), *Working with lesbian, gay, bisexual, and transgender college students: A handbook for faculty and administrators* (pp. 329—337). Westport, CT: Greenwood.

Ozaki, C. C., & Johnston, M. (2008). The space in between: Issues for multiracial student organizations and advising. In K. A. Renn & P. Shang (Ed.), *New directions for student services* (Vol. 123, pp. 53—61). San Francisco, CA: Jossey-Bass.

Palmer, P. J. (1994). Leading from within: Out of the shadow, into the light. In J. Conger & Associates (Eds.), *Spirit at work: Discovering the spirituality in leadership* (pp. 19—40). San Francisco, CA: Jossey-Bass.

Porter, J. D. (1998). Leadership development for lesbian, gay, bisexual and transgender college students. In R. L. Sanlo (Ed.), *Working with lesbian, gay, bisexual, and transgender college students: A handbook for faculty and administrators* (pp. 307—319). Westport, CT: Greenwood.

Renn, K. A. (2007). LGBT student leaders and queer activists: Identities of lesbian, gay, bisexual, transgender, and queer identified college student leaders and activists. *Journal of College Student Development*, *48*, 311—330.

Renn, K. A., & Bilodeau, B. L. (2005). Leadership identity development among lesbian, gay, bisexual, and transgender student leaders. *NASPA Journal*, *42*, 342—367.

Rondinelli, D. A., & Heffron, J. M. (2009). *Leadership for development: What globalization demands of leaders fighting for change.* Sterling, VA: Kumarian.

Rogers, J. L. (2005). Spirituality and leadership: The conflunce of inner work and right action. *Concepts & Connections*, *13*(2), 1—3.

Ruderman, M. N., & Ernst, C. (2004). Finding yourself: How social identity affects leadership. *LIA*, *24*(3), 3—7.

Sanders, J. E. Ⅲ, Hopkins, W. E., & Geroy, G. D. (2003). From transactional to transcendental: Toward an integrated theory of leadership. *Journal of Leadership and Organizational Studies*, *9*(4), 21—31.

Sanlo, R. L. (2002). The lavender leader: An inqueery into lesbian, gay, bisexual, and transgender student leadership. In R. L. Sanlo, S. R. Rankin, & R. Schoenberg (Eds.), *Our place on campus: Lesbian, gay, bisexual, transgender services and programs in higher education* (pp. 137—148). Westport, CT: Greenwood.

Scott, D. (1991). Working with gay and lesbian student organizations. In N. J. Evans & V. A. Wall (Eds.), *Beyond tolerance: Gays, lesbians, and bisexuals on campus* (pp. 117—130). Alexandria,

VA: American College Personnel Association.

Smith, D. G., & Associates. (1997). *Diversity works: The emerging picture of how students benefit*. Washington, DC: Association of American Colleges and Universities.

Suarez-Orozco, C., & Suarez-Orozco, M. M. (2009). Educating Latino immigrant students in the twenty-first century: Principles for the Obama administration. *Harvard Educational Review*, *79*, 327—340.

Sutton, E. M., & Terrell, M. C. (1997). Identifying and developing leadership opportunities for African American men. In M. J. Cuyjet (Ed.), *Helping African American men succeed in college* (pp. 55—64). San Francisco, CA: Jossey-Bass.

Torres, V. (2004). The diversity among us: Puerto Ricans, Cuban Americans, Caribbean Americans, and Central and South Americans. In A. M. Ortiz(Ed.), *Addressing the unique needs of Latino American students* (pp. 5—16). San Francisco, CA: Jossey-Bass.

Villapando, O. (2004). Practical considerations of critical race theory and Latino critical theory for Latino college students. In A. M. Ortiz (Ed.), *Addressing the unique needs of Latino American students* (pp. 41—50). San Francisco, CA: Jossey-Bass.

Warner, L. S. & Grint, K. (2006). American Indian ways of leading and knowing. *Leadership*, *2*, 225—244.

Yammarino, F. J., & Jung, D. I. (1998). Asian Americans and Leadership: A levels of analysis perspective. *Journal of Applied Behavioral Science*, *34*, 47—67.

# 第十五章
# 当代学生领导力发展的新主题

温迪·瓦格纳

克里斯坦·塞伦特

本章将介绍当代许多与领导力相结合的主题。该类主题不胜枚举,也无法满足教育工作者想了解任何特定主题的所有需求。本章概述每个主题及其资源,以便对某一主题感兴趣的读者能够对之作进一步探究。这些主题包括公民及社区参与、情商、伦理道德、全球领导力、整合及跨学科学习、积极心理学以及灵性。读者可定期访问全美领导力项目数据库网页(www.nclp.umd.edu),查阅有关这些主题及其他主题的当代资源以及各种学习活动。

 ## 一、公民及社区参与

公民参与、公民身份、民主参与及其他术语都是用来描述积极参与使社区变得更强大的活动以及为了共同利益而开展的工作(Jacoby 和同事,2009)。这种参与包括一系列广泛活动,如给有需求的人直接提供社区服务、倡导政府或公司政策的变革、让他人了解一些社会问题、参加社区联谊活动、通过研究为社区决策提供信息、投票并支持竞选活动以及参与慈善事业筹款活动(Battistoni,2002;Lawry、Laurison 和 VanAntwerpen,2006;Lopez、Levine、Both、Kiesa、Kirby 和 Marcelo,2006;Patrick,2003)。许多人呼吁各类高校要教育学生成为公共生活中有教养的积极参与者,有为社区作贡献的责任感以及有与其他各类不同人共事的能力(Colby、Ehrlich、Beaumont 和 Stephens,2003;Dewey,1816;Jacoby 和同事,2009;全美高校联盟,2007)。

在设计公民参与项目时首要考虑的是平衡学生的学习目标与必须为该社区提供真正的利益。社区合作人对于这类方案的本质和方向必须能发表意见。还未准备好的学生、缺乏同情心或麻木不仁的学生或者没有为他人谋福利的真正责任感的学生,不仅效率低下,而且对于他们为之工作的社区有百弊无一益。

## ■■ (一)与领导力发展的关联

公民参与非常契合许多领导力项目。一项对于 31 所校园中高质量领导力项目的研究表明,这些项目的学习结果几乎总是包括与公民责任心和社区参与度相关的目标(Zimmerman-Oster 和 Burkhardt,1999)。遗憾的是,在公民参与文献中,绝大部分辅助课程项目仅仅涉及直接社区服务,很少注意发展学生团队合作的能力、与各类社区成员共事的能力或者就某个社区项目的利益和前景进行沟通的能力(Colby、Beaumont、Ehrlich 和 Corngold,2007)。所有这些技能都是与领导力相关的,也是我们要重点关注的研究领域。全美高校联盟(AAC&U,2007)已将公民参与和社会责任心列为高等教育的重要学习成果之一。领导力项目通过结合公民目标发展领导力在实现其机构更宏大使命中能够发挥重要作用,而且能够加强与广泛的学术部门和学生事务部门进行跨校合作。

有许多领导力项目的例子吸引学生多方面参与社区工作。正如雅各比和同事(Jacoby and Associates,2009)指出的,公民参与既可视作一个学习成果(如参加某领导力项目的目标),又可视作一种教学法(如促进学生领导力学习的体验)。公民参与项目多归功于"学会服务"运动,就社区参与发展完善的成套指导原则而言更是如此,这些指导原则旨在实现互利的、长久的校园—社区合作目标。"学会服务"该类研究也告诉学生一些学习目标及其实现的方法,特别强调批判性反思的重要性以及挑战成规和挑战臆断的必要性(Eyler 和 Giles,1999;Jacoby 和同事,1996)。课程项目和辅助课程项目两者都能利用行动与反思相结合,成功地将学生的公民参与的体验与公民领导力的学习目标联结起来。

## ■■ (二)学生学习

公民参与要求一系列远不止知识获取的能力,包括发展公民价值观、技能、效力、承诺以及行动动力的能力(Colby 等,2003;Eyler 和 Giles,1999)。有关公民参与的文献所反映的某些学习成果包括如下几点:

- 对社会问题和体制的理解：对当地、全国以及全球问题的认识，以及对社会体制、政治体制和经济体制在这些问题上影响力的认识。

- 社会责任：同情心、道德行为的承诺、对个人的决定和行为如何影响他人的认识。

- 公民话语与对话：明确表达个人立场并用证据加以论证的能力，倾听他人并认识到他人观点的价值，以及有说服力的写作能力。

- 多文化意识：有能力并且愿意承认其他文化的观点，能意识到自己的文化价值观如何塑造与其他文化的相互作用，能意识到特权与不平等的体制，并且能够加强不同文化之间的联系。

- 领导力：与他人合作、建立共同看法、加强集体决策、应对困难以及建立联盟的能力。

- 批判性思维：评价相冲突的证据以及综合多种观点的能力，对于复杂的、起因多样的社区问题的理解能力和回应能力。

- 战略能力：规划实际战略，将个人的责任感融入行动的能力，执行这些战略且评估结果和所需的下一步计划的能力，以及明白如何在多种社区体制内完成事务的能力。

---

### 1. 相关话题

- 基于社区的研究：该研究方法是与社区进行合作且意在为社区作出积极变革。该研究经常结合课堂学习、本科生研究以及将学术知识应用于解决社会问题（Strand、Cutforth、Stoecker、Marullo 和 Donohue，2003）。

- 社会资本：该概念是指社会网络对于公民努力的有效性有着重要价值和很大作用。研究已经表明，社区越强大越安全，就越有能力为了共同利益作出积极变革，社区成员彼此联系很多，根据互惠准则彼此相互信任以至于有求必应。所有各类社区协会的会员身份已经表明可建立社会资本并积极影响解决公共问题的能力（Putnam，2000）。

- 社会企业家身份：这是实践和学术中的新兴领域，描述在社会层面通过打破固化社会问题的体制和模式的变革代理人所作的努力。社会企业家可能是从事大量广泛的职业和专业领域（如医生、律师、教师、经理），但是所有人都能认识到，当社会某个层面不作为时需要从体制上解决该问题(Light,2008)。

- 社会责任领导力:研究团队领导力的方法,个体在开展自身工作时提升社会和道德责任感,即便该团体的明确结果不是关于社会变动的(如体育团队)(Wagner,2009)。有社会责任感的领导者明白,他们的行为不仅直接影响有关特定目标,而且对于他们所属的系统有着更广泛的意义。

## 2. 重要读物

Battistoni, R. (2002). *Civic engagement across the curriculum.* Providence, RI: Campus Compact.

Colby, A., Ehrlich, T., Beaumont, E., & Stephens, J. (2003). *Educating citizens: Preparing America's undergraduates for lives of moral and civic responsibility.* San Francisco, CA: Jossey-Bass.

Jacoby, B., & Associates. (2009). *Civic engagement in higher education: Concepts and practices.* San Francisco, CA: Jossey-Bass.

Bornstein, D. (2007). *How to change the world: Social entrepreneurs and the power of new ideas.* New York, NY: Oxford University Press.

Mair, J., & Marti, I. (2006). Social entrepreneurship research: A source of explanation, prediction, and delight. *Journal of World Business*, *41*, 36—44.

Nicholls, A. (Ed.). (2006). *Social entrepreneurship: New models of sustainable social change.* Oxford, UK: Oxford University Press.

## 3. 重要学生资源

Bornstein, D. (2007). *How to change the world: Social entrepreneurs and the power of new ideas.* New York, NY: Oxford University Press.

Erickson, G. (2004). *Raising the bar: Integrity and passion in life and business.* San Francisco, CA: Jossey-Bass.

Loeb, P. R. (1999). *Soul of a citizen: Living with conviction in a cynical time.* New York, NY: St. Martin's Griffin.

Neck, H., Brush, C., & Allen, E. (2009). The landscape of social entrepreneurship. *Business Horizons*, *52*, 13—19.

Zaleznik, A. (1977/1998). Managers and leaders: Are they different? In *Har-*

*vard Business Review on leadership* （pp. 61—88）． Boston，MA：Harvard Business School Press.

### 4. 重要组织

校园契约联盟（Campus Compact）

www. compact. org

该组织致力于提升社区服务、公民参与以及学会服务,是全美国范围内 1,000 多家高校校长的联盟组织。该组织的资源和出版物对公众开放,包括被称作"参与指标"的评估倡议,以及一个面对教职工、学生和社区成员的奖励项目,还包括深思与反省的资源以及样本项目模式、教学大纲和评价规则。

公民学习与参与信息及研究中心（Center for Information and Research on Civic Learning and Engagement,CIRCLE）

www. civicyouth. org/

该组织开展并且报告关于美国年轻人(15—25 岁)的公民参与和政治参与的研究。该组织的研究讲究时效,可在其网站上查阅 PDF 格式的报告和事实清单。

全美高校联盟（The American Association of College & Universities,AAC&U）

www. aacu. org/resources/civicengagement/index. cfm

全美高校联盟认为公民参与是贯穿高等教育的基本目标,且提供广泛的资源,包括倡议、出版物和学会。通识教育与美国承诺(LEAP)是个人责任和社会责任的目标,该目标引发了与优秀公民教育实践相关的诸多精彩文献和专题研讨会。

阿什卡（Ashoka）

www. ashoka,org/fellows/social_entrepreneur. cfm

该网站概述并提供关于美国及全球社会企业家的各种实例。

新英雄（The New Heroes）

www. pbs. org/opb/thenewheroes/whatis

2005 年,美国公共广播公司(PBS)连续播出一系列鼓励人心的有关社会企业家聪明才智的故事。该网站提供更多有关该项目的信息。

### 5. 参考文献

American Association of Colleges & Universities ［AAC&U］． （2007）． *College learning for the new global century*. Washington,DC：Author.

Battistoni, R. (2002). *Civic engagement across the curriculum.* Providence RI: Campus Compact.

Colby, A., Beaumont, E., Ehrlich, T., & Corngold, J. (2007). *Educating for democracy: Preparing undergraduates for responsible political engagement.* San Francisco, CA: Jossey-Bass.

Colby, A., Ehrlich, T., Beaumont, E., & Stephens, J. (2003). *Educating citizens: Preparing America's undergraduates for lives of moral and civic responsibility.* San Francisco, CA: Jossey-Bass.

Dewey, J. (1916). *Democracy and education: An introduction to the philosophy of education.* New York, NY: Free Press.

Eyler, J., & Giles, D. E. J. (1999). *Where's the learning in service-learning?* San Francisco, CA: Jossey-Bass.

Jacoby, B., & Associates. (1996). *Service-learning in higher education: Concepts and practices.* San Francisco, CA: Jossey-Bass.

Jacoby, B., & Associates. (2009). *Civic engagement in higher education: Concepts and practices.* San Francisco, CA: Jossey-Bass.

Lawry, S., Laurison, D., & VanAntwerpen, J. (2006). *Liberal education and civic engagement.* New York, NY: Ford Foundation. Retrieved from www. fordfoundation. org/pdfs/library/liberal_education_and_civic_engagement. pdf.

Light, P. C. (2008). *The search for social entrepreneurship.* Washington, DC: Brookings Institution Press.

Lopez, M. H., Levine, P., Both, D., Kiesa, A., Kirby, E., & Marcelo, K. (2006). *The 2006 civic and political health of the nation: A detailed look at how youth participate in politics and communities.* College Park, MD: Center for Information & Research on Civic Learning and Engagement.

Owen, J. E., & Wagner, W. (2010). Situating service-learning in the contexts of civic engagement and the engaged campus. In B. Jacoby (Ed.), *Establishing and sustaining the community service-learning professional: A guide for self-directed learning* (pp. 231—253). Providence RI: Campus Compact.

Patrick, J. J. (2003). Defining, delivery, and defending a common education for citizenship in a democracy. In J. J. Patrick, G. E. Hamot, & R. S. Leming (Eds.), *Civic learning in teacher education: International perspectives on education for democracy in the preparation of teachers* (Vol. 2). Bloomington, IN: Indiana University. ERIC Clearinghouse for Social Studies/Social Science Education. (ED475824)

Putnam, R. D. (2000). *Bowling alone: The collapse and revival of American community*. New York: Simon & Schuster.

Strand, K. J., Cutforth, N., Stoecker, R., Marullo, S., & Donohue, P. (2003). *Community-based research and higher education: Principles and practices*. San Francisco, CA: Jossey-Bass.

Wagner, W. (2009). What is social change? In S. R. Komives & W. Wagner (Eds.), *Leadership for a better world: Understanding the social change model of leadership development* (pp. 7—41). San Francisco, CA: Jossey-Bass.

Zimmerman-Oster, K., & Burkhardt, J. C. (1999). *Leadership in the making: Impact and insights from leadership development programs in colleges and universities*. Battle Creek, MI: W. K. Kellogg Foundation.

# 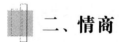 二、情商

情商(EI)这个概念产生于 20 世纪 40 年代的心理学领域,当时研究人员提出,诸如解决问题和知识应用这类认知行为对于智力很重要,包括人际交往能力和个人内心能力在内的人类非认知层面在令人成为有用之人、成功人士方面同样重要。(Cherniss,2000)。情商通常理解为描述个人情绪的管理能力、对他人情绪的解读能力,并通过自我行为的控制,将这一系列情绪导出为合理的行为。(Salovey 和 Mayer,1990)。1995 年,畅销书《情商:为何比智商还重要》(Emotional Intelligence: Why It Can Matter More Than IQ)(Goleman,1995)引起公众重视的是这样一种理念,即情商相比典型的智力测验是职业成功与否更重要的预见因子,而智力主要关注的是认知能力或知识。

## ▓ （一）与领导力的关联

将情商与领导力联系起来的主要观点是,领导者的情绪可传染给团队其他人,团队成员的积极或消极情绪对于该团队的成功起着重要作用。优秀领导者不是仅依靠自己见多识广,而是依靠与他人交往的能力（Goleman、Boyatzis 和 McKee,2002）。情商发达的领导者能够准确地识别他人所看重和感觉到的东西,因而能够更加有效地影响此人对于团队目标的态度。能够调整自己情绪,就可能会有意识地回应他人,而不是不计后果地作出回应。

## ▓ （二）学生学习

戈尔曼（Goleman）将情商与领导力发展联系在一起,强调情商并非天生的,而是后天可习得的一系列能力和技巧。这些能力与下列四大领域休戚相关（Goleman 等,2002）：

1. **自我意识**:能够意识到自己的情绪并知道其影响力,能够注意到个人对外部事情的内心情绪反应。它包括能够在诸如恐惧或愤怒等负面情绪达到爆发的沸点之前加以识别。

2. **自我管理**:能够控制情绪如何在自身行为中显露出来,知道何时应对情绪以及如何应对。能够在情景中评价情绪（如恐惧、愤怒、嫉妒）,并且能够采取最明智的方式应对这些情绪而不是作出冲动的反应。

3. **社会意识**:既有同情心,即能理解他人的感受,同时又喜欢注意他人当下的感受。能够意识到且明白他人需要什么,看重什么。在组织层面,社会意识可产生对关系模式、社会网络以及政治的解读能力。

4. **关系管理**:能够建立融洽的关系去激励和影响他人。关系管理与许多领导力问题以及团队动力问题相关,包括在他人那里发展能力、促进组织变革、应对冲突以及建立合作团队。

这四大领域密切相连,彼此交织,以至于增强某一领域的能力就会加强其他领域的能力。然而,研究已经表明,自我意识是其他领域的基础（Goleman 等,2002）。

目前有许多评估情商的方法。所有评估方法都深受围绕情商的几个不同观点的影响,例如,许多理论家认为,它是智力、性格特征或习得的本领或能力（Caruso

和 Wolfe,2004）。在使用某评估方法之前,主要应理解正在被衡量的这些概念是如何界定的。

---

### 1. 重要读物

Goleman, D., Boyatzis, R., & McKee, A. (2002). *Primal leadership: Realizing the power of emotional intelligence.* Boston, MA: Harvard Business School: Press.

Caruso, D. R., & Wolfe, C. J. (2004). Emotional intelligence and leadership development. In D. V. Day, S. J. Zaccaro, & S. M. Halpin (Eds.), *Leader development for transforming organizations: Growing leaders for tomorrow* (pp. 237—292). Mahwah, NJ: Lawrence Erlbaum.

### 2. 重要的学生资源

Shankman, M. L., & Allen, S. J. (2008). *Emotionally intelligent leadership: A guide for college students.* San Francisco, CA: Jossey-Bass.

### 3. 重要组织

组织中的情商研究联合会(The Consortium for Research on Emotional Intelligence in Organizatins)

www. eiconsortium. org/

该组织举行年度学会、定期出版通讯并且派发 PDF 格式的最佳实践指导原则。该网站提供的资源包括报告、论文全文及部分章节的转载、示范项目的例子、情商的测量,以延伸参考文献及链接。

### 4. 重要评估

巴昂情商量表(*Bar-On-EQ-I*)。这是测量情商的最古老的工具,已有十年之久。它采用的是自我汇报条目。

多元情商量表(Multifactor Emotional Intelligence Scale)。这是能力评估而不是自我汇报的测量,被试要完成一系列旨在测量其感知能力、正确识别能力以及带情绪工作能力的任务。

情绪能力量表(Emotional Competence Inventory)。这是个全方位的测量工具,测量那些已经被识别的被试就戈尔曼(Goleman,1995;Goleman 等,2002)情商相关研究中的 20 项能力对他人进行评估。

情商工作小组图表(Work Group Emotional Intelligence Profile)。这是自我汇报的工具,用来测量团队成员个体的情商。包括好几个等级表:讨论自己情绪的能力,管理自己情绪的能力,意识到他人情绪的能力,以及管理他人情绪的能力。

**5. 参考文献**

Caruso, D. R., & Wolfe, C. J. (2004). Emotional intelligence and leadership development. In D. V. Day, S. J. Zaccaro, & S. M. Halpin (Eds.), *Leader development for transforming organizations: Growing leaders tomorrow* (pp. 237—292). Mahwah, NJ: Lawrence Erlbaum.

Cherniss, C. (2000, April). *Emotional intelligence: What it is and why it matters.* Paper pressed at the Annual Meeting of the Society for Industrial and Organizational Psychology, New Orleans, LA.

Goleman, D. (1995). *Emotional intelligence.* New York, NY: Bantam Books.

Goleman, D., Boyatzis, R., & McKee, A. (2002). *Primal leadership: Realizing the power of emotional intelligence.* Boston, MA: Harvard Business School Press.

Salovey, P., & Mayer, J. D. (1990). Emotional intelligence. *Imagination, Cognition, and Personality, 9,* 185—211.

# 三、伦理道德

伦理道德是控制社区、社会或行业中成员行为的规则或准则(Toffler, 1986; Williams, 1989)。伦理道德这个概念与道德、社会建构的规范、个人及共同价值观、文化相对主义以及性格等方面的问题紧密相关。基德尔(Kidder, 1994)描述了伦理道德的一些新的哲学根源。例如,功利主义经常被概述是为最大多数人谋取最大幸福;基于关怀的思维强调关心别人的同时就是让别人也关心自己;义务论思维追求着普世准则的适用性或者做你希望别人也都会做的事。

##  (一) 与领导力发展的关联

伦理道德概念与领导力有很多交叉的东西。詹姆斯·麦格雷戈·伯恩斯

（James McGregor Burns,1978）里程碑式的领导力方法强调,领导者和被领导者双方对于提高彼此到达更高的道德预期都有着重要作用。该领导力方法使得道德和伦理问题成为探讨领导者在创建具有一定伦理道德行为文化的组织时的领导力和作用的中心话题。领导者经常被视作他人的模范,因而应该准备好去做正确的事情（Northouse,2010）。人们之间的权力差异要求反思和认识自己的价值观和原则（Northouse,2010）。随着人们参与为他人谋福利的决策和行动,那些决定做什么且怎么做的标准要求具备一定的思考能力（Rost,1991）。

## ▓ （二）学生学习

对于伦理道德和领导力的学习应该包括接触理论,而且也应该涉及个人对于自身价值观和实践的反思。伦理道德领导力文献反映的一些学习成果包括:

- 培养反思实践的习惯,包括不断认识自己的价值观和道德原则以及在团队和组织中个人实践的分析。

- 对于那些与多文化和多原则的伦理道德传统相关的理论和准则加以分析。

- 对于那些影响领导力中道德和非道德行为的因素提高认识,加强反思。

- 学会批判性分析自身及他人的领导力,以及理解领导者如何在团队和组织中开创讲道德的风气（Owen,2008）。

---

### 1. 重要读物

Caldwell, C., Bischoff, S. J., & Karri, R. (2002). The four umpires: A paradigm for ethical leadership. *Journal of Business Ethics*, *26*, 153—163.

Ciulla, J. B. (Ed.). (2004). *Ethics: The heart of leadership*. Westport, CT: Praeger.

Price, T. L. (2008). *Leadership ethics: An introduction*. New York, NY: Cambridge University Press.

Rost, J. (1991). *Leadership for the 21st century*. Westport CT: Praeger.

### 2. 重要学生资源

Badaracco, J. L. (2002). *Leading quietly*. Boston, MA: Harvard Business School Press.

Becker, W. (2004). *Ethics for educational leaders*. Boston, MA: Pearson.

Caldwell, C., Bischoff, S. J., & Karri, R. (2002). The four umpires: A paradigm for ethical leadership. *Journal of Business Ethics*, 26, 153—163.

Finsterbusch, K. (2009). *Taking sides: Clashing views on social issues* (15th ed.). Boston, MA: McGraw-Hill.

Johnson, C. E. (2005). *Meeting the ethical challenge of leadership: Casting light or shadow* (2nd ed.). Thousand Oaks, CA: Sage.

Kidder, R. M. (2005). *Moral courage*. New York, NY: Harper Collins.

### 3. 重要组织

道德领导力中心(The Center for Ethnical Leadership, CEL)

www. ethicalleadership. org/

道德领导力中心建立该网站以便为了共同利益而促进道德领导力。

约瑟夫森协会(Josephson Institute)

http://josephsoninstitute. org/

约瑟夫森协会是无派别的(nonpartisan)501(C)3组织,致力于促进社会各层面合乎道德的决策的作出。其网站为那些有兴趣支持其使命的人提供大量有用资源。

《大学和学生个性》期刊(Journal of College and Character)

www. collegevalues. org/journal. cfm

### 4. 参考文献

Burns, J. M. (1978). *Leadership*. New York, NY: Harper & Row.

Kidder, R. M. (1994). *Shared values for a trouble world: Conversations with men and women of conscience*. San Francisco, CA: Jossey-Bass.

Northouse, P. G. (2010). *Leadership: Theory and practice* (5th ed.). Thousand Oaks, CA: Sage.

Owen, J. E. (2008). Unpublished course syllabus. George Mason University, New Century College.

Rost, J. C. (1991). *Leadership for the twenty-first century*. New York, NY: Praeger.

Toffler, B. L. (1986). *Tough choices: Managers talk ethics*. New York, NY: Wiley.

Williams, G. C. (1989). A sociobiological expansion of evolution and ethics. In J. Paradis & G. C. Williams (Eds.), *T. H Huxley evolution and ethics: With new essays on its Victorian and sociobiological context* (pp. 179—214). Princeton, NJ: Princeton University Press.

# 四、整合及跨学科学习

有关整合及跨学科学习的学术成就为领导力发展作出了很多贡献。领导力作为一个可以从多种不同观点(如人类发展、社会学、政治学、历史)加以研究的主题,特别适合从跨学科的角度加以探究。在讨论整合及跨学科学习方法与领导力之间的关联之前,应该作出一些重要的区分。

• 整合学习这个宽泛术语用来描述"连接众多分歧的结构、策略及行为"(Klein,2005,p.8)。这些分歧包括课程的和辅助课程的经验、理论和实践或者通识教育要求以及本专业的各门课程。整合学习要求学生在各类知识资源之间打通关节建立联系(Younatt 和 Wilcox,2008)。

• 跨学科学习被认为是"整合学习的一个子集,是在各学科以及跨学科领域之间培养相互联系"(Klein,2005,p.8)。

跨学科学习和研究是基于两个或以上学科的视角之上建造一座桥梁,这是用于区分以上两个概念常用的比喻。在造桥的同时,各学科本身并没发生改变。整合学习和研究是一个重组的过程。整合的结果是人们对于学科、理论、语境以及经验本身有不同的理解(Klein,1990)。跨学科学习是介绍两门或以上学科的信息,但是对该信息的陈述是分开的、有所区别的。整合学习则是对于所有课程的重组,以便从各类资源中整合出信息。

跨学科的方法已经见诸女性研究、美国研究以及种族研究等项目中。然而,它们愈发成为大学通识课程的共同特征。对全美高校联盟成员进行的一项最新调查显示,一半以上的高校指出它们的通识教育课程包括了跨学科课程(哈特研究协会,2009)。随着各类高校继续发展自身跨学科研究部门,现在这些部门已经开设了好几个领导力专业和领导力副修专业。

## ▓ (一) 与领导力的关联

几十年前,莫里斯和西曼(Morris 和 Seeman,1950)指出,有关领导力的研究当时主要来自于军事和工业,并受益于"综合了好几门学科的观点和方法的理论框架"(p. 149)。他们在与现在知名的俄亥俄州领导力研究项目合作时指出,这种"跨学科的综合"是"从某一学科视角来看待另一学科中标准概念的全新而有用的方法"(p. 149)。他们以个人为了身份而奋斗这个社会学应用的概念为例子加以论述,在很大程度上得益于围绕个体动机的心理学研究与奖惩研究的知识(Morris 和 Seeman,1950)。他们不仅提出了各类学科视角的整合,而且提供了应用于不同学科的研究技巧以便提供更多有关领导力这一概念的信息。

詹姆斯·麦格雷戈·伯恩斯(James MacGregor Burns,1978)的著作常常被视作对领导力研究领域的一种革新,他主张对领导力的理解不是仅仅研究领导者,而是通过对领导者和下属之间的关系和交往过程的解读加以认识。然而,伯恩斯也将领导力研究领域转移到另外一方面,重新引入对领导力这个主题进行跨学科视角研究的重要性。伯恩斯作为一个政治学研究者,主要为政治领导人作传,他意识到就领导力而言他自身学科所进行的研究是远远不够的。在 20 世纪 70 年代末,他决定汲取其他学科的养分,丰富自身的领导力学识。据说他有一次在校园散步时来到心理学系,遇到了一位年轻的教授,该教授推荐他从阅读马斯洛(Maslow)、霍兰德(Hollander)和科尔伯格(Kohlberg)开始学习(Sorenson,2002)。他的力著《领导力》(Leadership)(1978)依然在全美国用作领导力课程的奠基文本,该著作就是他用跨学科的方法解读领导力的成果。

当代学界仍然认为领导力不是单从一门学科即可解读的现象。因此,它既不应该从单一视角加以研究,也不应该从单一视角加以学习(Riggio、Ciulla 和 Sorenson,2003)。对领导力学术贡献较大的学科广义上看是自 20 世纪 50 年代以来社会学和心理学的结果。当今,这些领域包括政治学、心理学、经济学、教育学、史学、农学、公共管理学、管理学、人类学、生物学、军事学、哲学以及社会学。实际上,有些学科已经发展出围绕领导力的专门研究领域,如教育领导力、商业领导力以及政治领导力等(Riggio 等,2003)。

## ■■ （二）学生学习

整合跨学科方法并不限用于某个具体的教学法。许多教学法都要求学生勇于综合多种视角看待某一主题。这些教学方法包括体验学习、通过团队项目任务或基于问题的案例研究而开展的集体学习、团队教学、基于主题的一组或一系列相关联的课程如学习社区，以及综合性一揽子任务等（Klein,2005）。

与整合性跨学科方法相关联的学习目标重点在于应用知识解决问题的能力而不是简单地掌握事实的能力。克莱因（Klein,2005,p.10）确定了以下来自整合性研究与跨学科研究相交叉的关键能力：

- 对于复杂话题和难题提出一些有意义的问题的能力
- 查找各类知识、信息和观点资源的能力
- 对以上各类资源加以比较和对比以揭示其模式和关联的能力
- 创建一个综合性框架以及更加全面性理解的能力

### 1. 重要读物

Klein, J. T. （2005）. Integrative learning and interdisciplinary studies. *Peer Review*, 7, 8—10.

Haynes, C. （Ed.）（2003）. *Innovations in interdisciplinary teaching*. Westport, CT: Oryx/Greenwood.

Newell, W. H. （2001）. Powerful pedagogies. In B. L. Smith & J. McCan （Eds.）, *Reinventing ourselves: Interdisciplinary education, collaborative learning, and experimentation in higher education* （pp. 196—211）. Boltor, MA: Anker Press.

### 2. 重要组织

整合研究协会（The Association for Intergrative Studies）

www. units. muohio. edu/aisorg/syllabi/index. shtml

该专业组织成立于1979年,促进学者和管理者在与整合性研究相关的学术和组织问题方面交流思想。在线资源包括会议、通讯、获资助的出版物《整合研究问题期刊》（*Issues in Intergrative Studies*）（年刊）,以及同行评审摘要样文。

### 3. 参考文献

Burns, J. M. (1978). *Leadership*. New York, NY: Harper & Row.

Hart Research Associates. (2009). *Trends and emerging practices in general education: Based on a survey among members of the Association of American Colleges and Universities*. Washington, DC: Association of American Colleges & Universities.

Klein, J. T. (1990). *Interdisciplinarity: History, theory, and practice*. Detroit, MI: Wayne State University Press.

Klein, J. T. (2005). Integrative learning and interdisciplinary studies. *Peer Review*, 7, 8—10.

Morris, R. T., & Seeman, M. (1950). The problem of leadership: An interdisciplinary approach. *American Journal of Sociology*, 56(2), 149—155.

Riggio, R. E., Ciulla, J. B., & Sorenson, G. J. (2003). Leadership education at the undergraduate level: A liberal arts approach to leadership development. In S. E. Murphy & R. E. Riggio (Eds.), *The future of leadership development* (pp. 223—236). Mahwah, NJ: Lawrerce Erlbaum.

Sorenson, G. (2002, August 31). *An intellectual history of leadership studies: The role of James MacGregor Burns*. Presentation at the Annual meeting of the American Political Science Association, Washington, DC.

Youatt, J., & Wilcox, K. (2008). Intentional and integrated learning in a new cognitive age: A signature pedagogy for undergraduate education in the twenty-first century. *Peer Review*, 10(4), 24—26.

# 五、全球领导力

毋庸置疑,世界正在变得越来越小,许多国家内部发生的事件在全球范围内产生影响,世界各地的民众正在参与彼此的文化,如学生、政客、商业管理者和人道主义者(Teagarden,2009)。商业、经济、人权和环境可持续性等国际化导致了差不多半个世纪以来对于全球化包括全球领导力的学术研究(Osland,2008)。

研究全球领导力是复杂的且多层面的。全球领导力可能包括个人世界文化中有益的实践,该实践在其文化中行之有效;全球领导力也可能是对全球领导力实践的追求;或者可能是个人在参与多元文化时采取的态度和实践。霍夫斯泰德(Hofstede,1980,1991)的经典著作给学生提供了一个基本视角去看待文化在许多人类经验维度包括领导力中的对比作用。霍夫斯泰德的著作主要关注:(1)权力距离;(2)集体主义与个人主义;(3)女性气质与男性气质;(4)避免不确定性;(5)长期定位与短期定位等文化维度。学生应该对此著作加以评论,并且在探索该分类法应用时探究各类文化定式。

奥斯兰德(Osland,2009)认为全球领导力

> 根源来自另外的跨科学——智力交际与能力、移居国外、全球管理,以及对比领导力。全球领导者展现了一些额外的或扩展的技能,如跨界,并且已经"抛掉"一些在其文化之外就不起作用的传统领导力课程。(p.3)

帕金斯(Perkins,2009)的全球领导力文献综述发现了三大课题:全球化的本质和后果、文化和历史塑造的全球差异,以及西方研究领导力的方法的特征及其在全球化语境中的限制。她的这一评论特别有益于帮助学生意识到领导力的西式研究方法如何表现为以领导者为中心、以男性占主导、重视普通性特征、促进基本的任务—关系平衡、重视可量化的行为举止,以及讲究个性(p.74)。

迪克森、邓哈特格和米歇尔森(Dickson 、Den Hartog 和 Mitchelson,2003)合著的前沿文献综述概括了"领导力的跨文化研究走向"的方法论问题、理论问题以及技术问题(p.757)。尽管全球领导力的定义有多种,但是日益增强的领导力学术研究正在某些方面达成一致看法。

## ■ (一) 与领导力的关联

全球的、多元文化的以及跨文化的观点显然适用于研究全球领导力,支持培养一个必要的全球化心态。奥斯兰德(Osland,2009)基于莱维、比奇勒、泰勒和博扬斯基勒(Levy、Beechler、Taylor 和 Boyacigiller,2007)的研究认为,全球化心态是"被界定为世界主义、积极重视其他文化以及认知复杂性、能够认清形势且能够整合这些区分开来的构念"(p.3)。

文化作用的认识对于理解全球领导力至关重要。近期研究对于该类探究很有

帮助。"全球领导力与组织行为效力"项目(Global Leadership and Organizational Behavior Effectiveness Project, GLOBE)或许是最有抱负的项目,对 62 个不同文化中的领导力实践加以核查记录(House、Hanges、Javidan、Dorfman 和 Gupta,2004)。GLOBE 应用定性和定量方法识别了在不同文化语境中证明为有效力的九大文化纬度:绩效导向、不确定性的避免、文化导向、机构集体主义、团队集体主义、自信心、性别平等主义、未来导向以及权力距离。GLOBE 研究者识别了六大"在文化上认可的领导力理论维度",他们宣称该六大维度是领导有方的高效力的领导者在与那些缺乏效力的领导者相比时普遍具有的。研究者们称这六大维度为"全球领导力维度",是从更为广泛的一组 21 个"全球领导力维度"中概括出来的(House 等,2004,p.676)。

这些文化上认可的六大领导力理论维度是对所有 62 个社会文化研究的直接结果。该六大维度是以魅力/价值观为基础的、以团队为导向的、参与性的、以人文为导向的、自我保护的,以及独立自主的。

## ■ (二) 学生学习

奥斯兰德(Osland,2009)以及奥斯兰德和伯德(Osland 和 Bird,2008)指出,学生学会掌握合作(包括合作过程中的)、探索、设计、系统思维以及理解的能力,并在这些能力的培养过程中培养全球意识。去国外留学对于培养全球意识是一个行之有效的方法(McDougall,2009;Niehaus 和 Komives,2009)。

### 1. 重要读物

Hofstede, G. (1991). *Cultures and organizations: Software of the mind*. New York, NY: McGraw-Hill.

House, R. J., Hanges, P. J., Javidan, M., Dorfman, P. W., & Gupta, V. (2004). *Culture, leadership, and organizations: The GLOBE study of 62 societies*. Thousand Oaks, CA: Sage.

Mendenhall, M., Osland, J., Bird, A., Oddou, G., & Maznevski, M. (2008). *Global leadership: Research, practice and development*. London, UK: Routledge.

Moodian, M. （Ed.）（2009）. *Contemporary leadership and intercultural competence：Exploring the cross-cultural dynamics within organizations*. Thousand Oaks, CA：Sage.

## 2. 重要组织

国际领导力协会（ILA）

www. ila-net. org

该协会由各部门专业人员组成,包括学者、教育者、顾问以及社会草根领导者,ILA 年会及出版物探究全球领导力维度。

全球领导力与组织行为效力（GLOBE）研究项目

www. grovewell. com/pub-GLOBE-intro. html

全球领导力促进中心（Global Leadership Advancement Center）

www. sjsu. edu/glac/Resorces

跨文化书籍及其他资源清单（An Extensive List of Intercultural Books and Other Resources）

www. intercultural. org/books. php

文化智力中心（The Cultural Intelligence Center）

http：//culturalq. com/addresources. html

## 3. 重要评估

全球领导力与组织行为效力文化与领导力量表（GLOBE Culture and Leadership Scales）

www. thunderbird. edu/sites/globe/globe_instruments/index. htm

跨文化发展量表（Intercultural Development Inventory）

www. idiinventory. com/

由米歇尔·哈默（Mitchell Hammer,1999）研制用于评估个体、团体以及组织层面的跨文化能力。

全球观点量表（Global Perspectives Inventory）

http：//gpi. central. edu/index. cfm

由拉瑞·布拉斯卡姆（Larry Braskamp）及其同事（2007）研制。根据他们的网站,该细目表提供了"在全球学习与发展的认知、内心与人际这三个维度上个人观点的自我报告"。

全球意识量表(Global Mindedness Scale)

由海特(Hett,1993)研制,通过检验责任心、文化多元论、功效、全球温和主义以及相互连接这五个维度探究个人对于世界的联系与责任心的感觉。

Stuart,D. K.,(2009). Assessment instruments for the global workforce. In M. Moodian (Ed.), *Contemporary leadership and intercultural competence: Exploring the cross-cultural dynamics within organizations* (pp. 175—190). Thousand Oaks, CA: Sage.

Bird,A. (2008). Assessing global leadership Competencies. In M. Mendenhall, J. Osland, A. Bird G. Oddou, & M. Maznevski(Eds.), *Global leadership: Research, practice and development*(pp. 64—80). New York, NY: Routledge.

## 4. 参考文献

Braskamp, L. A., Braskamp, D. C., & Merrill, K. C. (2007). Global Perspective Inventory. Retrieved from http://gpi. central. edu.

Dickson, M. W., Den Hartog, D. N., & Mitchelson, J. K. (2003). Research on leadership in a cross-cultural context: Making progress, and raising new questions. *Leadership Quarterly*, *14*, 729—768.

Hammer, M. R. (1999). A measure of intercultural sensitivity: The intercultural development inventory. In S. M. Fowler & M. G. Fowler (Eds.), *The intercultural sourcebook* (Vol. 2, pp. 61—72). Yarmouth, ME: Intercultural Press. (IDI v. 1.)

Hett, E. J. (1993). The development of an instrument to measure global-mindedness (doctoral dissertation, University of San Diego). *Dissertation Abstracts International*, *54*, 3724.

Hofstede, G. (1980). *Culture's consequences: International difference in work-related values*. Thousand Oaks, CA: Sage University of San Diego.

Hofstede, G. (1991). *Cultures and organizations: Software of the mind*. New York, NY: McGraw-Hill.

House, R. J., Hanges, P. J., Javidan, M., Dorfman, P. W., & Gupta, V. (2004). *Culture, leadership and organizations: The GLOBE study of 62 societies*. Thousand Oaks, CA：Sage.

Levy, O., Beechler, S., Taylor, S., & Boyacigiller, N. (2007). What do we talk about when we talk about global mindset：Managerial cognition in multinational corporations. *Journal of International Business Studies*, *38*, 231—258.

McDougall, H. (2009). Cultivating cross-cultural leaders：New ways to think of student abroad courses. *Concepts & Connections*, *16*(2), 7—8.

Niehaus, E. & Komives, S. R. (2009). Exploring study abroad as pedagogy for global leadership outcomes. *Concepts & Connections*, *16*(2), 13—16.

Osland, J. (2008). An overview of the global leadership literature. In M. Mendenhall, J. S. Osland, A. Bird, G. Oddou, & M. Maznevski (Eds.), *Global leadership：Research, practice, and development* (pp.34—63). London, UK：Routledge.

Osland, J. (2009). The challenge of developing global leadership. *Concepts & Connections*, *16*(2), 1—4.

Osland, J., & Bird, A. (2008). Process models of global leadership development. In M. Mendenhall, J. S. Osland, A. Bird, G. Oddou, & M. Maznevski (Eds.), *Global leadership：Research, practice, and development* (pp.81—93). London UK：Routledge.

Perkins, A. W. (2009). Global leadership study：A theoretical framework. *Journal of Leadership Education*, *8*(2), 72—87.

Teagarden, M. B. (2009). Developing globally competent leaders：The role of global mindsets. *Concepts & Connections*, *16*(2), 5—7.

 # 六、积极心理学

积极心理学是心理学学科范围内的一场运动,它研究有益于个人或团体发挥最佳功能的环境和过程(Gable 和 Haidt,2005)。虽然该运动启蒙于 20 世纪初期的研究,但是大部分人仍认为它是起源于 1998 年马丁·赛里格曼(Martin Seligman)创造这个术语的时候(Ruark,2009)。这是一个新兴的研究领域,但是它很快就获得了无论是学术研究期刊还是通俗读物的追捧（Layard，2005；Ruark，2009；Wallis，2005）。

在赛里格曼看来（Ruark，2009），该运动兴起于人们对于心理学研究有很多质疑的时期，自从20世纪50年代以来，心理学领域已经陷入单边研究，仅仅关注精神病和神经错乱，而没有解释积极的精神状态（如幸福、勇气或乐观。Seligman和Csikszentmihalyi，2000）。他呼吁更多地研究正常的（不是精神上不健康的）人类心智以及何种人类特征和环境条件可以导致积极的结果，如更多的幸福感或更多的公众参与（Gable和Haidt，2005）。积极心理学家努力通过检测人类正向现实和有益信息来给人类经验研究增加更多的平衡，而且该研究方法也能揭示更多人类正向现实和有益信息（Seligman、Steen、Park和Peterson，2005）。他们不是研究机能失衡的家庭，而是研究健康家庭所呈现的状况。他们不是研究自私，而是研究导致慷慨个人或宽松环境的条件（Gable和Haidt，2005）。积极心理学有三大常规领域：积极的主观体验、积极的个人特征，以及积极的机构和社区（Seligman和Csikszentmihalyi，2000）。

1. 积极主观体验

这一领域涉及的主题包括健康（也称作幸福）体验、满意、希望以及乐观。例如，一项有关幸福的研究检测了个人的价值观和解释事件的方式是如何调节外部事件对于幸福感知的影响（Diener，2000）。他们发现有事实证据表明，不是发生了什么事情才使得人感到幸福，而是如何对所发生之事作出个人解读才使得人感到幸福（Seligman和Csikszentmihalyi，2000）。其余研究者探究据说可以提高健康的方法是否有效，如冥想和写日志（Gable和Haidt，2005）。该领域的另一个主题是研究投入（engagement）和忘我（flow）。投入这个术语用于描述发挥个人才能去迎接挑战的快乐体验。另一个术语忘我，描述更高的投入体验，应用个人最大长处去解决一个富有挑战的任务，完全沉浸其中，忘记时间的流逝（Csikszentmihalyi，1990）。

2. 积极的个人特征

该研究领域关注个人特征和性格优点。有人已经研究了某些特征和优点的培养、有或没有某一优点对于个人健康的重要性、使人具有或丧失优点的条件，以及形成这些特征和优点的外部干预（Seligman等，2005）。已识别的性格优点的分类如下：

- 智慧与知识：创造性、好奇心、开放意识、爱好学习和批判性思考

- 勇气:勇敢、毅力、正直和活力
- 人道:爱、友善、情商
- 正义:公民意识、公正、领导力
- 节制:宽恕、谦虚、审慎以及自我控制
- 超然:欣赏美、感恩、希望、幽默、灵性或有目的

3. 积极机构与社区

该研究领域检测那些成功地推崇个人投身于公民参与活动中的机构、社会责任心、礼仪和宽容。赛里格曼和西森米哈里(Seligman 和 Csikszentmihalyi,2000)承认这是该领域中研究最少的部分。

自从普通大众发现大多数积极心理学研究很吸引人后,大量的通俗读物和幸福人生教练证书项目出现了,有些是基于高质量的学术研究,有些则不然(Ruark,2009)。许多积极心理学学者感觉他们必须努力将他们自己的研究与传统的自助式著作区分开来。弗雷德里克森(Fredrickson)是该领域的著名学者,他认为"干这一行最重要的是把我们的工作与以往那些华而不实的名为'心灵鸡汤'实为'心灵鸦片'的垃圾区别开来"(转引自 Ruark,2009,p.2)。随着积极心理学这个术语得到大家的认可与青睐,越来越多的出版物和组织声称,他们的实践是基于积极心理学学术知识之上的,哪怕他们没有得到任何该研究的支持(Ruark,2009)。必须告诉领导力教育工作者谁是不断出现的出版物和研究的使用者。

## ▨ (一)与领导力的关联

有些领导力教育工作者已经开始将普通的积极心理学原则与专门研究结果一同应用于领导力发展的实践中。例如,《积极领导力》(*Positive Leadership*)(Cameron,2008)中有篇文章鼓励领导者在检测组织上的挑战时,既要看到消极的一面,又要看到积极的一面。例如,领导者能够有意识地探究什么在其组织中是行之有效的以及如何将其效力最大化,而不是仅仅关注其弱点的改善。有鉴赏力的调查,是使用该方法去研究组织发展的一个有效例证。

许多领导力教育工作者通过使用诸如盖洛普(Gallup)的"优点评估问卷"(StrengthsQuest)的启发法进行基于个人特征和优点的研究(Buckingham 和 Clifton,2001)。个人优点的研究为基于特征的领导力方法提供了一个新视角,提供了更广泛的积极特征清单以及将这些特征应用于领导力的一个新观点。虽然基于特征的

传统领导力方法界定了个人要成为领导者必须具有的一小部分特征,但是积极心理学方法识别了许多优点(如"优点评估问卷"从连续34个特征中识别出个体的前五大优势特征)并且认为所有优点对于领导力过程都有可能产生积极作用。团队受益于其成员各不相同的能够为该团队作出贡献的优点。

## ❖❖ (二) 学生学习

领导力课程目前正在教授的积极心理学主题包括乐观、创造性、恢复力、感恩、培养自身运气以及宽恕能力(Sherman,2008)。然而,该领域最常见的主题是前文描述的对于个人优点的研究(Owen,2008)作为一种机制应用于建立自我意识,自我意识是领导力发展的一个重要内容。这些基于优点的领导力发展研究方法主张,领导者将自己的精力投入到学会如何最大化自身优点要比花同样时间关注改善自身缺点更加有效。该优点方法也有助于领导者重视团队多样性的价值,以及那些有着不同优点的团队成员对于该团队的必要性,因为领导者有时会不自觉地雇用那些与领导者本人相类似的成员。

### 1. 重要读物

Avolio, B. J., & Gardner, W. L. (2005). Authentic leadership: Getting to the root of positive forms of leadership. *Leadership Quarterly*, *16*, 315—338.

Buckingham, M., & Clifton, D. O. (2001). *Now, discover your strengths*. New York, NY: Free Press

Rath, T., & Conchie, B. (2008). *Strengths based leadership: Great leaders, teams and why people follow*. New York, NY: Gallup Press.

### 2. 重要组织

宾夕法尼亚大学积极心理学中心(Positive Psychology Center, University of Pennsylvania)

www. authentichappiness. . sas. upenn. edu/Default. aspx

马丁·赛里格曼(Martin Seligman),中心主任,一位积极心理学领导者。该网站资源包括相关网站的链接,包括真幸福和辅导的报道资料以及与积极心理学相关的长篇问卷、调研和考评量表。

优点评估问卷（StrengthsQuest）

http://www.strengthsquest.com/

这是在线优点评估问卷工具的网址，它识别了学生的前五大优点。注意"优点评估问卷"和"优势识别软件"（StrengthsFinder）是特征相同的评估法，"优点评估问卷"网站专门用于高等教育而不是公司管理的场合。该网站也包括在线书籍、杂志、论坛、拓展活动、培训事项的信息，以及为学生和教育工作者提供的额外资源。

### 3. 参考文献

Buckingham, M., & Clifton, D. O. (2001). *Now, discover your strengths.* New York, NY: Free Press.

Cameron, K. (2008). *Positive leadership: Strategies for extraordinary performance.* San Francisco, CA: Berrett-Koehler.

Csikszentmihalyi, M. (1990). *Flow: The psychology of optimal experience.* New York, NY: Harper & Row.

Diener, E. (2000). Subjective well-being: The science of happiness, and a proposal for a national index. *American Psychologist, 55,* 34—43.

Gable, S. L., & Haidt, J. (2005). What (and why) is positive psychology? *Review of General Psychology, 9*(2), 103—110.

Layard, R. (2005). *Happiness.* New York, NY: Penguin.

Owen, J. E. (2008). Unpublished course syllabus. George Mason University, New Century College.

Rath, T., & Conchie, B. (2008). *Strengths based leadership: Great leaders, teams, and why people follow.* New York, NY: Gallup Press.

Ruark, J. (2009, August 3). An intellectual movement for the masses. *Chronicle of Higher Education,* pp. 1—9. Retrieved from http://chronicle.com/article/ An-Intellectual-Movement-for/47500/.

Seligman, M. E. P., & Csikszentmihalyi, M. (2000). Positive psychology. *American Psychologist, 55,* 5—14.

Seligman, M. E. P., Steen, T. A., Park, N., & Peterson, C. (2005). Positive psychology progress: Empirical validation of interventions. *American Psychologist, 60,*

410—421.

Sherman, L. (2008). Unpublished course syllabi. George Mason University, New Century College.

Wallis, C. (2005, January 9). The new science of happiness. *Time. com*. Retrieved from www. time. com/time/magazine/article/0,9171,1015832,00. html.

# 七、灵性

21 世纪早期发生的大事件,如恐怖袭击、2005 年 8 月的卡特琳娜飓风、2008 年巴拉克·奥巴马的总统选举以及 2007 年到 2010 年的经济危机等都作为催化剂促使人们讨论人生的意义与目的。如果人类有这样一种需求,觉得生活不仅仅只是日常活动的总和,那么试图在这些活动中发现意义,并且将这种使命感和其他使命感联系起来,就是所谓的"灵性"(Daloz Parks,2000;Love,2002;Tisdell,2003)。

灵性有时候会与宗教习俗相混淆。宗教可以看作是灵性的外在表达。信仰传统能够指导灵性如何表达,能够给人们提供解读人生意义的信仰和原则,并且能够给人们提供一个与他人在一起的更加强烈的整体感和归属感。虽然有人认为没有宗教传统作指导就不能真正地将灵性付诸实践(Johnson,2008),但是大部分人还是将宗教与灵性区分开来,认为人们的指导性原则以及与他人的伙伴关系可以通过宗教团体以外的渠道获得。(有关灵性的更多论述,参见本书的第十四章。)

## ■ (一) 与领导力的关联

精神方面领导力的研究方法往往有相似的主题(Daloz Parks,2000;Fry,2003;Hoppe,2007;Palmer,1998)。

- **自我意识**:反思和澄清价值观和信仰,对理想本身报有远见。该类意识允许与他人有更多的真正交往以及在与他人交往时能够有更强的自我意识。
- **意义解读**:反思人们行为的更大目的以及我们何以在此。在领导团队时,意义解读意味着阐明该组织的更大目标,以便使得日常工作富有意义或者从挑战时期或混乱时期解读出意义深刻的教训。

- **关联性**:在团队成员之间建立内聚力往往比让他们一起完成任务具有更加深远的意义。这来源于他们对共同目标的分担,对共同历史的认识,以及一种更深刻的团队共性。这将有助于培养组织文化,以至于每个成员都有归属感并为他人所理解、赏识和关心。

- **使命感**:尝试帮助他人在工作过程中(而不仅仅在成功的结果中)以及为了一个共同目标与他人合作的关系中获得快乐和满足。帮助团队成员激发完成团队工作的积极性,这样他们就会觉得自己很重要,并且会在工作中发现个人意义。

- **真诚性**:在内心信仰和目标与外在的生活和状态之间保持和谐一致。在团队中,这就意味着允许人们充分独立做好自己以及为其所在团队竭尽所能。

## ■ (二) 学生学习

在其他学生发展理论的背景中描述灵性发展的优秀文献很多。有些文献重点研究认知发展与用更复杂的方式分析精神意义的能力之间的关联(Daloz Parks, 2000;Fowler,1981;Love,2001)。"人们在学会解读人生意义的过程中,认知发展、人际关系技巧以及扩展后的世界观相互交织、密不可分"(Wagner 和 Komives, 2005)。

### 1. 重要读物

Bolman, L. G. , & Deal, T. E. (2001). *Leading with soul: An uncommon journey of spirit* (2nd ed. ). San Francisco, CA: Jossey-Bass.

Chickering, A. W. , Dalton, J. C. , & Stamm, L. (2006). *Encouraging authenticity and spirituality in higher education*. San Francisco, CA: Jossey-Bass.

Gehrke, S. (2008). Leadership through meaning-making: An empirical exploration of spirituality and leadership in college student. *Journal of College Student Development*, 49, 351—359. DOI: 10.1353/csd.0.0014

Greenleaf, R. K. (1997). Servant leadership: A journey into the nature of legitimate power and greatness. New York, NY: Paulist Press.

Parks, S. D. (2000). *Big questions, worthy dreams: Mentoring young adults in their search for meaning, purpose, and faith*. San Francisco, CA: Jossey-Bass.

Parks, S. D. (2008). Leadership, spirituality, and the college as a mentoring environment. *Journal of College & Character*, 10(2), 1—9.

Sander, J. E. III, Hopkins, W. E., & Geroy, G. D. (2003). From transactional to transcendental: Toward and integrated theory of leadership. *Journal of Leadership and Organizational Studies*, 9(4), 21—31.

Sherman, L. (2008). Unpublished course syllabi. George Mason University, New Century College.

## 2. 重要学生资源

Palmer, P. J. (2000). *Let your life speak: Listening for the voice of vocation*. San Francisco, CA: Jossey-Bass.

## 3. 重要组织

高等教育的灵性(Spirituality in Higher Education)

www. spirituality. ucla. edu/

该研究机构坐落在洛杉矶市加利福尼亚大学高等教育研究中心,探究大学生灵性成长以及影响其成长的环境因素。其网站提供有用的数据、通讯以及出版物。

菲泽尔研究中心(The Fetzer Institute)

www. fetzer. org/

菲泽尔研究中心的使命是"在新兴全球社区中培养人们对于爱和宽恕的力量的认识"。

个性教育数据库(Character Clearinghouse)

www. collegevalues. org

这既是个性教育数据库的网址,也是《大学和学生个性》期刊的网址,同时网站也链接了诸如校园灵性等资源。该组织也主办有关大学生价值观的年会。

## 4. 参考文献

Daloz Parks, S. (2000). *Big questions, worthy dreams: Mentoring young adults in their search for meaning, purpose, and faith*. San Francisco, CA: Jossey-Bass.

Fowler, J. W. (1981). *Stages of faith: The psychology of human development and quest for meaning*. San Francisco, CA: Harper & Row.

Fry, L. W. (2003). Toward a theory of spiritual leadership. *Leadership Quarter-*

ly, *14*, 693—727.

Hoppe, S. L. (2007). Spirituality and higher education leadership. In B. W. Speck & S. L. Hoppe (Eds.), *Searching for spirituality in higher education* (pp. 111—136). New York, NY: Peter Lang.

Johnson, V. (2008, July 10). *Religious leader panel: An interfaith dialogue*. Paper presented at the National Leadership Symposium, Richmond, VA.

Love, P. G. (2001). *Spirituality and student development: Theoretical connections*. New Directions for Student Services, no. 95. San Francisco, CA: Jossey-Bass.

Love, P. G. (2002). Comparing spiritual development and cognitive development. *Journal of College Student Development*, *43*, 357—373.

Palmer, P. J. (1998). *The courage to teach: Exploring the inner landscape of a teacher's life*. San Francisco, CA: Jossey-bass.

Tisdell, E. J. (2003). *Exploring spirituality and culture in adult and higher education*. The Jossey-bass Higher and Adult Education Series. San Francisco, CA: Jossey-bass.

Wagner, W., & Komives, S. R. (2005). Scholarship and research updates: Spirituality and leadership. *Concepts & Connection*, *13*(2), 12—15.

# 八、小结

具有领导力含义的主题可能不胜枚举。要鼓励领导力教育工作者定期地审视其环境以便及时为学生领导力的发展而开展领导力应用教育。该过程中重要的资源是全美领导力项目数据库(类似于"国际领导力协会"和"领导力教育工作者协会"的传统项目)的《概念与交流》期刊所发表的主题以新闻杂志和报纸。重要的是,领导力项目解决许多相关的且有教育意义的当代问题。

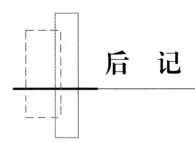

# 后 记

　　当代学生普遍渴望成功,渴望成为成功人士和领袖人物,但很多学生并不了解个人成功与社会的关系、与团队和他人的关系。他们还不太明白个人成功与自己的人生观、价值观的内在联系,不太了解个人能力发展与团队能力发展的关系。2010年6月中共中央办公厅、国务院办公厅转发《中央宣传部、教育部、共青团中央关于五年多来大学生思想政治教育工作情况和下一步工作意见》的通知中要求:"引导大学生树立正确的世界观、人生观、价值观,⋯⋯正确处理国家、集体和个人利益关系,自觉把个人奋斗与国家民族的前途命运联系起来,在为社会发展进步作出应有贡献中实现自己的人生价值"。如何让学生真正理解个人只有在促进团体和社会进步的过程中才能实现自身发展的道理,如何让人们把促进团队发展和社会进步作为自己的人生追求,如何更好地克服大学生思想政治教育脱离学生个人发展愿望的倾向,避免空洞的说教,提升大学生思想政治教育的有效性,这是我长期以来思考并试图解决的问题。

　　当我阅读了一系列美国学生领导力教育的教材与专著后,认为美国学生的领导力教育在以下几个方面是可以借鉴的:

　　第一、大家知道,美国的核心价值观是个人主义的价值观,但在美国学生领导力教育工作中,则认为领导是为共同目标而存在的,没有共同目标的地方是不需要领导的。领导的价值观本质上是集体主义的,而非个人主义的,追求团体、社会的发展和进步是领导的本质属性和价值追求。

　　第二、与上述价值观相关的是领导能力。美国学生领导力教育强调的领导能力,除了领导人本人的能力,还强调开发团队全体成员的能力,并授权给他们,让团队全体成员为共同目标而奋斗。领导能力不仅仅是领导者个人的能力,而是团队的能力。

　　第三、在领导力理论的指导下,教育工作者可以设计不同的活动项目,引导学生价值观的发展和学生领导能力的提升。

第四、价值观的变化和能力的提升可以通过一系列评估方法进行检测。教育工作者运用一定的测评方法，可以检验活动的教育效果。

上述内容为我们提供了一系列帮助学生在为社会和团体的发展奉献自己力量的同时，实现个人发展的理论和方法，是可以让学生在工作实践和现实生活中得以运用并取得成效的理论和方法。我们认为，学生领导力教育工作很可能成为我国学生思想政治教育工作的新载体。做好这项工作，有利于学生的成长，有利于团队的发展和社会进步。正是看到了这些理论和方法对当代中国学生思想政治教育的意义，我们华东政法大学几位老师商量着要把这些理论和方法介绍给大家，并由我牵头组织了本书的翻译工作。

全书各章的翻译人员是：全美领导力项目数据库、序、前言由马川翻译，第一章、第二章由张智强翻译，第三章由李秀娟翻译，第四章、第五章由马川翻译，第六章、第七章由刘常庆翻译，第八章、第九章由周嘉楠翻译，第十章、第十一章、第十二章由崔文霞翻译，第十三章、第十四章、第十五章由姚兰翻译，人名索引由周嘉楠翻译，主题词由崔文霞翻译，全书由刘常庆统稿。

本书的翻译过程中，马萨诸塞大学波士顿校区教育与人文发展学院教育领导系主任严文蕃教授给予了我们很多帮助，在此表示感谢。

张智强

2014 年 8 月